致 谢

感谢本书的所有作者。这是一本由团队协作完成的书。所有作者都拥有数据叙事实践经历，并在至少一家数据新闻/内容栏目拥有1年以上的实践经验。本书采用流程视角将数据叙事划分为选题、数据、文案和设计四个阶段，每个阶段独立成篇，然后再对这一流程中的不同环节展开探讨，故而各篇章还细分为若干具体章节。其中，选题篇由王怡溪、马冰莹执笔，数据篇由杨凯文、蔡静远执笔，文案篇由葛书润、宛瑾、林子璐执笔，设计篇由邓海滢、惠一蘅、何京蔚、马冰莹和林子璐执笔。全书的整体结构框架由我负责策划（自RUC新闻坊创办以来，我一直担任指导教师，并指导完成了RUC新闻坊的绝大多数数据叙事作品），各篇章的具体框架和内容由我指导和进一步修改完善。全书中所有图片如无特别标注，均来自RUC新闻坊的作品或创作材料。

在本书的写作和出版过程中，要感谢诸多人的帮助。

感谢中国人民大学新闻学院为本书提供了资助，使我们得以将那点微小的思想之光记录并付梓；感谢中国人民大学出版社的编辑翟江虹和本书责编陈希，在写作和编印过程中一直不厌其烦地与我沟通选题和各种细节，并给予我们最真挚的鼓励和支持；感谢徐泓、白净、黄志敏、周葆华、吕妍等诸位老师，为本书撰写了推荐语，白净和黄志敏两位老师还在本书出版立项时给予了无私的帮助；感谢涂艺秋，书中那几幅有趣的四格漫画皆出自她手。在本书审稿、编辑、校对、设计、排版、印刷、发行等各个环节中，还有很多付出辛劳的不知名的朋友，在此一并致以谢意。

感谢RUC新闻坊创建7年以来所有一起工作过的小伙伴们，虽然这本书是由一个小团队写作完成的，但书中凝聚的所有思考和经验均来自RUC新闻坊编辑们共同的实践，没有你们持续地"为爱发电"，无私地奉献热情和精力，我们不会得到那么多灵感的给养，书中的所有素材均为整个团队的创作成果，不仅仅是我们这个小团队的思想结晶。

感谢所有给过我们支持的学者和专家们，所有读过和分享过我们作品的读者们。因为有你们，我们才得以不断反省，即使走到布满荆棘之路仍心存不灭的理想之光。

感谢曾在和仍在数据叙事领域耕耘的你我，这个圈子很小，但凝聚起的职业共同体使我们始终能感受到蓬勃的想象力和创造力，它令人目眩神迷，也令人心向往之。

最后，感谢我的家人，在我将极大的精力投入对 RUC 新闻坊的指导工作时从无怨言地默默支持。

方　洁

目 录

写在前面：谁说数据是冷的   001
小剧场：当数据新闻编辑被创造时   006

选题篇   007

第 1 章
到哪里找源源不断的故事？ ……………………… 009

1.1 选题的源头   009
1.1.1 在突发事件后捕捉信息真空区   010
1.1.2 在日常生活中寻找值得深究的选题   012
1.1.3 从媒体报道中发现尚未被开掘的角度   015
1.1.4 从网络讨论中洞察公众的情绪   017

1.2 如何让选题的灵感持续   020
1.2.1 虚拟编辑部与头脑风暴的线上讨论   020
1.2.2 选题资源的积累   027

第 2 章
换位思考：好故事来自与读者的"对话" ……… 032

2.1 我的读者是谁？   032
2.1.1 "魔弹论"反面：专业勤思的读者   033
2.1.2 在读者的差异中找到共性，引起共鸣   035

2.1.3 选题和读者也会"同性相吸" 037
2.2 读者想要什么? 039
2.2.1 信息增量：新闻热点中的事实与观点 040
2.2.2 社会关怀：情感抒发与认同 042
2.2.3 娱乐消遣：游戏是人类天性 044
2.3 "我"能做什么? 047
2.3.1 数据先行：分享研究发现 048
2.3.2 数据解读：传达价值观点 049
2.3.3 数据呈现：追寻美的体验 050
小剧场：读者点菜 053

数据篇 055

第3章
数据研判：叙事的价值与可获得性 057
3.1 数据是什么? 057
3.2 哪些数据更有叙事的价值? 060
3.3 哪些数据可获得? 068
3.3.1 把选题策划翻译成数据需求 068
3.3.2 从选题到数据，数据组还能做什么 071

第4章
寻找和获取数据：为数据叙事准备素材 078
4.1 寻找数据的快捷路径 078
4.1.1 数据库：专业数据的超市 078
4.1.2 社交媒体：舆论的广场 079

4.1.3	搜索引擎：特殊问题的切入口	081
4.1.4	建立自己的数据资源库	082

4.2　常用的数据获取方法　083

4.2.1	统一下载导出	083
4.2.2	使用数据采集器	084
4.2.3	学点代码爬数据	085

第 5 章
数据分析：发现藏在数据背后的"奥秘"..........092

5.1　分析数据前的准备工作　092

5.1.1	建立目标：让数据分析有的放矢	092
5.1.2	数据清洗：避免"错进错出"	094

5.2　用数据分析揭示关系、差异、规律和趋势　097

5.2.1	文本型数据分析	098
5.2.2	数值型数据分析	102
5.2.3	其他数据分析方法	106

5.3　数据分析工具基础　107

5.3.1	入门工具：Excel 与集搜客	107
5.3.2	进阶工具：Python	109
5.3.3	其他工具	110

5.4　关于数据分析的一些注意事项　111

5.5　撰写数据核查与数据说明　113

5.5.1	如何对数据进行核查	113
5.5.2	如何撰写一份数据说明	116
小剧场：当数据组做完数据		118

文案篇 119

第 6 章
数据叙事中的文案 121

6.1 双重叙事之下，文字夹缝求生 122
6.2 图文互释，架构全局：找准解释的"最小单元" 125
6.3 交代背景，开放"后台"：生有涯而数无涯，主动"找补"不丢人 129
6.4 情动五内，不吐不快：夹议反能更"真实" 134

第 7 章
快准狠：不止"描述统计" 139

7.1 解读数据，要又快又准 139
7.1.1 如何理解文案的"快" 139
7.1.2 如何把握好"准"的程度 141
7.2 文案好看？下笔要"狠" 145
7.2.1 善用数据修辞，学会"转译" 145
7.2.2 变换写作文体，风格不止一种 147
7.2.3 调整段落节奏，有疾有徐 149
7.2.4 打出"金句"，会心一击 151

第 8 章
数据驱动叙事，文案有没有"套路"？ 152

8.1 "缝合怪"：如何勾连数据与受众？ 152
8.1.1 根据数据叙事目标，确定叙事结构 153
8.1.2 丰满叙事模式 155

8.2 如何论证才能以"数"服人? …………………………… 159
8.2.1 论证的强度 160
8.2.2 论证的形式逻辑 164

第 9 章
重谈标题党:标题如何兼顾深度与"网感"? ………… 170
9.1 重谈标题党:鱼和熊掌,能否兼得? 170
9.2 A 还是 B?我们这样拟标题 173
9.2.1 取舍数字 174
9.2.2 善用意象 175
9.2.3 灵活玩"梗" 176
9.2.4 尝试对话 178
9.2.5 找准基调 179

第 10 章
资料库:如何储备写作素材? ………………………… 181
10.1 "三步搜集法":一个实操案例 182
10.2 运用拓展资料时,事实本身就是一种观点 186
10.2.1 观点类:注意所用资料与论证的"共面" 187
10.2.2 事实类:注意结论得出的背景 190
小剧场:发推送时的文案组 197

设计篇 199

第 11 章
什么是我们心目中好的可视化? ……………………… 201

11.1　信息量：可视化需要有"真知灼见"　　201
11.1.1　需使图表内容丰满，具有资料价值　　202
11.1.2　不忽略每个元素，确保信息完整性　　209
11.2　美感：可视化需要有"设计感"　　215
11.2.1　有用之余还要好看　　215
11.2.2　复刻之外还有创新　　223

第 12 章
可视化设计师如何从零起步？　　231
12.1　可视化在数据叙事中的角色　　231
12.2　主流数据可视化工具的介绍和评测　　233
12.2.1　在线图表网站　　233
12.2.2　图表设计与包装工具　　242
12.2.3　特定图表制作工具　　247

第 13 章
数据可视化：如何严谨展现结构化的数据集？　　253
13.1　基础图表类型　　253
13.1.1　柱状图／条形图　　254
13.1.2　折线图　　262
13.1.3　饼图　　268
13.1.4　散点图　　272
13.2　进阶图表类型　　275
13.2.1　词云图　　276
13.2.2　地图　　279

13.2.3	热力图	281
13.2.4	树状图	284
13.2.5	桑基图	286

第 14 章

信息可视化：如何艺术化表达质性信息？ ……… 290

14.1 信息可视化的要素 291
14.1.1	功能与实用性	291
14.1.2	脉络与结构感	292
14.1.3	形式与设计感	295

14.2 创意时间：风格确立与素材准备 297

14.3 新建画布：信息处理与整合 302
14.3.1	草图进化论	302
14.3.2	确立视觉元素与信息的关联	305
14.3.3	解构信息模块	309

14.4 "亿"点细节：设计呈现与检查修正 309

14.5 讨论：从印刷到互联网，从平面到滚动 312

第 15 章

怎样配色才能不"辣眼"？ ……… 314

15.1 色彩介绍：色相、明度和纯度 314

15.2 可视化常用配色 317
| 15.2.1 | 单色色阶 | 318 |
| 15.2.2 | 互补色 | 319 |

15.2.3	辅助色	320

15.3　如何确定配色　321
15.3.1	意象的颜色	322
15.3.2	场景的颜色	323
15.3.3	印象的颜色	326
15.3.4	应景的颜色	327

15.4　哪些坑不要踩　331
15.4.1	避免过多色彩	331
15.4.2	避免明亮饱和	332
15.4.3	避免刻板印象	332
15.4.4	避免错误引导	334

小剧场：可视化设计师的三重痛苦　336

参考文献　337

写在前面
谁说数据是冷的

数据是冰冷的,这是我们习以为常的说法。在大多数人心目中,数据可以和理性、冷静、抽象、距离等词语画上等号。谁会将数据与感性、温度、具象和接近等词语联系起来?

一谈起数据,我们的脑海里会出现什么?一个个表格或者一堆堆数字,中间可能还夹杂着令人头疼的乱码与空格?它们好像没有生命的符号,处理和分析它们时需要极为耐心。

然而,凭什么认为一堆看似复杂的符号能发出理性之声?凭什么这些符号不能带来温暖感人的故事?

数据和理性之间未必能画上等号。且不说我们的生活中遍布着各种各样糟糕的数据故事,这些故事被用数据包装起来,看起来很硬核,但往往内里充斥着不交代样本和调查方法的问卷数据、来源不明的统计数据,甚至夹带"私货"的假数据;或者即使数据本身没有问题,但对数据的分析和解读却完全南辕北辙,误导读者。这样的数据和理性压根扯不上一点关系。为了拆穿上述数据陷阱,美国华盛顿大学开设了一门名为"拆穿胡扯"(Calling Bullshit)的课程,结果课程推出后立刻大受欢迎,且同名教材也跟着出版大卖。❶

即使克服了上述问题,使数据足够具有理性和科学性,也并不意味着数据故事就会变得冰冷而失去温度。理性和感性必然泾渭分明、毫无关联吗?其实不然。已故的瑞典统计学家汉斯·罗斯林(Hans Rosling)在他那本脍炙人口的《事实:用数据思考,避免情绪化决策》(*Factfulness: Ten Reasons We're Wrong About the World-and Why Things Are Better Than You Think*)

---

❶ 伯格斯特龙,C.,韦斯特,J. (2022). 拆穿数据胡扯(胡小锐,译). 北京:中信出版社.

一书中驳斥的第一种情绪化决策的误区就是"一分为二"的本能,"这种本能促使人们习惯于把事情一分为二:好的和坏的,英雄和恶棍,我所在的国家和其他国家。把世界一分为二是简单、直观而且情绪化的方法"❶。然而,现实是,两极之间的巨大鸿沟往往并不存在,还有很多分布于中间状态的情况。如同世间万物存在多种可能性一样,这个世界并不总是非黑即白,理性和感性之间也没有根本的对立。"研究者应该充满热情,受强烈情感的驱动,最重要的是要有追求理解和解释的强烈愿望。但是,好的研究者必须确保不让情感影响自己的理性思考、推理和论证"❷,这种兼具理性思考和强烈感情的状态同样是产生一个好的数据叙事作品所需要的,而对于数据创作者而言,这种兼具理性和感性的特质会借由数据叙事传递给读者,使后者既能感受到思考的愉悦,也能体会情绪的抚慰。

我曾在一篇数据叙事作品文末看到某读者的留言,这句话给我留下了深刻的印象:"这篇文章提示我们:除去一般性的科研文章,新闻传播学的学术还可以怎么做;数据自己不会说话,要靠运用它的人;技术不是最有价值的,要看到工具后面的人文关怀。"如果没有数据,那么数据叙事将成为无源之水,但是,即使数据之于数据叙事的重要性不可撼动,这也并不意味着创作者会失去叙事中的主导地位。讲故事的是我们、你们或他们,而不是数据本身。即使数据像一座蕴藏着宝藏的富矿那样蕴含着丰富的故事,也需要创作者去发现、挖掘和呈现。数据创作者在数据和读者间架起一座沟通之桥,这座桥既可以传接事实与知识,也可传播伪科学和谬误;既可以传递理性之探讨,也可传送人性之关怀。

在我看来,很多经典的数据叙事作品之所以能打动人,往往并不仅仅是因为数据带来的理性层面的探索,更是孕育在这些理性思考背后的那些对人之价值、命运的深沉观照。无论作品的设计多么酷炫,离开这一精神内核,数据叙事就如同失去了灵魂,或也能引起一些关注,但热度终将快速散去而难以给读者留下长时间的记忆。

叙事是人类传递信息的传统。罗兰·巴特(Roland Barthes)曾说过:"世界上叙事作品之多,不计其数;种类浩繁,题材各异。对人类来说,似乎

❶ 罗斯林,H.,罗斯林,O.,罗朗德,A. R. (2019). 事实:用数据思考,避免情绪化决策(张征,译). 上海:文汇出版社. p.47.
❷ 维克福什,A. (2021). 另类事实:知识及其敌人(汪思涵,译). 北京:中信出版社. p.265.

任何材料都适合进行叙事：叙事承载物可以是口头或书面的有音节语言、是固定的或活动的画面、是手势，以及所有这些材料的有机混合；叙事遍布于神话、传说、寓言、民间故事、小说、史诗、悲剧、正剧、喜剧、哑剧、绘画、彩绘玻璃窗、电影、连环画、社会杂闻、会话之中。而且，以这些几乎无限的形式出现的叙事遍布于一切时代、一切地方、一切社会。"[1]

数据叙事也不是媒体的专利。过去，数据叙事更多是科学研究者、政府或商业机构人士的专长，他们用数据讲述一个个专业领域内的故事，这些故事往往以论文或报告的形式在同行中流传，却在普通读者面前筑起了无形的认知高"墙"。随着数字化时代的到来，数据开始几何级数地增长，一方面部分机构和部门对数据的垄断伴随着信息公开和开放数据的呼声而出现了松动；另一方面所有人进入数字化生存的在线状态使互联网上处处留下了数据足迹。我们好像一条条被抛进了数据大海的鱼，生活于数据之中。当我们所处的周遭世界处处皆由数据构成时，该如何理解它们，如何理解我们？数据成了一种方法，而数据叙事则成了沟通的钥匙。

当下，叙事者身份主体的多样化使数据叙事呈现出多元复杂的版图。尼基·厄舍（Nikki Usher）在《互动新闻：黑客、数据与代码》（*Interactive Journalism: Hackers, Data and Code*）一书中通过田野调查发现了数据新闻领域中形形色色的身份之变，除了传统记者，还有数据记者、程序员记者和黑客记者，他们的身份有所差异，也存在交叉。不仅是媒体人的身份在发生变化，机构媒体、自媒体、高校、数据公司、各种社会组织等主体的入场也使数据叙事的种类和发展方向更加多维。本书探讨的数据叙事主要指面向广泛读者的以传播事实和观点性信息为主要功能的数据叙事。这种数据叙事也被称为"数据新闻"，相对更广泛地出现在媒体语境中。由于数据创作者主体并不限于媒体，因此，一些非媒体机构将它们创作的数据叙事作品称为"数据内容"。事实上，鉴于数据内容同样要面向相对广泛的读者/阅听众群传播，同样是在给后者讲述数据故事，因而无论是数据新闻也好，还是数据内容也罢，它们都须遵循数据叙事的相关规则，在操作上具有很多相通之处。

叙事学是文学研究中的一个重要领域，但是本书无意于在已有的叙事学

---

[1] 巴特，R. (1989). 叙事作品结构分析导论. 见张寅德（编）. 叙述学研究 (pp.2-42). 北京：中国社会科学出版社. p.2.

（narratology，又译叙述学）理论基础上嫁接"数据"的相关内容，那样做必会是某种形式的画蛇添足，亦可能形成理论研究和实践探讨相脱离的"两张皮"现象。数据叙事绝不是简单的"数据+叙事"。本书不是思辨性的理论专著，而更接近一本基于田野调查的观察笔记。"理论是灰色的，而生活之树常青。"与其说这本书想构建一个探讨数据叙事的理论体系，毋宁说它更想带领读者体验一场如何用数据叙事的旅程：通过还原每一个细微的实践场景，让读者感受当时之所做所想，以微薄的经验和反思对数据叙事的理论和方法展开探讨。我们将数据作为方法，去探索叙事的可能性，探索如何运用数据叙事在这个信息和观点纷杂的时代做更有效的沟通。

毋庸置疑，数据素养已成为普通人应具备的基本素养，而在可以预见的未来，数据叙事或将成为普通人应具备的基本技能。美国地理学者马克·蒙莫尼尔（Mark Monmonier）早在20世纪末就断言，"任何受过教育的成年人都不仅仅要具备良好的读写能力和表达能力，还要具备合格的计算能力和图形能力"❶。我希望本书不仅能给予那些正在从事广泛的数据叙事领域工作的媒体人或非媒体从业者更多新鲜的视角和资料，也能给那些对数据叙事感兴趣且想了解如何进行数据叙事的读者提供较为专业的入门指导，还能成为那些不想被糟糕的数据叙事糊弄的读者们的防"坑"指南。

本书的主要研究材料来自我带着学生团队创建的校园自媒体"RUC新闻坊"。这个由中国人民大学新闻学院新闻系师生策划的小型媒体创办于2015年6月21日，主要以微信公众号为发布载体，是诸多数据叙事创作者群体中的小小一员。

创办之初，时任新闻系评论教师的资深评论员马少华老师为这个自媒体平台写了发刊词，用非常贴切的三句话凝练地表达了平台的创办初衷："以无限开放的网络空间作为教室；把无数人把玩于掌中的小小屏幕作为'黑板'；实现着最开放的新闻实务的教学交流。"第一期的三篇稿件中就有一篇学生习作《2014年自然灾害情况》，凑巧的是，这就是一篇数据叙事作品。

自此，RUC新闻坊走过的每个关键时间节点，似乎都与数据叙事不无关联。尤其是2019年年底以来，新型冠状病毒肺炎疫情❷开始在全球蔓延。在

---

❶ 开罗, A. (2020). 数据可视化陷阱（韦思遥，译）. 北京：机械工业出版社. p.23.

❷ 国家卫生健康委2022年12月26日发布公告，将新型冠状病毒肺炎更名为新型冠状病毒感染。——编者注

这场重大的公共卫生事件中，我们相继推出了《2 286 篇肺炎报道观察：谁在新闻里发声？》和《1 183 位求助者的数据画像：不是弱者，而是你我》等多篇带有科普性质的数据叙事作品，阅读量和订阅用户的数量都有了大幅增长。从创办以来，RUC 新闻坊已形成了具有自己标志的数据叙事风格，获得了 20 多个国内的数据内容和设计比赛的相关奖项，并收获了来自业界和学界较广泛的认可。

在本书中，我们尽可能地记录下在探索数据叙事过程中的种种细节，每一个微小的经验和每一次难以忘怀的教训都是这段行路中的注脚，提醒我们莫忘来路、莫失方向。然而，我们也深刻地感受到作为一个数据创作团队，我们仍有很多不足，相比成熟团队的配置，RUC 新闻坊的人员偏向新闻传播学专业背景，虽然近年来我们补充了一些商学、文学、外语、信息管理、计算机专业背景的编辑，但总体上看，团队曾长期缺少开发工程师和更加专业的艺术背景设计师，这或多或少影响了我们在数据叙事作品开发和设计维度的探索。RUC 新闻坊的数据叙事作品多以图文结合的形式呈现，而鲜有数据短视频、交互的新闻程序作品，考虑到呈现形式的差异对文案和设计会产生较大的影响，这亦是本书内容上的一个缺憾。

在我们写作本书之时，正值 2022 年年初，新冠肺炎疫情在国内多地散点爆发，上海和吉林等地每天新增病例的数量都在成千上万地上涨，令人忧心。而在本书即将付梓的 2022 年 12 月，疫情已经影响了国内大多数城市和乡镇，多地出现了退烧药告急、急诊科超负荷运转、重症患者快速增加的局面。网络上，各种情绪交织，各种消息流传。疫情使我们中的大多数面临前所未有的"认知沟"：如何明辨真实和虚假？如何解释规律？如何调查原因？如何预测趋势？种种疑问摆在我们面前……

希望阅读本书的读者，不仅能和我们一样，感到数据并不冰冷，借数据叙事这座沟通之桥穿越信息之迷雾，弥合理解之鸿沟；而且，能在应对和处理各种复杂情形时，游刃有余地"把数据作为方法"。

方　洁

2022 年 12 月 23 日于北京家中

▶ 小剧场

当数据新闻编辑被创造时

加一些对数据的敏感

人文关怀　新闻操守
文字素养　图像审美

······
（思考）

最后
加"亿"些得力的伙伴！

选题篇

第 1 章
到哪里找源源不断的故事？

褪去可视化和交互技术的绚丽外衣，数据叙事的核心是讲述一个"数据驱动的故事"。曾任财新传媒数据新闻中心主任的黄晨说："要意识到数据新闻首先是一个故事，从数据当中找到新闻故事的一个'新闻眼'，即这个故事中最重要的发现是什么。"❶ 斯蒂克莱瑟（Stikeleather，2013）也表达了类似的观点，一个好的数据可视化或叙事可视化的本质被认为是讲一个好故事。

尽管一个好故事有千万种叙事方法，但不变的一点是，"选题"始终是故事的起点。怀特（White，1950）认为新闻编辑是一个取舍选择的过程。而数据叙事的选题亦然。罗杰斯等人（Rogers，Schwabish，& Bowers，2017）将数据故事分为三类：一是被数据充实的故事；二是使用数据进行调查的故事；三是解释数据的故事。从这个层面看，选题就是从复杂的新闻线索中发现上述三种数据故事的过程。

1.1 选题的源头

在高度数字化的社会，可以作为数据叙事的素材比比皆是，不可能有任何一家机构或组织能够把所有发生的事件记录下来，如何在每天纷繁复杂的事件中取舍，瞄定数据叙事对象？如何在热点事件中找到不一样的数据切口？如何在重要的时间节点做出差异化的数据故事？这些是本节想探讨的重点。

---

❶ 黄晨 2018 年 3 月 27 日于中国人民大学新闻学院"数据新闻与数据可视化"课程上进行的讲座分享。

1.1.1 在突发事件后捕捉信息真空区

随着数字化技术的到来，新闻的时间性（temporality）在改变。新闻向加速的方向发展，"高速新闻"成为编辑部的主宰。传统的新闻循环（news cycle，笔者认为此处用新闻周期似乎更加贴切）被打破，"新闻日"（news day)的时间界限消失（王海燕，2019）。新闻随时随地在发生，新闻生产节奏不断加快，新闻生产者需要一直保持高速运转，接连不断地进行生产、回应和增补。

拉斯韦尔和施拉姆曾形象地将大众媒体比喻为"哨兵"和"雷达"，人们需要不断地从大众媒体上了解最新的信息，来判断自己周围的环境变动，以此获得安全感。不确定性管理理论说明，如果个人认为自己处于风险之中，他们就会热衷于寻求更多关于风险的信息，以达到减少不确定性的目的（Brashers, Goldsmith, & Hsieh, 2002）。

对受众而言，突发事件给他们留下了很多难以理解却迫切想理解的疑问，亟待获取信息以应对未知带来的恐惧。对大多数读者而言，他们难以在短时间内对事件可能涉及的复杂的历史背景做全面的了解，难以迅速跨越事件背后的专业领域的知识门槛，难以对事件可能造成的牵一发而动全身的关联影响做出准确的判断，这时用数据新闻/内容的形式对事件进行及时的解释性报道，适时地科普，对于提升社会公众的科学素养，减少因信息真空造成的谣言传播，降低公众的不安全感，具有很重要的意义。

对编辑部而言，媒体行业的特性决定了从业者需要随时应对各种突发事件（unexpected events）——正因如此它们才具有新闻价值（王敏，2018）。一个时时都有突发事件发生的传播环境，需要一套迅速反应机制。RUC新闻坊的组织架构是扁平式的，记者/编辑直接对接主编和指导教师，没有复杂的层级设置，所以操作起来更加灵活。当出现突发热点事件时，发起选题的编辑会在微信工作群里发出"招募令"，所有成员可以结合兴趣爱好、技术专长、是否有空余时间等因素的考虑选择是否加入机动小组，进行突发新闻事件的选题操作。2021年秋，RUC新闻坊还进行了流程改革，每周设置突发组，如果该周有突发新闻发生则由突发组应对，日常轮值组则继续负责之前定下的选题。

2019年11月27日早上8点，编辑子璐在"数据与新闻研究中心"群里转发了一条与演员高以翔录制节目时发生悲剧有关的微博。群里成员就该事件开始进行讨论，话题从综艺安排是否合理到熬夜猝死，再到医疗设备自动体外除颤器（AED）分布，讨论持续了近五个小时。在讨论中，编辑海滢提出可以安全问题为话题做一篇数据新闻，但编辑李晨提醒与娱乐圈有关的话题可能会被认为是在蹭热度。编辑书润提出做 AED 设备话题，指导教师方洁提醒这个角度需要有个预先假设，即有 AED 就可以消除类似情况，否则 AED 只能成为一个信息点。

社交媒体时代，新闻节奏加快，当突发事件发生时，大量机构都会蜂拥而上。该事件发生后短短数小时内，便有多家媒体发布了相关作品，如财新网重发旧文《公众场所屡现心脏病猝死，救命神器 AED 为何短缺》，《中国新闻周刊》发表《高以翔猝死背后：AED 及中国公众急救的尴尬》。

突发事件的报道需要同时兼顾质量与速度，此外还需要考虑报道本身的差异性，对没有采访资源的学生们而言，利用现有的资料选找一个小切口是最好的切入方式。正当大家想要抓住这个选题却苦于没有角度时，方洁在群里说："有一个角度可能更适合我们操作。比起机构媒体，我们没有更多稳定的采访源和资料，而适合我们切入的角度就是该事件引发的公共舆论和媒体反思分析，不要让悲剧重演，社会需要反思才能进步。从目前来看，媒体反思的内容维度多元，而且已经有层次，公共舆论也形成了热潮，看看公众在讨论什么，媒体在批评和质疑什么，大家觉得可以做吗？"

这个选题起源于大家对热点事件的关注和讨论，最终由指导教师拍板，从策划到推送一共花费 28 小时。

2020 年 3 月 30 日，四川省凉山州西昌市发生森林火灾，18 名扑火人员和 1 名当地向导牺牲。一年前的 3 月 30 日，凉山州木里县雅砻江镇立尔村地区发生森林火灾，27 名森林消防指战员和 3 名地方扑火人员牺牲。森林火灾及救火人员牺牲的悲剧引起了我们的注意。经过一番查找，编辑们发现《中国林业统计年鉴》中有较为完整的历年森林火灾统计数据。数据是数据叙事的前提，但仅有数据是远远不够的，还需要洞悉数据源之间的关联性、识别数据的用途、发现数据变化的趋势等，而分析数据的过程就是发现新闻点、剖析数据背后的新闻意义的过程（许向东，2019）。虽然森林火灾发生的规律和原因对专业人士而言并不是什么新鲜的信息或知识，但是对于大多数公众，在连续两年的同一个日子，同一州发生了两起森林大火，除了对事件本身的原因和经过感到迷惑以外，必然有不少人会提出类似的疑问："为什么是四川？四川是我国森林火灾发生最频繁的地区吗？""森林火灾都是如何发生的？是否有规律可循？"通过对20年来数据的梳理和分析，RUC新闻坊尝试对国内森林火灾发生的规律和原因做出解读：1998—2017年，我国（港澳台除外）日均发生森林火灾的次数高达19次之多；相比四川，湖南、贵州等地的森林火灾发生频次更高；由人为原因引起的森林火灾占比较大，自然火的比例较小；烧荒烧炭、上坟烧纸、野外吸烟位列前三，这三类火源相加占到已查明火源的一半以上（58%）（见图1-1）。

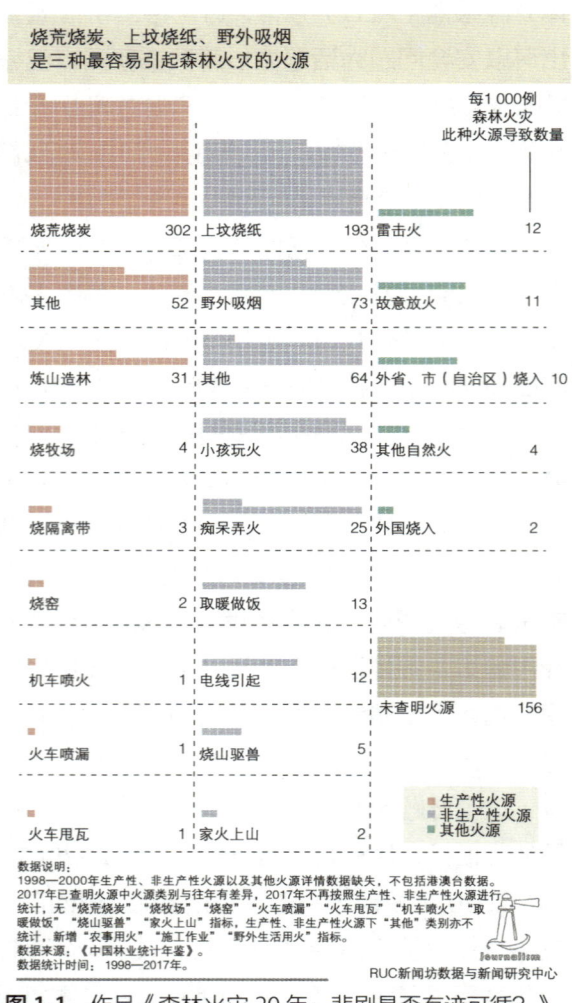

图1-1 作品《森林火灾20年：悲剧是否有迹可循？》的插图

1.1.2　在日常生活中寻找值得深究的选题

　　日常生活中很多的闲聊话题也可能成为选题。如果在日常生活中多观察、多思考，在司空见惯的现象中寻找问题，用数据来解读，就有机会发现各种有趣的选题。RUC新闻坊的编辑们都身处高校，对教育领域最为熟悉，在学习、实习、考研、求职中会发现很多值得探究的选题。

《谁是中国大学 No.3？ 10 年数据解读大学排行榜背后那些事》就是一个来自日常聊天的选题。大学排名是一个老生常谈的话题，每个榜单推出时都会引起学生们的一阵讨论，但他们大多讨论到"这个排名是不是准确，我们学校怎么没能上榜"就止步了。但编辑们另辟蹊径，从"国内 TOP3 大学有十几所"这句调侃中找到了话题点，根据 8 个榜单近十年的排名数据，从"谁是中国大学 No.3"这个问题引入，依次对"谁在给大学排名""国内大学在国际榜单上为啥表现不佳"，以及"好大学的评判标准应该是什么"等问题展开探讨，将一个热点事件的关注视角从聚焦排名引申到思考高等教育的真谛。

2020 年 5 月，清华大学新闻与传播学院取消本科招生的消息引发了新闻传播学界的热议，"新闻是否'无学'""大学教育与实践之间的鸿沟"等话题再次浮出水面。RUC 新闻坊的大多数同学来自新闻学院，自然也非常关注这则消息。对一名新闻传播专业的学生而言，就业的问题更关乎切身利益。因此，我们以新闻学子的就业为研究对象，从企业官网、招聘平台选取了 117 家头部单位、336 个岗位，对岗位的招聘要求等数据进行整理和分析，编辑、推送了《新传学子求职路："入海"之后，奔向何方？》一文，从新闻就业的角度反观新闻教育的价值。

日常生活中的许多事物都可能成为选题，关键需要有一双会发现的眼睛。《我的奶奶，每天都在追更霸总文》一文关注银发追更族，在刻板印象中，霸道总裁文、赘婿文、兵王文等网文面向的似乎是青年读者群，这篇稿件让读者发现原来像作者家人那样追更网文的中老年读者已经成为庞大的社会群体，这种沉迷网文的趋势一方面展现了新环境下中老年群体生活方式的变化，另一方面也透露出他们在原子化社会中难以满足的复杂心理和情感需求。作品发表后获得大量读者的共鸣，不少读者都在文章下留言表示自己的爷爷奶奶、爸爸妈妈就是文中的银发追更族，还有读者戏称文中描述的就是几十年后自己的生活。该作品还被澎湃新闻旗下的第六声（Sixth Tone）栏目翻译成了英文报道。❶

---

❶ 作品详见 https://www.sixthtone.com/news/1008453。

另一个案例也来自对日常生活的观察。癌症一度被认为是一种老年病，然而现在人们经常从身边的网络筹款中看到越来越多的年轻人罹患癌症的消息。人们难免会产生疑惑：年轻人的患癌比例是不是越来越高？获得 2021 年数据内容大赛最佳数据内容组铜奖的作品《我们与癌的距离：癌症真的年轻化了吗？》通过数据调查和论证，尝试对这个公众疑问做出解答。

作者根据此前的数据推断当下国内每年约有 30 万名年轻人罹患癌症。通过数据分析和病例采访，作品展现了患癌年轻群体的无奈困境与勇敢抗争，表达了对患癌年轻群体的关怀、理解与尊重（见图 1-2）。

相比突发性选题，日常生活类选题的时效性要求不高，适合长线操作。这类选题虽然往往不如突发新闻那样能在短时间内吸引大量关

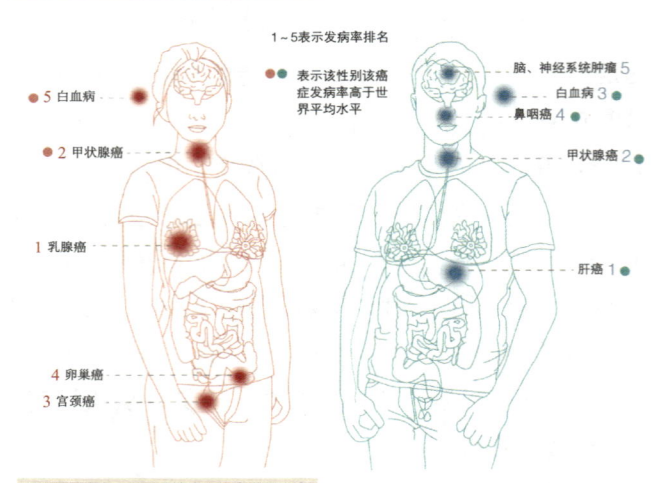

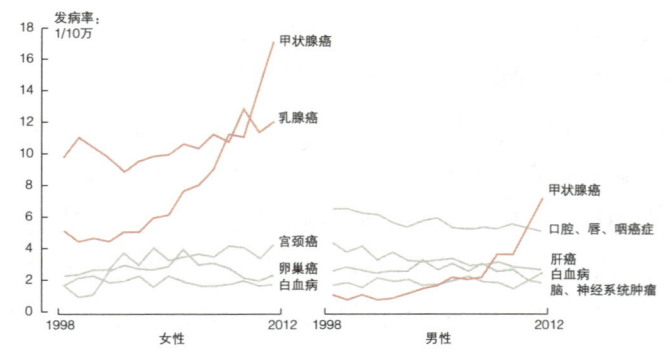

图 1-2 作品《我们与癌的距离：癌症真的年轻化了吗？》的插图

注，但如果角度切入得准，也能产生较佳的传播效果。如外卖和外卖骑手对每个人而言都很熟悉，但《人物》的文章《外卖骑手，困在系统里》[1]站在骑手的角度，刻画了算法对骑手们行为的规训，揭示了人们早已习以为常的现象的另一面，引发了公众，乃至学术界关于算法到底在我们生活中扮演了什么角色的大讨论，继而推动了外卖公司对算法的改进和优化。这篇作品虽然并不是数据叙事，但却凭借着独特的视角和扎实的调查，获得了大量的关注，充分证明日常生活中存在这种值得深究的选题。

日常生活类选题还具有这些优势：首先，选题具有接近性，与编辑的生活相关，这种生活感知有助于编辑找到选题；其次，选题很容易与读者产生共情，获得好的传播效果，也容易得到读者的反馈；再次，数据可获取性较高，数据渠道较多，很多都是公开的数据；最后，此类选题易操作，比较容易找到采访对象，后者也比较愿意敞开心扉进行沟通。

1.1.3 从媒体报道中发现尚未被开掘的角度

由于媒体的生产特点和记者的工作限制，媒体报道并不总是全面的。首先，所有的媒体都有自己的定位和调性，也有自身报道体量的限制，这意味着记者编辑要从诸多选题中做出取舍，他们着力了一面，就可能忽视或放弃另一面。其次，大多数媒体记者习惯于单独出现场和报道，相对地，团队协作采写在整个报道中所占的比例较少，这就意味着大多数媒体的报道会更聚焦于展现动态，这就为深度报道留下了一些空间。最后，媒体记者往往具有丰富的采访资源，尤其是专家信源，这样他们一方面能更快捷地获取对事件的专业解读，另一方面也会在一定程度上受到消息来源的制约。虽然校园媒体只是媒体版图中一个细小的组成部分，但我们仍然想要尽可能从媒体报道的夹缝中找到切入角度，提供原创性的内容，给出信息增量。

2021年7月，郑州暴雨牵动着全国人民的心，一个在人们印象中降雨量并不大的北方城市突然发生严重的内涝，这引起了群内编辑的关注。有编辑

---

[1] 外卖骑手，困在系统里. 检索于 2022-03-10. 取自 https://mp.weixin.qq.com/s/Mes1RqlOdp48CMw4pXTwXw.

提出:"河南暴雨或者说今年的洪涝情况,是不是也可以关注一下。"群里就郑州暴雨展开讨论,轮值小组决定放弃之前选好的医美选题,转而开始做与郑州暴雨有关的选题。

《暴雨袭城:被低估的红色预警》从预警数据的分析中挖掘事件原因,试图解答人们关于"极端暴雨有没有预警?""预警发布是否到位?""公众是否收到了预警并感知到了风险?""下一次极端暴雨侵袭城市时,能否更好预警,降低损失?"等问题的疑惑,用数据展现了当时媒体报道中未被充分开掘的角度(见图1-3)。

郑州市区暴雨红色预警最早于19日21时59分发布,截至20日17时共发布8次郑州市区相关暴雨红色预警

郑州市区暴雨红色预警发布时间轴

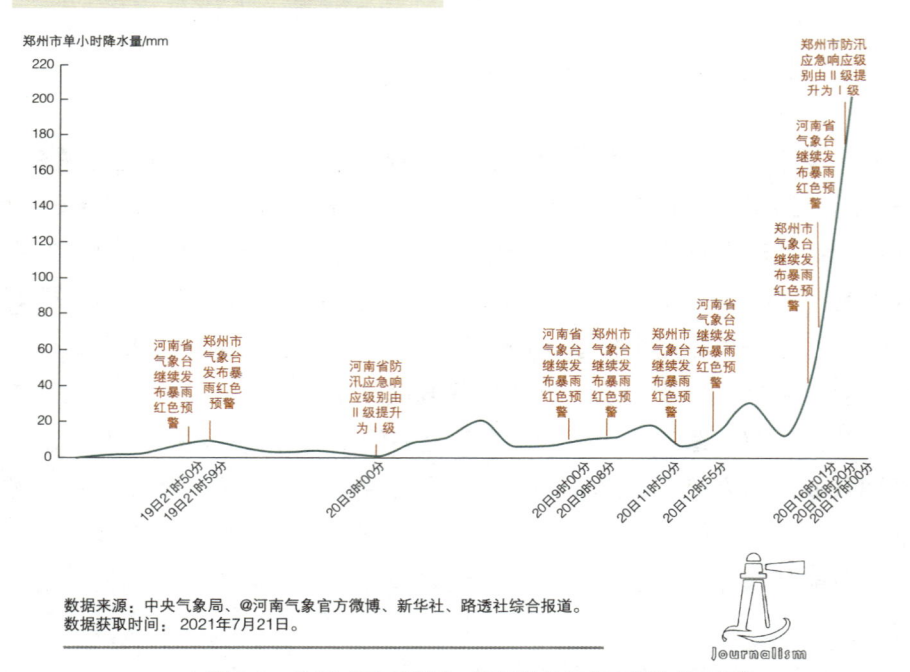

数据来源:中央气象局、@河南气象官方微博、新华社、路透社综合报道。
数据获取时间:2021年7月21日。

图1-3 作品《暴雨袭城:被低估的红色预警》的插图

另外一群编辑同时推进另一个作品《暴雨洪涝纪:灾难从未远离》,选题同样聚焦于暴雨,视角则不再局限于郑州暴雨,而是转向更大范围也更具有普遍意义的暴雨洪涝灾害。通过梳理数据,编辑们发现,2008—

2018年，每年因暴雨洪涝受灾的人数少则3 000多万，最多时达到约2亿。暴雨洪涝灾害从未远离，会给社会带来持续的损失。这两个作品分别从两个不同的角度追问了暴雨成灾的原因，这些角度在当时的媒体报道中涉及较少。

有时候，尽管能在媒体报道中找到尚未开掘的选题切入角度，但由于缺乏可操作性，这类选题就难以落实。2021年10月上旬，山西降大暴雨，《新京报》《人物》等多家媒体关注到如何保护山西众多的古建筑这一问题。RUC新闻坊有编辑提出山西古建筑受损这个话题适合做古建筑地图的可视化作品，可以将文物保护单位叠加受灾程度，通过地图表现出来。该话题无疑是具有公共价值的，可以唤起人们对于灾害中文物保护的重视。但指导教师方洁在群里说："对于文物保护这样的话题要慎重，因为咱们没有人在现场。最佳的方式是搭建一个数据应用，让当地人上传身边的文物受灾状态，包括图文和视频，然后有人去调研和核实。我觉得这样是负责任的报道，而不是为了短暂的流量。"诚然，当时媒体关于山西古建筑受损程度的报道很多，但数据故事却几乎没有。虽然这是一个好的选题，但因为一方面难以全面获取当地古建筑数据，另一方面无法让学生冒险去现场采写，所以从作品制作的时效性角度看，受到现实条件的限制，该选题不具备可操作性，只能遗憾放弃。

1.1.4 从网络讨论中洞察公众的情绪

做热点事件的舆情分析是RUC新闻坊的传统选题之一，最早始于2017年。当时，"刀刺辱母者案""江歌案"等新闻事件引起了广泛的报道与讨论，RUC新闻坊的编辑梳理了当时媒体报道的事件时间轴，以及由案件引发的多角度评论，探究案件得到广泛关注背后的原因和多方观点。此后发生的长春长生疫苗事件、基因编辑婴儿事件等引发全民讨论的新闻事件，RUC新闻坊均在众声喧哗中进行了舆情梳理。

但是当时的梳理并不是完全意义上的"舆情分析"，而是对新闻报道的分析，更像方洁（2019）所说的"关于新闻界的新闻"，偏向新闻传播学界的前沿观察。

2020年新冠肺炎疫情暴发之后，RUC新闻坊转向更具有时效性的选题，开始从社交网络上抓取人们的评论，洞察热点事件背后的情绪。《议题、情绪和话语：新旧媒体交织演绎的肺炎舆情史》就这样诞生了。人们在新冠肺炎疫情期间积累了太多的情绪与讨论：人们到底在谈论什么？人们在突如其来的全球危机中如何表达自己的情绪？报刊的报道与社交媒体上的话题有何不同？两种不同的平台各自呈现出什么样的讨论空间？这篇作品根据新冠肺炎疫情初期的共计1 756万条数据，分析了报刊和微博在新冠肺炎疫情中的舆情焦点和情绪变化（见图1-4）。

微博与报刊议题分野：现状剖析与社会修复

类别	疫情现状	科研科普	防控措施	明星公益	政府及组织	社会影响	情感表达	其他
微博	出现病例 病毒研究 "谣言" 海鲜市场 海鲜市场	疫情现状 国外疫情 世卫表态 日常防护 科普动画	疫情现状 铁路退票 日常防护 致敬医护 春节祝愿	疫情现状 致敬医护 明星公益 其他 情绪表达	物资保障 疫情现状 地区疫情 驰援武汉 情绪表达	物资保障 致敬医护 李文亮去世 其他	防控措施 疫情现状 疫情现状 明星公益 其他	复工复产 明星公益 疫情现状 明星公益 情人节	复工复产 监狱感染 疫情现状 网友祝福 消防安全
报刊	出现病例 冬季流感 病毒研究 台胞团聚 香港防疫	病毒研究 治愈病例 疫情现状 死亡病例 病情症状	防控措施 疫情现状 中央指示 中法通话 物资保障	中央指示 疫情现状 驰援武汉 物资保障 延迟开学	中央指示 防控措施 中央指示 红十字会 党员作用	中央指示 社区防疫 驰援武汉 中巴会面 治愈病例	复工复产 社区防疫 疫情现状 疫情现状 线上学习	复工复产 中央指示 驰援武汉 方舱医院 粪口传播	复工复产 驰援武汉 治愈病例 公司捐赠 钻石公主号
时间	1.1—1.9	1.10—1.19	1.20—1.23	1.24—1.29	1.30—2.5	2.6—2.7	2.8—2.12	2.13—2.16	2.17—2.21

数据说明：2月11日、2月15日报刊数据缺失。
数据来源：清博大数据、国家卫健委。
数据统计时间：2020年1月1日—2月21日。

图1-4 作品《议题、情绪和话语：新旧媒体交织演绎的肺炎舆情史》的插图

社交媒体已经成为人们生活中不可或缺的一部分，社交媒体上的数据是数据叙事的"富矿"，编辑们都是社交媒体重度依赖者，网络上的风吹草动都会引起大家的注意。

2021年夏秋交替之时，备受瞩目的北京环球影城开始营业，环球影城成为当时最热门的话题之一，在社交媒体上掀起了一番热潮。RUC新闻坊的轮值编辑们从微博上人们对环球影城的讨论焦点引入，通过网络评论发

现人们最关注的是环球影城的价格问题，然后将叙述拓展到主题公园本身，讨论国内主题公园的发展态势，形成了当时的数据叙事作品《还没去成环球影城，不是因为麻瓜血统，因为穷》。

社交媒体也是反映公众情绪的重要数据来源之一，澎湃新闻的作品《53 027 条留言背后，网络树洞里绝望者的自救与互助》❶对微博用户"走饭"❷的所有微博（包括小号）进行了文本情感分析，并依此生成了专属于她的"情感乐章"。此外，澎湃新闻在"走饭"自杀的微博下爬取了 53 027 条用户评论，通过这些数据，向读者展示社交媒体上不为人知的一面，有很多人在抑郁症和抑郁情绪中苦苦挣扎，呼吁社会对抑郁症和自杀干预的重视。

还有一些论坛和问答网站也是此类选题的重要数据来源。RUC 新闻坊的《上万条讨论背后身高的秘密与焦虑》分析了知乎平台上 10 027 条关于身高话题的讨论和微博平台上共 721 个相关话题，用数据揭示了身高焦虑与社会文化之间密不可分的关系。《"如果我吃掉自己会怎么样？" | 雅虎问答关闭后，何处安放好奇心》则从曾经的问答网站巨头——雅虎问答的即将谢幕开始讲起，回顾了问答网站的兴衰历程，搜集雅虎问答关闭前的 2 600 个问题和答案，从中探究问答网站对用户究竟意味着什么、人们如何看待它的离开等问题。

随着互联网对人类生活的渗透，人们在互联网上的社交生活行为都会留下数据轨迹。只要始终对生活保持好奇心，具有一定的新闻敏感，留心观察，就可以从这些日常使用的网站或软件中，寻找到有价值的选题。

---

❶ 53 027 条留言背后，网络树洞里绝望者的自救与互助. 检索于 2022-03-10，取自 https://www.thepaper.cn/newsDetail_forward_4315606.

❷ "走饭"是南京某"90 后"女大学生的微博账号。2012 年 3 月 18 日，该用户通过"时光机"定时发出微博："我有抑郁症，所以就去死一死，没什么重要的原因，大家不必在意我的离开。拜拜啦。"第二天，南京江宁公安证实该大学生已于 3 月 17 日凌晨自杀。该条微博在社交媒体平台引发巨大反响，截至 2018 年 6 月，其下方留言已超过 150 万条，且仍在以每天超过千条的数量递增，其中不乏存在抑郁情绪乃至表示自杀意愿的留言。

1.2　如何让选题的灵感持续

每个机构在新闻生产中都会有一套自己的规范和流程，即布尔迪厄（Bourdieu）所说的惯习（habitus），指的是新闻从业者在长期的新闻实践中所积累的一系列生产规范、策略与机制，其内在理念支撑为新闻行业所认同和共享的职业意识形态。惯习并非来自教条和课本，而是在全体编辑部成员的沟通和实践中自然形成的。本节将走进编辑部，聚焦编辑们的选题实践。

一个选题如何进入编辑视野，最终又如何在众多选题中脱颖而出，成为下一期的作品？在以往的生产流程中，把关人可能是编辑部里一位记者或编辑，而在RUC新闻坊的虚拟编辑部里，选题是所有编辑和指导老师协同把关的过程。一条选题线索往往需要经历一场线上群体创意的讨论，才能成为一个完整的故事灵感。

1.2.1　虚拟编辑部与头脑风暴的线上讨论

传统的新闻从信息采集到新闻稿撰写、编排和发布，是一种单向度的线性模式，互动性差，反馈机制薄弱。新的信息技术传播极大地突破了传统大众传播模式的局限，从封闭、线性转为开放、互动，实现了新闻生产流程的"再造"和新闻生产方式的变革（苏宏元，舒培钰，2017）。

虽然线下面对面选题会的交流更为直接便捷，也更有可能在集中讨论中产生思想的火花，但也有研究对自媒体进行观察，发现虚拟编辑部通过"资源的接近性"来大大降低"信息沟通成本"，从而迅速地完成信息传送的分工（龚彦方，2016）。

RUC新闻坊的绝大多数成员都是在校学生，各有上课、实习等不同安排，难以在固定的时间地点召开选题会，在线交流更为现实和便捷。借助在线文档和即时通信软件等工具的发展，我们在摸索和磨合中发展出了自己的在线协作模式——"虚拟编辑部"，与稿件有关的工作都在线上完成。

我们的"虚拟编辑部"是一个利用微信和在线文档工具建立的虚拟工作场域，由整个编辑团队构成，工作时间不定，群内成员可以随时在群内就热点事件进行讨论。

RUC新闻坊的生产周期以周为单位，分小组进行轮值。轮值小组每周末在微信群里报题，下周周内进行操作。在确定选题的过程中，所有轮值、非轮值编辑都可以自由表达自己偏好的选题，提出操作建议，或者列举一个新的选题。

选题流程如图 1-5 所示。

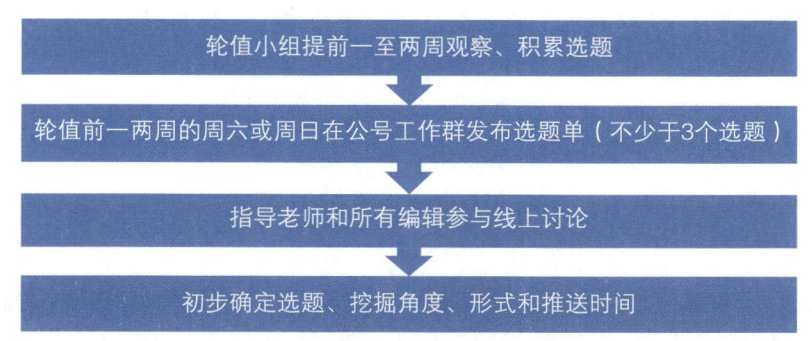

```
轮值小组提前一至两周观察、积累选题
         ↓
轮值前一两周的周六或周日在公号工作群发布选题单（不少于3个选题）
         ↓
指导老师和所有编辑参与线上讨论
         ↓
初步确定选题、挖掘角度、形式和推送时间
```

图 1-5　选题流程图

我们将以《280 万条吃播弹幕背后：虚拟的陪伴与味蕾的代偿》（以下简称《吃播》）为例，说明一个选题如何被选中，继而在讨论中一步步被描摹出与最初选题设计截然不同的雏形（见图 1-6）。

280多万条吃播视频弹幕词云图

数据说明：
1. 数据来源于"BiliOB观测者"（B站历史数据统计平台）。
2. 选取了"吃播界的泥石流"群组中粉丝量排名前十的Up主，对其播放量最多的视频进行弹幕爬取，对弹幕进行词频统计。

图 1-6　作品《280 万条吃播弹幕背后：虚拟的陪伴与味蕾的代偿》的插图

2020年8月16日下午，轮值小组将一份包含以下五个选题的选题单发到了编辑群里：

选题一："大胃王"的背后：对"吃播热"的现象探析及冷思考
选题二："张玉环"们之后：正义如何准时到来？
选题三：未成年人犯罪：照亮隐秘的角落（数据新闻）
选题四：在中国，电子竞技该如何成长？
选题五：县中，在风雨与争议中走向何方？

立刻有人表达了对选题一的喜爱，书润认为不能简单地将"大胃王"归结于"暴饮暴食"，也不能直接推导出"大胃王会带动浪费的风气"这一结论。在审美自由的基础上，"大胃王"题材的吃播视频其实满足了部分受众的需求。

方洁也认同选题一的"吃播"和"大胃王"更有可切入的新闻点，并指出选题二相对而言已经错过了传播的最佳时效，选题三和选题四也都是媒体很早就报道和关注的话题，对于选题五则希望听听更多编辑的意见。

该组编辑羽乔对选题五更青睐，认为县城教育相比起乡村和城市还处于一种比较失语的状态，从她个人经验来看，小县城30%～50%继续读书的人都会到城市去念初中、高中。

方洁提问：县城能否独立于乡村和城市之外？因为在当下中国的地域研究和分类体系中只有城乡体系，还没法将县城单独出来，在很多人看来县城也只是城市的一部分，属于n线城市。不能完全从个人体验出发看这个问题，因为所谓的"小县城"可能在不同地区是完全不同的经济发展水平。

羽乔认为可以以贫困县为衡量标准。因为镇安县原来就是贫困县，然后被新闻报道花费7.1亿元建了一所中学。她关心的点是，镇安县修了这个学校，留下来的学生能有多少？可能即便如此还是很难改善学生流失的现象，大家仍旧会抢着去城市里的名校。她注意到这一选题主要关注的矛盾点在于，之前一直诟病的是学校条件不好、外观丑等，现在花费这么多钱修了新学校，为老师提供条件比较好的宿舍，校园环境也变好了，却有传闻称这是面子工程，铺张浪费，而这所学校的学生和职工一直处在失语状态。她希望能对此问题一探究竟。

方洁则进一步解释了自己看好选题一的原因。她认为"新闻价值是非常情境化的"，很多时候，选题虽然有新闻价值，但恐怕不是很容易驾驭和操作。除了考虑选题本身的价值，还需要考虑我们是否具有研判和开掘这个选题的能力。她感觉县中这个话题并不好操作，这是涉及教育资源分配的老话题，如何操作出新意又能说到点子上并不容易。而相对地，吃播可能更接近我们和受众的生活。有的选题表面轻松，真正做起来可能未必不具有很强的社会价值。所以她认为吃播更适合操作。

选题一在群里获得了大部分的支持，选题基本被确定，接下来就是如何操作的问题了。一个选题有多种呈现方式，荷兰叙事学家米克·巴尔（Mieke Bal）把叙事中呈现出来的诸成分与视觉（通过这一视觉这些成分被呈现出来）之间的关系称为聚焦（focalization）（2015:137-147），如何聚焦成为讨论的第二个重心。轮值小组围绕着吃播分类、吃播受众的需求，以及吃播现象存在的问题等内容，确定了第一版的"吃播"选题框架（见图1-7）。方洁提出，选题一目前的框架开掘方式缺乏焦点和新意。RUC新闻坊作为校园媒体，在大而全的选题上很难发挥出优势，反而是在小而精、切入角度快准狠的选题上更有优势，要找到更精准的切入角度和操作方式。

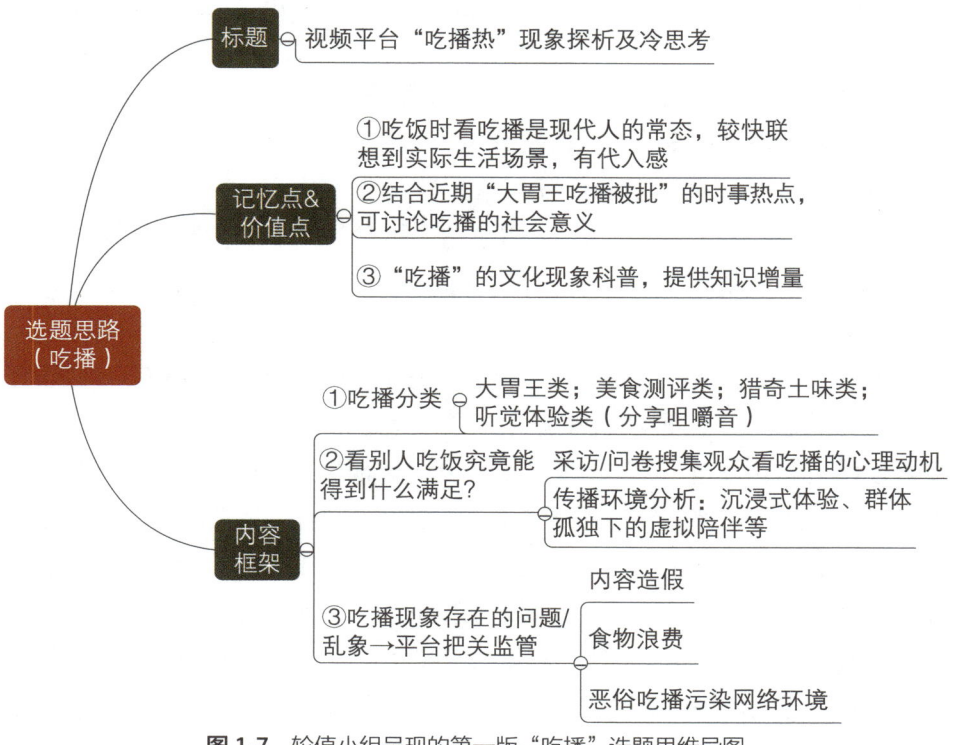

选题思路（吃播）

- **标题**：视频平台"吃播热"现象探析及冷思考
- **记忆点&价值点**：
  ① 吃饭时看吃播是现代人的常态，较快联想到实际生活场景，有代入感
  ② 结合近期"大胃王吃播被批"的时事热点，可讨论吃播的社会意义
  ③ "吃播"的文化现象科普，提供知识增量
- **内容框架**：
  ① 吃播分类：大胃王类；美食测评类；猎奇土味类；听觉体验类（分享咀嚼音）
  ② 看别人吃饭究竟能得到什么满足？
    - 采访/问卷搜集观众看吃播的心理动机
    - 传播环境分析：沉浸式体验、群体孤独下的虚拟陪伴等
  ③ 吃播现象存在的问题/乱象→平台把关监管
    - 内容造假
    - 食物浪费
    - 恶俗吃播污染网络环境

图1-7 轮值小组呈现的第一版"吃播"选题思维导图

露敏提出，可以联系一些 B 站（bilibili 弹幕视频网，简称 B 站）的吃播博主进行采访，做成自述或对谈。凯文认为，吃播行业发展已有相当一段时间，有相对成熟的运作模式，所以在操作的时候可以参照域外视野（如韩国和美国）来观察国内行业的生态。应滢补充，韩国最近不少吃播由于广告植入也"跪了"。

汪瀚认为，除了已经列出来的受众心理角度，主播们的直播行为和背后的辛酸（例如吃猎奇食物、吃完催吐等）也是可以切入的角度，可以通过这些角度来展现吃播群体的状态和行为逻辑。凯文则从受众关注的角度考虑，认为不妨把话题聚焦在"吃播到底有啥好看的"和"吃播真的会浪费粮食吗"这两个点上。

阳洋比较好奇受众心理的问题。她观察到，有很多人会通过分析各种吃播视频有没有掉帧来分辨主播有无假吃，也有很多关于哪些吃播有催吐哪些没有的讨论。但是，大胃王基本都会说自己真吃，还会用一些理由（比如每天健身四小时）来证明自己真吃。她认为，吃播的受众对于主播到底是真吃还是假吃、有没有催吐到底抱有什么样的态度和观众希望从大胃王吃播中获得什么有关。

司钰提出，做选题一前可能需要先确定平台范围，比如抖音、快手、B 站、斗鱼等。是覆盖多平台，还是聚焦一个平台深挖？另外她还关注吃播的受众人群，以及传播环境分析等问题。书润也转发了一条 B 站视频《模仿五大平台吃播，网友直呼内行》，提出每个平台的吃播都有自己的调性，比如 B 站就走小清新人文风，快手走量大猎奇风，不同平台受众的心理需求也不同。

书润回忆起曾看过的一个帖子，说大胃王多半是女性，还有不少是迫于生计压力而狂吃。申屠泥也认同，不同平台差别巨大，快手基本都是家庭主妇在硬吃，"都挺心酸的"。凯文也关注到这一现象，但他发现这类吃播又大多被归类到土味吃播里，"有点黑色幽默的感觉"。他先前在 B 站上看过很多土味吃播类剪辑，大多是从快手上搬运下来的，很多看起来就是"迫于生计压力而狂吃"，但弹幕基本是很欢乐的戏谑调侃。就此，他提出可以考虑聚焦到这一群体上，做一期走进这个群体的深度报道，"感觉还挺有人情味的"。

圣均提出对吃播的两个看法：一个是看吃播的群体把吃播作为一种有群体特征的体验（沉浸性）。其实这是不同群体的人追寻一种虚拟体验、虚拟陪伴、虚拟狂欢的方式，也包含对土味吃播的审丑，本质上是短视频发展针对用户对代偿性满足的需求，以及对吃播在什么样的群体里"火"的好奇。或者针对某一个平台，看吃播的主要受众有什么特征，他们对何种体验有着高需求。另一个则是，吃播和浪费的关系是什么，从大胃王到吃播，其实健康的吃播是可行的，之前主流媒体好像有文章谈过类似问题，吃播也有助农、扶贫等其他衍生作用。不过第二个角度可能不容易操作。

方洁表示，以前有学生做过吃播 Up 主的数据分析，现在也可以继续分析，但是吃播观众这个角度更有趣，可以回应"谁在看，为啥看"的问题。

轮值小组的编辑罗斯总结以上讨论，表示小组可能从联系采访吃播博主，了解吃播背后的故事，以及深挖用户层，解读那些躲在吃播背后的粉丝群体的故事这两个角度切入。但后者还没有确定要以问卷还是深访的形式展开，深访或许故事性会更强一些。在此基础上，轮值小组呈现出第二版"吃播"选题框架（见图 1-8）。

一、"吃播"是个圈：了解吃播生态
关于吃播的背景介绍；吃播分布的不同平台以及每个平台各自的吃播风格、吃播博主数、具体的粉丝量和播放量；可将"大胃王"作为核心去分析。
二、吃播背后的欲望：躲藏在吃播背后的粉丝
1.吃播用户分析
• 采访+弹幕数据分析：勾画不同平台上吃播用户的群体画像，从弹幕评论挖掘其背后的需求特点
• 吃播博主采访（待定，看有没有资源）
• 倾向于从用户角度切入，例如什么内容最受用户欢迎，根据用户反馈做了怎样的调整等
2.理论分析吃播走红原因
文献整理，结合受众采访了解吃播受众观看大胃王吃播的原因，以及从中获得的满足感。

图 1-8 轮值小组呈现的第二版"吃播"选题框架

方洁建议可采用采访加适当的理论分析的形式，如有弹幕数据分析可能更有趣，弹幕和评论数据可以在一定程度上反映观众心理。就第二版"吃播"选题框架，她认为还是有点偏大，但可以先操作着，再看数据、采访等资料的收集程度，"不要想着一篇文章就能把吃播的所有都囊括，还是要找到一个角度切入"。

子璐提出，有朋友在 B 站做 Up 主运营工作，最近刚好调到美食区，可以问问她能否帮忙联系吃播博主接受采访。并且，如果能联系上 Up 主，还可以询问他们个人后台的数据，例如大部分观众看到视频什么位置会离开、什

么内容的视频数据效果比较好、互动的观众喜欢说什么等。博主是否有迎合观众做出什么改变这一问题也可与观众的需求互为照应。

思妤提供了一个B站的数据网站（现已关闭），里面有一个吃播群组，但更多是美食博主而非大胃王。各位编辑就"美食博主算不算广义吃播"进行了"歪楼"讨论，在此不述。

方洁坚持认为，观众是最有"挖掘"空间的，博主这方面可能不太容易挖掘出新内容，从观众反观是一个不错的视角。书润补充，从市场角度看，有需求这个产业才会繁荣；从人的角度看，大胃王这种伤身体的行业，既有屏幕后博主谋生的不易，也有屏幕前观众需要地方安置的心理需求。

从以上对8月16日线上选题会讨论过程的梳理，我们大致可以看到一个选题是如何从众多选题中被选中的。不同选题的新闻价值、操作难易程度等因素被提出并讨论，参与讨论的编辑的个人偏好以及对个人意见的阐述能力也会对最终决策产生影响。

对比选题一的前后两版框架，我们发现在讨论、争辩、聊天、头脑风暴中，选题的角度不断被调整和改动，甚至切入角度也呈现出更多可能性，最后编辑在这些讨论的基础上拟定大致操作框架（后期仍会根据数据情况加以微调）。

在8月16日线上选题会上，轮值小组报上来的五个选题在当时均有新闻由头，也是大众关注的话题，但为何选题二、三、四未进入编辑讨论的议程之中，理由如下：

一方面，从新闻价值的角度，报道的时效性和所能提供的信息增量是选择的主要标准。按照一般轮值制度推算，该小组负责的是8月17日—23日的稿件编发，考虑到校园媒体成员们的兼职特性，一篇稿件的操作时长大概会在3～5天。而选题二"张玉环案"主角已于8月4日的再审中被改判无罪，到发稿时如无新的进展作为新闻由头，则会失去相应的关注热度。同时，截至报选题时已有大量媒体对该事件进行了多角度、全方位的报道，报道角度已经被较为充分地挖掘，我们由于缺乏前往一线采访调研的资源和条件，因此能够提供的新信息不多。至于选题三所依据的新闻由头，报题当日热搜#白岩松评未成年人犯罪#的热度难以维系到发稿日，同时电视剧《隐秘的角落》中的诸多话题和"梗"已经被广泛使用了，再使用可能会踩中读者厌烦、逆反的心理雷区。而选题四相对于选题二、三更缺乏新闻由头，新意不足。

另一方面，对于进入讨论议程环节的选题，操作难易程度这一因素也被纳入考量。媒体的资源、力量有限，校园媒体则受更多限制。我们的成员们各有所长，在数据、文案、可视化方面的处理能力水平不一，同时又受到课业、实习等客观因素的影响。种种主客观因素使得选题二、三、四的操作难度较大，因此未进入编辑讨论议程。

头脑风暴的选题方式不仅降低了编辑部的沟通成本，并且由于组织规模的扩展，这种开放式的"信息交互式与共享模式"使得组织内部的固定资源变成流动资源，完成了可持续的"信息内循环"（龚彦方，2016）。团队在讨论中实现资源互助互通，进一步拓展报道可能性。在讨论《吃播》报道时，有人提供相关报道和素材的链接以供参考、有人帮忙联系采访对象、有人提供数据来源、有人提供代码支持等，这些不同形式的资源互通打破了个人能力、经验、眼界的限制，为生产优质作品提供了有力支持。

1.2.2 选题资源的积累

选题资源的积累来自两方面：一方面是在某一个领域的持续关注；另一方面，是在重要节日、事件纪念日和时间节点进行专题策划。

早在纸媒时代的实践中，连续报道和系列报道就是媒体很重要的选题策划内容。当重要的事件发生时，媒体只发表一些"基础性报道"是不够的，而是要上升到更高层次的"拓展性报道"——在告知事实的基础上，进一步拓宽视野、挖掘深度，同时让公众更多地参与，对事件的原因及社会影响进行更多的剖析（蔡雯，2011）。

新冠肺炎疫情自 2019 年年底暴发以来，已成为近年来媒体最关注的话题。在疫情的扩散与防控中，无数线索交织在一起，各门类的数据多种多样，数据叙事便成为媒体最好的表达方式之一。

澎湃新闻的"湃客有数"栏目和 RUC 新闻坊联合出品的《疫情之下的数据表达 | 2020 疫情数据报道分析报告》一文指出，在肆虐全球的新冠肺炎疫情之中，数据叙事得到了广泛的应用与关注。从疫情之初的感染追踪、病例溯源、时间梳理，到中期的防治科普、逝者悼念，再到疫情预测、疫苗评估，数据叙事加速了公众对病毒的认知，推动了紧急情态下卫生系统的完备，甚

至在一定程度上推动了数据的公开。❶

新冠肺炎疫情期间，包括媒体、高校、个人、垂类媒体、数据服务提供商等在内的多元主体都在持续不断地生产与新冠肺炎疫情相关的数据作品。RUC新闻坊对新冠肺炎疫情也保持了较高的关注度，从疫情伊始，就投入了很多精力和人力对疫情相关话题展开解读。国内疫情逐渐趋于平缓时，疫苗则成为RUC新闻坊持续关注的话题。

我们对新冠疫苗的讨论最早开始于2020年1月20日，当天，钟南山做出新冠病毒"人传人"的判断，网络上有部分声音表示回忆起了2003年"非典"病毒流行的境况，并引出了"非典是否研发出了疫苗"的相关讨论。也就是从这时起，编辑们开始了对于"疫苗"这一议题以及疫情发展态势的持续关注。2月25日@协和医生Do先生发布的头条文章《新冠疫苗的"过五关斩六将"》因在疫苗研发流程方面做出了清晰的梳理而被转发到工作群内。此后，我们一直保持对新冠疫苗研发的关注。

2020年7月中下旬，在见证了英国"群体免疫"政策引发争议风波、外媒报道新冠抗体在人体内留存时间约为2~3周等事件后，多家疫苗进入三期临床实验阶段，上市在即，此时人们对疫苗的上市和效果充满期待，RUC新闻坊开启了对疫苗选题的首篇报道。

在大家就疫苗选题进行热烈讨论之后，方洁在群里抛出了对疫苗选题的思考框架：

1. 关于疫苗研发进度的数据从哪来？如何找数据？

2. 疫苗从研发到上市的环节是怎样的？世界卫生组织（WHO）、疾病预防控制中心（CDC）、国家卫健委都如何规定？

3. 我们怎么架构这篇稿件，想告诉读者的有价值的信息点主要是什么？是不是做成一张长图？需要哪些维度的信息？

在讨论中，大家一致决定站在普通受众的角度试图回答"谁在研发疫苗、谁最接近成功、还有多久能普及"等问题。

---

❶ 疫情之下的数据表达｜2020疫情数据报道分析报告. 检索于2022-03-10, 取自 https://mp.weixin.qq.com/s/rlqpmKKUZvuBCWA8xoKo6A.

经过不断地讨论、重组，报道的框架确定如图 1-9 所示：

一、关于新冠疫苗，你最想知道的：
1. 研发进度如何（临床试验注册中心数据）
2. 有哪些类型（五大类疫苗数量和进展对比）
3. 谁在研发和生产（已有资料和新闻）
二、关于新冠疫苗，你可能需要知道：
1. 疫苗从研发到上市的流程已经提速很多（以往的，此次新冠特殊性的，结合报道和世界卫生组织数据）
2. 这些中间环节最难攻破（比如结合"非典"，比如三期临床实验，比如审核等）
三、如果疫苗上市，世界能重归常轨吗？
1. 我要不要接种疫苗？疫苗的安全性和有效性如何判断？（结合世界卫生组织资料和相关论文等，包括《华尔街日报》过去的报道也可以引用）
2. 疫苗刚需能满足吗？（美国预订数量、中国疫苗车间生产量等数据）
3. 还有哪些影响？

图 1-9 新冠疫苗选题讨论后确定的内容框架

2020 年 7 月底，《新冠疫苗离我们还有多远》一文得以刊发，在该文中，我们通过梳理数据回答了选题框架中的主要问题。

2020 年 12 月，疫苗上市在即，"哪些国家先接种""哪些人优先接种"等疫苗分配问题成为人们关注的焦点。当轮值小组将选题单发到群里后，大多数编辑认为疫苗分配是最合适的选题："感觉没有媒体梳理过这个，而且很有社会意义"，"感觉选题四会更独特，因为暂时没见过类似报道"。

选题一：互联网巨头入主菜贩市场（叮咚买菜）对供需双方的影响

选题二：弦子案开庭：性侵案件取证难的困境

选题三：蛋壳公寓爆冷：资源匮乏的租户和错综复杂的市场

选题四：新冠疫苗分配

选题五：重庆吊水洞煤矿事故，安全生产到何时能真正安全？

选题六：偶像"塌房"的背后：是谁建构了这座幻想大厦？

但是也有编辑提到做选题四可能没有做其他选题流量高，方洁表示，"可以不用把流量作为参考标准，我很希望大家能在这个平台做出一些自己觉得有价值的选题，并且通过操作这些选题获得知识和精神上的收获"。

值得一提的是，在完成这篇作品的过程中，财新等机构媒体也推出了关注点颇为相似的新闻作品，这让轮值小组的编辑们一边紧张一边加速。12月12日，RUC新闻坊的作品《新冠疫苗来了，谁先接种？》终于与读者见面。需要指出的是，在当时诸多关于新冠疫苗的科普文章中，只有少数几家媒体系统关注了疫苗分配这一重要选题，而采用数据叙事的作品则更加稀少。

2021年3月，编辑们再次对疫苗议题展开讨论。此次讨论的由头是当时出现的部分低疫苗接种意愿现象以及此前国内多次出现疫苗相关事件和舆情导致的接种犹豫现象。

然而此次讨论最终未能形成报道作品。考虑到信息增量、数据可靠性等问题，在现有报道提供了非常多维度信息量的背景下，我们认为当时并不能在事实或观点层面提供更多信息增量。如果要组织更为科学和全面的问卷调查，则势必需要更长的周期才能完成，选题的不可预期性会随着时间的变化而增加，因而未继续推进这期疫苗选题。

除了持续地关注某一个议题的进展，重要事件、节日、纪念日亦是重要的选题来源。从纸媒时代起，每个媒体机构都很重视专题策划，而善于抓住机会的能力是需要不断提升的。对新闻专题策划的高度重视，基于这样一种理念：一张报纸有没有前途，关键在于重大新闻事件发生时的表现（张志安，2006）。这句话放在当今的传播环境和数据作品传播中仍然适用。一个机构的作品能不能产生影响，取决于其在重大事件中的表现。

如何在可预期的重要时间点做出优质的作品，也是RUC新闻坊的编辑们在报选题时需要考虑的重要事项。

2021年9月11日是"9·11"事件二十周年，可直到9月10日媒体关于"9·11"的报道开始不断涌现时，编辑们才意识到我们可能错过了关注这一历史事件的重要时间节点。方洁在群里反思："我们现在基本没有周期策划了，以前各组报选题时还经常看到纪念日、周年之类的选题。"但是当时再去策划肯定是来不及了，这时有编辑提到群里一位编辑的英语作业是关于恐怖袭击事件的历史梳理的，恰好是"9·11"二十周年的回顾性数据作品。经过审核和修改，9月11日当天作品《"9·11"二十周年：全球恐怖主义的过去与现在》得以发表。事后，方洁提醒编辑们"以后报选题应该注意时间段内的历史事件纪念日"。有编辑提出可以梳理一个报道日历作为选题参考。

无独有偶，2021年9月25日是鲁迅诞辰140周年纪念日，RUC新闻坊又一次因为没有提前策划而错过了这一重要报道时机。这时，做一个新闻坊报道日历的建议再次被提出。9月新闻坊招新后，开始梳理涵盖重要时间和重要事件的"新闻日历"，并将其制作成"坊历"。在错过几个重要事件后，RUC新闻坊将节日、重大事件发生日、重要人物纪念日、重大法规发布日等重要的选题资源纳入"坊历"，以对这些重要的历史事件和人物保持持续关注。

综上所述，一个事件、现象或问题如何成为一个数据故事的选题？指导教师总结的这番话在一定程度上代表了我们的选择标准：我们认为具有公共价值的事件、现象或问题都是可以去报道的，但能不能做，则要从这个选题已经被媒体开发的程度、我们能提供的信息增量、操作选题的可行性、选题是否存在有待厘清的争议等角度去综合考虑。❶

---

❶ 人大「RUC新闻坊」：不止于校园媒体. 检索于 2022-03-15，取自 https://mp.weixin.qq.com/s/uZsxWi6kr3UMoLnnipXblw.

第 2 章
换位思考：好故事来自与读者的"对话"

早在大众传播出现之前，"叙事"就遍布于人们的生活之中。有些叙事是功能性的，例如员工向老板汇报工作、学生向老师提出自己的困惑，而另一些则更偏向于娱乐消遣，例如我们和好友一同讨论好看的剧集、有趣的游戏，或是在社交平台吐槽自己的尴尬经历。

如果说上一章我们谈数据叙事选题时采用的仍然是传者视角的话，那么这一章我们将与读者换位思考，即在数据叙事的选题阶段，我们的大脑也要模拟一场与读者的对话：我的读者是谁？他们知道什么（他们具备怎样的知识背景）？他们想知道什么？我可以告诉他们哪些他们应知、欲知而未知的信息和知识？

2.1 我的读者是谁？

电影院希望知道周边的观众喜欢看什么电影，餐饮店希望掌握顾客的口味偏好，美妆产品会调研消费者的审美取向与需求……很多领域都在分析自己的受众，但显然，"我的受众是谁"是一个理想化的问题。由于受众群体的多样性和流动性，因此要获取非常清晰和准确的受众"画像"实属不易。

以 RUC 新闻坊为例，我们以微信公众号作为主要的依托平台，微信后台提供了关注公众号的用户数据，我们可据之推断出我们的核心用户多居住于北京、上海等大城市，文化程度较高且较为年轻。但这些数据仍很粗糙，难以对读者的阅听习惯和喜好做更深入的描摹。尽管如此，凭借数年来公众号推送获得的反馈数据，我们仍然能大致了解核心读者的阅读偏好和价值判断。

本章提出"与读者对话"并不意味着数据创作者们必须铆足全力去分析自己的受众画像，追随甚至完全迎合受众的偏好，而是希望通过对相关问题的思考，帮助数据创作者们更好地确定读者感兴趣的选题，让数据叙事能达到双方认同的沟通价值。

2.1.1 "魔弹论"反面：专业勤思的读者

好的选题建立在对受众的了解上，对强专业性选题而言，这一点尤其重要。一篇报道可能面向的更多是专业知识背景相对空白的读者，也有可能吸引"专家读者"。一个好作品要尽可能地包容具有不同知识水平的读者，既要满足普通读者对于专业信息的需求，也要扛得住专业读者对于叙事专业性和准确性的考验。

2021年5月22日，2021年（第四届）黄河石林山地马拉松百公里越野赛在甘肃省白银市景泰县黄河石林大景区举行，比赛期间选手们遭遇冰雹、冻雨等极端天气，包括梁晶等多位国内顶尖越野跑选手在内的21名参赛选手因失温不幸遇难。事件发生后，网友们在唏嘘哀悼之余就"失温"的危险性、赛事保障措施、极端天气发生后的紧急措施与救援等问题展开了讨论。RUC新闻坊在2019年发布的旧稿《高烧遇冷？国内马拉松的冰与火之歌》基础上调整框架、更新数据，围绕此次事件和其中暴露出的问题于5月25日推出稿件。推送发出后，有读者评论建议辨明"马拉松""山地马拉松""越野赛"的概念差异，并深入了解其背后的运营、保障、推广，以及文化逻辑差异，还有读者提出"马拉松猝死"与"越野赛失温"是不同的风险，在专业问题上须做出更明确的区分。读者"cc"留言说："从广大媒体到部分跑者甚至到一些组委会和当地政府，意识中对'马拉松'和'越野赛'二者概念有意无意的混淆及其导致的组织管理漏洞，恰是这种生命悲剧出现的原因。"在根据读者反馈进行进一步的资料收集与学习，并请教相关领域专家后，创作团队立刻删稿、修改，并于次日凌晨推送勘误后的稿件《新创旧痛 | 黄河石林百公里越野赛事件特别报道》。

这个例子充分说明，在社会的专业化分工程度越来越高的时代，内容创作者在面对和受众之间不对称的"信息差"时并不总是处于优势地位，对相关领域更为熟悉、掌握更多专业知识的受众有可能倒转过来为创作者提供更为专业的建议。这种传播关系的转变业已随着网络与社交媒体的发展广泛延伸为传播中普遍存在的现象。正如学者黄旦（2015）所言，在以"互联网"为隐喻的当下，作为组织信息和知识结构的大众媒介只是更大关系网中一块互联的部分，而网络关系始终以去中心与再中心进行着波浪式涌动。

这样的网络关系在数据叙事领域中还体现为，即便在专业领域之外，受众也绝非单一的信息接收者，他们对话题的思考与讨论往往能促使创作者在创作结束后对作品做更深层的意义挖掘与思考。例如，在《报道农民工思考海德格尔，是正常的事吗？》一文推送后，读者"乐"提出："'农民工思考海德格尔'也需要现实条件的支撑，需要为他们提供充分的社会保障，让其享受城市的基本公共服务。"读者"Otaru"认为："对于将'农民工读海德格尔'视为非正常现象，我们要做的或许不是先去质疑这一举动是否带有精英主义的傲慢，而是去正视客观存在于不同群体之间的阶层差异。阶层划分不是为了标榜和比较谁高谁低，而是促使社会去反思阶层之间的差异，并推动阶层的流动性，让更多想读书的'农民工'们有条件去读。"这些反馈在原作品基础上提出了更多值得思考的观点。

而在另一篇名为《新冠疫苗来了，谁先接种？》的文章后面，读者"兹蓣"的留言则从专业的视角对文章的主题做了更科学和多维的补充：

> 疫苗分配的问题是 applied ethics（应用伦理学——编者注）和 political philosophy（政治哲学——编者注）中非常经典的问题，需要均衡各种价值考量。通常而言，占据压倒性地位的第一层的考虑都是某种带有 utilitarian（实用主义——编者注）色彩的 cost-benefit analysis（成本效益分析——编者注），主要考虑每一支疫苗所挽救的健康寿命和生活质量，因此通常会在三个方向上做考虑：（1）暴露风险，风险越高接种的效用越大；（2）脆弱性，感染率、死亡率越高接种的效用越大；（3）该人健康与否对其他人福利的影响，对其他人越重要接种的效用越大。典型的疫苗分配是医护人员优先考虑（1）（3）的结果，养老院则优先考虑（2），政治家

和军人优先考虑（3），照顾社会底层可以看作考虑（1）（2）。第二层的考虑是 pluralist egalitarian（多元化的平等主义——编者注），比如在上述效用权衡基础上向弱势群体的特殊倾斜。但是上述讨论仅仅是伦理学的，在政治哲学中还至少需要考虑以下几点：第一，国家一方面有必要照顾国民的健康，另一方面需要尊重国民掌控自己身体的权利；第二，国家在紧急情况下对私有企业及其市场行为进行干预的必要性和限度；第三，一国政府对本国公民有优先照顾的政治义务，同时发达国家有照顾发展中国家的道德责任。

可以说，这样专业的评论在一定程度上已拓展了原文的思维深度。看到这样认真和专业的留言，我们深刻地感受到面对的读者并不是"魔弹论"中的"靶子"，他们中的大多数不仅具备自己所擅长领域的专业知识，且在专业内外都能对公共问题抱有批判性的思考，并愿意通过公共平台表达自己的见解。面对这样勤思的读者，一方面我们感到庆幸，就好比拥有一群志同道合的友人，能够有更多对话的空间和机会；另一方面，我们也感受到一种责任和压力，需要对自己的每一个作品做更严格的把关，这样方能经得起读者的检验。

2.1.2 在读者的差异中找到共性，引起共鸣

不同读者间的差异性是必然的，叙事者在越大的媒体平台上可能遇见的读者多样性也就越强，差异也越大。例如，校园媒体受众间的最大共同特征或许在于他们与这所学校的关联——作为学生、老师，甚至家长，但更多大众媒体所面对的受众却来自五湖四海，其关注点与阅读偏好各不相同。

在这些各异特质的基础上，人类的悲欢却是相通的。有些选题因其所讨论话题、表达思想、抒发情感的公共性，尤能引发不同读者间的共鸣。

2020 年初，新冠肺炎疫情暴发后，确诊病例的数量持续快速地增长，武汉当地一度因为医疗资源紧缺而出现患者无法入住医院，不得不上网求助的现象。RUC 新闻坊推送的

1183 位求助者的数据画像：不是弱者，而是你我

《1 183位求助者的数据画像：不是弱者，而是你我》一文通过对微博求助数据的分析，概括了求助患者的年龄和话语特征，并将求助地址和发热门诊或定点医院距离、求助者所在小区房价与年份等数据进行了交叉分析，发现这些求助者们并非传统意义上的"弱势群体"，而是覆盖了各阶层社会人群。这篇文章引起了读者的巨大共鸣，有读者在文后反馈："不是弱者，而是你我，没有一个人能够置之度外。用数据说话，真实、客观地统计描述。我们参与了求助者志愿服务，每一个叙事，都是一个家庭。"还有读者留言说："一个个数据，不仅仅是一个个统计数据而已，更是一个个生命……是一个个普通而脆弱的家庭。"

同样，另一篇推送《一码通不通？全国健康码大测评》则是在2021年年底西安市民健康码出现大范围崩溃事件后，我们对全国健康码的亮码步骤和便捷度、个人信息展示状况、适老程度、跨省互通程度进行全面评测后形成的报道（见图2-1）。由文末读者的留言可见，不少读者从各自的经历出发，对改善健康码的互联互通提出了意见和建议，留言区形成了一个针对健康码设计改进进行探讨的理性公共空间。

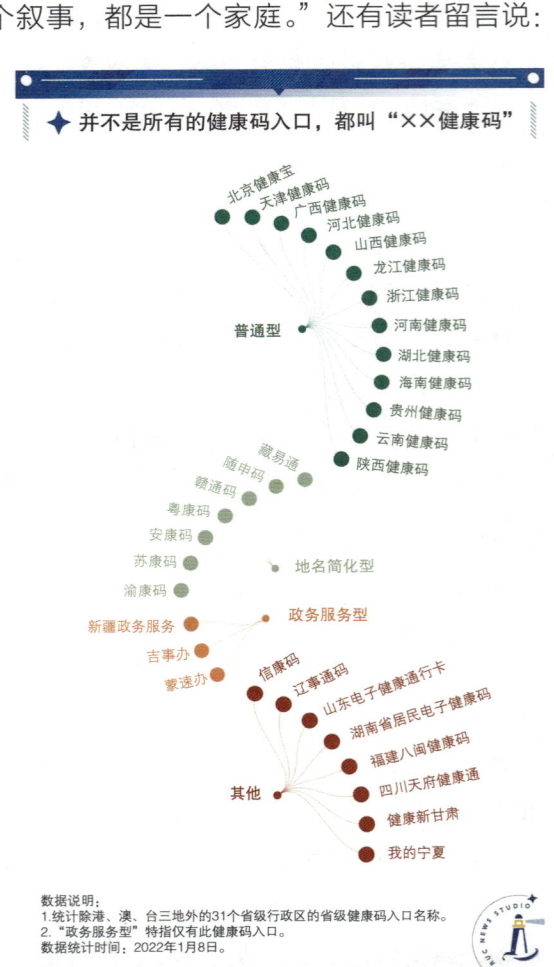

图2-1 作品《一码通不通？全国健康码大测评》的插图

2.1.3　选题和读者也会"同性相吸"

对数据创作者而言，选择影响面更广、影响力更大的选题无疑能够获得更多潜在受众群体的关注，但实际上日常生活中的话题往往是五花八门、旨趣各异的，这些看似小众新奇的选题来源有时也可能吸引到一批对此有关注的热心读者。长期以来，内容机构和其面向的受众之间存在着一种微妙的相互认同关系，大多数时候创作者感兴趣的话题往往也会打动他们的读者，两者之间的关系更像是"双向奔赴"，而不是"独角戏"。

社交媒体环境在某种程度上也助推了这种双向选择。从受众角度而言，他们在社交媒体上做出的选择往往是符合自身喜好和价值立场的（谭筱玲，修伊湄，2020），在此基础上，关注着公众号的既有受众的主动分享会让内容得以沿着个体的社会关系网络触达潜在的兴趣群体。以 RUC 新闻坊为例，在 2021 年推送的所有文章中，单篇稿件分享带来的阅读次数最高达到了 37 万多次，有近 3 万人分享了这篇稿件，而每次分享带来的阅读次数最高则能达到 10.55 次/篇。[1]

另外，当下广泛应用的算法机制也在强化着阅读兴趣上的"人以群分"。在构建起社交媒体信息环境的推荐算法中，协同过滤是应用最广泛、最成功的技术之一。该方法假设兴趣相近的受众可能会喜欢相似的项目，并基于受众间的相似度及历史行为数据等进行推荐，从而挖掘出与受众既有兴趣不同的潜在兴趣偏好，基于诸如"个人品位"等复杂概念进行过滤（赵俊逸等，2021）。

因此，社交媒体时代的数据创作者们可以放心大胆地将目光投向自己的兴趣所在，从中挖掘自身感兴趣的话题，以期吸引那些能与自己"情投意合"的读者们。

RUC 新闻坊 2021 年 12 月推送的《打开一本二手书，你看见了……》就是一个与同期备选选题相比不那么"热点"的选题（见图 2-2）。当时与二手书选题一同进入编辑群讨论的选题有以开播热剧《女心理师》为由头的心理咨询，以河南卫视《唐宫夜宴》《洛神水赋》等为由头的"舞蹈出圈年"盘点，以及网友们热议的医保谈判话题等。但综合考虑时效性、数据质

---

[1] 数据来自微信公众号后台，统计时间截至 2022 年 3 月 29 日。

量、专业门槛等因素，轮值小组最终还是选择了二手书选题。文章从孔夫子旧书网与多抓鱼这两个二手书线上交易平台讲起，通过畅销榜上二手书的标签、特征描摹出用户们在平台上寻求低价书或是珍本的两种诉求，最后落脚于探讨二手书交易的社交属性。这篇没有热点"加持"的推送仍收获了不少读者关于个体独特体验的分享，有人买旧书盲盒开出了恐怖故事选集，至今只看了目录；有人购入保罗·策兰（Paul Celan）诗集时意外获得了译者签名；还有人透过一本原购于2003年的《报纸编辑学》上的字迹感受到了"跨越时空"的奇妙体验……社交媒体的特质使得一些二手书爱好者们得以在这篇推送下集合，在一片小小的临时公共空间中分享经历，进行隔空对话。

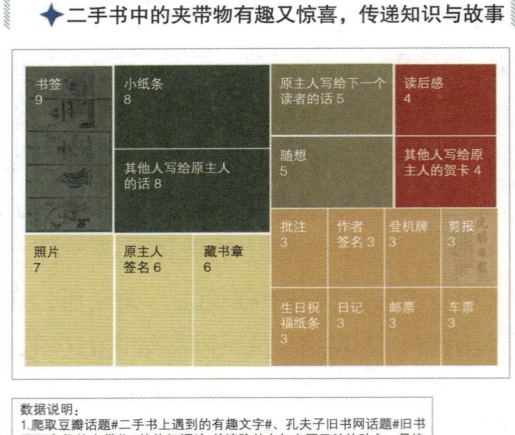

图 2-2 作品《打开一本二手书，你看见了……》的插图

  RUC新闻坊另一篇推送《降价吧！卫生巾》一文源自2020年9月散装卫生巾掀起的一场讨论，编辑们从"卫生巾到底贵不贵？""消费者在为什么买单？""'月经税'真的存在吗？"这三个当时被广泛讨论的问题出发，通过对消费者评价、产品价格、定价因素、不同国家税收政策的分析与对比，为这一话题补充了更多切实的数据与信息。在文末留言中，读者们自发开展了对于税收知识的进一步科普与卫生巾难题到底如何解决的讨论。例如，在有读者提出"建议：查询某一做了降税举措的国家在降税前后，价格相对于购买力有没有真的降低"后，立即有另一位读者在留言区贴出了对应数据案例：

  尼尔森的一项市场调查显示，2005年美国新泽西州决定免除卫生用品的消费税。2018 年，研究者计算了该州女性在 2004 年和 2006 年的卫生用品花费，数据显示：在免除了 6.9% 的消费税后，女性购买卫生巾的花费减少了 7.3%。而且，高收入群体所花费用下降了 4%，低收入群体的这一数字下降了 12%，效果更为显著。

关于如何切实有效解决卫生巾难题，也有读者们给出了加强国家调控、减少经销营销环节"加价"的思路：

> 减税不代表降价，如果没有国家对市场价格的调控，那么减税丰盈的还是资本家的钱包。
>
> 降税给卫生巾带来的降价太有限了，2019 年制造业增值税税率刚降低到 13%，即便降到 9% ~ 6% 也仅仅能让每片价格降价几毛甚至更少。几千块钱的手机才因降税便宜了几十到一两百元。增值税不是价格 × 税率的价外税，而是以销项税额减进项税额的方式得出的。各级经销环节重重加价，怎么挤去经销环节的水分，减少营销环节带来的溢价，真的是太重要了。

这种以兴趣为基础快速聚合受众群体的过程与当下饱受诟病的"信息茧房"现象的形成过程看似颇为相似，都更多是基于个体偏好的选择性注意力投放和算法推荐机制共同作用的结果，但实则不然。近年来越来越多学者指出，当下人们对"信息茧房"概念的使用有着标签化、负面化和夸大之嫌（赵庆来，2021），平台、媒体、受众等主体认知的深化和算法等信息技术的发展也在不断合力"破茧"（彭兰，2021）。从媒体的角度看，选题应该不仅涵盖能引发多数受众"共鸣"的公共话题，还能涉及与少数受众"兴趣相投"的话题，这样才能在竞争激烈的创作者群体中保有自己独特的内容格调。

2.2 读者想要什么？

数字环境下新闻生产主体表现出万众皆媒、万物皆媒的可能，职业新闻生产者与无数个体、组织乃至机器共同构成了泛新闻生态系统，多元主体下的新闻生产也呈现出分布式、碎片化、进行时式的特点（彭兰，2021）。但不论内容生产的主体与特点如何变换，于受众而言其所满足的信息与情感需求都是相续相承的。而数据创作者们想要确定一个"好选题"的展开方式，首先就需要站到受众的角度思考：打开这篇作品，我想获得什么呢？

2.2.1 信息增量：新闻热点中的事实与观点

一般而言，信息的流动总是在传播主体之间存在不对称的信息差时发生。数据创作者需要在纷繁的信息中准确判断出什么是我们的受众会关注的热门事件，然后凭借从以往选题的反馈中积累的默契与经验，找到传受双方共同认可的信息差所在，这样才能完成一次能够给予读者信息增量的传播。对于新闻热点，受众想要获得的信息增量可以概括性地分为事实性和观点性两类。事实性信息可以分为对于事件发展过程的追踪以及背景信息的补充这类基础信息，和与事件相关的专业领域科普信息这样的"冷知识"。能否从对于热点事件相关事实信息的追踪、梳理与加工中找到有新闻价值的选题落点，直接决定着这篇作品能否提供受众足够的信息增量。

从这个角度看，数据创作者往往能从数据集本身或是在做交叉分析的过程中找到别具一格的选题角度与信息增量。例如，诺贝尔奖的颁发一向是全球各界瞩目的"热事件"，各国各领域的媒体和机构都会从自己的角度出发进行内容生产。2021年诺贝尔奖揭晓时，RUC新闻坊选择文学奖为对象，通过对历届诺贝尔文学奖得主作品的国内首次引进出版时间的统计及对获奖时间和原作发表时间的交叉分析，发现了国内出版机构中的"天才捕手"，从而发布了《诺奖作品买不着？中国的"天才捕手"们这次失算了》一文（见图2-3）。对受众而言，查询到某届诺贝尔文学奖得主的作品有哪些、国内哪家出版社在何时引进并非难事，这些客观的基础事实性信息在互联网时代的搜索引擎中几乎可以说是触手可及的。但历年来每部作品获奖与引进时间之间的发展规律，以及各家出版社"押宝"成功率这些需要基于历年数据分析才能得出的结论可不是一眼就能看出来的，数据创作者们将信息梳理为结构化的数据并进行系统分析的价值也在于此。此外，文章对引进版图书出版流程所做的梳理与可视化，也是在进一步为受众补充有趣、有用的"冷知识"。

又如，"双十一"购物节属于报道选题中常见的可预测节日、纪念日、重大活动，这类选题因其可预见性为编辑们留下了更多的策划与操作时间。但同时，因为这类事件几乎是年年发生、大家都写的，所以常规的选题思路容易流于俗套，也会踩中读者们审美疲劳的雷区。2021年11月11日，RUC新闻坊推送了《今天，你"购物节倦怠"了吗？》一文，梳理了各大电商平台的促销"造节"日历，发现随着购物节名目、玩法的增加，以及时间线的拉长，陷入其中的消费者愈发难以获得切实的优惠。作品通过对2020年11月至2021年11月淘宝天猫购物节的逐日梳理发现，这一年中有三分之二的日子都被赋予了不同的购物节名目，以具体的数据印证了消费者的疲惫感并非空穴来风。作品对各种购物节诸如跨店满减、红包抵现等"玩法"的梳理也获得了读者"各种套路太复杂、太麻烦，最终会形成疲软状态，对什么购物节都无感"的共鸣。这篇文章在"双十一"的火热中把握住了所谓"仪式感"和狂欢消费裹挟下消费者们日渐倦怠的社会趋势，为受众个体层面的感受提供了跨越时空视角的数据支持。

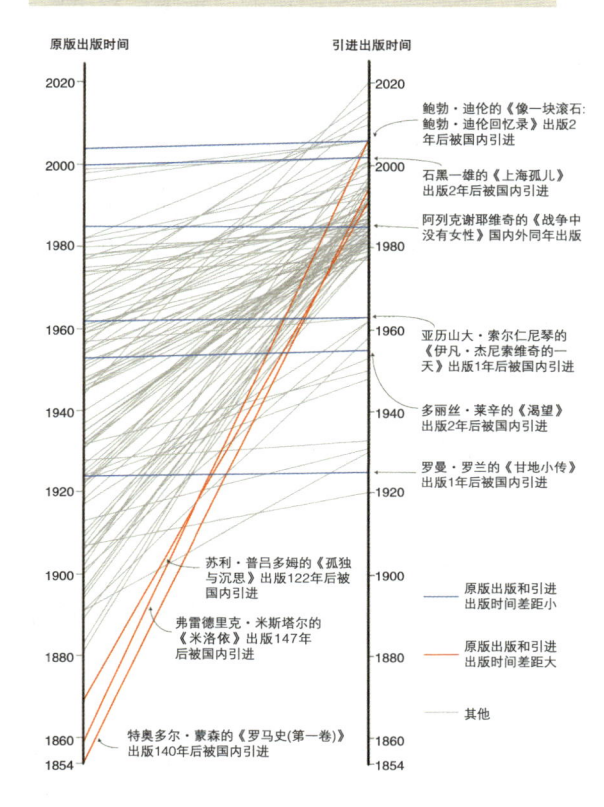

除了上述事实性信息增量，对事件做出道德、法律、审美等价值判断的

图2-3 作品《诺奖作品买不着？中国的"天才捕手"们这次失算了》的插图

观点性信息也是受众所期待获得的信息增量的一种。2022年2月，中国女足亚洲杯夺冠后，有关男足女足战绩与奖金巨大反差的讨论一时甚嚣尘上。澎湃美数课作品《体育界的"性别之争"，远没有结束》[1]由此展开，对各类大型赛事中男女运动员的奖金差异进行了梳理对比与可视化，同时引用多方观点，将聚光灯打向了"房间里的大象"，指出了部分赛事男女运动员的奖金差异仍在扩大、女性运动员媒体曝光度低、薪酬待遇不平等问题。作品虽未明言，但通过事实信息的呈现与观点性信息的引用向受众传达了对"男女运动员同工不同酬"问题的价值判断，并呼吁受众对女性体育赛事和女性运动员投入更多关注。

2.2.2 社会关怀：情感抒发与认同

除了诉诸切实的信息增量，如能为读者提供情感抒发的途径，或是为他们提供价值认同与支持，也不失为一个好选题。

2021年清明节前，RUC新闻坊向读者们发送了这样一封征集信：

亲爱的坊友们，晚上好呀：

　　清明将至，沙尘漫天，在这个天不朗气不清的夜晚，我们希望能跟朋友们聊一聊死亡。

　　"若是某个傍晚暴雨狂风，便是我来看你。"音乐人赵英俊在自己的绝笔信中借着风雨，向自己深爱的世界道别。

　　"我虽然心痛她的燃烧，但是同意。"作家三毛的父亲陈嗣庆在女儿去世后如是回忆。

　　可能你尚未经历过生死瞬间，对于死亡的思考来自文学意象抑或坊间传闻；可能你已经体验过生离死别的痛楚，对于生命和牵绊有一番自己的见解。你是否设想过自己要如何向这个世界道别？你曾如何想象自己的离开？是否有一个人、一件事或者某一个瞬间改变了你对生死的看法？

---

[1] 体育界的"性别之争"，远没有结束. 检索于 2022-04-01，取自 https://mp.weixin.qq.com/s/Av0Ww53lnNrQYUJ8L6M_CQ.

点击"你有想象过死亡吗",我们在这里等你的故事。

在短短一周左右时间内,共有 216 位读者点击了文中的调查问卷链接,他们在问卷中敲下了六万余字,与我们分享了一个个关乎死亡认知与想象的故事。通过对这些文本数据的分析,RUC 新闻坊推送了《生命与爱的重量:216 场与死亡的对谈》一文,作品归纳了读者们分享的故事,然后节选、串联起了部分回答。这篇作品在发表之后,收到的反馈之热烈甚至有些出乎主创人员的意料,很多读者在留言板继续分享自己对死亡话题的感受。事后我们总结这篇推送的经验,认为该文找到了与读者的情感共振点,这在社交媒体时代传播中是至关重要的一环。其实,在策划清明节选题时我们还提出了另外五个选题角度,其中包括微博追思与电子墓志铭、当代祭扫文化、送行者们(殡葬行业从业者)、殡葬专业的学生、当死亡成为一门生意等,但最终编辑们选择在这个特殊的节点为读者们提供一块情感抒发之地,而最后刊发的作品也很好地实现了这种创作初衷。

RUC 新闻坊的另一篇文章《在社会的时钟里,我们"应该"成为什么样?》也是一个打破以往"为读者提供信息增量"惯例的更偏于思辨的作品(见图 2-4)。该选题其实来源于对读者"点菜"的回应,在国考选题推送发布后,有读者留言说想看与考研有关的内容,恰好轮值

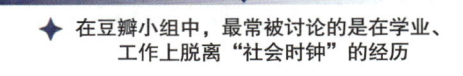

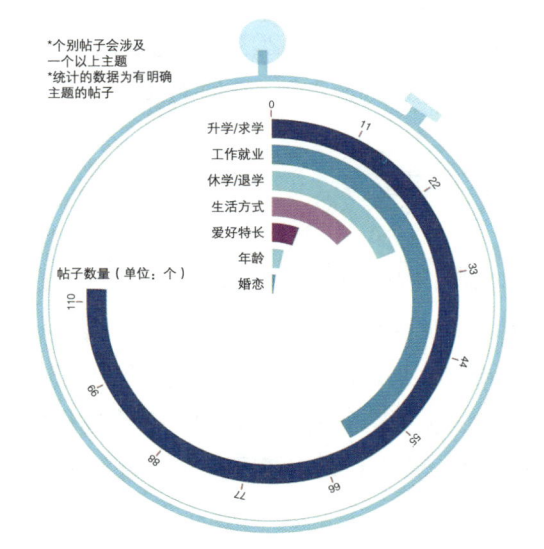

图 2-4 作品《在社会的时钟里,我们"应该"成为什么样?》的插图

编辑们看到了《人物》的报道《高一那年，我妈妈决定去考研》，就联想到了豆瓣"逆社会时钟"小组，决定做一期选题看看脱离"社会时钟"的人们走出了怎样的打破常规的道路。我们延续了以往的数据思维，但将更多重心放在了对于分析结果的讨论上，以期为读者提供情感认同与支持。编辑们交叉分析社会报告与豆瓣小组成员们的讨论后发现，尽管随着时间的推延，一些求学、婚育社会时钟刻度的"拨后"并没有带来压力的缓解，反而令年轻人面临着时间更加紧凑的"成家立业"压力，但这些豆瓣组员们最常讨论的正是如何在学业和工作方面跳出枷锁。文末留言也印证了读者们情感上认同与支持的需求，有读者觉得"在考试升学系统里'卷'，在婚恋市场上'卷'，在职场上'卷'，就像在游戏里升级通关一样，'卷'过了一关又一关，学着前人的攻略取得一个又一个成就，却忘了问自己为什么要玩这个游戏"，还有读者表示"这些道理我都明白，只是感觉到自己被落下时，还是很焦虑、很苦恼"。

有学者曾对疫情纪录片中的生命叙事进行研究并提出，生命故事的讲述整合了个体经验，作品成了情感沟通的媒介，让不同个体在意义相通的共情场域中唤醒与联结情感记忆，让个体通过叙事将情感问题外化并获得抚慰与疗愈（张卓，李晨，2022）。特定选题的数据作品亦如是，能够通过叙事的力量为受众提供情感支持价值的选题也不失为另一种层面的"好选题"。

2.2.3　娱乐消遣：游戏是人类天性

除了收获信息或是情感，阅读往往还有一种更为直接简单的诉求——快乐。英国学者斯蒂芬森的传播游戏理论认为，虽说大多数传播活动具有以传递信息为主要功能的工具性，但有一部分传播活动本身就是目的，即为人们带来快乐（刘海龙，2008）。将传播视为主观的游戏（subjective play）是对传播信息理论的补充和发展，而将其应用到数据叙事中也当如是。

《什么女人最好命？甜宠剧的千层套路》是一篇与 RUC 新闻坊惯常画风相去甚远的推送，该文以一首打油诗开篇，紧接着以甜宠剧的印象标签、女主（角）形象是否独立、女主（角）姓名与现实社会统计报告对比、女主（角）身份、女演员标签等数据切入，最后还分析了一番国产热门小甜剧海报宣传语的常用套路（见图 2-5）。尽管文案升华到对于这个时代爱情、职业、性别观念的讨论与思辨，但整体文风偏向娱乐轻松，向来严肃的评论区也被文末互动"甜宠剧生成测试"占据，可见"游戏"这种轻松的形式成功调动起了读者们的互动积极性，达成了我们预期的传播效果。

图 2-5　作品《什么女人最好命？甜宠剧的千层套路》的插图

同样，RUC 新闻坊 2021 年的中秋节策划《网红月饼财富密码，被我们找到了》也是一篇相对轻量的作品，编辑们在大群里讨论选题时甚至直接交流起了自己"拔过草"的各式月饼。推送以长图的形式对各大品牌网红月饼的单价、销量、包装、馅料、联名情况进行了盘点，来自各地的读者们也纷纷在评论区留下了自测的月饼红黑榜。这样的选题既契合了中秋节阖家团圆的欢乐氛围，又能通过数据与信息的可视化调节阅读节奏，让读者获得轻松愉悦的阅读体验。

值得一提的是，互动技术的普及大大拓宽了选题作品"游戏"功能的开发，突破了二维的图、文、音频组合的限制，让数据创作者在进行选题结构策划时除了传统的单向线性叙事外还能进行多支线、多方向的策划。

这类选题在策划阶段就需要设想好最终呈现形式的架构，以围绕该架构展开相应的数据、文案/脚本、图像的规划，这样才能在最后"组装"时不出疏漏。以 2022 年愚人节策划《仅此 1 天！〈洋葱新闻写作指南〉独家放送》为例（见图 2-6），我们希望用一种游戏的形式让读者体验洋葱新闻文化的戏谑和反讽效果。在选题策划之初，编辑们便拟定了文案的"写作指南"框架，在此基础上，负责开发的编辑对应文案中的主要写作环节和数据发现结论，将各种元素组装起来，设计了一款名为"洋葱新闻生成器"的体验游戏。

《速来！领取你的冬奥限定皮肤》则是希望通过抽取试题搭配冬奥服装与设备的形式，让受众对于冰雪项目装备有更深的了解（见图 2-7）。与 2020 年记者节的互动作品相比，我们在这期推送中有更多的编辑参与到人物、装备的绘制中，也在掌握开发技能的编辑的支持下优化交互项目部署，进一步改善了受众的游戏体验。

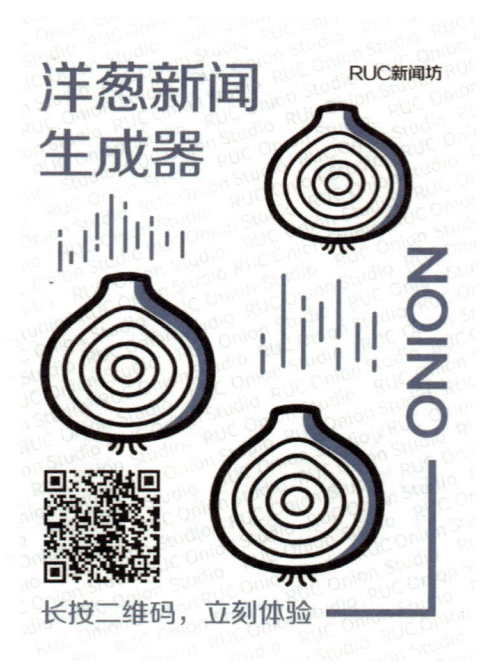

图 2-6 《仅此 1 天！〈洋葱新闻写作指南〉独家放送》的页面截图

图 2-7 《速来！领取你的冬奥限定皮肤》的游戏首页截图

除了这类交互游戏作品，RUC 新闻坊在策划图文选题时也多次尝试加入交互技术，以增添阅读趣味、提升读者体验。作品《中国 4K 修复：38 部电影中永不消逝的光影》选取电影《海上花》修复前后版本为对比对象，通过 K-均值（K-means）算法对两个版本抽取出的 24 帧画面提取平均色并进行对照。在推送中，读者可以看到修复前后的色卡对比及对比画面动图，点击链接跳转交互网站后，便可点击各帧画面对应色卡，拖动转换轴，查看修复前后的画面对比（见图 2-8）。另一个作品《一首为考研人而写的叙事诗》则是借助 svg 组件在文末制作了一个"点击暂停领取定制祝福"的小游戏，表达我们对所有考研的朋友们最朴素真挚的祝愿。《0 元体验"国考"航班，带你去宇宙尽头看看》也是借助 svg 组件呈现了行政职业能力测验的不同题型，让不少读者真情实感地留言感慨题目难度之大。

图 2-8 作品《中国 4K 修复：38 部电影中永不消逝的光影》的插图

2.3 "我"能做什么？

　　从读者视角对"选题"做预判后，我们还需回归自己，问问作为叙事者的"我"，到底能做什么？是分享自己于数据宝藏中挖掘出的规律与异常，抑或是就某个争议话题发声，还是做一次创新性的实验，为读者带来一场审美旅行？创作者的主体性是最终决定选题及叙事框架的要素。

2.3.1 数据先行：分享研究发现

一篇强有力的数据叙事作品往往与强有力的数据发现相关联，而一位合格的数据创作者通常都保持着自身的数据敏感性，能从数据中发现新闻线索。

RUC新闻坊作品《条款三千丈，读到哪一行？》灵感来源于日常生活，聚焦我们使用绝大多数手机软件（App）前都要经历的环节——个人信息授权。编辑们对日活量较高的常见App搜集的用户信息进行分类统计并对照新颁布的规定后发现，大部分App依旧在搜集大量非必要的用户信息，且用户难以取消对这些信息搜集的授权。对于隐私条款，多数用户的使用体验大概都停留在"怎么这么长，扒拉了好几下还不见底"。这种主观体验的描述在好友间的日常吐槽时完全够用，但面向众多受众的数据创作者需要对这一现象进行更好的归纳总结，并找到一个更具表现力的方式，才能在读者心间留下印象。这篇作品选择以"屏"为单位，既突破经典的条形图形式完成了对条款长度的可视化表达，同时结合生活经验给读者留下了"条款到底有多长"的直观印象。

另一篇作品《新传学子求职路："入海"之后，奔向何方？》（见图2-9）通过分析招聘市场的数据发现：第一，新闻传播人才在可选择的就业岗位中竞争优势并不明显，拥有跨领域技能的毕业生在求职过程中更受青睐；第二，"本科及以上"仍然是各类用人单位最主流的学历要求，有将近过半岗位只招收硕士研究生及以上学历；第三，记者、编辑等专业人员仍是新闻传播专业为业界输送的最大一类人才，尤其是在党媒、电视台、都市报等传统新闻行业中；第四，除了新闻媒体仍将文字能力视作最重要的素质，其他行业，如公关营销广告类公司、快消零售企业等，都将沟通能力作为一项重要的参考指标。

在此基础上，作者提出"高等教育是社会的镜子，新闻传播教育面临的危机折射出当下新闻业尴尬的处境和媒体人焦虑的心态……新闻传播学科遭遇的危机，是人文社会科学学科共同困境的缩影"。作品结尾对这种焦虑做了回应："无论是作为职业的新闻，还是作为理想的新闻，'新闻学子并不一定成为新闻人，新闻人也并不一定来自新闻学院'或许并非一种不健康的生态。从社会层面看，这可能象征着跨学科的智识流动和媒体进一步专业化的趋向；对个体而言，它意味着多元的选择和尝试的推力：无论身处哪个学科，学院与学校所能赋予的，有且仅有我们主动获得且在手紧握的那一部分。"

2.3.2 数据解读：传达价值观点

身处"大数据时代"，众人皆知数据这座富矿蕴含着无限可能。商户通过数据把握消费者的习惯与偏好，平台借助算法推荐为用户定制内容与服务，数据固然可贵，但于数据创作者而言更重要的却仍是对数据的解读及其背后所代表的价值判断与观点。

以前述健康码测评作品为例，编辑们如果仅仅停留于表面的测评，道几句亮码环节烦琐、各地数据不互通带来的不便，那整篇推送不过是完成了一次集众人之力的大型吐槽，于读者而言，他们也并不能获得深层次的信息增量。但《一码通不通？全国健康码大测评》一文在叙事时并没有止步于呈现数据结果，而是关注各地数据互通带来的便捷与地方疫情防控灵活性在现实中暂时遇到的矛盾困境，并呼吁数字化治理下更多的人文关怀与精细服务，予"智慧城市"以温度。这些观点的传达是为了激发读者对这一公共治理话题做更深入的思考和

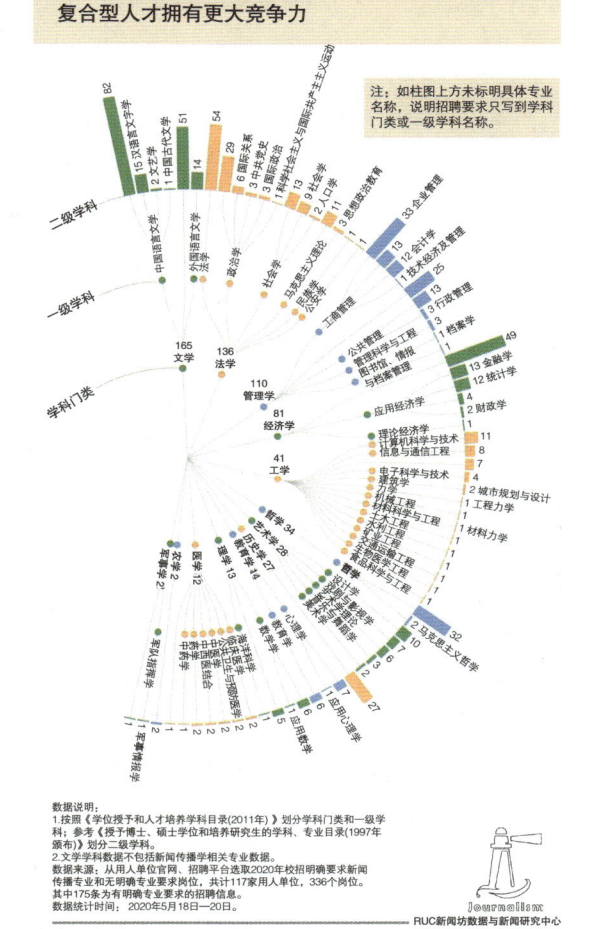

图 2-9 作品《新传学子求职路："入海"之后，奔向何方？》的插图

讨论，以使各地防疫政策更加完善。文章末尾这样写道：

> 码有二维三色，但人在疫情中可能面对的境况却不止千般万种：徘徊街头的考生，饥肠辘辘的居民，急需救助的父亲，正在流血的孕妇……如果将一张电子凭证作为放行的唯一标准，放弃了对这些无法被数字化的人与困境的体察，那么这样的"精细治理"实则流于粗疏，这样的"智慧城市"注定缺乏温度。

这种呼声也引发了不少读者的共鸣，有读者在文末留言表示，"这次选题真是真实反映人民心声，最近回家是真的体会到各种健康码切换的麻烦，核酸检测的信息也不能互通，就很麻烦"，"研究很有价值，对健康码改进与防疫工作有现实意义。目前数据很扎实，如果能有个体访谈，特别是老人、儿童、残疾人等特殊人群的访谈，则更有针对性，更能说明问题，更有助于问题的破解与推进。文章结论很有人文情怀，期待这篇文章能够发挥作用"。

有时候，同样的数据在不同的解读角度和分析思路下也有可能导向截然不同的结论，但好的数据创作者应该恪守两个基本原则：一是对数据所做的价值判断必须基于数据所呈现出来的基本事实，而不能断章取义或者刻意捏造；二是我们做出的价值判断应基于社会普遍接受的道德、法律或审美标准，应服务于社会的公共利益，而不是少数人的私利。

2.3.3 数据呈现：追寻美的体验

数据叙事作品的创作通常围绕数据的采集、分析与呈现展开，"美"的信息与形式本身就是作品价值的一部分，有时创作者们也可能尝试围绕给读者带来审美体验而进行创作。从创作者的角度，"美"的可视化的价值也绝不局限于美学体验，它还能带来传播效果方面的收益。布拉德肖（Bradshaw，2011）便将可视化置于六种数据新闻传播途径之首，认为它是传达数据作品结果最快的方式，并且是无可取代的。

关于美的传播创新实验，RUC 新闻坊于 2021 年记者节策划的《点击更新记者节 22.0 版本！》是一次效果不错的探索。我们以《互联网新闻信息稿源单位名单》（2021 年版）为参考，结合媒体行业现状，为九类媒体岗位绘制了"媒体人角色图鉴"，以期透视他们的工作内容和技能要求。不同岗位被具象为敲击着键盘的文字记者与编辑、拿着话筒的电视新闻记者与编导，扛着"长枪短炮"的摄影记者……作品设计的互动小剧场"虚拟编辑室"也为受众带来了真实的新闻实务体验，通过小剧场，受众可以了解各个岗位上的记者是如何做新闻的（见图 2-10）。在美而轻松的呈现形式中，作品既完成了对新闻记者能力与公共价值传承的探讨，也在这个特殊的节日提出了记者与公众进行理性、良好互动的期盼。漫画手绘的形式在留言区广受好评，唤醒了读者们的"记者梦""新闻梦"，也激励我们继续探索让数据故事更美的呈现方式。

但是，对于美的探寻并不一定都能获得读者的认可。我们 2020 年的元旦策划就在以往分析各大报刊新年献词的基础上强化了可视化呈现的方式，希望以"赠人玫瑰"的形式和意境使这篇作品更美。编辑们选择玫瑰花作为载体、红色作为主色调来进行整体呈现，对每篇献词进行情感分析后，以色彩的明度差异代表每年献词情感基调的数值。最后，根据代表不同媒体每年献词数量多少、情感变化的花瓣情况，组合绘制出四朵玫瑰花。这样的设计选择牺牲一定的信息材料，而侧重于呈现形

图 2-10　作品《点击更新记者节 22.0 版本！》的小剧场截图（节选）

式,从而进行美学景观的打造。由于花瓣作为呈现形式打破了人们以往的读图习惯,色彩明度也使得情感数值多寡之间的差异不再像摆在刻度尺上那般明确,于读者而言,文字叙事方面的让步让他们从作品中能够直接读取的信息有所缩减,导致看惯了公众号以往内容风格的读者反馈并不积极。这一案例令我们反思,或许有时候我们想通过审美表达向读者传递更多价值,但读者期待或者适应的阅听习惯未必与之匹配,这就好比一些媒体设计了大型交互作品但可能获得的读者交互反馈很少,这种反差多少会令创作者沮丧。

然而,换一个角度思考,这是探索新的表现形式所必须承担的风险,并不能成为我们故步自封、不愿意走出自己舒适区的借口。只要敢于"冒几次险",多做些反常规的新尝试,就能在未来的某个时机找到和读者需求契合的那个瞬间。

小剧场

读者点菜

板块编辑：马冰莹　王怡溪

组长：uu们！⚠️ 我们下周末就要报题啦！
组长：🤤🤤🤤🤤🤤
2021年12月8日
组长：咱们是这周末报选题 ⚠️
2021年12月10日
组长：uu们 我们周末要不要讨论下大家有时间吗？

要报选题了…

亲友说最近A事件舆情关注点多！想看我坊做个走势分析～

讨论中

后台有读者留言说希望出一期考研相关内容-w-

读者点菜，立马安排！
（太好了！不用绞尽脑汁想选题了！耶耶耶耶）

选题篇

053

第2章 换位思考：好故事来自与读者的「对话」

数据篇

第 3 章
数据研判：叙事的价值与可获得性

尽管我们将选题篇放在数据篇之前，但实际上，在数据叙事的过程中往往存在两种情形：其一是数据驱动型，先有数据，从数据的异常变动中发现有价值的选题；其二是选题驱动型，先确定大致的选题方向，然后去寻找数据，明确是否能操作选题以及如何将选题角度细化。无论是哪种类型的数据叙事，数据都是整个叙事中不可或缺的部分，而数据组工作的起点很明确："数据是什么？""如何识别那些有价值的数据？""哪些数据可获得？"

3.1 数据是什么？

我们身处数据洪流之中，但往往难以对"数据"这个概念做出清晰的描摹。它好像充斥着我们的生活，每个人都能描述几句，但又很难说清楚它到底是什么。

不妨换个角度来思考这个问题：下列的内容中，你认为哪些是数据，哪些不是？

1. 第七次全国人口普查公报中提及，截至 2020 年 11 月 1 日，全国总人口达到 14.43 亿人。
2. 《人民日报》、新华社《中国青年报》等多家媒体 2023 年的新年献词。
3. 2021 年 1 月初美国国会大厦被袭击时参与者拍下的视频。
4. B 站一条吃播视频中滚动的"真好吃""啊我饿了"弹幕。
5. 你每天所穿衣服的颜色。
6. 你开车从家到单位的行车轨迹。

7. 花的香味。

8. 鸟的叫声。

……………

实际上，以上内容都可以成为数据。过去，我们熟知的数据是那些已经被测量、写在书面报告中的数值，然而，随着我们的生活也在发生数字化，越来越多的事物被量化，数据是遍在的，它充斥在我们生活的每个角落。在数据叙事作品中，数据更多像是现实生活的一面镜子，从纵向或横向的角度映射现实，为人们反观自身生活提供了一种视角。

让数据参与叙事之前，要真正理解"数据是什么"，我们或许可以换一种思路，通过排除法，去识别那些常见的误解，明确"数据不是什么"。

数据并不仅仅是存储在电脑里的数字的集合。

对"数据"（data）的理解可以分为物理和哲学两个维度。从物理维度上看，数据被定义为可以被计算机处理的大量数值、字符和符号，同时可以通过电子信号的方式传输并被记录介质记录。从哲学维度上看，一切能够成为推理和运算的事实材料都可以被视为数据（方洁，2019）。数据新闻中的数据，并不局限于第一种物理维度的存储介质，同时也不局限于数字。

数据并不一定是已经存储在电脑里的"数字化"文件。尽管数据新闻的兴起常常与"大数据时代"并置，似乎数据新闻起源于科技浪潮中存储介质的升级和日益增长的数字化留痕，但是数据叙事中的数据并不局限于"大数据"中的数字化数据。比如前述作品《一码通不通？全国健康码大测评》对各地市"健康码需要点击多少次才能亮出"进行的统计，由于网络上并没有关于健康码点击路径的现成数据，这就需要数据搜集者一步步申请健康码，在自己的微信、支付宝或网站中打开健康码并计算点击次数。这样的数据获取过程更像是研究中的实践调查，我们拿到的数据，是通过对非数字化日常生活场景的一次次尝试记录获取的。

与此同时，数据也并不局限于数字（numbers）。拿一场篮球比赛来举例，如果要创作一篇与比赛有关的数据新闻，你会搜集哪些数据？两方的得分、选手投球的命中率、比赛双方发生冲撞的次数……这些数字虽然都是数据，但这些角度与智能机器人写作的体育报道手法似乎并无二致。你需要开动想象，数据除了数字之外还有没有其他可能性。比如一场比赛下来，观众欢呼声的音调和音量是如何变化的？球场上双方球员采取的进攻路线有没有固定的模式？梳理双方球员在历场比赛中穿的球服，比如分析球服颜色和他们的胜率有没有相关关系？从这些角度切入，你得到的也许并非直接的数字，但它们实际上都是有趣且可能存在价值的数据。

RUC 新闻坊曾在 2021 年的睡眠日推出特别策划《噪音，你吵到了我的眼睛！》（见图 3-1），不同于以往从各类网站上搜集数据，这次的数据

图 3-1 作品《噪音，你吵到了我的眼睛！》的插图

搜集发动了全坊力量，用分贝仪记录下日常生活中遇到的各类噪声：舍友敲键盘声、邻居装修声、清晨垃圾车的引擎声……得到这些音频数据之后，对它们的音轨进行可视化，没有具体的数字也可以让读者直观地感受到生活中的各类噪声和它们带给我们的视听感受。

数据并不总是宏观的、远离生活的"大"数据。

当"数据科学"不再只是专业术语，而是会被每个试图站在科技前沿、探究未来趋势的普通人提起时，"数据"就和"科学"挂上了钩，好像数据天生就是理性、宏观、远离生活的。其实不然，当你抛掉互联网灌输给你的那些概念，回到日常生活中时，门框上记录的每年身高的标记、日记本每页标注的晴雨天气、竞选班干部时在黑板上记录的一个个正字……这些数据都以朴实、传统的方式，填补着我们生活的许多缝隙。

"亲爱的数据"项目就是一个很好的案例（见图 3-2）。这个项目持续了 52 个星期，内容是关于两位设计师"鸡毛蒜皮"的日常生活。

斯蒂芬妮和乔治娅生活在大西洋两岸，她们通过数据可视化分享每周的生活点滴，包括一周内每天的时间规律、去过的场所、每一次内心的犹豫不决、每一次抱怨、每一次开怀、每一次告别……她俩把这些看似零碎的生活细节记录下来，汇总在一起，并做了相应的数据分析，再用富有创意的表现形式绘制在明信片上寄给彼此，形成了关于两人日常生活的数据记录。这个项目带给人最大的启发就是，数据就在我们身边，遍布我们所处的日常生活，只是我们还缺少发现它们的眼睛。

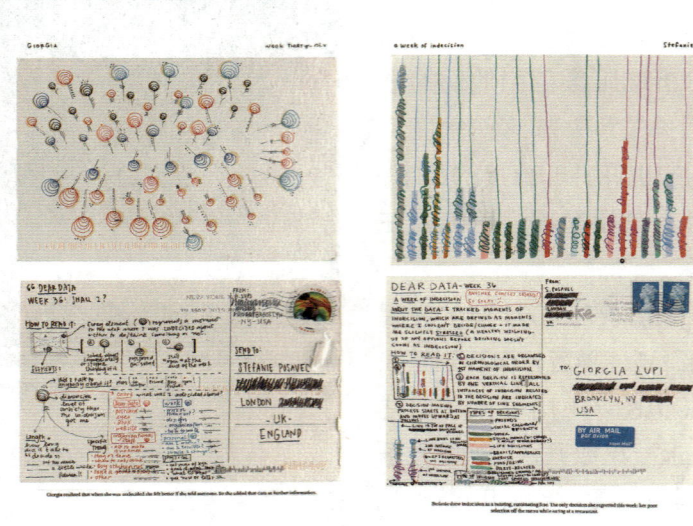

图 3-2 "亲爱的数据"项目截选
资料来源："亲爱的数据"官网 http://www.dear-data.com/theproject。

在讨论数据是什么时，我们需要打破以往的思维定式，跳脱出对数据的刻板印象，把目光放得更远、离生活更近一些。在数据叙事作品的创作中，对数据的想象力往往决定着一篇作品的创意、深度，只有不断拓展数据边界，才更容易做出让人眼前一亮的作品。

3.2　哪些数据更有叙事的价值？

价值是一个抽象的概念，因其使用语境的差异内涵亦有差别。数据的叙事价值也是一个相对的概念，同样的数据面对不同的数据创作者和不同的叙事对象，价值不尽相同。甲认为有价值的数据，乙可能完全不感兴趣。尤其是一些非常专业的数据，仅对深入了解这个领域的人才有价值。那么我们谈数据的价值意义何在？如果我们把数据叙事看作是一种有着具体沟通目标的行为，那么实现这个目标的前提在于行为双方对这场沟通的具体内容达成某种共识和认可，只有双方都认可这一行为能够满足彼此的某种需求，那么这样的数据叙事才是有价值的，沟通才是有效的。前面我们已经说过，当下数据叙事的主体构成是多元和复杂的，既有传统机构媒体，也有门户网站等新媒体机构、高校科研机构和数据服务提供商等，而这些多元主体面对的阅听对象也千差万别，这意味着对数据价值的判断必然存在差异。然而，由于数据叙事仍是广义上的面向更多大众的信息沟通行为，无论怎样的主体，其在数据叙事作品的传播中考虑的对象都需兼顾自身的独特性和"破圈"的广泛性，希望作品触达更广阔的人群，所以从这个维度看，借用新闻价值的视角来分析数据的叙事价值就具备了合理性，因为新闻价值是建立在公众认可的具有普遍共识的价值基础上的。

用新闻价值的视角来观察数据的叙事价值，我们会发现具有以下要素的数据往往相对更具有价值。

1. 脱离常规认知的数据

如果数据按照常规运行，那么这种"正常"的状态并不足以唤起人们的关注。一旦数据出现异常波动，突破了原有的运行轨道，这时候数据就发出了价值信号。

一般而言，这种异常波动可以通过横向比较不同地区不同行业不同部门之间的数据差异来分析，或者通过对某一事物纵向维度的历时数据来判断。从横向角度看，这种异常可能是数据出现了与其他参照对象相比数值特别高或者特别低的情况，甚至可能存在一些不明原因的缺失或者与整体数据之间存在矛盾和"打架"；从纵向角度分析，这种异常可能是数据违背了已有的周期运行规律，或者在持续增长趋势下突然下跌，在持续走低趋势下突然上涨，或者出现特别显著的波峰、波谷，或者出现明显的波动振荡。

自 2021 年年底新冠病毒变异毒株奥密克戎传入我国以来，国内新冠病毒阳性感染者的数据开始出现显著波动，先是浙江、西安、河南、天津等地相继出现较大幅度的聚集性病例和数据波峰，经历了 2022 年 2 月的相对平稳后，3 月全国疫情散点多发，吉林、上海等地的感染人数更是连续多日过干。从数据的维度看，这是新冠肺炎疫情在我国经历 2019 年年底至 2020 年年初第一波高峰期之后最严重的一次高峰；而横向比较病例数据则可以发现，由于奥密克戎的感染特性，这波疫情高峰出现的无症状感染者占据了所有阳性感染者中的绝大多数，这也是和以往疫情流行期不同的特征。面对这种数据异动，我们制作了科普作品《疫情"倒春寒"：面对奥密克戎，我可以躺平吗？》，对奥密克戎的传播特征做了较为全面的数据分析，并结合国内外的科研数据对疫情走势和应对做了研判（见图3-3）。这个作品的创作初衷就来自对"异常"数据的关注。

脱离常规认知的数据未必是数据本身发生了异动，也可能是大众对数据的认知和数据的真实情况存在反差，揭示这种数据反差有助于打破人们对某一事物的固定成见，同样具有价值。曾获得 2018 年信息之美奖的作品《和男性相比，女性口袋的功

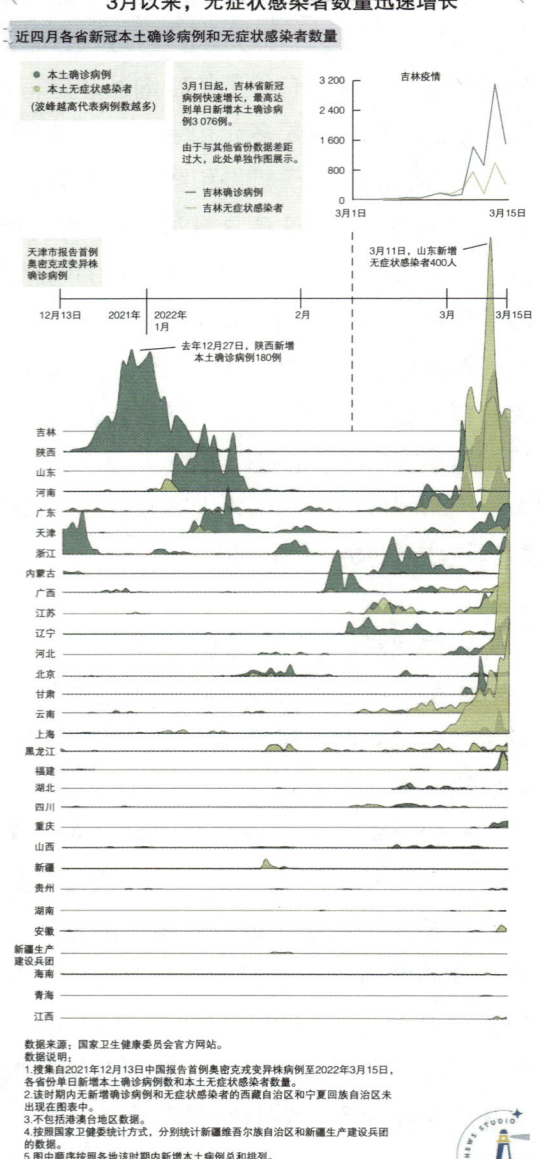

图 3-3 作品《疫情"倒春寒"：面对奥密克戎，我可以躺平吗？》的插图

能性太差了》[1]就是这样一个有趣的作品（见图3-4）。这个作品对比了多家热门时尚品牌店中的牛仔裤，发现女性牛仔裤的口袋几乎都没有男性牛仔裤口袋的尺寸大，往往装不下整个手机，甚至想把手完全放进口袋里都是一件难事。这种生活中潜藏的性别差异往往不容易被人发现，但这个作品将两者的数据反差用特别形象的设计呈现了出来，估计无论是男性还是女性看了，都会惊诧：看似差不多的牛仔裤口袋，原来还有这样的差别啊？

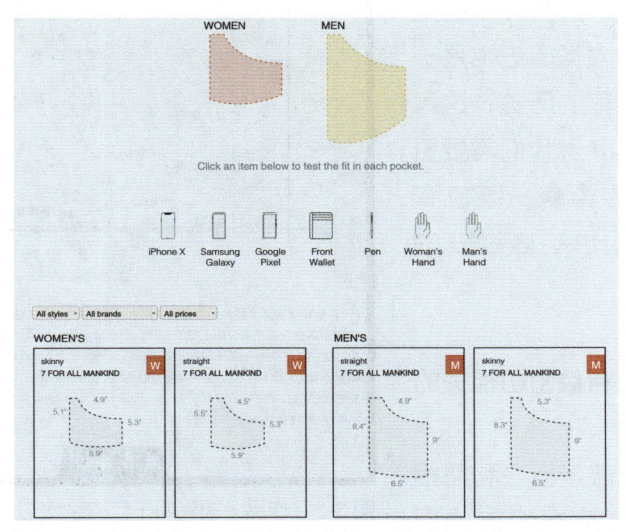

图 3-4　作品《和男性相比，女性口袋的功能性太差了》的网页截图

2. 减少事实或状态不确定性的数据

人们恐惧的往往不是确定的事实，而是不确定的未知危险。当数据能减少人们的不确定性时，人们的不安全感就会减少，数据也就具有了价值。这从新冠肺炎疫情中数据的传播价值可见一斑。在新冠肺炎疫情期间，我们几乎每天都在关注相关数据，包括病例的数据、流调的数据、疫苗的数据……因为这些数据能帮助我们对疫情的未来走势做出判断，不至于陷入迷惘。一般而言，此类数据最容易出自对历史数据的梳理和归纳，因为历史总是一面很好的镜子。通过对历史规律的探寻，人们能获得更多以往的处置经验，从而增强应对未来不确定性的知识和勇气。

---

[1] Diehm, J., & Thomas, A. (2018, August). Someone clever once said women were not allowed pockets. Retrieved April 1, 2022, from https://pudding.cool/2018/08/pockets/.

类似的数据驱动型叙事作品有很多，其中，澎湃美数课的作品《图释两千年传染病史：若瘟疫无法被根除，我们该如何与之相处？》❶就是一个很好的案例（见图3-5）。这个作品通过对人类传染病史的研究，发现人类历史也是一部与传染病共存的历史，这意味着从某种程度上我们需要更理性地看待传染病，既应有足够的重视，也不必过分的恐慌。

3. 与大众利益密切相关的数据

对大众而言，与之利益相关的数据往往具有很高的价值，因为这会直接影响他们的生活决策。类似的数据包括收入、房价、油价、税收、养老金、就业、就医数据等。

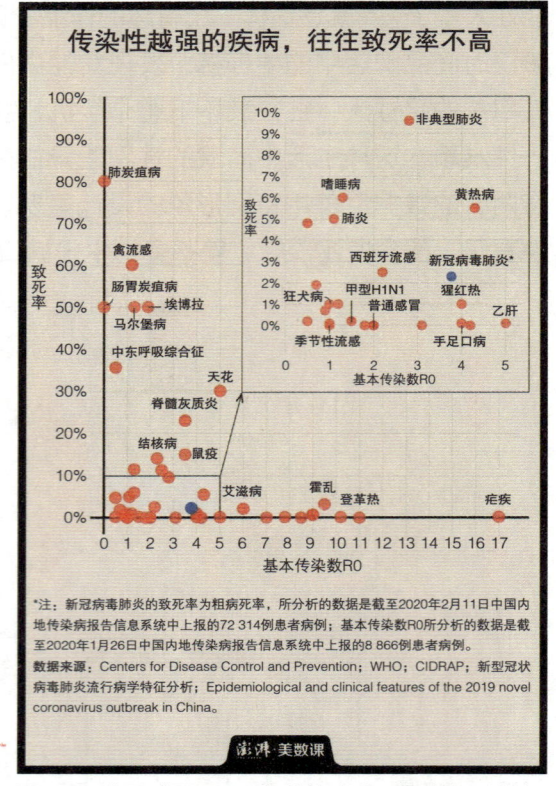

图 3-5 作品《图释两千年传染病史：若瘟疫无法被根除，我们该如何与之相处？》的插图

2020年"两会"后的记者招待会上，李克强总理指出，"有6亿人平均每个月的收入也就1 000元左右"，这一表述引起社会热议。人们感到疑惑的是，这一数据似乎和我们经常看到的人均收入数据反差较大，这个数据推断是如何得来的？这个6亿人群体到底是哪些群体？随后，国家统计局新闻发言人也给予回应，称可从全国住户收支和生活状况调查数据中得到印证❷：

---

❶ 图释两千年传染病史：若瘟疫无法被根除，我们该如何与之相处？. 检索于 2022-04-01，取自 https://mp.weixin.qq.com/s/ld5nttbQDAOQ9YIHKQaiYA.

❷ 国家统计局新闻发言人付凌晖就 2020 年 5 月份国民经济运行情况回答媒体关注的问题. 检索于 2022-03-31，取自 http://www.stats.gov.cn/tjsj/sjjd/202006/t20200615_1760268.html.

关于6亿人每个月人均收入1 000元，可以从全国住户收支与生活状况调查数据中得到印证。按照住户收支调查，全国家庭户样本可以分为五个等份，分别是低收入组、中间偏下收入组、中间收入组、中间偏上收入组、高收入组，每等份各占20%。其中，低收入组和中间偏下收入组户数在全部户数中的占比为40%。五等份住户收支调查数据刊载在《中国统计年鉴》《中国统计摘要》等统计资料上。比如，《中国统计年鉴2019》第171页有2013—2018年的住户收支调查表，《中国统计摘要2020》第59页有2014—2019年的住户收支调查表。

根据2019年相关数据，低收入组和中间偏下收入组共40%的家庭户对应的人口为6.1亿人，年人均收入为11 485元，月人均收入约1 000元。其中，低收入组户月人均收入低于1 000元，中间偏下收入组户月人均收入高于1 000元。

由这一数据及其解释引发的讨论足以说明与大众利益密切相关的数据所具有的价值很大，大众不仅需要获知此类数据，更需要获得对其科学合理的解释。

4. 影响力大且影响面广的数据

影响力与新闻价值的重要性相关，影响力越大，影响面越广，其重要性程度越高，也就越具有新闻价值。这一标准也可以用于数据价值的判断。

例如，作品《中国旱涝五百年》"搜集、整理了《中国近五百年旱涝分布图集》等历史资料及气候资料，系统梳理出1470年至2018年间的旱涝数据，试图用可视化的形式，展示549年来我国经历的旱涝气候变化规律，挖掘那些重大旱涝灾害事件及社会历史影响，为当代社会应对旱涝灾害提供借鉴"[1]。气候变化和自然灾害对每个人的生活和社会的发展都具有很大的影响，该作品依靠中国天气网和国家气候中心的专业支持，分析的数据历时500多年，遍布全中国的各个区域，毋庸置疑，这样的数据影响力大且影响面广，对这

---

[1] 中国旱涝五百年. 检索于2022-07-08，取自 http://tq121.weather.com.cn/sciname/modules/datanew/pc/index.html.

种数据进行梳理分析，能给读者提供可观的信息增量。

5. 与接受者心理距离近的数据

数据与接受者的心理距离越近，就越具有价值。这种心理距离与接受者的兴趣爱好、生活地域、性别、年龄、受教育程度、专业背景、经济收入、民族、种族、宗教等方面都有关联。不同的数据创作者面向的受众有所差异，因而他们更倾向于关注和自己面向的受众心理距离接近的数据。比如经济运行数据对于财经媒体显然更有价值，相对地，教育数据则更吸引高校媒体，而一些地域性较强的媒体则更倾向于选择与本地事物相关的数据，以便于与目标受众更加接近。

6. 具有显著性特征的数据

显著性是判断新闻价值的要素之一，在判断数据价值时也可以参考。越是与著名人物、著名地点相关的数据，越具有价值。

比如，2018 年，演员范冰冰因被曝光通过"阴阳合同"逃税漏税而被查处，须追缴税款、加收滞纳金和罚款共计约 8.84 亿元。由于牵涉名人且数额巨大，该案引发了全国关注。此后，演员郑爽、带货主播薇娅，以及男演员邓伦也先后因逃税漏税而遭到追缴处罚，涉及的税款数值之大，在互联网上甚至流传出所谓的新型计量单位——"一冰、一爽、一薇、一伦"。可以想见，如果涉及巨额逃税漏税案件的人不是活跃于媒体和银屏上的知名人士，人们对其并不熟知，那么应该不会引发如此大的关注度。

再如，2020 年新冠肺炎疫情初期，武汉红十字会接受了来自社会各方援助的物资和资金，数额巨大，然而有关部门在处理和分配这些防疫物资时却出现了一些不够透明的问题，引起了很大的争议。同年 2 月初，武汉红十字会在官网公布了 7.2 亿元社会捐款中的 1.5 亿元支出明细，并向公众公开了武汉市慈善总会的 7.8 亿元钱款的去向，不少媒体对这些资金的流向展开报道，一时成为新闻热点。2020 年年初武汉一度是全国疫情暴发最严重的地区，关于武汉的防疫信息也是公众关注的焦点，从这个角度看，上述数据因涉及地域的显著性而更有价值。

7. 含有冲突因素的数据

事实含有的冲突因素越大，与其相关的数据越有传播价值。冲突因素在体育比赛、商业谈判、社会运动、犯罪事件、战争中普遍存在。

早在 1967 年，《底特律自由报》（Detroit Free Press）的记者菲利普·迈耶（Philip Meyer）和两位社会学家就采用随机抽样的方法对底特律地区的黑人展开调查，搜集数据并通过数据叙事的方法解读当时发生在底特律地区的种族骚乱事件。次年，相关报道获得了普利策奖的地方新闻报道奖。而迈耶后来凭借自己对社会科学方法在新闻报道中的运用的研究出版了《精确新闻报道》（Precision Journalism）一书，并成为该领域的创始人。

2011 年，英国发生了蔓延六大城市的骚乱事件，当时《卫报》（The Guardian）编辑想起了几十年前《底特律自由报》所做的报道，决定效仿前人。该报网站与伦敦政治经济学院合作，组成了一个拥有一百多名记者、学者和研究人员的报道团队，并得到基金会的资金支持，历时一年多完成了全媒体报道《解读骚乱》（Reading the Riots），而这组报道中的一个重要数据新闻项目——"骚乱谣言如何在推特（Twitter）中传播"成为早期大数据新闻中的经典代表作，《卫报》网站也因这组兼具深度和创新性的报道获得了 2012 年度全球"数据新闻奖"（Data Journalism Awards）。

在骚乱这类典型的具有冲突因素的事件中，数据叙事有助于人们深入冲突的背后，探寻深层的结构性因素，从而对冲突产生的原因和其可能带来的影响有更全面的了解。

8. 能激发情感共鸣的数据

越能激发人的情感共鸣，让人产生悲喜忧怒等情绪的数据，越具有价值。在社交媒体时代，传播者不仅需要传递事实性信息，也要注意情感情绪对于传播造成的影响。数据叙事往往会因为数据带给人的理性客观之感而被视为和情感无关，其实不然。如同我们在序言中所说的，数据并不是冰冷的，数据叙事如能有效地激发目标受众的情感，引起后者的共鸣，则能使传播效果事半功倍。但是需要注意的是，作为传播者，即使我们可以有效地激发情感共鸣，但也要克制情感的表达，如果一味利用数据和叙事进行煽情式的传播，则可能走向另一个极端，甚至误导受众，这种做法并不可取。

在人类所有的情感中，最易引发共鸣的是对生命价值的关怀。比如，每当有突发的重大灾难事件发生时，人们会不由自主地关注遭遇灾难的人员伤亡数据，而公开重大灾难事件中的遇难者数据也几乎已经成为一种全球共识。此外，为何灾难会发生？如何救灾？灾难会带来怎样的影响？如何防灾？这一系列连锁的问题会关联出一长串相关数据，也需要媒体和专业部门予以科学和必要的解释。

以上所有数据的叙事价值要素是可以叠加的，数据拥有越多上述特性，则意味着其价值相对更高，这样的数据蕴含着驱动数据故事的能量，是数据创作者的灵感之源。

3.3　哪些数据可获得？

无论是对数据驱动型的叙事还是对选题驱动型的叙事，作为数据组，其在整个数据叙事的过程中所要做的一项重要工作是明确数据的可获得性，进一步为选题策划阶段的数据需求画出清晰的操作框架。其中，数据驱动型的叙事在选题策划阶段就已经掌握了一些有价值的数据，因为这些数据的异常性和可解读性正是驱动叙事的重要因素。但是在大多数情况下，这样激发灵感的数据可能是某个单一维度或者单一来源的数据，还需有其他不同维度和渠道的数据来作为叙事铺陈中不可或缺的材料。或者这些激发选题创意的数据仅仅是片段数据，还需从历时的纵向和更广阔的横截面去对数据加以补充和完善，以窥见更完整的数据景观。从这个角度看，即使是数据驱动型叙事，也需要在选题策划后进一步明确和完善选题的数据需求。

虽然我们身处数据开放越来越成为全球共识的时代，数据的可获得性正在受到更多人和机构的重视，但是在很多领域，数据仍被限制开放和获取，或者在获取的难度上被设置了重重阻碍。如果无法获取数据，那么数据叙事就成了无米之炊，难以实现。因而，数据组需要对选题策划中所涉及的所有数据内容做调研，明确哪些数据可获得，这样才能进一步推动叙事项目朝着具有操作性的方向迈进。

3.3.1　把选题策划翻译成数据需求

从数据组的维度看，填补从选题框架中的设想到切实搜集数据之间那段空白的过程，可以被视为到数据的田野里进行初步的"预调研"。

一个数据叙事作品的选题构思在被提出之时，对可能需要的数据常常已经有了模糊的蓝图。比如在《寻找「苟晶」：十年，41 段被顶替的人生》制作初期的选题阶段，我们已经在讨论中明确了需要的数据以及获取数据的途径——从媒体数据库梳理往年高考顶替案相关报道。在对选题进一步细化讨论后，我们确定在慧科新闻搜索研究数据库筛选高考顶替案的相关报道数据，并与裁判文书网中的判决进行交叉验证。同时考虑到可信度与工作量，我们排除了微博、政府行政公示等其他渠道的数据。这种情况下，数据组需要做的"预调研"工作就十分简单，只需在确定的数据源中搜索浏览，对数据的质量、数量有大致了解之后，便可以开始正式的数据搜集与分析。

但更多时候，选题时期对数据的需求并不会如此明确。比如在制作《勿知我姓名：流调信息公开的边界》的过程中，初期对文章框架的设计主要从内容的角度出发，规划各部分需要的数据（见图 3-6）。

一、引入：流调信息公开频繁引发争议
二、各地疫情流调数据的发布是否符合开放政府数据的相关原则规定？
1. 对 2021 年各地新发的疫情流调数据做统计和分析：
1）数据的时效：各地公布差异
2）数据的可读取：在哪里公布？什么类型的数据（文本）？
3）数据的可分析：结构化程度如何？
4）数据的永久存在：是否有固定网址？能否追溯？
5）数据的公众参与与审查：有没有公布数据搜集程序和规范？公众能否参与纠错或提出意见？
2. 有没有可以参照的 WHO 的流调信息公开标准？有没有其他国家的流调信息公开标准参考，比如欧美、周边的韩国和日本等？
三、流调信息公开带来对公权力和私权力界限的思考
1. 流调信息公开给个人带来了哪些困扰？
搜集新冠肺炎疫情以来因为流调信息公开引发的个人隐私泄露事件。
2. 流调信息公开有没有确定的流程规定？
什么人会参与流调信息的流转？这一信息如何保护防止泄露？是否有对泄露的追责？
3. 在公与私之间寻找平衡，流调信息公开的程度和维度发生着哪些动态变化？
搜集新冠肺炎疫情以来重要地区对流调信息公开内容的调整（其中包括上海、北京）。
国家或地方是否有新的保护流调信息的政策和法规？

图 3-6 选题策划阶段的内容框架和数据需求示例

选题策划框架在确定了每部分着重呈现的内容之后，简单列出了可以描述上述问题、支撑观点的数据。依据框架蓝图中对数据的构想，数据组开展"预调研"，初步搜索框架中提到的政府流调信息公开数据、流调信息规范流程、信息公开出现问题的相关报道等，明确哪些数据是可获得的。在此基础上，数据组制作了数据大纲，标注所需要的各个维度数据是否可获得、数据来源、数据维度（见图3-7）。

一、2021年各地疫情流调数据

数据是否可获得：是

数据来源：RUC新闻坊从2021年1月13日起建立并维护的各地疫情信息数据库

数据维度：各地的流调信息公布的时效性、是否结构化、是否可追溯、有无公众参与及核查入口

二、可以参照的流调信息公开标准

数据是否可获得：是

数据来源：WHO网站，各国与流行病信息公开相关的规范标准手册

数据维度：标准规范原文

三、新冠肺炎疫情以来因为流调信息公开引发的个人隐私泄露事件

数据是否可获得：是

数据来源：慧科新闻搜索研究数据库

数据维度：泄露时间、涉及省份、泄露信息类型（如姓名、住址、网络社交账号等）、泄露原因

四、流调信息流转程序梳理及相关规范

数据是否可获得：是

数据来源：中国疾控中心《新冠肺炎病例个案及时间流行病学调查流程图》

五、流调信息公开数据类型（如轨迹、患者信息等）、隐私粒度的变化（以北京、上海为例）

数据是否可获得：是

数据来源：北京、上海卫生健康委网站疫情信息公开模块

数据维度：性别、籍贯、亲属关系、居住地、行迹、年龄、职业、参与活动、症状、就诊医院

六、国家或地方保护流调信息的政策和法规

数据是否可获得：是

数据来源：《中华人民共和国民法典》《中华人民共和国治安管理处罚法》，媒体报道

数据维度：相关法条、对应的媒体报道案例

图3-7 经数据组预调研后制作的数据大纲示例

从选题构思到数据大纲，预调研的过程其实也是一个选题与数据相互验证与调试的过程。选题框架的设计是选题组对我们想要探讨的议题的最初思考与想象，而数据组依照框架给出的蓝图，去验证这些数据是否可得、是什么形态，则是对这种想象的反馈。能获取数据的信息点可以进一步落实，难

以获取数据的信息点则反馈给选题策划者重新调整，整个团队在这种循环的互动中，也将获得对选题本身更切实具体的了解。当然，这个过程并非机械固定地由数据组承担，有时在确定选题的初期团队讨论中这些工作已经在不经意间完成，但无论在哪个阶段，这种不断的验证与调试，都需要团队内部能够及时、紧密地沟通交流。

3.3.2　从选题到数据，数据组还能做什么

将来自选题的需求变成可执行的数据大纲之后，数据组便要开始动手寻找数据、清理数据、分析数据……这样看来，选题与数据更像是上游与下游的关系。其实，数据组为报道所做的贡献并不停留在单向的执行选题策划这一流程中。在 RUC 新闻坊的实践过程中，选题、数据、可视化，以及文案，各部分并不存在泾渭分明的边界，不同的环节中往往有相同的人员穿插参与。因此，数据组并不是被动和僵化地执行选题策划，而是可以从数据的角度对一则选题展开商榷与补充，而且在执行策划之余，数据组还存在不少可以"自由发挥"的空间。

1. 删除选题策划中的部分内容

正如园丁有时需要修剪树木侧枝以保障主干长势良好，在一份选题策划中，同样也可能存在着一些需求点：它们在全文初具架构时出于不存"漏网之鱼"的心理被提出，但对于驱动文章逻辑、表达报道重点的实际意义不大，反而需要耗费大量人工，这时，我们需要对其进行"修剪"。

尽管 RUC 新闻坊在每次工作时，数据组参与人员动辄四五人以上，个别作品参与人数为十多人，规模相较其他组已经足够庞大，但在需要快速发稿的时效需求以及需要人工处理的庞大数据的双重夹击下，数据组的人力也时常捉襟见肘。迫于这一现实状况，有时我们需要对选题策划中的内容再做商榷，突出重点和精华，做选题的"修剪师"。

这一点在 RUC 新闻坊《疫情中的封锁与流动：瑞丽再封城的背后》一文的创作过程中有所体现。这篇文章的选题源于 2021 年 3 月末到 4 月在云南边境城市瑞丽暴发的由缅甸籍人员偷渡引起的新冠肺炎疫情。由于此次疫情暴发于边境，我们计划做一篇梳理边境偷渡与疫情期间边境管理的文章。

最初的选题策划想要回答两个问题：中国历年来的偷渡状况如何，疫情期间又发生了什么变化？对边境线偷渡的管理为何遭遇难题？基于此，我们搭建了如下的选题框架：

一、非法偷渡进入中国人员的整体数据状况如何？
（1）偷渡人数的时间变化。
数据：国家移民管理局的数据统计，维度包括非法入境人员人次、组织协助他人非法出入境人员人次、其他违反出入境管理法律法规人员人次。
（2）哪些地方的偷渡问题最严重？会以何种方式偷渡？
数据：在慧科新闻搜索研究数据库以"偷渡""非法出入境"为关键词搜索"报刊"类别，筛选清洗偷渡事件，统计时间、地点、人数、方式、事由等维度。

二、疫情期间，偷渡现状如何？管理为何遭遇难题？
（1）国内外疫情期间人口流动状况。
数据：搜索整理各国"偷渡"管理举措。
（2）了解疫情期间我国边境线的现状。
数据：爬取媒体报道瑞丽疫情话题的微博网友评论，进行词频分析。
采访：联系边境线的守边人、居住在边境线的人进行采访。
（3）边境偷渡相关管理政策。
数据：在国家移民管理局网站整理中国相关法律法规、政策；搜集中国边境线的长度、地理条件数据。

从上述选题框架，我们可以看出整体的数据需求包括国家移民管理局、慧科新闻搜索研究数据库、各国移民法规网站、媒体评论等四个来源的四种类型的数据，再加上对守边人的采访，整篇文章数据资料部分的"饼"画得很大、很全面。

但这些数据需求在考察数据的可获得性上遇到了重重困难。

首先是第一部分的国家移民管理局和慧科新闻搜索研究数据库。经过数据组的实际调查，我们发现国家移民管理局网站的数据仅仅更新到2013年，缺乏近些年的数据；在慧科新闻搜索研究数据库按照选题框架里的搜索逻辑筛选出来的报道足足有 6 645 篇，对一个只有四个人的数据小组来说，编码工作量过于庞大。

问题应对策略：换用聚法案例网搜集整理偷渡案件。同时由于聚法案例网的案件判决时间和案件发生时间可能有着较大的间隔，不能直观地得出疫情期间的偷渡状况变化，遂放弃对疫情期间偷渡状况的呈现。

其次是第二部分的微博网友评论。搜索后我们发现想要爬取的＃新华社问瑞丽吸取上次的教训了吗＃微博话题已经被删除，即使是爬取没有被删除的微博，得到的词频分析结果也是如"新华社"之类缺乏信息增量的词语。

问题应对策略：放弃本部分数据。

在边境线数据的搜集中，数据组在各市县政府官网上搜索，发现各地信息的公开程度并不相同，很难进行数据对比。

问题应对策略：通过全网搜索相关信息进行弥补，通过多个数据来源进行交叉验证。

经过"修剪"后，整篇文章的结构压缩为一个核心部分：梳理中国历年来边境偷渡的情况，通过聚法案例网统计近些年来的偷渡案例，从时间、偷渡方式、偷渡目的等维度对案件进行统计。

拿更新后的框架和原始的选题框架对比，可以深刻地明白"理想很丰满，现实很骨感"的道理。这种调整是数据组对缺少数据的"残酷"现实的"妥协"，但从另一角度来看，当根据数据的可行性对选题框架做了修剪后，整个文章的焦点变得更加集中，深度随着议题维度的收缩也变得深入。

必须强调的是，所谓的"修剪"不能减损作品的公共价值，有时越难被搜集、处理的数据往往具有更高的信息价值。RUC 新闻坊《条款三千丈，读到哪一行？》一文的创作过程就是可供参考的案例。

在创作这篇作品时，我们注意到苹果 iOS 系统的应用商店（App Store）中对各个 App 申请搜集的信息进行了陈列，同时也提供了相对应的隐私政策协议文件，其他媒体先前发表的相似题材数据新闻作品也大多是基于这一数据源展开。但是在数据收集过程中，我们发现大多数 App 对个人信息的实际收集情况、隐私政策的时间版本与 App Store 提供的数据差异较大。因此，我们希望向远处再走一步，从隐私政策协议着手。

于是，我们将前期从 App store 中获取的隐私政策协议彻底推翻，重新逐个下载各个 App，在 App 启动页面搜集最新版本的隐私政策协议文本，同时记录拒绝隐私政策协议后各 App 的反馈，以及使用期间各 App 搜集的数据类型。基于上述数据，我们的内容得以更加准确、符合实际。并且，在这一数据搜集过程中，我们也发现了新的信息增量，即"App 标注的隐私信息苹果公司并未审核，是否尽到该义务，只能依靠开发者们的自觉：一些 App 在隐私条例里琳琅满目地写明了可能获取用户标识码、电话号码或麦克风、摄像头等权限，但在 App Store 里可能只标注了'用户 ID'一则信息"。

围绕这一案例可以发现，对于数据需求的处理，量力而行固然必要，但"图省事"并不可取。考虑到数据创作者群体的多样性，在同一类选题下，数据越是简便易得，往往也意味着早已被前人挖掘过，想做出信息增量并不容易。因此，我们更需要想方设法采集难以获取的数据，这样才能在同题竞争中创作出色的作品。

2. 为选题框架补充信息点

除了删减，数据组也会对选题框架做信息增补。

首先，探寻数据过程中的一些发现可以为选题框架增加新的假设，提出新的问题。RUC 新闻坊创作的《上万条讨论背后身高的秘密与焦虑》一文源于一起当时发生的断骨增高手术事故，我们希望借此探讨生活中人们对于身高的焦虑。而在搜寻相关数据的过程中，数据组发现除国家体育总局 2015 年发布的《2014 年国民体质监测公报》外，没有其他官方统计的相对权威的全国各省人口身高数据，而网络上却频繁出现缺乏数据来源的"全国各省人口身高排名"截图。我们认为，这种流传于网络的"全国各省人口身高排名"在某种程度上属于人们对于理想身高的想象，人们在因"实然"的身高问题而焦虑的同时，也在"应然"的层面建构并想象着自己与身边人理想的身高。受到这一思考的启发，我们在关注"增高"这一话题的基础上，进一步向社交媒体中人们对身高问题的讨论进行发散，从而丰富了选题的角度。

其次，一些意料之外的数据也可能拓宽选题框架，丰富选题框架中的信息点。在作品《新冠疫苗来了，谁先接种？》中，我们集中关注新冠疫苗是如何在全球范围内进行分配的。起初，我们获取数据的方法只限于通过整理相关新闻报道，分析新冠疫苗在不同国家之间的流通、分配情况。而在搜集过程中，我们发现了美国杜克大学全球健康创新中心（Duke Global Health Innovation Center）发布的实时更新数据库，其中的数据不仅涵盖国际间疫苗的分配情况，而且还将各个国家按照收入水平分别归类统计，除此之外，各疫苗生产企业的疫苗销量与流向、世界各国疫苗的覆盖率等数据均在这一数据库中有所涉及，这使得原有的选题框架得到了较大程度的拓展。

3. 其他的注意事项

数据组经常遭遇一个头疼的问题："数据特别多，如果没办法全部获取怎么办？"从理想角度出发，对于能够获取的原始数据自然是应取尽取，这样可以更贴近"大数据"的"全样本"状态。但事实上，观察许多数据新闻创作机构的作品，会发现能够掌握的数据资源往往都是有限的。许多时候我们无法就某一议题获得大体量的全数据，而更多是从中体量乃至小体量的数据入手来开展创作。

为了让中小体量的数据也尽可能准确地反映事实，我们需要设立一系列标准对数据进行抽样，尽可能从中获取具有代表性的数据，在这里我们列举了一些常用的方法。

（1）根据热度／排名以及其他指数获取数据。

在 RUC 新闻坊的许多作品中，我们通过数据的热度与排名对数据进行抽样，从而获取数据。一些数据来源（特别是社交媒体）往往会有如阅读量、点赞数、转发量、评论数等量化的数据热度指标。一般来说，热度越高的数据，网络公众的关注更集中，讨论内容也更丰富，数据因而也更具有代表性。例如 RUC 新闻坊《上万条讨论背后身高的秘密与焦虑》一文中呈现的社交媒体中对身高的讨论内容数据，便是通过在知乎平台上以"身高"为关键词检索得到的，但检索结果过多，全部爬取与分析需要大量时间与人力，因此我们选取了"回答量"最高的前五个主题。同样，这一思路也适用于"排名"。在《网红月饼财富密码，被我们找到了》一文中，市面上的月饼千差万别，我们自然没有办法逐一搜集整理，因此，我们以"淘宝99划算节"实时销量作为标准，选取了排名前20的月饼产品，对相关数据进行了呈现。

基于热度与排名抽样的数据一般意义上代表性与典型性更强，但也有一定的局限与例外。一方面，热度/排名指标越高的数据，往往意味着发布时间也越久，对于数据时效性要求较强的选题不太友好。例如，对期刊论文进行数据分析时多会参考被引率数据，但是被引率除了和论文质量相关，也会受到发表时间的影响，因此从数据搜集时间往前推，距离时间越近的论文其被引率相对较低。这就可能导致搜集的论文分布年限普遍较为久远，或者因限制时间太近而使被引率数据不具有可参考价值。另一方面，由于营销号、控评、算法推荐机制的存在，有时候即使数据的热度较高，也不一定具有代表性。例如，微博"热门"门类中内容的评论区可能更多是一些机器发文的无意义内容或者重复出现的内容，反倒不如"实时"门类推荐的数据更有价值。

（2）以时间为标准获取数据。

数据的抽样还可能存在一种情况，即我们无法获得全部的数据，但我们能够获得一定时间范围内的数据。此时，基于时间进行抽样也是一种可行的做法。

如果你所关注的是某一长期存在的现象，或者意在进行对某一事件的回顾性梳理，则可以时间为标准获取数据。能够穷尽所有年份的数据自然没有问题，而如果数据年份久远，难以穷尽，那么通常10年以上或者更久是一个比较适合的时间区间，如《寻找「苟晶」：十年，41段被顶替的人生》《谁是中国大学No.3？ 10年数据解读大学排行榜背后那些事》《森林火灾20年：悲剧是否有迹可循？》等作品，大多采用了10年及以上的区间对数据进行获取。当然，时间线越长，内部可供划分阶段的时间切片就越多，可供挖掘的意义也越丰富，但这与数据分析部分更加接近，这里不再赘述。值得注意的是，时间节点的选择除了考虑时长跨度以外，还应考虑叙事目标。比如，考察某一长期存在的现象时可能会发现一项重要法规的发布和实施对其所带来的影响，这时以该法规实施的时间节点作为抽样时间的起点也是一种操作思路；再如，关注某一新现象时以该现象最初出现在媒体报道或者政府公开文件中的时间作为起点也是一种不错的选择。

不过，基于时间进行抽样的方式同样有利有弊。以时间为标准进行抽样通常涵盖的时间跨度更广，更能够勾勒出关注对象在时间上的变化。但如果数据频繁出现时间上的间断则会影响数据的连续性，同时，还应当注意历年数据之间是否存在统计口径和方式的差异，这些差异很可能会对数据的信度和效度产生影响，降低数据的质量。

（3）数据难免有局限，但可以向读者告知偏差。

在很多时候，数据搜集既靠技术，也靠运气。当数据源本身存在局限时，获取的数据难免出现瑕疵。例如在《"远处的哭声"：印度疫情中的社交媒体求助者》一文中，我们注意到在印度，会英文、能够接入互联网并使用推特的，不足总人口的百分之十，且常常是受过良好教育的中上阶层，因而社交媒体中的印度求助者也只是这场灾难中的极少数群体。尽管通过这种方式获得的数据是有局限且有偏差的，但并非不能使用，在文中将这种局限予以陈述，既便于读者更加切实地体悟这场灾难下的苦痛，也符合透明性的操作规范。

第 4 章
寻找和获取数据：为数据叙事准备素材

数据叙事的过程好比"在数据中探寻故事"（Crucianelli，2019），往往需要数据创作者将浩如烟海的数据集誊录到电子表格中，通过一系列清洗、处理和分析的程序，从中找到故事的线索与素材。这一章，我们将从寻找数据来源并获取数据讲起，谈一谈如何为一则数据故事拣选原料。

4.1 寻找数据的快捷路径

虽然身处大数据时代，数据似乎无处不在。然而，在形形色色的数据故事选题面前，我们时常会感受到"数据想象力"的匮乏，似乎并不总能及时寻觅到我们想要的数据。这时，我们有必要将一些常用的数据源归类汇总，以便更快更方便地找到所需的数据。RUC 新闻坊最常使用的数据源主要包括数据库、社交媒体和搜索引擎三类。

4.1.1 数据库：专业数据的超市

不论是国民人均收入和支出，还是各行各业的产值营收，抑或者是某专业领域内较长时间跨度和较广地域范围的统计数据，这些往往很难由数据记者个人或媒体机构统计，当需要此类数据时，我们就需要求助于各式各样的数据库。

在某种意义上，数据库更像是可供选购数据的超市。当你打开一个数据库网站后，你需要输入特定的关键词，告诉数据库你需要具有怎样特征的数据集，之后逐个加入时间、地点、类别等一系列限定标准，直到找到你真正需要的数据集，然后导出数据，结账退出（事实上不少数据库提供的数据确实是需要付费的）。

数据库有大有小，有多有少，针对的领域更是千差万别。在这一部分，我们汇总了一些常用的数据库供读者参考（见表 4-1）。值得强调的是，下面列举的只是众多数据库的冰山一角，在实践操作中，还需要根据选题的具体内容探寻更多专业领域的数据库。

表 4-1　常用的数据库

	数据库名称	网址链接	简介
国内	国家统计局	http://www.stats.gov.cn/	国内各项宏观经济数据，适用于经济话题。
	中国裁判文书网	http://wenshu.court.gov.cn/	国内法律裁判文书，适用于法律话题。
	中国知网	https://www.cnki.net/	国内学术期刊、年鉴，适用范围普遍。
	慧科新闻搜索研究数据库	http://cn.wisesearch.wisers.net/	国内新闻报道文本，适用范围普遍。
	天眼查	https://www.tianyancha.com	国内商业查询平台，适用于与企业相关的经济话题。
	其他常见数据库：各地政府官网公开数据、百度指数、爱奇艺指数等互联网数据库等。			
国际	世界银行公开数据	https://data.worldbank.org.cn/	世界各国发展数据，适用范围普遍。
	世界卫生组织数据	https://www.who.int/data/gho/data/countries	世界卫生组织数据，适用于健康话题。
	联合国数据	http://data.un.org/	世界各类综合性数据，适用范围普遍。
	皮尤研究中心	https://www.pewresearch.org/	全球综合调查数据，适用范围普遍。
	Factiva 道琼斯新闻数据库	https://www.dowjones.com/professional/factiva/	世界各国新闻报道数据，适用于新闻报道和海外舆情话题。
	其他常见数据库：各国政府数据开放门户网站、各种专业的学术数据库、海外主流媒体网站、谷歌学术搜索和谷歌指数数据等互联网数据库。			

4.1.2　社交媒体：舆论的广场

除了各种统计数值，在数据叙事作品的创作中，我们往往还需要呈现互联网上公众的声音、看法与观点。因此，作为舆论集散地的社交媒体也同样是我们重要的数据来源。

社交媒体多种多样，它们面向的人群和提供的服务往往存在一定的差异。从社交媒体上获取数据的诀窍是要预先了解不同社交媒体的特征，从而有的放矢地寻找。

例如，如果需要的是大众对某件事的态度和观点，则可以搜索微博、抖音、快手等平台的评论区；如果需要了解更加详细或具专业色彩的评论，则可以浏览知乎、豆瓣等平台的相关话题回答；如果需要了解特定人群的思想观点，则需要去小木虫（学术科研互动社区）、CSDN（专业开发者社区）之类的平台寻找相应的数据。我们统计了一些常用的社交媒体供读者参考（见表4-2）。

表4-2 常用的社交媒体

	社交媒体名称	网址链接	简介
国内	微博	https://weibo.com/	以短文本为主，内容时效性较强，常用于分析网友关于热点现象与话题的观点、情感。
	知乎	https://www.zhihu.com/	以长文本为主，内容专业性强，常用于分析专业人士对特定问题的看法与分析。
	豆瓣	https://www.douban.com/	常用于分析书籍、电影、音乐等文学艺术相关话题；豆瓣小组也多用于对特定网络群体的分析呈现。
	虎扑	https://bbs.hupu.com/	常用于对体育内容用户的分析。
	百度贴吧	https://tieba.baidu.com	以短文本为主，适用于围绕特定关键词主题展开的分析。
	抖音	https://www.douyin.com	视频/短视频网站，多用于搜集特定视频下评论区与弹幕文本内容。
	快手	https://www.kuaishou.com	
	B站	https://www.bilibili.com/	
	其他可能用到的社交媒体：依照特定人群划分的，如小木虫、CSDN；依照地域化分的，如各省各城社区论坛；依照特定垂类划分的，如NGA玩家社区、懂球帝等。		
国际	推特（Twitter）	https://twitter.com/	与微博类似，适用于搜集时效性强、传播范围广的短文本。
	照片墙（Instagram）	https://www.instagram.com/	适用于与特定人物相关的话题，图片多于文本。
	油管（YouTube）	https://www.youtube.com/	视频网站，常用于搜集特定视频评论区内容。
	上述主要列举英语国家主流社交媒体，除此之外，也可关注非英语国家的主流社交媒体。		

4.1.3 搜索引擎：特殊问题的切入口

在实际操作过程中，并非每一个数据需求都能在主流的数据库或社交媒体中找到相应的素材，更多时候，数据以各种各样的形态散布在网络之中，需要我们进行搜集和整合。

搜索引擎为我们提供了快速查找数据的入口，很多数据搜集的灵感正是从一次次尝试检索中得到的。由于互联网信息的日益泛滥，无关信息越来越多，通过搜索引擎检索数据的难度也与日俱增。对此，我们需要善用各大搜索引擎的检索工具和高级检索功能。

以百度搜索为例，搜索框右下角的"搜索工具"能够帮助我们较好地过滤无关信息。点击"搜索工具"，便可以通过设置相关选项，限定检索对象的时间范围、文件类型以及来源出处（见图4-1）。

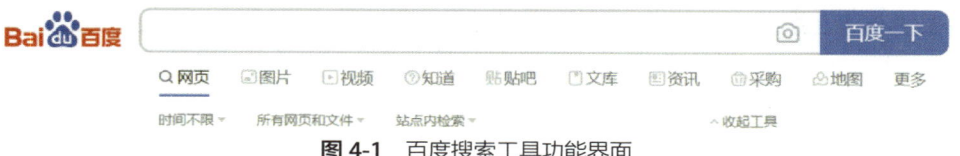

图 4-1　百度搜索工具功能界面

除了使用搜索工具对内容进行筛选，关键词设置得当也非常重要。如果多次检索效果不够理想，可使用高级检索功能，设置关键词及词间逻辑。从百度、谷歌等搜索引擎，到知网、微博等网站平台，大多数网站都会提供高级检索功能。在高级检索功能中，我们可以设置关键词是"模糊"还是"精准"，以及设置关键词之间"或""且""非"的逻辑，让关键词间关系更明确，从而排除歧义、无关的内容。

通过搜索引擎这一入口，我们可以找到一些拥有数据集的专业网站，获取与选题相关的数据。以下是 RUC 新闻坊较有代表性的网站数据应用案例（见表 4-3）。

表 4-3　RUC 新闻坊部分网站数据的应用案例

作品名	数据需求	数据来源
如果没有电，我们会怎么样？	全国各地电价数据	中国电力企业联合会全国电价监测系统
新冠疫苗来了，谁先接种？	世界各国疫苗采购数据	杜克大学全球健康创新中心

续表

作品名	数据需求	数据来源
为什么论文发表那么难	不同高校职称评选所需发表论文数	各高校官网及网上公开资料
新传学子求职路:"入海"之后,奔向何方?	各行业对新闻传播学生的需求	各用人单位官网和招聘平台数据
0元体验"国考"航班,带你去宇宙尽头看看	"国考"职位与报名数据	部分公考培训机构网站
诺奖作品买不着?中国的"天才捕手"们这次失算了	"诺奖"引进出版及获奖时间信息	孔夫子旧书网
条款三千丈,读到哪一行?	对 App 类型的划分标准	七麦数据 iOS 榜单
"如果我吃掉自己会怎么样?"|雅虎问答关闭后,何处安放好奇心	雅虎问答中的相关问题与网友回答	雅虎问答(已关闭)
大学排行榜又引发争议,谁在给大学排座次?	全国高校排名数据	各大机构公布的高校排名网站

4.1.4 建立自己的数据资源库

除了上述常用数据来源外,我们也尝试建立自己的数据资源库,这样可以让后续的数据工作更加井井有条。一方面,我们及时总结整理常用的数据源,形成我们的数据来源储备。另一方面,我们还将使用过的数据保存留档,便于日后核实再利用以及对外开放和共享。在工作之外,日常中我们也会及时记录下来遇到的优质数据源,让自己的数据资源库日渐丰富。

RUC 新闻坊正在尝试通过百度网盘进行数据存储工作:在每一篇推送发布后,负责数据的小组同学需要将此次稿件中所用的原始数据、处理后的数据以及最终版数据上传至百度网盘,并以"上传者-项目名称-日期"的格式进行备注(见图 4-2)。

RUC 新闻坊《勿知我姓名:流调信息公开的边界》一文的产出即得益于疫情期间我们对数据的积累。在 2021 年新年前后,我们着手搜集了国内各地公布的确诊病例及其流调数据(见图 4-3),而此后流调信息泄露事件频发,我们决定围绕这一现象进行创作,先前搜集的这部分数据得到了充分利用,成为这篇文章重要的数据支撑。

图 4-2　RUC 新闻坊百度网盘数据存储示例

图 4-3　2021 年疫情流调数据示意

4.2　常用的数据获取方法

在找到数据源后，我们需要把数据获取下来，以便后续的清理、分析和可视化。以下是几种常用的获取数据的方法。

4.2.1　统一下载导出

提到数据获取，如果你对此有所涉猎的话，相信你首先会想到爬虫抓取。但实则不然，越是主流、功能完备的数据库，我们往往越容易从中直接下载导出我们所需要的数据。如果我们所需要的数据能够直接被下载导出，那么又何必费时费力用代码爬取呢？

然而，下载导出在实际操作中仍会遇到一些阻碍，不少数据库对于数据的导出会设置限制。例如单次导出的数据不能超过一定数量或时间范围。倘若某个数据库只允许单次导出 200 条数据，最长时间范围不能超过 3 个月，而我们需要获取其近10年以来的5 000条数据，那么这同样是一个较大的工程。此时我们往往需要团队合作，以多人分工的方式下载导出数据。但这一过程往往会因团队成员操作不统一而出现导出数据不统一的问题。

针对这一问题，我们建议在正式开工前由一人提前尝试完成一次数据导出流程，确认操作无误后，将导出需要的步骤逐一记录，形成说明文档，共享给团队其他成员，其他成员在工作时依照说明文档进行全部操作。需要记录的步骤包括但不限于：数据库的地址，检索的时间区间，关键词及词间逻辑，其他需要勾选、点击的选项等。

4.2.2　使用数据采集器

从实际情况来看，大多数网站并不提供下载或导出数据的服务，这时候我们则需要借助特定的工具抓取网页内容来获取数据，也就是我们所说的"网络爬虫"。

如果你不是一名精通编程的程序员，那么我们首先推荐使用数据采集器来抓取网页内容。所谓数据采集器，可以理解为一种用于抓取网页内容的应用软件，即使我们不懂网络爬虫的基本原理、不会编写爬虫代码，也能够借助此类工具较为轻松地爬取网页内容。

目前市面上的数据采集器多种多样，八爪鱼采集器、后羿采集器、简数采集器、火车采集器等。这些采集器的操作方法大同小异，一种是"智能模式"，输入你需要爬取的网址，采集器即可对网页的内容进行自动识别并爬取，实现"一键采集"的效果；另一种是"流程图模式"，主要用于"智能模式"无法精准识别网页内容或者需要进一步筛选爬取对象的情境，这一模式需要在可视化的操作流程中点选设置采集规则，进而实现对内容的爬取。目前大多数据采集器的操作方法在官网或者其他平台都有相关教学视频可供参考，掌握最基本的操作流程，大多数的网页内容都可以进行爬取。

从优点上看，数据采集器操作简单便捷，学习成本低，无须手动编写代码，基本能实现市面上大多主流网站的内容爬取。从缺点来看，数据采集器相比自主编写的爬虫代码在精准度和灵活性上有所欠缺，爬取部分网站时可能会出现无法识别、遗漏数据等问题；另外，还会出现非付费用户爬取数据有限速，爬取大体量数据花费时间较长等问题。对于一些较为复杂的网络爬虫需求，单纯依靠数据采集器完成可能比较吃力。

4.2.3 学点代码爬数据

学会写代码往往能让数据获取的过程事半功倍。代码是一种帮助我们获取数据的工具，而非数据叙事的目标。因而本书并未设计教授具体的代码语言或者语法的相关章节，在编程逐渐成为潮流的当下，网络上的学习资源更为详尽且更加新颖。我们将介绍另一种学习代码的思维："快思手"式学习。

布尔迪厄在1996年关于电视的讲座上，用"快思手"（fast thinker）形容那些快速获取某领域浅层知识，并借助大众媒介充当专家的人（Bourdieu, 2001），他们也许对某一领域并不深入了解，却能凭着仅有的入门级知识快速地生产观点。布尔迪厄在定义"快思手"时毫不掩饰其批判意味，但学习代码时，这种思维方式不失为一种高效的入门方法。尽管这样类比"快思手"概念并不妥帖，但在代码学习过程中，"不求甚解"的"快思手"式思维却存在一定的合理性。在完成数据叙事的过程中，快速而准确地获取到我们需要的数据是主要目标，代码背后的算法原理是什么，对我们获取输出结果实际意义不大，因此，如果我们没有足够的时间和精力去学习编程的相关理论知识，则可选择用入门知识快速获取数据。这种学习方式虽浅，却能提高工作的效率。

代码和数据采集器一样都是工具，只不过相较之下可更多地自定义，因此灵活度更高。既然是工具，就不必从一颗螺母造起，代码也不必一行行地写起，挑选已经包装、架构好的原型，再做适当的改装以适合自己的需求即可，不必过多研究内部的结构和原理。

沿着这样的思路，我们就从挑选已有的原型、如何理解并改装以及如何调试这三个方面来进行这部分的介绍。

开始之前，需要首先保证我们手边具备编写代码的基础设施。在当下热门的代码语言中，Python有着十分强大的库，并且语法更容易读懂，因此颇受编程初学者的青睐。在我们的数据获取和分析中，Python的pandas、urllib等库能够满足大多数场景的使用需要。

选定编程语言后，就需要配置环境，在我们点击运行程序后把我们写在屏幕上的代码翻译成机器可理解的语言。在具体的编程环境配置中，推荐安装 Anaconda。Anaconda 是一个开放的 Python 工作环境，帮我们预安装了常用的 pandas、NumPy 等库，避免了手动安装的麻烦，同时 Anaconda 下的 conda 包能够进行包管理和环境管理，方便我们建立虚拟运行环境，让需要不同环境的程序能够各自独立运行而互不干扰。

安装 Anaconda 一般会直接配套下载 Jupyter notebook 和 Spyder 等 IDE（集成开发环境），直接打开 IDE 配置的编辑器，就可以开始你的代码之旅。

1. 不会写代码，也能做代码的搬运工

代码之旅的第一步，是要找到适合的代码原型框架。不会写代码，我们也可以当代码的搬运工，那么，一般能从哪搬运到合适的代码呢？综合我们的经验并参考相关资料，我们推荐以下平台：

首先是 CSDN。CSDN 作为国内目前最大的程序员平台，里面的内容包括博客、论坛、资源下载、科技 IT 前沿资讯等。一般代码学习者或程序员会在完成一个项目之后，将自己的代码和思路写成博客分享到平台上，作为自己学习的一个记录，其他人也可以查看、借鉴、讨论。

CSDN 的用户规模很大，拥有覆盖初学者到代码高手的大量活跃用户，非常适合初学者去参考其他初学者遇到的各种问题，或者借鉴一些高质量博客中的代码。但也是因为用户规模较大，所以内容质量参差不齐，需要认真辨别筛选。

CSDN 比较贴心的一点是，在每篇博文的文末，会根据标题关键词推荐更多相似的文章，如果发现一篇文章并不是你想要的，则可以浏览下面的相似文章列表，这里的推荐较为精确，能极大地提高效率。

其次是博客园。博客园与 CSDN 类似，也是一个面向开发者的知识分享平台。和 CSDN 相比，博客园的网站版面更加干净并且可以由博主自定义，博客的平均质量水平更高，而且没有商业付费会员机制。综合上面的原因，博客园很受专业编程人员的青睐，在这里更容易找到高质量的可供借鉴的代码。但博客园的博文总量低于 CSDN，相关文章推荐功能不够完善，所以初学者可以结合上述两个平台来找寻满足自己需要的代码原型框架。

除了 CSDN 和博客园之外，简书、知乎专栏也是许多程序员常用的分享自己代码的平台，可以作为上述两者的补充。

如果国内的网站不能满足你的需求，还可以到 GitHub 上寻找相关的项目

代码。GitHub 是世界上最大的代码托管平台，所谓托管，也就是像网盘一样的云存储，免费托管的开源项目会在平台上得到公开发布。在网站上，你可以根据关键词搜索和自己想做的话题内容相关的代码。如果想限定搜索范围，则可以在关键词前输入 in:name、in:description 等，在项目名称、项目说明等不同区域搜索。由于是代码托管平台，GitHub 上的代码通常以文件夹的形式出现，其中存储有一整个项目，直接点击下载就能将整个项目文件下载到本地，不需要像在博客文章中一样一块块地复制，项目所附带的 README.md 也非常方便我们了解这个项目代码的功能和操作指南。

介绍完了搬运代码的各个"仓库"，我们该如何在这些仓库里琳琅满目的代码中找到自己需要的代码？

一是在搜索代码时，需要注意设备的操作系统和 Python 语言版本。操作系统在软件安装等底层操作中影响较大，而 Python 语言版本的差异，很可能影响到各类库、函数的调用方法，因此在搜索以及阅读教程时，一定要多加注意操作系统和语言版本。

二是选择最新的博客文章或项目。不仅新闻有时效性，代码的时效性在搬运中也非常重要。一方面，代码的语言版本在不断迭代；另一方面，针对爬虫类代码，网站的数据格式、网络响应机制随着时间的变迁经常会有所调整（比如变换了反爬机制，或者单纯是新来的程序员偏爱另一种数据格式）。所以在代码的选择上，越新的代码，能够解决你目前遇到问题的可能性越大。

三是参考文章互动数据、作者等级。正如上文所说的，在 CSDN 这样的平台上"小白"和高手混杂，一个具有编程习惯的高手在代码写作时，会有意识地注意代码的复用性（代码应用在其他问题上的可能性），代码逻辑更加清晰，这样便于之后的改写，出"bug"的概率也更低。所以我们在挑选时，也可以留意文章作者的排名等级、文章本身的浏览点赞量，以及 GitHub 上项目的 fork、star 数据。这些数据就像学术论文的下载量、被引量一样，是极富参考价值的背书。

四是观察代码注释。程序员把自己的代码放在博客上一般有两种目的：一是为自己做一份云笔记，把自己的代码项目记录下来；二是将写好的劳动成果共享给大家。很多时候，两种目的兼而有之。如果博主有意识地把代码共享给大家，那么其注释常常会写得更加完善，代码的运行效果在发布前也会经过多次检验。因而，我们可以根据代码注释，来判断一份代码的质量。

2. 如何阅读和改动代码

很多时候直接复制代码并不能解决我们的需求，需要适当调整改动代码。这需要我们在大致阅读、了解每个代码模块功能的基础上，进行调整和改动。

那么，如何快速做好代码的阅读理解呢？

首先需要依靠的，是代码的注释部分。代码的注释是给人而非计算机读取的，是写代码的人对自己的代码所做的说明解释，以方便其他人理解，计算机不会编译注释部分的内容。在 Python 语法中，单行注释以"#"开头，多行注释通过在注释文字前后加三个单引号（'''）或三个双引号（"""）标注。注释常常用来解释某个模块代码的功能、某个函数需要什么样的参数、变量的含义和作用等，用更易读的语言衔接起整个代码。如果你找到的代码注释足够详细，会大大加快你理解代码的速度。

看完注释后，你应该会对整个代码有个大概的模块划分，也就是了解代码的每部分都在干什么。解决一个大的问题时，我们会把它拆解为多个小问题，对应不同的步骤。同理，代码的每个模块实现一个功能，从而解决一个小问题，像一个个零件一样将它们拼装到一起，就组成了一个工具。函数的功能是把具有独立功能的代码块组织为一个代码模块，在 Python 中以"def"的语句开头，通过理解代码中各个函数在干什么，需要传入什么参数，又返回什么值，我们对整个代码的理解会逐渐变得清晰。

如果想抓住一份代码的重点去阅读的话，一个小技巧是，去找这份代码引用的最主要的包（package）在哪一行发挥了功能。Python 可以引用的包是其他编程者已经实现的函数集合，你可以将其理解为前人已经做好了一类零件，把它们打包好之后供你使用。如果你想使用某个包里的零件，就需要在程序的开头声明"import"这个库，然后就可以在后续的代码中调用包里的函数。因此，使用了解决问题关键零件的部分，就是我们需要重点去阅读理解的地方。

以网络爬虫为例，一份爬虫代码要解决的核心问题是获取网页的数据，实现这个功能对应的最核心的包通常是 urllib、Selenium 等，这时我们就需要去代码里找哪一行调用了这些包的功能函数。找到之后，去看它传入了什么参数，得到了什么结果，再以此为中心向上下发散开去看。理解了重点之后，整份代码就好懂很多。

另一种思路是反向阅读。这里参考了亚力克斯·科尔曼（Alex Coleman）

在一篇教程中的代码阅读思路[1]，一份再复杂的代码，它的输出结果也是相对更容易理解的，因为最后的输出是你最终需要的。那就从最后的输出开始，它的输出结果是什么，怎么得到的这个结果，再往前一步步追溯。这样你就会在不知不觉中从下到上通读了整份代码。这种思路的优势在于，从自己最容易理解的部分入手，然后一块块建立起联系，进而串联起整个代码。

读完代码并理解各部分的功能后，我们就可以开始"改装"。一般需要修改的是代码中的一些变量值，比如文件路径、要爬取网站的 URL（统一资源定位系统）、向函数传递的参数等，读完代码并大致理解后，就能找到所需修改的变量。

只需要修改变量的情况是最理想的，但有些时候，我们找到的代码和我们想解决的问题并不完全适配。也许是只解决了一半的问题，其余步骤要用其他代码添补；也许我们只需要整个代码的某一部分，其余功能我们根本用不到；也许是输出的数据维度不是我们所需要的……具体到不同场景中，我们面临的代码不适配情况可能五花八门。这时候我们要依靠前面代码的阅读理解，再具体思考自己的问题应该如何解决。这需要从整体到局部的层级思维，是一个从整份代码到各个函数模块，从函数模块再深入到函数内部，逐级调整修改的过程。

3. 技术小白如何 debug

"debug"是连许多不会编程的朋友都熟知的"程序员黑话"之一，意思是调试程序。在运行编写好的程序时，可能会因为各种各样的原因，最后程序报错或者得不到想要的输出结果，这些原因就被我们叫作"bug"，通过调试程序找到原因，使代码能够正确运行的过程，就是"debug"的过程。

无论多么优秀的编程者，bug 总是其写代码的过程中不可避免的。从写代码到后续的 debug，其实就是我们和计算机不断对话的过程。我们把写好的代码告诉计算机，它按照代码一行行去理解，运行之后反馈给我们出现的问题，我们依照它的反馈找到我们表述中不清晰或错误的地方，修改表达后再次把代码告诉计算机。整个编程的过程，就是这种对话的循环往复，直到

---

[1] Coleman, A. (e.d.). How to quickly and effectively read other people's code. Retrieved April 5, 2022, from https://selftaughtcoders.com/how-to-quickly-and-effectively-read-other-peoples-code/.

最后计算机恰当、准确地理解了我们的意思，就生产出了我们需要的结果。

为了避免出现 bug，首先要选一个适合初学者的代码编辑器。作为初学者，我们遇到的问题常常是格式、语法上的简单错误。比如复制来的代码没有正确缩进、变量名没有统一、调用函数时没有正确传递参数等，这些问题我们也许很难一眼检查出来，但是一个智能的编辑器能够检测出这些问题，并通过下划线、标亮等方式提示你修改。我们推荐使用编辑器 PyCharm，这是一个编程者常用的 Python IDE，它的代码自动补全、错误提示、项目导航等功能都非常友好。PyCharm 分为社区版和专业版，经过我们的测试，免费的社区版已经基本能够应对大部分日常需求了。

当 Python 程序运行遇到 bug 中断时，会输出 Traceback 错误信息报告，我们要学会通过阅读报错信息 Traceback 来找到 bug。以一个简单的文件路径报错为例（见图 4-4）：

```
1  Traceback (most recent call last):
2    File "/Users/PycharmProjects/test/main.py", line 15, in <module>
3      fp = open(path,'r',encoding='utf-8')
4  FileNotFoundError: [Errno 2] No such file or directory:
   '/test.txt'
```

图 4-4　Python 程序报错示意

Traceback 一般分为三块，在图 4-4 中分别是第 1 行、第 2—3 行、第 4 行。第一块是错误报告标题；第二块指明出错的地点，这个例子中出错的位置在代码的第 15 行；第三块格式为"错误类型：错误说明"，包含报错类型与具体的报错，这里的报错为"没有'/test.txt'这个文件"。

大部分报错信息都可以这样拆解，而我们阅读时的重点在第三块，也就是最后一行的错误类型和错误说明。看到错误说明后，再回到第二块，看错误在哪发生。如果错误说明和上述例子相似，则很容易理解，可以直接照着报错去修改。如果没有读懂错误说明，则可以借助互联网，复制并搜索最后一行的信息。

这时就要提到代码交流平台的另一类重要功能：解决 bug。我们无法解决的问题，网上可能许多人都遇到过，并探索了各种解决方法。除了国内的 CSDN、博客园等平台，Stack Overflow 是国外的一个大型技术问答网站，里面也有着五花八门、丰富多彩的 bug 提问和回答。

我们在平台中搜索自己的报错信息后，可以找到涉及类似问题的博客文章，看看文章作者如何解释这是一个什么样的报错，以及如何解决这个报错。搜索解决 bug 的博客时，要尽量全面地阐述我们所遇到的 bug，比如如果是在某网站爬虫程序中的报错，就可以在搜索中添加"某网站爬虫"关键词，同时注意博客的 Python 语言版本等开发环境是否和我们的一致。总之，尽量找到和我们遇到该问题的情景相似的博客文章，这样才能更快地找到解决方案。

除了上网搜索，遇到 bug 我们也可以自力更生，利用"print"法或者 IDE 的调试功能来定位、解决问题。"print"法是我们常用的调试方法，适用于小型灵活的代码项目调试，理解操作起来也很简单：让程序输出中间部分的结果，然后检查是不是预想的结果，从而定位出错位置。如果输出的结果和你预想的一致，则说明从代码开头到"print"语句的部分没有问题，出错位置应该在下面；如果不一致，就往前继续检查、输出，直到找到问题。这其实是排除法的思维，通过输出中间结果，来一步步缩小检查的范围，从而定位出错所在。

除了"print"法，还可以使用 IDE 的专门调试功能，设置断点、调试运行，从而可以在断点处查看各个变量的值，定位问题的思路和"print"法一致，非常适合大型项目中的 debug，具体的使用方法可以阅读你使用的 IDE 的操作指南。

最后，还有一个小细节值得大家注意，那就是在 debug 时尽量不直接在原代码上删除、修改，而是将想要删除或者修改的代码通过加"#"的方式进行注释，然后复制一份在注释下方修改。这样做的原因在于，在 debug 过程中，最重要的一点是能够复现遇到 bug 的场景。因为对代码的每次调整都只是一次尝试，也许并不能解决问题。发现此路不通时，应该回到原始位置再去探索。恢复注释过的原始代码，我们就可以很便捷地回到修改前的位置。如果直接删除或者修改，就很容易忘记自己前面的操作，从而遇到新的问题，debug 的思路会变得更加混乱。

以上内容能够帮助我们成为一个"代码快思手"，也许很多读者并不满足于对代码的浅显搬运、修改、使用，那么可以从基础教程开始系统学习，w3school 在线教程、廖雪峰教程等都是比较适合初学者的 Python 教程。

第 5 章
数据分析：发现藏在数据背后的"奥秘"

当我们费尽千辛万苦，通过种种方法搜集了大量数据，常常会误以为数据组的工作已经完成。其实，对数据叙事而言，寻找和获取数据只是储备了必不可少的素材，就好比新闻报道工作只完成了采访部分，而尚未对采访记录做分析，这时距离完成新闻稿件还有不少重要的步骤。同理，从数据素材到数据叙事，数据组还要完成关键一步——数据分析，这将决定我们能发现多少藏在数据背后的"奥秘"。

5.1 分析数据前的准备工作

数据分析不是漫无目的的统计分析，而是要做好准备，有的放矢。首先，我们需要明确数据分析的目标。其次，我们还应当做好数据清洗工作，避免脏数据影响分析结果。

5.1.1 建立目标：让数据分析有的放矢

由于数据是数据叙事的主要素材，在很大程度上驱动着叙事的逻辑，因此数据叙事的操作思路更接近量化研究方法。在量化研究中，提出研究问题之后，我们需要在此基础上进一步提出研究假设，建立起研究变量和研究问题之间的联系（McCombes，2019）。例如，在研究问题"吃糖会导致变胖吗"中，并不存在显著的变量/自变量关系，无法直接进行数据分析，只有将其转化为"糖的摄入量会/不会导致体重的上升"时，我们才能用数据

"说话"。

在数据分析过程中，我们应当先明确数据分析的出发点，回应选题策划中需要解决的问题，并运用数据分析的结果去解释、论证乃至预测。这一点在 RUC 新闻坊的作品《条款三千丈，读到哪一行？》的创制思路中体现得较为明显。在将市面上主流 App 的隐私信息搜集情况作为数据来源并进行相应统计编码后，我们得到了最初的原始数据（见图 5-1）。

这一部分数据维度众多，涵盖各 App 评分、隐私信息搜集类型等多重维度。它虽然足够详细，但过于庞杂，难以直接得出结论并进行呈现。为此，我们需要围绕选题策划的目的，提出相关假设，进而完成对数据的分析。结合"为何各大 App 中用户隐私数据泄露严重"这一研究问题，我们提出了以下几则假设以及论证方式：

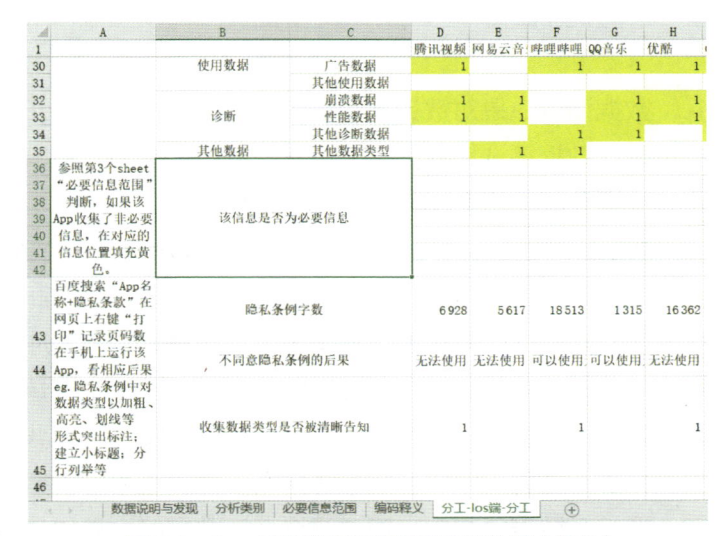

图 5-1 App 隐私信息搜集情况原始数据（部分）

1. 各大 App 搜集的信息以非必要信息居多（通过对比各 App 实际搜集信息类型与国家网信办等部门相关文件对必要个人信息范围划定结果进行分析论证）；

2. 各大 App 隐私条例字数过多，用户很难全部阅读（通过统计各大 App 隐私条例字数分析论证）；

3. 各大 App 隐私条例"霸王条款"居多，用户若拒绝同意则很难继续使用 App（通过统计使用各 App 时选择不同意隐私条例的后果分析论证）；

4. 各大 App 隐私条例对搜集用户隐私信息的情况没有做到清晰告

知（通过统计各 App 隐私条例中重点内容的突出标注情况分析论证）。

在分析数据前围绕选题策划的研究问题提出相关的研究假设，能够让分析工作更加具有针对性，这样数据分析的结果也更加具有说服力。

5.1.2　数据清洗：避免"错进错出"

数据清洗，是对数据集中的脏数据进行检测和纠正的过程，是数据分析的基础。数据清洗旨在识别和纠正数据中的噪声，将噪声对数据分析结果的影响降至最低（郝爽，李国良，冯建华，王宁，2018）。

"错进错出"（garbage in，garbage out），这是 20 世纪 60 年代在计算机领域流传的一句箴言，它解释了输入模型的数据质量的重要性。"脏数据""噪声"，是用来指代数据集中出现异常、错误、冲突的数据。数据集中所有的数据都始终保持完整清晰只是理想状况，一般情况下，原始的数据集会出现或大或小的异常。如果不经过处理直接将含有异常信息的数据也输入模型，那么输出的结果常常会将异常放大，进而得到错误的结论。和数据科学一样，在数据叙事中，通过清洗保证数据的质量也是极其重要和不可或缺的一步。

不过，在不同学科背景下，数据叙事对数据质量的需求与数据科学并不完全相同。在数据挖掘等领域，研究任务常常是将百万级别数据量的大数据输入深度学习算法进行训练学习。若干条数据的缺失遗漏在这样的任务中并不容易对结论造成影响。而在目前的数据叙事领域，我们获取到的数据在一般情况下难以到达"大数据"量级，且对数据的处理更注重呈现而非进一步的训练学习。这意味着每条数据在数据叙事中都服务于结果呈现而不应被遗漏，对应到数据清洗中，我们对异常数据的清洗方式也会有所区别。

我们获取到的数据一般可以分为结构化数据（structured data）和非结构化数据（unstructured data）。结构化数据也被称为定量数据，是能够用数据或统一的结构加以表示的数字、符号等（Taylor，2021），更直观地说就是能够以表格形式存储的数据。而非结构化数据，就是结构化数据之外的一切数据。

在结构化数据中，一般包括缺失、冗余、冲突、格式杂乱和异常五种类型的"噪声"。

数据缺失是我们常常会遇到的问题，下载的年鉴数据某个年份缺失、某个维度的数据未统计或公布、数据对象并不具备某一属性导致数据缺失……表格里某一格的数据可能会因为各种各样的原因发生缺漏。在数据科学中，如果缺失数据占比较少，那么我们可以选择直接将缺失数据所在行删掉。但在数据叙事中则不同，如果只对所获取的数据进行简单呈现而不做进一步的分析处理，最好的办法就是什么都不做，直接注明缺失并在数据说明中解释缺失原因（见图5-2）。如果该缺失数据需要参与接下来的数据分析，那么可以根据情况选择平均值、临近值、中位数或者众数进行补全，但无论是哪种方法，都需要在数据说明中标明缺失与补全的方法。

图 5-2 在数据说明中标注数据缺失

数据冗余也是数据"噪声"中常见且容易被忽视的问题，在拿到原始数据集时，建议养成在 Excel 里选择"去重"及时排查冗余数据的习惯，避免因分析到一半发现重复而再次返工。

数据冲突常常出现在不止一个数据源的情况下，即相同的信息维度，从 A 处和 B 处却获取到了不一致的数据。这时我们需要运用一些新闻事实核查的技巧，搜索第三方信源做交叉验证，或者搜索与这个维度相关联的数据，看哪个更切合实际。如果找不到第三方信源和关联数据，则在不一致的两个信源中选择更为权威或官方的，以降低存在误差的可能。

格式杂乱常出现在网页爬取或者数据集规模大且来源复杂的情形中，比如字符串前后有杂乱的空格或标点、日期格式不统一。对于杂乱的空格标点，我们可以使用 Python 的 strip、replace 等字符串操作函数，匹配空格和标点并删除。对于日期格式不统一的情况，我们可以在 Excel 里将单元格设置为自己需要的日期格式。还有一种格式杂乱来源于表述的差异，比如相同的地点有的写为"北京市海淀区",有的写为"北京-海淀"。对于这种情况,在差异容易列举的情况下可以直接采取关键词筛选的方式,找到含"海淀"的所有数据并统一替换;如果细微的差异种类很多且难以列举,可以考虑使用 Python 的字符串模糊匹配包 fuzzywuzzy,对类似的表述进行统一。

最后还有一种"噪声"是数据异常,指的是数据取值不在符合逻辑的合理范围之内,比如关于年龄的数据集中出现了负数,持续增长的销量中某一天出现断崖式下跌。这些情况下,我们需要首先确定,是不是在获取数据时便存在问题,从而导致了数据异常。如果原数据的确存在异常,那么处理方法与数据缺失时类似,即直接空缺或补全,同时在数据说明中说明数据的异常情况。

除结构化数据之外,我们还经常遇到爬取的网页内容等非结构化数据。当我们用代码爬取到了网页上的大量评论、评分等,却发现很多类似 <div></div> 格式的文本穿插在自己想要的内容之间,这说明该网页文件是用 HTML 语言写成的。为了标明网页排布,写网页时常常需要多层嵌套多种格式的 HTML 语言,这会让我们在清洗数据时无法用简单的查找替换来去除冗余的 <div> 等标记。这时我们可以使用 Python 的正则表达式进行更灵活的匹配。正则表达式是对字符串进行操作的一种逻辑表达式,它的功能类似一个可以灵活自定义的查找替换操作,通过自定义规则字符串,来按照自己设定的规则在文本中筛选出自己需要的内容。针对网页文本的清洗,我们可以首先观察所需要的内容位于 HTML 网页文件的什么类型的容器里,其前后的 HTML 语言格式有什么共同之处,再由此设置正则表达式的规则字符串提取需要的元素。使用正则表达式时,最关键的环节在于设置筛选的规则字符串,其语法非常灵活多样,在这里无法详细展开,只例举一个常用的 (.*?) 规则字符串的元符号含义(见表 5-1)以及组合之后的功能。

表 5-1　正则表达式元符号示例

元符号	规则
.	匹配除换行符之外的任意单个字符。
*	匹配前面的子表达式零次或多次。例如,zo* 能匹配 "z" 以及 "zoo"。
?	匹配前面的子表达式零次或一次。当该字符紧跟在任何一个其他限制符 (*, +, ?, {n}, {n,}, {n,m}) 后面时,匹配模式是非贪婪的。非贪婪模式可以尽可能少地匹配所搜索的字符串。
(pattern)	匹配 pattern 并获取这一匹配。所获取的匹配可以从产生的 Matches 集合中得到。

由上面的四个元符号，便能组合成"pattern1(.*?)pattern2"的规则字符串来以非贪婪模式匹配符合"pattern1+content+pattern2"格式的 content（content 中不能包含换行符）。比如爬取新浪微博时，面对已经通过网络爬虫获取到的网页源码，我们需要提取出其中的微博内容部分。观察网页源码的内容格式我们可以发现，所有的微博内容都被"<div class=detail_wbtext_4CRf9>……</div>"格式的 HTML 元素前后包裹，我们需要的微博内容在"<div class=detail_wbtext_4CRf9>"和"</div>"之间。这时我们就可以使用刚刚的正则表达式清洗文本，将规则字符串设置为"<div class=detail_wbtext_4CRf9>(.*?)</div>"，即可获取到想要的微博内容。

关于正则表达式的使用，有很多教程可供参考，推荐使用"菜鸟教程（RUNOOB）"的正则表达式部分[1]进行学习，其中有较为详细的语法介绍，我们可以使用其在线测试工具直接测试自己编写的正则表达式。

如果你觉得正则表达式难以理解，那么还可以使用 Python 的 XML 语言解析包 BeautifulSoup，它可以将 XML 网页文件以树状结构进行解析，并提取出你所需要的内容。你可以把它理解成一个预设好的正则表达式集合，专门用于 HTML 或 XML 文件提取。

需要注意的是，数据清洗是一个迭代的过程，基于数据分析的需要，我们可能需要不止一次地执行这些清洗操作。同时，我们之后所采用的分析方法会影响清洗方式的选取。

5.2 用数据分析揭示关系、差异、规律和趋势

数据有"生熟"之分，即未经分析处理的原始数据（raw data）和经分析处理后得到的熟数据（cooked data）。数据分析，即是通过特定的方式对数据进行解析和处理，从成千上万条数据中整合趋势，提炼重点，进而让数据"由生变熟"的过程。

在数据叙事的过程中，数据分析并非高深复杂的炫技，如何分析数据，分析哪些数据，一切应当取决于数据叙事的目的。在这一部分，我们延续先

---

[1] 正则表达式 - 教程. 检索于 2022-04-06，取自 https://www.runoob.com/regexp/regexp-tutorial.html。

前的思路，将数据大体划分为文本型数据（如微博、知乎文本等）和数值型数据（如报道数量、财报数据、国民经济统计数据等），围绕常见的数据分析目的来列举部分数据分析方法。

5.2.1 文本型数据分析

在大多情况下，文本型数据主要用于呈现"文本说了什么"，具体而言，包括小体量文本和大体量文本。前者的样本量在几个至几十个不等，主要作为典型个案在内容中出现，这一类文本的使用与数据分析的关系不是很大，更多与可视化呈现有关，本部分不再进行着重讨论。而大体量文本指的是文本字数或条数较多，无法逐一呈现，需要通过一定计量分析进行呈现的文本。

从 RUC 新闻坊以往的实践案例来看，我们通常从以下几个维度对文本型数据进行分析：文本呈现了哪些高频关键词、这些高频关键词之间的关系是什么、其背后体现了何种情感。

1. 词频分析：文本呈现了哪些高频关键词

词频分析是分析文本时最常用到的数据分析方式，其原理是通过 Python 中的 jieba 中文分词组件❶将文本分割为若干字词，并统计所有字词出现的频次，最后根据字词出现的频次利用 Python 的 wordcloud 等库生成词云图。在词云图中，通常情况下关键词字号越大，代表这一关键词在文本中出现的频次越多，越能反映该文本的核心主旨。通过这些高频关键词，我们能够更便捷高效地掌握文本集中提及的对象以及表达的观点、看法。需要注意的是，词频分析中对词语的划分是基于 jieba 自带的语料库进行的，对于一些专业名词、圈内术语等词语可能会出现无法识别、错误划分的情况，这时便需要我们通过对 jieba 的语料库进行编辑，添加所需词语，相关方法参考 jieba 的使用说明。

此外，词频分析通常通过 Python 完成，但目前许多在线工具也可以实现类似功能，在网上搜索"分词工具""词云图"即可找到相关工具。词云图具

---

❶ 目前最主流的中文分词组件为 jieba 分词组件，英文分词组件有 NLTK、SpaCy 等。

体示例如下（见图 5-3）：

> 雅虎问答网站关闭、新冠肺炎疫情、疫苗等是雅虎问答最近关注较多的议题

雅虎问答发现页2 600个问题词云图

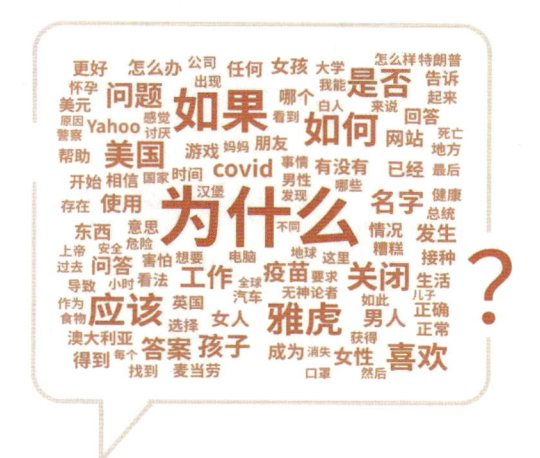

数据来源：数据来自雅虎问答26个频道下"发现"页的前100个问题，共计2 600个。
数据说明：将上述获取的所有问题翻译为中文后，使用jieba分词组件进行分词，统计出现频次最高的前1 000个词语，去除无意义词语后将结果呈现为词云图。
数据获取时间：2021年4月18日—19日。

图 5-3　词云图示例

2. 聚类、共现：高频关键词之间呈现出何种关系

在呈现高频关键词的基础上，一些数据分析方法还能帮助我们分析研究这些关键词之间存在何种关系。

第一种常用的方法是聚类分析，即在划分文本高频词后，利用隐含狄利克雷分布（Latent Dirichlet Allocation，LDA）模型对关键词进行聚类。LDA模型是戴维·布雷（David Blei）等人于2003年提出的文档主题概率分布模型。其整体思想是将一个文本视为一组可能包含多个主题的词，词与词之间没有先后顺序关系，这一模型通过词项在文本中的共现信息抽取出语义相关的主题集合，并以概率的形式给出每篇文档的主题概率。以 RUC 新闻坊《议题、情绪和话语：新旧媒体交织演绎的肺炎舆情史》一文中对微博和报刊议题分野部分运用的聚类分析为例，我们将疫情期间的相关微博文本汇总视为文本集 M，文本集 M 涵盖 m 条微博，即 $M=\{d_1, d_2, d_3, ..., d_m\}$，

文本集 M 中存在着 k 个主题 Z，即 $M=\{z_1, z_2, z_3, ..., z_k\}$，其中每个主题 Z 都是基于语料库集合 $\{w_1, w_2, w_3, ..., w_n\}$ 概率的多项分布，W 是所有描述主题单词构成的词语集合。通过 LDA 模型，我们可以得到几组代表文本主题的关键词及其可能代表文本主题的概率值。

值得注意的是，LDA 模型对关键词的聚类是通过算法得出的，其对关键词的聚类和分组与我们日常的理解可能存在出入，因此需要我们对结果进行再处理，去除无意义的词语，并结合这些关键词和原文本对主题进行人工编码，具体效果如图 1-4 所示。

第二种方法是共现词频网络分析。共现词频网络分析同样以文本的高频词为基础，关注不同关键词在同一个文本中共同出现的频次，这种分析方式不仅能呈现文本中哪些关键词频繁出现，还能进一步揭示这些关键词之间存在怎样的关系。从原理来看，共现词频网络分析首先需要完成前期的数据准备，通过分词工具将文本转换为关键词组，之后两两统计这些关键词在同一篇文本中出现的次数，生成关键词共现矩阵，最后对共现矩阵进行可视化，生成最终的共现词频网络。具体效果如图 5-4 所示。

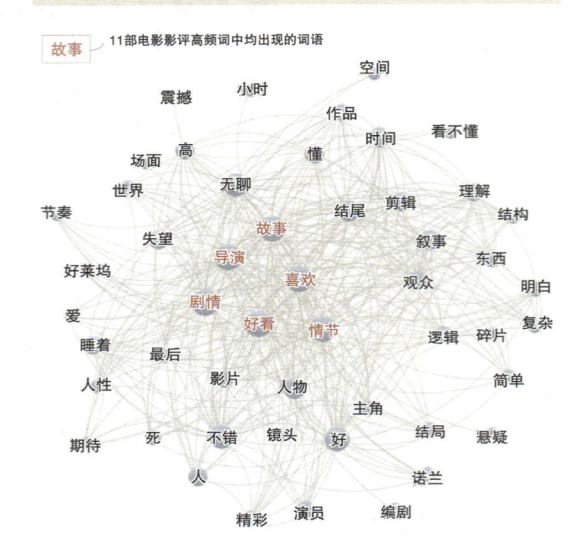

图 5-4　共现词频网络分析示意图

在图 5-4 中，不同的节点代表着不同的关键词，节点大小越大表明这一关键词在文本中出现的频次越高；节点越靠近中心，表明这一关键词与其他关键词发生的关联越多；不同关键词之间存在连线即表明这两个关键词共同出现过；连线越粗表明关键词共同出现的频次越高。

3. 内容分析：人工编码分析文本的内容

由于数据叙事的目标是多样性的，有时候机器直接获取的文本型数据未必能满足灵活具体的分析目标和数据需求，这时，我们往往需要选择内容分析法，运用人工编码的方式对数据进行分析。事实上，这种方法在实践操作中更加常用。

传播学的内容分析法是一种对传播内容进行客观、系统和定量描述的研究方法。从操作方式来看，我们需要提出研究假设，并将其转化为可供操作的数据需求，据此制定相应的内容编码表，通过预编码等工作确保编码的信度与效度后，完成对数据的编码，根据编码结果得出相应的结论。具体编码表示例如图 5-5 所示。

文章基本信息							
编码说明： 1、复制链接至浏览器打开报道原文 2、将对应的编号填入表格，信源中包含该类填1，不包含可不填，其他里若出现较多的一类可以填写文字 3、信源类别优先记为具体的"人"，若没有个体出现再记为机构 4、统计数据、报告、截图等形式，记录发布者的身份信息 5、涉及信源多重身份时，按其提供内容的立场记录（就是他把自己当什么身份在说话）					主题只选最主要的一个，**3.防控措施**着眼点在采取的行动，而**4.科研及科普**着眼点在对病毒本身特征的认识	约稿/投稿的作者为非职业新闻人（通常为自述文）	**重点看记者的语气和立场** **中性：**信息发布、现状描述等 **正面：**肯定经验做法和成绩等 **负面：**质疑、揭示问题等
ID	标题	链扌	发布日期	媒体	**报道主题**	**新闻体裁**	**总体倾向**
1	专访缪晓辉:	https:/	2020/1/29	三联生活周刊	3	3	0
2	最新！ 湖北	https:/	2020-01-24	楚天都市报	6	1	0
3	关注丨浙江	https:/	2020-01-20	中国青年报	2	1	0
4	国际评级机构	http://	2020-01-27	财新	6	1	0
5	社区党员的	https:/	2020-01-30	广州日报	3	2	1

图 5-5 编码表示意图

需要注意的是，使用内容分析法对数据进行处理时，有时数据体量庞大，不得不安排多人合作完成编码，但多人合作也容易导致编码信度降低。面对上述情况，我们建议：

第一，在制定编码表时尽可能遵守内容分析法的使用规范，设计编码表时尽可能语义清楚，避免使用彼此交集过大的概念以及含混不清的表述。

第二，在编码前制定尽可能详尽的编码表解释。

第三，在正式开始编码前，需要全部编码员参加预编码进行信度测试，并在编码过程中结合新情况、新发现及时进行修改和补充（尽量在预编码阶段发现、解决问题，正式编码过程中调整很容易导致前后标准不一、个体标准不一）。

5.2.2 数值型数据分析

针对数值型数据，数据叙事中常见的处理方式多为描述性统计分析，也有少数作品采用推断性统计（也叫推论统计）等相对复杂的分析方法。下面总结主要涉及的概念和方法：

1. 频数、平均数、中位数与众数

在 RUC 新闻坊的叙事作品中，对数值型数据的处理并不复杂，最常用的是对频次的统计。类似历年农民工相关报道的数量、"国考"招考人数、社会各行业生产耗电量等都是对频次统计的应用。建立在频次的基础上，我们可以根据数据的特性选择使用条形图、折线图、饼图等图表进行呈现。

与此同时，我们还可以考虑使用简单的统计学概念，如平均数、中位数与众数。其中，平均数最为常见，但容易受到极端数值的影响，有时无法准确反映数据全貌。中位数相比平均数更有利于排除极端数据的影响。同时，也可以采用众数进行数据分析，例如在 RUC 新闻坊《上万条讨论背后身高的秘密与焦虑》一文中，我们将微博中关于理想身高的讨论文本中提及最频繁的身高数据作为"理想身高"，与全国人口实际平均身高进行比对，这本质上是一种对众数与平均数的运用（见图 5-6）。

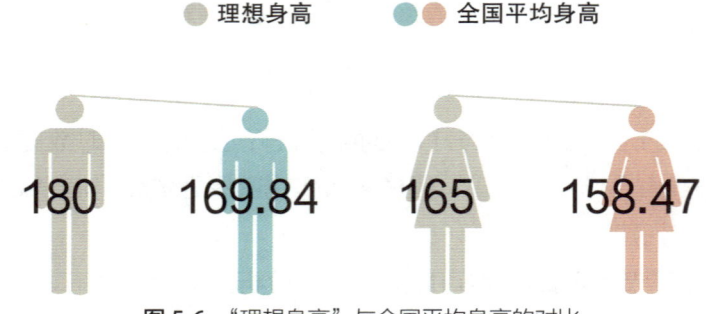

图 5-6 "理想身高"与全国平均身高的对比

2. 范围计数

当需要对多个数据进行整合归类，或可视化组对于数据呈现有特殊需求时，我们可以采用范围计数，将满足特定条件的值整合进同一变量内。例如

RUC 新闻坊《1 183 位求助者的数据画像：不是弱者，而是你我》一文对于微博求助者的年龄统计，直接在图中呈现 1 183 位求助者的年龄分布较为困难，此时将年龄划分为 0~14 岁、15~49 岁、50~64 岁、65 岁及以上四个区间，将原始数据的年龄分布整合进新的时间切片中，不仅能让数据更加简洁，也突出了不同年龄群体分布的特征（见图 5-7）。

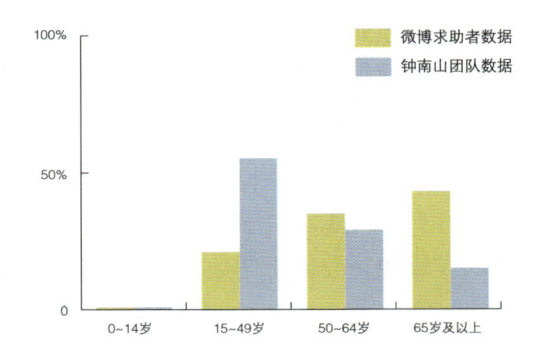

图 5-7 新冠肺炎疫情中微博求助者的年龄分布情况

3. 交叉分析

交叉分析主要用于分析两个变量之间的关系，通过将两个变量分别纳入横、纵坐标，呈现两个变量之间是否存在相互影响，特别是有些时候不同变量组合得出的结论可以产生意想不到的结果。例如在 RUC 新闻坊《新创旧痛丨黄河石林百公里越野赛事件特别报道》一文中，我们将 2019 年不同省市人均 GDP 的数据与其举办越野赛事的次数这两个变量进行了交叉分析（见图 5-8），发现甘肃、云南、河北、四川四个省份虽然人均 GDP 处于全国各省市的中位线下，但举办场次却高于各省市举办赛事的中位数，呈现出对举办越野赛事的更大热情。

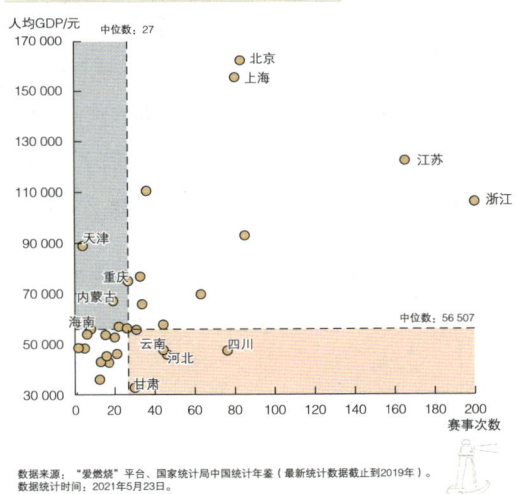

图 5-8 各省市人均 GDP 与其举办越野赛事次数的交叉分析

4. 对数

对数是对求幂的逆运算，它是由约翰·奈皮尔（John Napier）于17世纪初提出的一个数学概念。对数概念产生时科学界尚未对"指数"概念做出明确界定，后来数学家才逐步认识到指数与对数的互逆关系。如果 a 的 x 次方等于 N（$a>0$，且 $a \neq 1$），那么数 x 叫作以 a 为底 N 的对数（英文用 "logarithm" 表示，缩写为 log），记作 $x=\log_a N$。其中，a 叫作对数的底数，N 叫作真数，而以无理数 e(e=2.71828……)为底的对数称为自然对数，记为 $\ln N$，以10为底的对数叫作常用对数，记为 $\lg N$。

在做数据分析时，将原始数据取对数进行处理，不会改变数据的相互关系，但能起到便于计算和可视化的作用。

比如，在《吃播》一文中，280万条吃播弹幕数据的数据量级很大，当我们对这一数据进行情感倾向分析后，最初设计师呈现的分析结果如图5-9左图所示，在这个图形中，除了中立偏积极倾向中有一异常显著的柱状之外，其他情感倾向指数数据与之相比，差异性过大而容易被读者忽略不计。考虑到这一点，后期我们在设计时将常规坐标轴改为了底数为10的常用对数坐标轴，并在数据说明中强调了这一做法（见图5-9右图），这一改动压缩了变量的尺度，数据变动更加平稳，而数值小的部分的差异程度也更加明显。

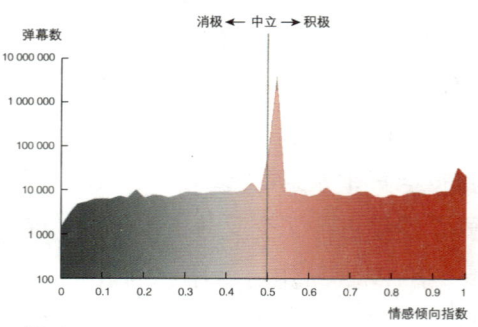

图 5-9 常规坐标轴（左）与对数坐标轴（右）的差别

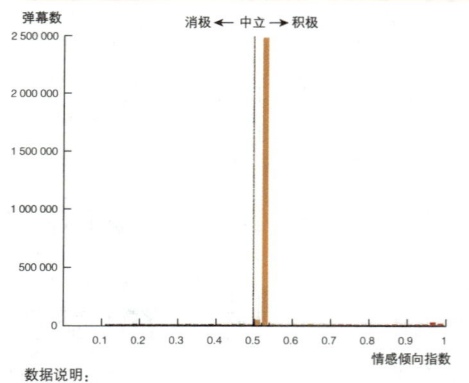

再如，微信公众号"城市数据团"在《多强的封控政策，才能防住奥密克戎？》一文中，搜集了国内几大城市的疫情数据，用 T 表示以天计算的时间，将疫情在该地的"暴发"时间定义为时间点 T。他们用 $T+4$、$T+5$、$T+6$ 时刻的当地人流量平均值除以 $T-1$ 时刻的当地人流量，并将计算结果定义为一个地区的"封控强度"变量；将一个城市 $T+14$、$T+15$、$T+16$ 三天的新增病例与 $T+4$、$T+5$、$T+6$ 三天的新增病例的比值定义为一个地区的"控制疫情"变量，然后将"封控强度"和"控制疫情"取自然对数，分别纳入横纵坐标绘制散点图，发现两者存在显著的相关性。作者进一步用国内各城市在非奥密克戎疫情和奥密克戎疫情之下的数据拟合出直线表达式，发现"在同样的初始爆发条件和同样的防控力度下，奥密克戎变异疫情在半个月后的每日新增病例，将比非奥密克戎疫情在半个月后的每日新增病例高出 5.82 倍"[1]。在这个作品中，由于各城市之间的疫情数据差距较大，因此采用对数转换相关数据后，缩小了数据的绝对数值，也在一定程度上削弱了模型的异方差性，更便于读者理解两个关键变量之间的数据关系。

5. 回归分析

回归分析是确定两种或两种以上变量间相互依赖的定量关系的一种统计分析方法，通常用于预测分析、时间序列模型以及发现变量之间的因果关系。比如，2021 年，一篇发表于《美国政治科学杂志》（*American Journal of Political Science*）上的文章就用回归分析讲述了一个关于警察执法是否存在性别差异的故事。文章分析了美国佛罗里达州和北卡罗来纳州进行的超过 400 万次交通检查的数据，发现在例行的交通检查中，女警官比男警官更倾向于不搜查司机的车，有趣的是，研究人员使用回归分析发现，即使考虑了警员经验、警员种族、司机年龄和停车原因等变量，女性警官在某一站点发现违禁品的可能性比男性警官高 10%。这表明，女警官在做出搜查汽车的决定时更为准确，这也意味着，她们比男警官进行了更少的不必要搜索。[2]

---

[1] 多强的封控政策，才能防住奥密克戎？检索于 2022-04-06，取自 https://mp.weixin.qq.com/s/kpLmOQv6GQoNhC_Q46mEkA.

[2] 王烨. 分析 460 万份数据发现，女警比男警检查汽车几率少 2 倍，但发现违禁品还多 10%. 检索于 2022-04-06，取自 https://mp.weixin.qq.com/s/NQVN_LLlv7-WhhSNUyvLFg.

在国内的数据创作者中，新一线城市研究所在其多个作品中使用过回归分析方法，如《你的城市还缺电影院吗？》《902 部电影 ×298 座城市的票房数据告诉你，关于好电影，我们的分歧有多大》《到底是谁在影响经济型酒店的价格》等。以该机构的作品《买房这件事上，你都为哪些因素花了更多的钱》为例，作者从 19 个一线与新一线城市中提取了总计 15 万套房源的数据，针对它们的房源单价、地理位置、楼龄、装修情况等 17 个要素进行了多元回归分析（各城市 R-squared 均超过 60%；图表中列出的数据均在 95% 的置信水平上显著），并绘制了图 5-10 来展示这些要素如何影响购房者的购房需求。❶

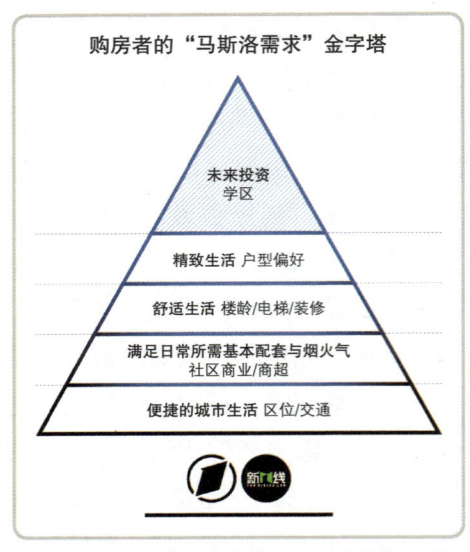

图 5-10 作品《买房这件事上，你都为哪些因素花了更多的钱》的插图

在学术研究中，我们经常能看到对回归分析方法的运用，然而，由于数据叙事面向的读者一般不具有专业的统计学背景，回归分析因其专业度较高对普通读者而言存在一定的阅读门槛，所以这种方法较少出现在相关作品中。不可否认的是，随着数据叙事的普及化程度越来越高，读者对作品中数据分析的科学性、专业性、深度的要求也会水涨船高，未来会有更多作品去探索如何向普通读者讲述采用回归分析方法发现的数据故事。

5.2.3 其他数据分析方法

因为计算科学的进步，数据分析领域已超越了传统的统计分析范畴，出现了许多新的数据分析算法，包括机器学习在内的大数据挖掘和分析方法正在越来越多地拓展数据叙事的可能性。在国外的数据叙事作品中，大数据分

❶ 买房这件事上，你都为哪些因素花了更多的钱. 检索于 2022-04-06，取自 https://mp.weixin.qq.com/s/95ylysvNdu9pCngc9ZK6mQ.

析方法正在被更多地运用。例如，在 The Pudding（https://pudding.cool/）这一颇具代表性的数据创作平台上就有不少采用大数据分析方法的作品，且作者团队乐于在作品中分享方法和数据，对于对方法感兴趣的读者而言非常友好。

RUC 新闻坊在数据分析的创新上也进行了一定的探索与尝试。例如在《中国 4K 修复：38 部电影中永不消逝的光影》一文中，我们通过 K-means 算法，分别提取电影《海上花》24 帧画面中每一帧画面的平均色，比对了 4K 电影修复前与修复后光影氛围的差异。

在《我们把 2021 写成了一首歌》中，我们整理了 2021 年 RUC 新闻坊推送的 56 篇文章，将文章的情感、每篇文章的阅读量和留言数转译为和弦、和声延续程度，实现了把"数据"变成"旋律"的尝试（见图 5-11）。

图 5-11 《我们把 2021 写成了一首歌》作品截图

列举这些案例，我们希望能够传递这样一种理念：数据分析并无定式，不要受限于传统的数据统计分析，而应该探索更多新颖的分析视角和方法。

5.3 数据分析工具基础

要实现上述数据分析，需要借助分析工具。以下介绍几款常用的数据分析工具。

5.3.1 入门工具：Excel 与集搜客

在所有的数据分析工具中，Excel 无疑是入门最轻松且使用率最高的分析工具。作为常用的办公软件，我们对 Excel 的使用逻辑都较为了解，新功能的学习成本更低。同时，作为一个功能强大的表格型数据分析软件，筛选、排序、求和、求平均……Excel 能够满足日常 80% 的数据分析需求。在不同类型数据的分析中，Excel 更多用于数值型数据，基础的求和、求平均值、条件判断等常用功能无须多加介绍，这里介绍两个我们在日常数据处理中会用到的强大且实用的 Excel 特色功能。

第一个是 vlookup 函数。它的主要功能是查找多个表之间的共用值从而进行表的连接。其在实际使用中有三大用途。第一个用途是表的合并。从不同数据源获取到数据后，我们常常需要将多表合并，比如根据省份名称合并全国各省的 GDP 总量和人口总数。如果两个数据源的省份顺序不统一，通过手动查找连接是件比较费时费力的事情，这时就可以使用 vlookup 函数，根据省份这一列变量将两个维度的数据统一到一起。第二个用途是比对查找缺失值，如果以 A 表作为总表查找 B 表的缺失值，可以通过 vlookup 连接两表，B 表没有的值在 A 表中会被自动标记出来。第三个用途是区间计数。vlookup 函数在进行模糊匹配时，如果未找到目标值，则会自动匹配小于查找值的最大值，利用这一特点可以统计数据在不同区间内的分布情况。

第二个是数据透视表。在数据新闻的数据分析中，我们常常需要透过不同的维度进行交叉分析，从立体交叉的角度寻找变量之间的关系。而 Excel 的数据透视表就可以帮助我们很方便地制作二维交叉表，将可能具有联系的维度放置在数据透视表的行列上，从而了解变量之间的相关关系。这种交叉分析功能有助于我们从多组数据中发现有趣的关联，比如第 2 章提到的社会时钟的案例，在进行数据分析时，我们将编码表数据的各个维度分别拉到数据透视表的行列，在不断比较观察中发现年龄越大的人更容易在逆社会时钟时拥有正面心态。开始数据分析前，我们无法将一些数据维度联系在一起，而数据透视表就充当了一个很方便的探索工具，在不同维度的交叉分析间，可能会让你得到意想不到且有价值的新发现。

Excel 对数值型数据而言简单实用，但当遇到文本型数据时，是否有一些简单易学的工具呢？这里推荐一个在线工具：集搜客（GooSeeker）[1]。集搜客是一个网页数据的结构化转化工具，也就是说，它的核心功能是将网页内容转化为结构化的数据，比如将网页文章转换为词频统计数据、将豆瓣影评

---

[1] 网址为 http://www.gooseeker.com/。

转换为情感倾向数据。落到具体的功能上，从网页数据的获取到分析，它包含网页爬虫、词频统计、情感分析、共词分析等一系列功能。爬虫之外，其他功能都是在文本型数据分析中十分实用的。集搜客操作起来也十分简单，在线导入数据之后点击选项就可以完成分词、绘制词云图、情感分析等各种功能，同时也支持自定义情感标签字典。完成各类操作后，下载即可得到分析好的数据。

5.3.2 进阶工具：Python

即使 Excel 和集搜客可以完成大部分基础数据分析工作，但还存在一些情况，需要更为灵活的工具进行分析，这时我们可以进阶到 Python，通过编写代码完成。

比如对于高频词的统计分析和呈现，除了集搜客外，还可以安装具有分词功能的 Python 包。目前国内最常用的中文分词工具是 jieba 分词，通过 pip 安装之后就可以很方便地进行调用。除了分词功能外，它还有其他实用的文本处理功能，包括词性标注和关键词提取。在分词的基础上，它可以按动词、名词、形容词等中文词性标注分词结果。同时 jieba 分词提供了基于 TF-IDF 和 TextRank 两种算法的关键词提取功能，可以按出现频次等维度提取出文档中最重要的几个关键词。Python 也支持对词频分析结果进行可视化，可以安装 WordCloud 包绘制词云图。

Python 还有着丰富的情感分析工具，支持对中文文本的情感倾向进行打分。SnowNLP 是最常见的情感分析工具包，但就 RUC 新闻坊的文本数据分析经验来看，SnowNLP 容易夸张文本中的情感成分，一些中性文本会被判断为高度正面情绪或高度负面情绪，从结果来看就是正负面情绪的两极化分布。相比之下更为推荐 BosonNLP 工具包，其准确率高于前者。

文本的主题聚类也可以通过 Python 实现。上文中提到的 LDA 模型常用于大规模的文本聚类任务，使用时首先引入封装了 LDA 模型的 Gensim 包，完成文本的清洗、分词之后，再对分词后的每条文本进行向量化表示，最后将向量传入 LDA 函数中，设置聚类的主题数，即可输出设定好的主题数之下各个主题的关键词。但是 LDA 模型在文本数据规模足够大的时候才会有较好的表现，对于主题差别不显著、短文本、文本数据量小的任务，比如千百级别的豆瓣小组讨论、影评，LDA 的分类结果常常不够理想。而在数据新闻的制作中，这种类型的数据集其实更为常见，这时应该如何得到文本的主题呢？对于数据叙事的文本聚类来说，任务的重点并不在于对每条文本进行分门别类，而是归纳出数据集整体的话题分布，这时一个更为实用的分类办法是首先利用代码对文本分词，再人工对高频词进行主题分类。因此有时相比于各类深度学习、人工智能的方法，"机器+人工"反而能更高效地解决问题。

5.3.3 其他工具

我们面对的数据不仅仅是普通的数值型和文本型数据两类。有时在一些别出心裁的选题中，面对非常规方法可以处理的数据，我们也需要灵活变通，掌握更多的分析工具。

比如 RUC 新闻坊在《3 899 篇论文展现疫情下的新闻传播研究图景》一文中梳理了 2020 年新冠肺炎疫情相关的新传学科论文，使用 CiteSpace 统计分析论文的关键词、作者、机构和国家情况。CiteSpace 的中文翻译为"引文空间"，是一款引文可视化分析软件，它可以将一门学科的所有文献可视化为引文网络、作者合作网络、主题共现网络等，通过可视化来帮助学者更好地了解一门学科的全景（见图 5-12）。在具体使用中，我们可以先通过知网、Web of Science 等文献数据库检索到我们需要分析的全部论文，再以 CiteSpace 支持的格式（比如知网为 Refworks）导出文献数据，最后将文献数据导入 CiteSpace 即可进行不同维度的分析和可视化。

还有前文提到的《中国 4K 修复：38 部电影中永不消逝的光影》中对于画面色彩的分析，色彩分析常用的工具有 Python 中的 PIL、colorsys 工具包，前者可以提取图片中包含的所有色彩，后者方便在各种色彩编码之间进行转换。再比如对声音数据的分析，在《噪音，你吵到了我的眼睛！》一文中，我们下载了"分贝仪（专业版）"手机软件，用来测量搜集到的声音对应的分贝数。

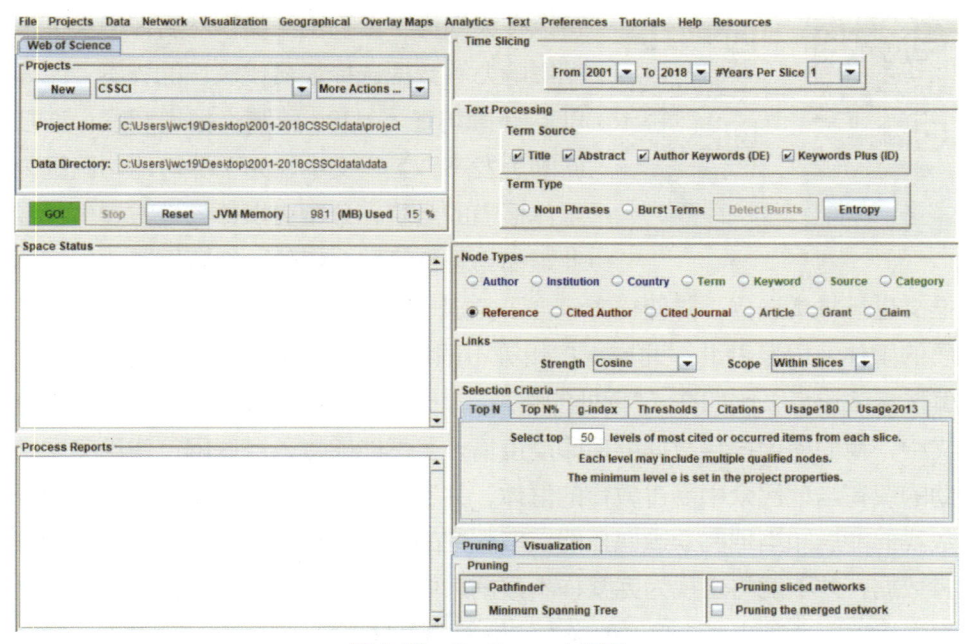

图 5-12　CiteSpace 主界面

数据分析工具种类繁多，有时独特的分析工具能反向催生许多富有创意的选题和思路，因此我们应多去探索各类工具。一个很好地了解各类分析工具的方法是阅读优秀的数据新闻作品，着重看他们在数据说明中描述的数据分析工具和方法，在了解的基础上自己再多加探索，这样当我们讲述数据故事时，就能有更多灵感和创意。

5.4　关于数据分析的一些注意事项

搜集好数据后，完成数据清洗、找到分析方法并顺利进行数据分析，如此顺利的工作流程常常只是数据分析的理想状况。现实之中，我们可能会在任何阶段遇到各种特殊情况，面临不同的问题。接下来，我们总结实践中所得的经验和教训，来谈谈数据分析中的注意事项。

数据的代表性和说服力是首先需要注意的。当我们针对某个议题进行数据搜集时，常常无法做到议题下数据的全覆盖，这时，数据代表性就是抽样时需要重点注意的问题。在进行样本选择时，我们可以参考各类由权威机构统计发布的榜单，比如月饼售卖的销量榜，以销量作为样本抽取的依据；也

可以在大门类下罗列出子类，然后在子类下根据影响力等数据选择最具代表性的样本，比如RUC新闻坊在《2 286篇肺炎报道观察：谁在新闻里发声？》一文中，为了尽可能勾画国内媒体报道的全貌，分中央媒体与地方媒体、专业媒体与垂直领域自媒体、纸版报道与新媒体推文进行样本选择，并使样本包含了党媒、市场化媒体和自媒体几大不同性质的媒体，以及湖北、北京、广州等不同地区。但有些时候由于渠道所限，偏差无法避免，比如在《"远处的哭声"：印度疫情中的社交媒体求助者》一文中，我们使用推特数据展现印度疫情，虽然能够接入互联网、使用英文求助的只有当地民众中受过教育的群体，并不能代表全貌，但社交网络是极少数我们能感知当地民众遭遇且能获取数据的途径之一。这时面对获取到的推特数据，并不能将之视为完整样本数据来做结构分析，需要在数据分析和文案中格外注意向读者注明这种样本的偏差和局限性。

　　在多个对象之间进行比较时，数据维度是否具备可比性也是需要考虑的问题。比如想比较北京各区的流动人口就医难易程度，医院的数量、流动人口数量都是需要考虑的维度，单纯对比一项指标就不够全面。当单一维度的数据无法科学地呈现问题时，可以自己设定指数，运用综合指数分析法，赋予不同维度数据以相同或不同的权重，再进行整合计算。比如RUC新闻坊在《北京老漂族：随迁老人的异乡困境》一文中，就设置了异地就医压力指数，计算北京各区外来人口与异地定点医疗机构的数量之比（见图5-13）。如果自己设定了指数，便需要在数据说明中着重标明指数的计算公式，方便读者了解指数所表示的变量维度。

北京市各区定点医疗机构流动人口异地就医压力指数图

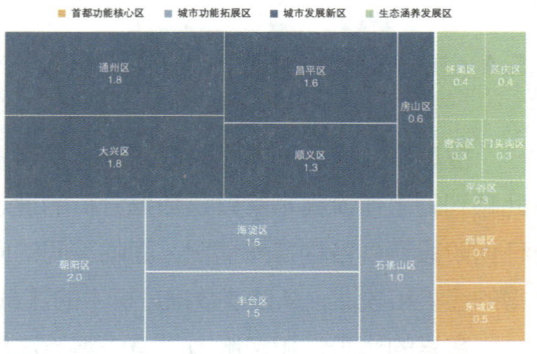

压力指数计算方法：用2016年北京市各区常住外来人口数除以各区异地定点医疗机构数量。
数据来源：北京市统计局、社保查询网。

图5-13　北京各区定点医疗机构流动人口异地就医压力指数图

　　数据的趋势变化可能会受到统计方法与工具变化的影响，有些在数据集中显示的增长不一定是真实世界中的增长。这种情况常见于年限跨度大的议题数据，比如地震的数据就会在很大程度上受到地震测量技术和数据采集方法的影响，呈现出越近的年份地震数量越多的趋势。再如媒体报道的某类案件数据也可能会因受到不同地区媒体发展水平的影响而出现与真实犯罪率数据不完全等同的情况。还有的数据库建立的年份较晚，需要注意该库中资料入档和数据化的时间也会影响数据趋势的变化。当我们明白了这一点，就需要在数据分析时尽可能意识到且注明导致类似趋势发生的"意外"情况，避免可视化编辑和文案编辑做出错误的判断，同时我们也可以尽量寻找多源数据交叉论证以做补充。

总体上看，数据分析是一场与各类误差、偏差不断较量的过程，而在这个过程中遇到数据层面解决不了的难题时，可以直接在作品文案中告知读者。在上文提到的《"远处的哭声"：印度疫情中的社交媒体求助者》的制作初期，我们反复思考如何全面呈现当地民众的境遇，但条件所限，数据偏差是无法避免的。这时与其反复纠结，不如接受这种偏差，并在文章开头就向读者说明数据存在的不足，同时进一步论述，如果受过教育的印度民众在疫情中面临这些困难，那么无法发声的底层民众可能处于更糟的状况。数据中的不足不能成为避而不谈的缺陷，创作者应确保在议题的讨论开展之前，读者与我们共享相同的认知基础，这样才能建构与读者更平等的交流空间。

5.5　撰写数据核查与数据说明

在信息如此纷繁复杂的时代，信任已经成为一种稀缺资源（Ritchie，2020）。数据叙事同样如此，数据如何获取、是否能准确反映事实，与数据故事的可信度息息相关。因此，用数据讲述一个故事并不是工作的终点，我们还需要对数据进行核查，并撰写数据说明告知读者，以确保内容相对真实和透明。

5.5.1　如何对数据进行核查

在完成全部数据需求，将其交付给文案、可视化组后，对已完成的数据进行核查必不可少。针对不同的数据类型，我们也需要注意相应的核查事项。

1. 对二手数据进行核查

数据库、统计年鉴、公报等二手数据是较为常见的数据来源，运用这一类数据时很有可能出现搬运数据时操作不慎、漏填或者错填数据情况，导致数据出现错误。对于这类问题，我们需要回溯数据源出处，与原数据比对，检查是否存在差错。对于小体量的数据，我们需要逐一检查，确保每项数据准确无误；而对于一些体量相对较大、逐一核对较为困难的数据，例如历年奥运会各国运动员取得的成绩、某一地区历年森林火灾的发生原因统计等，我们则建议将数据分成若干部分，进行多次分层抽查。

值得强调的是，核查二手数据应当在搜集数据时就提高警惕。我们的做法是在搜集获取数据的同时开设核查文档，在搜集的数据旁边注明原数据的链接，并配以截图。同时，为了帮助负责核查的编辑快速掌握数据情况，我们还可以在搜集数据时说明自己搬运了哪些数据，进行了哪些处理。相应地，负责数据核查的编辑在进行核查时也应当首先反思整体操作思路，并思考对某个指标的理解是否存在问题，确保无误后再对具体数据进行核查。核查文档可参考图 5-14。

2. 对一手数据进行核查

除了使用二手数据，我们还需要从多方数据源中获取数据，整理汇总后形成自己的一手数据，通常包括爬取社交媒体数据、统计各类文献资料等。这涉及大量的处理、分析工作，整个过程比较繁复，难以在后期一步一步核查。因此，考虑到不同成员进行交叉核查有极高难度，故此类数据通常采用自我报告核查机制，我们需要考虑在处理数据的各个环节中可能出现的错误，并进行逐一核对。

图 5-14 二手数据核查文档示例

首先，在数据获取和搜集环节，如果数据是通过爬虫获得的，那么这时候需要格外关注爬虫过程中出现的技术 bug，常见问题包括但不限于：抓取问题，例如爬虫设置不当导致大量的文本重复；误抓大量无关内容，即关键词设置不当，搜集到歧义内容或无关内容。

其次，在建立好数据库后，还会涉及比较复杂的数据清洗、处理，比如删减某些内容、用了某些统计方法、使用某些代码包完成某些工作等。数据清洗过程中的问题也值得注意，例如词频分析时，检索关键词作为高频词出现（以"知识分子"作为关键词检索，分词结果中"知识分子"必然出现频次极高），存在大量无意义虚词（"这个""一些""有的""我们"等）。为了帮助负责这部分数据的编辑思考得更全面，并且利于小组负责人介入把关，在数据搜集和处理前，建议负责编辑罗列操作步骤，明确最终需要的数据目标和每一步需要采取的措施，实操遇到问题时，要及时记录和修正。最后组长对照报告单进行核查即可。报告单可参考图 5-15。

爱燃烧越野跑数据

第一步　爬数据
数据源：爱燃烧–越野跑栏目（已通过浏览和总数核对，没爬取其他类型长跑运动）
拟获取的可用维度：标题、省市地点、举办时间（年月日）、参赛备注

第二步　进一步结构化数据
①对地点列进行分列，统一省市格式、删除多余空格，使用结构透视表统计各地区数量
②对年份列进行分列，提取年份和月份

第三步　人工编码
对象：备注列
目的：提取年龄、健康状况和参赛记录三项资质的情况
具体编码表如下：××××
参与编码人员：A，B，C
是否通过编码员培训和预编码信度测试：已通过
是否进行抽检核查：已完成

图 5-15　数据核查报告单示例

最后，从核查的分工上看，我们既可以自行核查，也可以安排不同人员交叉核查。前者主要针对较容易和原数据比对的数据集，而后者主要针对难以完全溯源的数据，如爬取的社交媒体文本等。

不论哪一类数据，无论如何分工，都需要做好原始数据和数据处理过程的存档，为核查提供依据。建议数据负责人在工作开始前就拟好分工–核查名单，并随时记录核查完成情况。数据组分工安排可参考图 5-16。

数据组工作安排

分工
部分一　该部分的文章内容
数据1：数据内容（×人）
简要注明数据的具体范围、指标、数据源或其他必要信息
收集人员：A；B……
核查人员：C
数据2：……
……
部分二……

核查进度

	部分1		部分2	
数据	数据1	数据2	数据3	……
是否完成	是			
最终数据文件名称	《×××3.0》			

图 5-16　数据组分工安排文档示例

5.5.2 如何撰写一份数据说明

在一篇数据叙事作品中，数据说明同样必不可少，它或出现在每张可视化图表之中，或位于整篇文章的结尾处。在这一部分，我们想聊一聊数据说明的作用有哪些，以及如何撰写一份数据说明。

1. 我们为什么要写数据说明

数据说明是针对数据叙事中所用数据的一份解释说明，是数据的"配料表"和"身份牌"。具体来看，数据说明发挥着以下功能。

首先，读者需要借助数据说明更好地理解数据和文章内容。数据不是孤立存在的，而是与特定的背景、语境相关。数据由谁提供、涵盖于哪一时间范围、样本体量的大小……我们需要在数据说明中交代这些信息，补全数据的来龙去脉。通过这些信息，读者能够更好地理解数据。

其次，数据说明也是面对读者质疑的一次预先答辩。再完备的数据也可能会引发读者的质疑：一篇文章的数据是否准确无误、样本体量是否能反映现实、处理方式是否存在局限……这些都是读者在阅读内容时可能产生的疑问。科瓦齐和罗森斯蒂尔（Kovach & Rosenstiel，2011）在《新闻的十大基本原则》（*The Elements of Journalism*）中提出采用"透明性"原则，即通过向公众尽可能公开消息来源和操作方法，来回应公众的质疑。很多学者认为透明性与数据新闻的理念相通，是数据新闻的关键要素，也在数据新闻实践中形成了默认的操作规范（Coddington，2015；Gehrke，2020；方洁，高璐，2015；王斌，胡杨，2021）。尽管数据叙事并不限于新闻范畴，但在叙事实践中纳入"开放透明"的理念和方法，不仅告知读者数据呈现了什么，还向其解释数据如何而来，解读数据的思路是什么，能在一定程度上增加数据乃至作品的可信度。

最后，撰写数据说明也是数据共享的初步尝试。在当下，许多数据创作者也在尝试将数据开源化，将一篇数据故事中使用的数据开放共享。RUC新闻坊在这一方面也做出过相应探索，尽管我们尚未搭建专用于共享数据的平台，但我们正在致力于将获取数据、分析数据的方法与思路在数据说明中尽可能阐释清楚，通过阅读数据说明，读者可以回溯到相应的数据来源，对数据进行核查或再次利用。

2. 数据说明一般包含哪些内容

具体来说，数据说明包括三部分：数据来源、数据统计时间，以及其他需要说明的事项。

数据来源指的是获取数据的网站、机构、平台，以及论文、报告等文献资料。在当下业界实践中，标注数据来源已经成为创作机构普遍采用的做法。而在条件允许的情况下，应提供尽可能详细的数据来源。例如，在以爬取的微博文本作为数据时，除了标注数据来源为新浪微博，我们还应当提供爬取这些微博时所用的检索关键词、话题名称等，以供其他人追溯原始数据。

数据统计时间指的是搜集数据的具体时间（并非数据样本涵盖的时间范围），这一项主要考虑数据来源版本迭代更新导致的具体数据的变动。如果所找数据是既有数据，则应当注明该数据的统计时间范围；如果是自己搜集的社交媒体数据或测评数据，则一般写数据搜集的截止时间。

其他需要说明的事项指的是针对数据以及对数据的分析有必要向读者告知的，能够帮助读者更好地理解内容的事项。通常包括：（1）交代数据源潜在问题、局限，例如数据源有哪些缺失值和异常值，以及如何对其进行处理；（2）数据的分析处理方法，例如与抽样有关的内容，对抽样样本和规则进行介绍和描述；（3）其他需要补充的内容，包括但不限于与数据相关的背景信息息等需要补充交代的信息。

▶ 小剧场

当数据组做完数据

终于做完数据？……

蹦迪现场
21:30 星期六
麻烦数据组解释一下这个数据。

打游戏时
这个数据好像有点问题……

卧榻之侧
这个数据没问题吗？……请数据组再次核实。
核实 核实 核实 核实

板块编辑：
蔡静远　杨凯文

文案篇

第 6 章
数据叙事中的文案

在传统叙事作品中，文案一直处于核心地位，那么在数据叙事中，文案扮演着怎样的角色？以数据新闻为例，有学者认为，数据新闻在叙事层面对传统新闻提供了一种创新（李艳红，2017），其叙事受到数据与可视化的双重驱动。传统新闻的叙事方式往往是对采集来的各种"叙述"或事实文本进行有逻辑的意义关联进而完成叙事，而数据新闻的主要工作方法是讲述一个"数据驱动的故事"，通过对社会科学（尤其是统计）的方法和逻辑的运用来实现叙事（Westlund & Lewis，2014；李岩，李赛可，2015）。而为了有助于公众理解和接受这一"数据叙述方式"，可视化便成为数据新闻"展示和输出"的基本形式，"将复杂、抽象、难懂的数据转换为形象、具体、生动的新闻报道"（方洁，2019），在抓住读者眼球的同时帮助他们"透过复杂的故事获取核心信息"（Gray，Chambers，& Bounegru，2012）。梅甘·奈特（Megan Knight）经文献梳理后指出，尽管数据新闻尚未有标准定义，但"所有文献的共同点都强调图像元素（graphics）和可视化过程（visualization）"（Knight，2015），作为当下数据新闻普遍采用的一种"讲述形式"（Lorenz，2010），可视化的实体——图像，其本身也构成了另一重叙事。

尽管已有的研究更聚焦于数据新闻领域，但我们认为，这种趋势在以更广泛的读者而非某种专业读者为对象（如学术研究）的其他数据叙事作品中同样存在：在数据与图像双重叙事的夹逼下，文字作为传统叙事中表意和叙事功能的承担者，地位随之下降，从原有的叙事核心变成了受挤压的"夹缝求生"。然而，文字是否应该淡出或退场？文字在数据叙事中是否还有存在的必要？如果文字有必要存在，它有什么不可替代的作用？本章拟解决这些问题。

6.1 双重叙事之下，文字夹缝求生

随着整个人类社会的"图像转向"，以语言文字为中心的文化开始向以图像为中心的文化转变，以"语言/话语"为中心的思维模式向以"视觉/图像"为中心的思维模式转换。在研究领域，语言文本也逐渐"失宠"，研究者相应地将研究重点放在图像在社会、文化、意识形态等领域的位置和作用，以及图像与文学等其他学科领域的关系问题上（杨向荣，2015）。

具体到数据叙事领域，图像表意功能与可视化叙事逻辑也对传统的内容生产方式产生了冲击。相关研究表明，围绕数据新闻的生产，媒体管理者与研究者往往更为关注生产环节中为门槛较高的数据挖掘与可视化而配备的人员、新增的结构（李艳红，2017）。有编辑部内的实证研究发现，在目前数据新闻的生产中，编辑、记者、策划这三个角色依旧是生产的主导力量，作为"内容人员"的他们需要在负责"新闻创意与文案"之外协调各方（肖鳕桐，方洁，2020），但对数据新闻中文字文本的研究却相对较少。不同于传统的框架研究将新闻中的文字所构成的语料库作为样本，对数据新闻的研究更侧重于数据与视觉框架分析 (visual framing analysis)（张艳，2015；刘涛，2016）。

在读者层面，图像表意提供了新的审美视角、提供了观赏性以外的实用价值，基于图像的交互设计更是在主体间性层面为读者带来了感官快适的体验，消解了阅读长篇文字时的枯燥心理（张艳，2015）。

基于此，图像拥有了更强的建构公共议题的修辞能力，其独特的视觉构成与情感力量都能更轻易地将观者卷入到一种"冲突性的多元话语争夺漩涡中"，因此图像也被广泛地运用于宣传中，"图像政治（image politics）"即通过特定图像符号的生产、传播促进建构社会争议与公共话语（Deluca，1999；刘涛，2017）。在视觉时代，图像逐渐取代语言的位置成为社会争议建构的中心元素，图像事件已经不可阻挡地成为当前公共事件的主要形态，同时也是视觉修辞研究最具生命力的领域（Delicath & Deluca，2003）。

数据与图像在追求客观的同时，亦有意或无意地创造了奇观（Barthes，1977）。数据因其看起来不含人的偏见与观点，而一向与科学、精确、中立等属性相关联，也常被视为有力的"证据"（evidence），以支撑新闻报道的客观性（Parasie & Dagiral，2013；Wu，2021）。但与此同时，因为数据的来源、框架、呈现等流程都能影响公共的认知和理解，影响"对新闻故事的串

联"（aligning news stories）（Wu，2021），故也招致了天生具有社会建构的本质的批判（Manovich，2011；Burns，2015；Tong & Zuo，2021）。这种矛盾在图像叙事的参与下被进一步凸显：数据新闻中的图像，一方面被视为实现新闻客观性的抓手；另一方面，作为一套不同于话语的表意体系，"图像"又在一定程度上为完整的新闻叙事设置了障碍，同时，伴随着视觉修辞（visual rhetoric）实践，可能造成了一系列"陷阱"。正如阿尔贝托·开罗（Alberto Cairo，2020）在《数据可视化陷阱》（*CHow Charts Lie*）一书中所指出的，图表具有一个普遍特征，"既然图表通常是复杂现象的简单表征，那么它必然隐去了一些信息"。可视化强调人的参与，而人的选择和决策往往会和自己的知识背景、偏见等具有关联。可视化的流水线包括数据选择、处理、视觉映射和交互等多个步骤，因而在每个步骤中都可能存在人的偏见或者错误。已有学者从可视化入手，在"通过可视化用户的交互历史（用户与哪些数据点和属性进行了交互）降低人在可视化系统探索过程以及决策时的潜在偏见"方面取得了突破，指出相较于控制（control）系统，更多使用干预（intervention）系统的用户选择的结果更具代表性，进一步通过实验表明可视化用户的交互数据能够改变用户与可视化系统的交互次数，使得交互数据点分布指标更低，从而降低在分析过程中的无意识偏见（Wall，Narechania，Coscia，Paden，& Endert，2022）。

数据叙事可被视为这个时代读者对叙事作品的一次消费升级，形式的拓展让其有了远大于传统叙事作品可承载的信息量。复杂甚至炫技的数据与可视化叙事，和不断向专业领域进发的选题，让读图和读数都有了一定的门槛，稠密的信息召唤更多"解释"的需求。20 世纪 20 年代兴起的解释性报道曾为传统报业带来了巨大的变革，赫伯特·布鲁克（Herbert Brucker）在其著作《变动中的美国报纸》（*The Changing American Newspaper*）中指出，解释性报道是对一个日益复杂的世界做出的响应，满足了读者对更多背景知识和解释的渴望（舒德森，2009）。柯蒂斯·丹尼尔·麦克杜格尔（Curtis Daniel MacDougall）亦在《解释性报道》（*Interpretative Reporting*）一书中预言：在过去的半个世纪内，记者的职业道德严格区分了叙述者和评论者，但未来的趋势毫无疑问是将解释者的作用与记者的作用结合在了一起（舒德森，2009）。在随后的建设性新闻浪潮，以及学者们对新闻的对话性、透明性、介入性的阐发中，内容生产者为读者提供进一步的解释、意义甚至行动指南皆是题中应有之义。

深层次的发掘和解释离不开内容生产者和消费者的沉思。而在以图像霸权为中心的文化转向环境下,"图像观赏"正在压缩着文字——这一一贯用于表达沉思的载体——在诸多领域的"叙事权","简化人与审美对象之间的关系","感官快适遮蔽沉思美感已经成为不争的事实"(张艳,2015)。

战迪(2018)提出,受"数据即新闻"理念的影响,目前主流可视化报道呈现出新闻叙事主干模糊、叙事链条断裂的倾向,其碎片化的叙事结构割裂了受众认知的整体观。此外,在"注意力导向"的影响下,可视化新闻呈现出泛娱乐化趋势,传统新闻的权威性与严肃性因此受到冲击。

结合上述对数据叙事发展趋势的忧虑,文字在数据叙事中的作用有必要重新获得正名。通过已有的实践,至少可以观察到如下文字"被召唤"的场景:

首先,数据需要"说明型"的文字。立足于真实准确、结构化合理的数据展开的数据分析是数据叙事的重要环节,是一个从掌握数据到得出结论的过程。通过对比分析、结构分析、平均分析、分组分析、综合评级分析、相关分析等手段,将已有数据进行描述性、探索性、验证性的分析,促进数据内容向社会知识转变(刘英华,颜钰杰,陈淑敏,2020)。

其次,"交代型"的文字同样必不可少。学界普遍认为,数据新闻将数据科学与新闻报道相结合,通过透明性提升了新闻的专业性,文字可以解释消息来源,尤其是原始数据与处理方式。这一类目下,还有一些看似不起眼的文字在为可视化服务,有学者将其称为"可视化文字",它们包含于可视化之中,被视为可视化表征的一种,主要包括标题文字、基本标注文字和延伸标注文字。这些文字与占据主导地位的可视化图像构成"锚定"与"接力"关系,既能避免读者被"强势"的图像支配,代入强烈的议题框架,也能减少画外之音、过度阐释和误读(苏状,2020)。

除了说明、解释功能,在一个综合的作品中,文字在叙事和论证层面同样具有运用空间。在内容愈发强调"介入性"的媒介环境中,叙事型的文字和论证型的文字有效地创造着生产者与受众之间有益的信息和情感链接。

数字化时代,媒介环境的迅速变化发展让我们陷入前所未有的"不连续""不明确""不稳定"的景况,过往的历史参考坐标受到动摇,知识、经验、理论都有待更新、迭代和升级(衣若芬,2018)。如何让这些奇观中悬浮的意义落地,如何从杂芜符号、多重叙事中找到通往科学和理性的通途,也许文字能从某些路径发挥功用,充当渡河的扁舟。

6.2 图文互释，架构全局：找准解释的"最小单元"

在数据叙事作品中，数据图的形式呈现出越来越复杂的趋势。一张图往往包含十分复杂的信息，不可能对每一个数据都展开详尽解释。我们将在下一章专门论述如何"修剪"文字的枝蔓。本章将从空间维度，探讨怎样安排图与文的顺序和节奏，才能达成较好的理解。

在图文混合的数据内容中，需要注意局部的图文顺序。图片与文字互为解释，但同时也互相打断，铺展时需要考虑读者的阅读习惯以及叙事的节奏。在行文中，不能笼统地看待"图-文"或"文-图"关系，而往往要将"文-图-文"或"图-文-图"视为一个三明治型的叙事单位进行考虑。比较常见的安排方式是，先通过一段文案进行引入，大致解释图片所指涉的主题和所包含的最直观、显著的信息，但不做过多解释，而是为读者接下来的读图留出余地，在图片之后，再对图中所包含的细部信息做进一步的解释和阐发。举例而言，在我们推送的《报道农民工思考海德格尔，是正常的事吗？》一文中有如图6-1所示的数据图：

这张图上方的文字为：

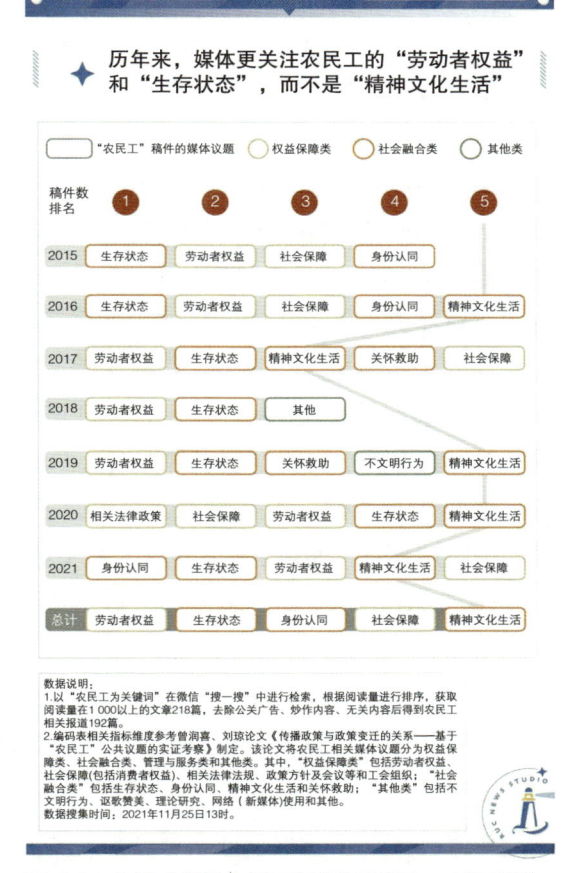

图 6-1　作品《报道农民工思考海德格尔，是正常的事吗？》的插图

把农民工作为新闻报道或媒介建构的客体，研究弱势群体、社会边缘群体的话语权、媒介形象或报道偏见，是

新闻传播学科以农民工为主题的研究中最常见的取向之一。媒介化时代里，媒介权力以各种方式呈现，对农民工而言，这种权力体现在对这一群体的凝视之中。

自 2015 年至今，媒体报道中的农民工议题主要有权益保障和社会融合两大主题。

在主题为"权益保障"的报道中，绝大多数为劳动纠纷，如欠薪讨薪、工伤赔偿、工地安全缺乏保障等，以及国家为保障其权益出台的一系列法律法规和政策。

第一段解释了文章在"农民工思考海德格尔"这一事件中，选取媒体呈现这一视角的合法性；第二段对数据的总体情况做出解释——根据编码结果，有关农民工群体"权益保障"和"社会融合"的报道是频数最高的两大类，这也解释了为何图 6-1 中的框线主要呈三种颜色（另一种是"其他"）。第三段是对两个主要主题之一的"权益保障"进行进一步分解，提及这一大类目下的子主题。之所以先解释"权益保障"，而在图片"结束"后才解释"社会融合"，是因为文章最主要关注的议题、与"农民工读海德格尔"关联最紧密的"精神文化生活"，是社会融合之下的子分类，因此将其放在这张具有总述性质的图片下方，通过更聚焦的图片和文字进一步阐释。

在"总述图"下方的叙述中，紧接着说明了"社会融合"成为大主题之一的原因：

农民工作为我国特殊的二元社会结构的产物，在进城后必然遭遇到深刻的身份认同危机，种种现实问题表明，他们身份的转换往往滞后于职业和地域的转换。因此社会融合也是媒体长期聚焦的议题。在这一类目下，主要关涉工作机会、衣食住行等基本生活保障的"生存状态"往往最受媒体关注。

可以看出，这张"总述图"在这里就发挥了一个隔断的作用。将背景信息和与主题关联度不高的内容"挡"在图的上方，给下文紧扣主题的内容铺展留出余地。

而在解释完"社会融合"在农民工报道中的高频率后，叙事需要进一步收束和聚焦，因此在通过一段对"社会融合"之下最高频的子话题"生存状态"的解释后，就"召唤"了另一张数据图，对生存状态下的具体词频进行分析（见图6-2）。之所以在落到文章核心问题"精神文化生活"前依旧为"生存状态"留出笔墨，是因为这两者一个象征物质、一个象征精神，按照常识，有相互竞合的关系。物质层面的问题悬而未决，占据着大量的注意力，这可能会导致媒体对农民工精神层面的关怀不足。

至此，一个"文-图-文"的叙述单位宣告完成，且成功过渡至下一张图。文本内在的逻辑结构如图6-3所示。

当图片由两张或两张以上的数据图组合而成时，就要考虑长图两端的文字排布是否符合逻辑。

图6-4来自RUC新闻坊的推送文章《诺奖作品买不着？中国的"天才捕手"们这次失算了》，其上半部分的描述对象为诺贝尔文学奖作品的国内首次引进出版商们，统计对象为1901—2020年所有诺奖获奖者最早的中文版作品所属的出版社频次；下半部

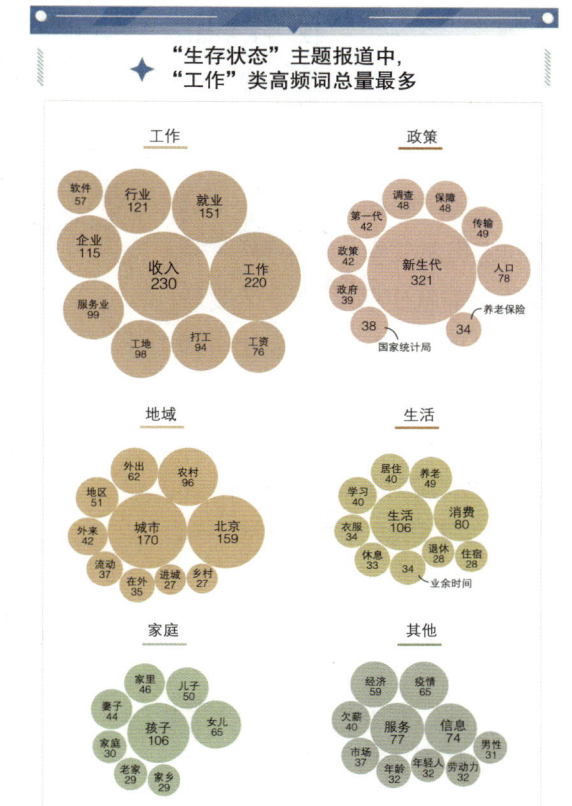

图6-2 作品《报道农民工思考海德格尔，是正常的事吗？》的插图

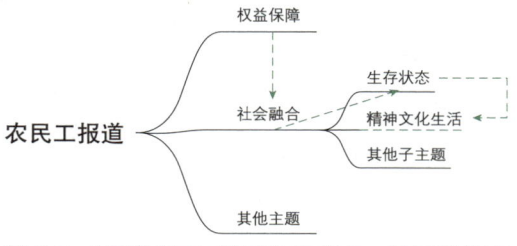

图6-3 《报道农民工思考海德格尔，是正常的事吗？》文本内在逻辑结构图

分则反映的是哪家出版社"中奖"的频次最高，统计对象为该时段内所有在某次诺贝尔文学奖颁布前就出版了这一年度获奖者作品中文版的出版社。两组数据的统计量较为近似，且为了追求可视化的统一，也选取了相同的风格（形式和配色），为了让读者免于混淆，知道上下部分的数图的意图分别是什么，必须通过文字分别进行解释。

因此，文章在长图的上方对在"首次出版"这一赛道中表现亮眼的两家出版社——漓江出版社和上海译文出版社的成绩分别进行了介绍，而在长图过后，则使用了一个转折句："盘点完劳模，再来看看'押题能手'"，承上启下，对应图的下半部分——在作品获奖前就将其引进国内的出版社。需要注意的是，如果图片过长，文案就会难以续接，或者让读者难以将文段和图片对应上。此时可以在文中加入"如上／下图所示"等指示性字样，或者对图片进行拆分。

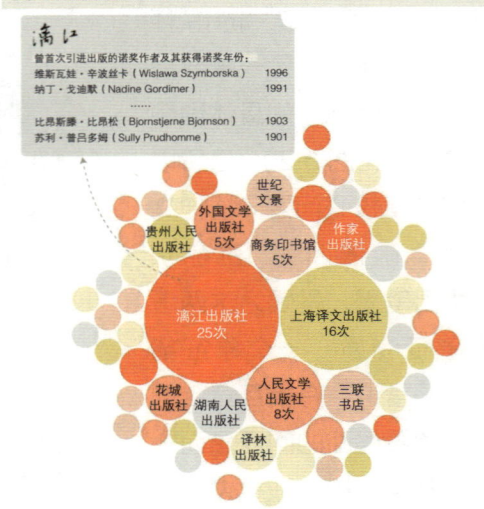

图 6-4 《诺奖作品买不着？中国的"天才捕手"们这次失算了》作品插图

列举以上案例是为了说明，撰写数据叙事作品的文案，考虑图与文的空间关系时并非只是思考上下，而是需要在每一笔行文中感受图文之间的关联，甚至需要不断将单组的图文关系放置在总体的结构中进行测试。文无定法，图与文之间的连缀模式亦无定法，只要作者具有"图文互构""图文互唤"的意识，将自己放在读者的角度，就能寻找到图文在空间层面较为精妙的平衡。

6.3 交代背景，开放"后台"：生有涯而数无涯，主动"找补"不丢人

数据新闻在世界范围内的流行，一方面续接了解释性新闻与精确新闻的传统，开创了一种更为科学、实证的报道范式，而另一方面则迎合了近年来兴起的参与式文化，以及在此背景下业界与学界对新闻生产透明性、介入性的追求。在传统专业主义逻辑下，专业的新闻生产者往往对信息通路具有独占性，新闻业因此被批评为"最不透明""最模糊不清"的行业之一，新闻生产也往往被编辑室之外的人视为黑箱（夏倩芳，王艳，2016）。而数据新闻则多采用开源的数据或其他信息，生产过程相对开放，更近似一种"作为过程的知识"（knowledge-as-process），在"对话""公开""民主"等理念的指导之下，越经得起推敲的作品，往往越倾向于公开更为全面、详细的信息来源和处理方法。而这种做法本身也能提升作品甚至生产者自身的公信力。

目前，主流的数据创作者都倾向于将数据说明以注释的形式放在数据图的边缘位置。以澎湃美数课发布的《奥密克戎加速蔓延，但不全是坏消息》[1]一文中介绍奥密克戎全球蔓延情况的数据图为例（见图6-5），数据来源（GISAID）和对时差的补充说明被放置于底部，帮助读者理解的图例与注记图层则分别置于图片主体的左右两侧。

关于如何书写规范的数据说明将在本书的"数据"和"可视化"章节予以详述。本章所聚焦的是，在图像之外的文案部分，是否有必要，以及如何

---

[1] 奥密克戎加速蔓延，但不全是坏消息. 检索于 2022-04-08，取自 https://mp.weixin.qq.com/s/6T8gnq3Q59u4ONPoFb8s6g.

进行数据说明,以增加文章在操作方法上的可信度。

从澎湃美数课的这篇文章来看,其文案部分并未详述数据来源和处理方式,而是直接将其转化为结论性的文字。主要原因是图中数据源较为公开易得,且不需要作者进行复杂的"再加工",故图片中的标注已经可以有效防止误读。

但如果涉及更复杂的流程,则可以适当在行文过程中进行描述。如在 RUC 新闻坊的文章《条款三千丈,读到哪一行?》中,有一个部分写的是当下热门 App 的隐私条款有多长,量化之后即为,需要滑动多少屏才能看完。而手机屏幕的大小不一,需要选择一个型号作为统一的"度量衡"。因此作者在此处首先通过可视化进行说明(见图 6-6):

条款三千丈,读到哪一行?

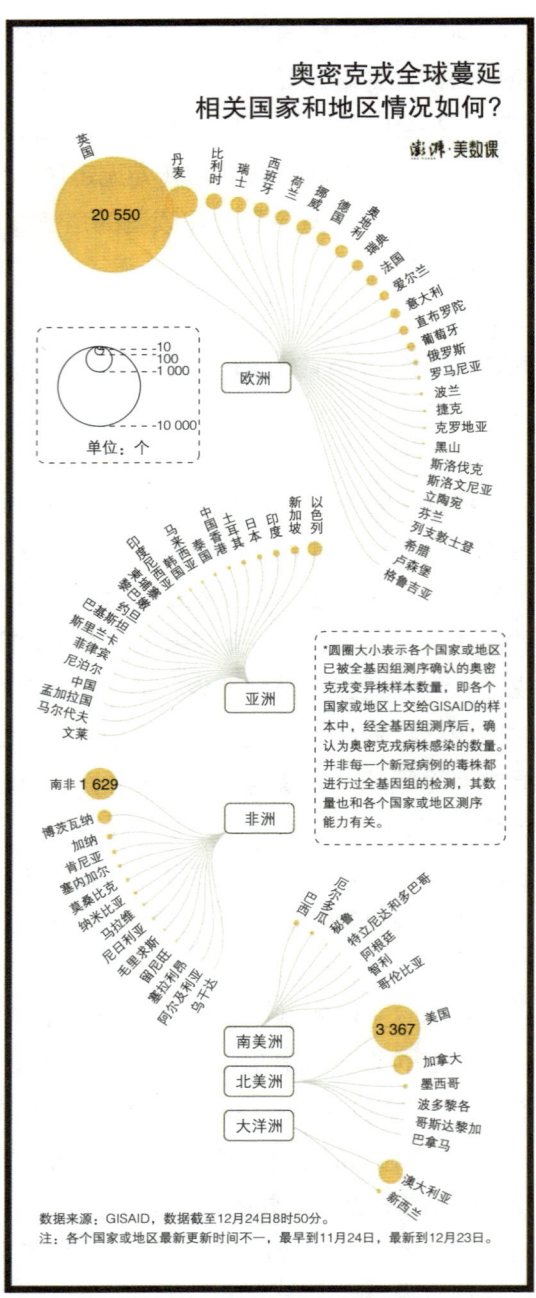

图 6-5 《奥密克戎加速蔓延,但不全是坏消息》作品插图

读完最长热门App《隐私条例》大概需滑34屏

以这样的字体大小
估算：
iPhone 12尺寸的
手机屏幕
1屏 ≈ 625个字

146.7 mm

71.5mm　　　iPhone 12

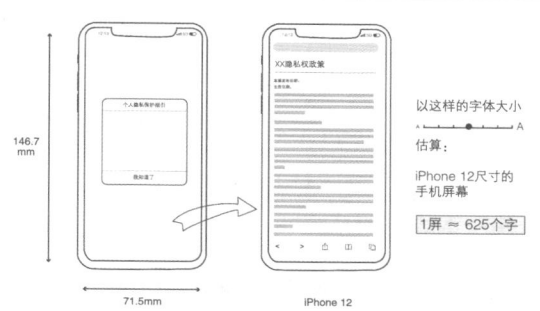

图 6-6　作品《条款三千丈，读到哪一行？》的插图

　　但因为计量方式较为复杂，为了更便于读者理解，在统计图后的分析文字中也融入了数据得出方式的过程解释。由于"屏"并非一个常见的单位，且非 iPhone12 用户可能缺乏直观感受，因此在分析中又将"屏"转化为字数，以及 RUC 新闻坊的文章长度，让不同长度的隐私条款不仅能在 App 之间得到横向对比，还能通过日常单位纵向对比：

　　据统计，70 款热门 App 中，隐私条款最长的"贝乐虎儿歌"全文 21 210 个字，如果使用 iPhone12，并采用大小适中的字号阅读，需要划 34 屏才能读完。热门 App 中隐私条款最短的"嘀嗒出行"，也有 2 116 字，按普通人的认真阅读速度每分钟 200～400 字计算，读懂它至少需要 7 分钟。

　　平均来看，70 款热门 App 的隐私条款字数在 13 000 字左右，约 21 屏。如果以新闻坊 5 000 字左右的推送长度计，则约 2.5 "坊"。

　　另外，数据难免具有局限性。秉承着"公开""对话"的精神，告知读者局限的所在也是数据创作者的责任之一。当遇到这类情况时，文案部分也应放缓节奏，在离图片最近、较为醒目的地方标注之，以防止误读、误判。如在 RUC 新闻坊推送的《报道农民工思考海德格尔，是正常的事吗？》一文中，我们对慧科新闻搜索研究数据库搜索标题中含有"农民工"的报刊报道进行检索，发现报道数量在 2012 年至 2021 年期间总体呈下降趋势。

　　但这并不能得出"媒体对农民工的报道逐年减少"这一结论，因为许多并非以"农民工"这个词指称进城务工人员的报道难以进入筛选范围中。为避免挂一漏万，行文至此时，在条形图（见图6-7）上方可用括号加入注释：

> 通过慧科搜索可知，报刊中标题包含"农民工"一词的报道自2012年以来总体呈下降趋势（注：因检索条件的设置，这一结果不能等同于报道该群体的新闻减少）。

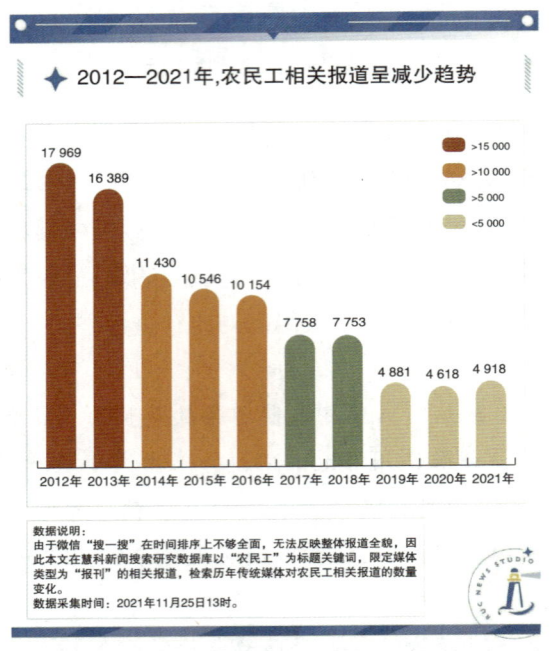

2012—2021年，农民工相关报道呈减少趋势

年份	数量
2012年	17 969
2013年	16 389
2014年	11 430
2015年	10 546
2016年	10 154
2017年	7 758
2018年	7 753
2019年	4 881
2020年	4 618
2021年	4 918

图例：>15 000、>10 000、>5 000、<5 000

数据说明：
由于微信"搜一搜"在时间排序上不够全面，无法反映整体报道全貌，因此本文在慧科新闻搜索研究数据库以"农民工"为标题关键词，限定媒体类型为"报刊"的相关报道，检索历年传统媒体对农民工相关报道的数量变化。
数据采集时间：2021年11月25日13时。

图 6-7　作品《报道农民工思考海德格尔，是正常的事吗？》的插图

图像较之于文字有着先天的传达优势。"关注图像是人类本能，眼睛被喻为'心灵之窗'，人类获取信息的80%来自眼睛"（莱斯特，2003）。视觉心理学领域的相关研究成果也普遍表明人类"先图像，后文字"的阅读习惯、更倾向于接受图像信息都是本能反应。因此，可以在图文顺序上制造优先级，让读者在受到图像的冲击之前有所准备。也可以通过加粗、标红等方式，提醒读者注意。

同理，当数据运用错误时，也需要及时地更正并向读者做出勘误声明。在我们的文章《新创旧痛｜黄河石林百公里越野

赛事件特别报道》中，就因为在第一次发布版本里混淆了马拉松与山地越野赛等概念，导致数据出现了结构性的错误，可视化也因此需要重新调整。推己及人，生产者容易混淆的概念，也许亦是读者——或者说公众认知的盲区，在次日的勘误版中，作者彻底更换了原稿的开头部分，在引言中进行了概念辨析，突出了山地越野赛的艰险程度：

> 事发后，"马拉松""山地马拉松""山地越野赛"等众多说法都被用于指称这场比赛，而值得注意的是，"马拉松"和"越野跑"是两种全然不同的运动形态。在多个层面上，这场百公里越野赛的难度都比我们一般认知中的城市马拉松高出了好几个量级。
>
> 不同于我们所熟知的马拉松赛事，越野赛的路况更为复杂和"原始"，必须以山地、沙漠、森林、平原等自然环境为主，且严格意义上要求不多于 25% 的铺装路面和柏油路面。不同的赛道有多维的难易评级。
>
> 根据国际越野跑协会（International Trail Running Association，ITRA）对距离的划分，一般马拉松的 42 公里赛程只是刚好触及中级越野跑的距离底线，而百公里以上的距离则已达到"极限越野跑"的级别。
>
> 因此，直接以"马拉松"指称这场赛事，很有可能会弱化或遮蔽了它本身作为越野跑的特性和风险。
>
> 《户外探险》杂志主编宋明蔚在其评论中指出，如果"把越野赛简单地误读成一场路跑马拉松赛事，那么越野赛中常见的气候变化、补给策略、地形爬升，甚至救援和下撤策略都容易被忽视掉，而这也恰恰是酿成这次惨剧的主要原因"。

还对前一天所发的文章进行回应，向读者致歉：

> RUC 新闻坊在昨天（5 月 25 日）的文章中亦混淆了概念，特在此向读者致歉。

6.4 情动五内，不吐不快：夹议反能更"真实"

数据叙事作品中能否写评论？情感与立场鲜明、具有表达性和反思性的文字，似乎与数据叙事"冷峻""专业"的纪实风格不搭。尤其是在数据新闻领域，新闻客观性是实质客观与形式客观的统一，这既是一种道德理想，又是一套新闻实践的样式。其中，与评论这一问题冲突的，在理想层面也许是"以事实为己任，排除个人价值观和偏见"，讲求中立、超然等理念（Westerstahl，1983）；在操作层面则是使用中性语言、平衡处理信息的要求；而在新闻文本层面，在数据新闻中添加评论可能会遭受"事实与意见或解释混淆"的质疑。

但本文认为，无论从理念层面，还是从实际操作规范层面，数据新闻乃至其他类型的数据叙事作品中的评论性文字都具有其存在的合法性。

首先，作为一种道德理想的客观性也随着媒介生态的变迁经历了拓展甚至挑战。舒德森和李思雪（2021）曾将客观性划分为 1.0 与 2.0 两个阶段。客观性 1.0 形成于 20 世纪 20 年代的美国，作为一种实践和规则，被新闻从业者广泛接受和使用，其意在保持新闻业独立的属性，而观点与事实明确的两分被视为核心理念之一。而在 20 世纪六七十年代，美国的新闻报道对政府、政治、社会新闻进一步开放，调查性、分析性的报道一度流行，并逐渐注重背景内容而非局限于"此时此地发生之事"，客观性 2.0 亦要求记者更主动地做出判断和阐释。另外，从 20 世纪初的行动新闻（action journalism），到 20 世纪 60 年代兴起于亚非拉等被殖民国家的发展新闻（development journalism），再到 20 世纪 70 年代的和平新闻（peace journalism），20 世纪 90 年代的参与式新闻（participatory journalism）和解困新闻（solutions journalism），以及近些年兴起的建设性新闻（constructive journalism），此条脉络一方面呼吁赋予非专业人士和非建制性权威参与新闻生产的权利，另一方面主张新闻业以及新闻生产者对社会变迁进行积极主动的介入，除了告诉读者"是什么"外还要告知"为什么""怎么办"，罗列事实、追求形式上的中立且不做判断的报道方式也受到了"中庸"、逃避责任等批评（舒德森，李思雪，2021）。

操作层面上的客观性并未在综合性的报道中禁止评论，而是主张将事实和解释、评论做更严格的区分——对怀有此种信念的作者来说，这种区分完全可以通过强调信息来源实现。数据内容的创作者应当承认的是，在许多没有文字明言的场景中都隐藏着主观判断：数据源的选择、数据的筛选、数据的处理方式、可视化的呈现以及对数图的分析……传统的"客观"只是一种最终呈现的形式。

进入数字时代，更有学者宣称以客观性为核心的新闻专业体系已过时，新闻生产者需要冲破客观性理念对新闻形式的种种桎梏，探索"更具吸引力的报道形式"，与读者建立起更广泛的情感和信息链接，并为其解读背后机理、提供行动指南（常江，田浩，2020）。在内容生态中的各类行动者都在抢夺注意力的时代，内容生产者和消费者之间的"情感链接"愈发重要，情感和观点的表达不再被视为"错误"，甚至成为一种提升内容品质和传播效果的必要。

因此，在数据叙事的过程中无须对主观的评论"严防死守"，在合适的节点做出合适的判断，不仅不是违背客观性、专业性的体现，相反，能切中肯綮。从现象提炼问题，来自作者对背景资料、多方观点、相关理论的充分把握；而做出判断的自信，更是来自扎实的数据和事实支撑。这些都是专业性的体现，更接近客观的实质，较之"中庸的客观"对创作者有更高的要求。

亚里士多德认为，论证有两种基本类型，一种本质上是演绎的（但往往"带有许多未明言的前提"），另一种本质上是类比的。斯坦福哲学百科全书则将形式逻辑中的论证方法进一步细化为演绎、归纳、溯因和类比。采用不同逻辑的论证方法在文中发挥着各不相同的功能，有关四种逻辑论证方法的具体应用将在第 8 章中展开。而本章则结合数、图、文三者，归纳这些评论对数据叙事所起的整体功用。

总体而言，从形式上说，评论性的文字文本在数据叙事中可以连缀图文、统一文风；从内容上说，评论则可以拓展深度、开启对话。

在形式层面，首先，通过论证逻辑中观点的转换，可以连缀图文，总结上一组或开启下一组。如在我们推送的《降价吧！卫生巾》一文中，上半部分的图文论证了"对卫生巾收税是当下的普遍状况"这一社会现实，而下半部分的图文则需要呈现世界范围内各国各地区对月经贫困做出的不同方面和程度的措施，于是文章在中间以独句成段——"但实然不等于应然"，在表达立场的同时连缀了二者。

其次，文字可以起到"定调"的作用。数据叙事往往"用数据画群像"，反映总体的状态或趋势，而非对具体、个体进行描刻，因此为写作者创造了更广阔的演绎空间。而选择与数据结构和可视化更为适配的文风，则可以让数据内容的整体风格更为统一。

如 RUC 新闻坊推送的《江南百景图：赛博农夫会梦见电子桃花吗？》一文，探讨了《江南百景图》这一游戏流行的现状、游戏中具体的机制，以及经营类游戏的前世今生。

在结尾处，文章将该游戏的流行与现实背景——新冠肺炎疫情相联系，"想象"了在隔离状态下，人们打开这款游戏的心境：

> 回头看，《江南百景图》的爆红，还有时代所赋予的契机：刚在疫情中经历了时间大把、无从社交、出门困难的我们，和图卷刚展开时的江南大地一样，太需要一场知时好雨，让这些"前疫情时代"与人交往的感受、认真生活的热情与对外面世界的向往重新抽芽。
>
> 谁不愿意在那个如画的小世界里停留一会儿呢？去和居民们自在地挤挤挨挨、谈天说地，或是去坐一条画船，日行千里、恣意遨游。

严格来说，这段内容几乎没有给出任何具体的"事实"，所做出的推断也并非来自具体的数据或既有的论述，而是笔者的想象。虽然无法证实，但言之成理，还与全篇轻松、古拙的文风和可视化风格相契，所以放在结尾处也没有旁逸斜出之感。最后再回扣文中论述的重点：人们为何、如何在经营游戏中化解现实困境、寄寓现实诉求：

> 现代人如何在"十分冷淡"中存二三知己，又该去何处寻觅理想的、永续的桃源，正如你不知道下一个卷轴能开出什么卡牌，虽依旧是未知，但永远有惊喜。

而在内容层面，评论性的文字文本则可以提振主题，也可以将社会意见与学界声音引入报道中，对悬而未决的问题进行延伸和探究，让其更有理论的深度，向读者传达描述性事实以外的信息。

如 RUC 新闻坊推送的《报道农民工思考海德格尔，是正常的事吗？》一文在不同章节综合使用了语言学（"农民工"这一指称在公共舆论场中的流变）、政治经济学与社会学（改革开放、城乡流动如何生成了农民工这一群体、"阶级"或"阶层"，在学界有哪些研究和讨论的向度）、新闻学与传播学（媒体报道中农民工形象的建构）、文学（这一类"故事"为何有长盛不衰的吸引力）等领域的理论资源，对该报道及其引起的社会反响进行了多维度呈现。

同时，不少数据叙事作品是借助某一社会热点事件，对一个行业、一个领域、一个话题、一个争议等未有定论或悬而未决的事物进行探讨。而在前文爬梳数据的"强论证"之后，结尾可以适当开放，留出讨论的余地，既可以将具体的社会问题放在学理层面进行探讨，也可以直接和读者对话，让读者也参与到思考中来，增加"介入感"。

如《勿知我姓名：流调信息公开的边界》一文的结尾，就对疫情中流调信息如何在模糊（保护确诊病例与密接人员隐私）与精确（保护更广泛的大众免受感染）之间做权衡的问题展开讨论。文章首先将在流调过程中出现的重重矛盾和困境抽象为公共治理层面"群己权界"的问题：

> 讨论："精确"与"模糊"是权利的不同面向
>
> 进入 21 世纪以来，人们越来越具体地生活在"数字状况"（digital condition）下，以指数级速度升级迭代的当代技术嵌入社会治理的方方面面。在这个时代，公民被数字化（digitalize）、成为"数字人"，以享受更高效的保护与扶持（吴冠军等，2020）。
>
> 新冠肺炎疫情是人类进入高度数字化的时代后面临的第一场全球性瘟疫。疫情当前，对生命的保护毫无意外地落在了隐私之前。所以，当主张"信息公开是最好的疫苗"时，我们又凭什么同时主张个体的信息在防疫之中被保留、保护？

随后，作者表明了自己的立场，过度搜集信息、披露信息的模式是防疫时期的例外状态，如此"雷霆手段"即便在公共防疫面前仍需要审慎使用：

> 首先，这种让渡是有限度的，除了上文所描述的种种搜集与使用的原则，更重要的也许是其"时效性"。基于公共防疫的需求，公民自主申报或被采集各维度的信息。但，无论疫情何时能够过去，这种"过度"搜集信息甚至向大众披露个人信息的模式，都是一种例外状态（state of exception）。它高效，但并不"正常"。除了考虑隐私泄漏在社交媒体时代对个体有着几乎不可逆的伤害，我们更需考虑的是，在疫情过去之后，能否收回这部分属于个体的信息权利，使其不被滥用。

最后文章发出呼告，不要因为"确诊""密接"等"标记"而区隔他我，将不同的生理状态作为身份政治的标签：

> 其次，如前文所述，这种对隐私权的主张，不仅是面对国家，面对公共防疫部门，更是面向更广泛的"我们"：当技术手段将人群区隔为"健康""不健康""可疑""不可疑"，"免疫共同体"的边界被建立起来，"不健康"者、"可疑"者则失去了这个共同体的准入资格，被"标记"，被"隔离"，被"观察"。
> 然而，病毒不是原罪，剥离关于疾病的重重隐喻，病毒的携带者依旧是"我们"中最普通的一员，不该被偷窥、围观、评价和歧视。
> 从对病例瞒报的问责，到对"硬核防疫"的纠偏；从信息治理中对"精确"定位的要求，到对"模糊"和"被遗忘"的呼吁……一次次的拉锯，是社会与公众对公共治理的新要求，对权力与权利边界的新思考。
> 而所有的一切，都是出于对"人"的关怀。

第 7 章
快准狠：不止"描述统计"

在明确了文案在数据叙事中存在的必要性之后，我们接下来要探讨的就是，文案写作者在表述数据叙事的核心"数据"时，有哪些需要注意的事项。

7.1 解读数据，要又快又准

对数据进行解读是文案写作者的首要任务，同时也是难点所在。常常听到有人抱怨，说自己把文案写得像实证研究论文，又或者通篇都泛滥着直白的描述统计，前者的阅读门槛太高，后者对文章重点则常常是隔靴搔痒，二者都不可取。

数据解读中"快"与"准"的要义，就是要求文案写作者在"阳春白雪"和"下里巴人"之间取得平衡，使得通过数据传递出的信息既不过分晦涩，又切中要害，与数据的呈现形式配合，达到"1+1 > 2"的效果。

7.1.1 如何理解文案的"快"

和所有的内容创作一样，数据叙事的创作也讲究时机，这就要求文案写作要明确主题，围绕新的数据发现来展开叙事。叙事不需要面面俱到，而要着重对读者能够记忆的信息点进行阐释，并可以就导致该特征的原因做适当的延伸，而其余与主题无关的信息，则应一律剔除。读者在阅读一篇稿件之后，能够记忆的信息点是非常有限的，因而在对数据呈现的特征进行解读时，要突出极少数最重要的数据发现。有时想表达的内容过多，反而可能舍本逐末。

以腾讯财经策划的《盘点 3·15 晚会 30 年大数据，食品药品成高危领域，这个品牌3次上榜》[1]为例，文章整理了1992年至2020年这30年间央视3·15晚会上各行业的曝光情况，一共涉及16个行业的数据，但是文案并未对所有数据的情况——展开叙述，而是就医药卫生和食品安全这两个曝光的重灾区做了重点讨论。首先在文章标题中就点明，食品药品是高危领域；其次在正文中明确说明了这两个行业的曝光次数，医药卫生21次，食品安全20次；最后还列举了部分年份这两个行业曝光的具体情况，如2004年曝光的抗生素滥用问题，2016年曝光的外卖黑心作坊事件。读者在看到标题时，就对这篇文章的数据发现有了清晰的期待，而文案也始终围绕标题要点展开，没有旁支冗节干扰读者的阅读和理解，使核心的数据信息快速地进入读者的意识中。

由上述例子可以看到，我们说文案要围绕新发现来"阐发"数据，除了最基本的对其中包含的信息加以分析说明，有时候还需要以数据为基础进一步发挥。这不是让文案写作者妄加猜测，而是要"还原"数据的基本形态，补充说明数字无法展示的细节。比如3·15晚会30年间曝光食品问题20次，试想，如果文案中没有列举部分年份被曝光的具体问题，而是仅仅强调"20"这个数字，那么读者还能更具象地把握数字背后的含义，感知问题的严重性吗？答案是否定的。

除了把握记忆点之外，数据叙事框架对信息的高效传递而言也很重要。这就要求创作者从读者的角度出发，设想读者的认知规律，并且按照数据之间的逻辑关系架构叙事框架。

一般在选题策划阶段，创作者就会列出文章需要包括的大致内容，而具体到文案撰写时，创作者则需要根据数据发现和设想的读者认知规律，在叙事结构上做修改和调整。这种叙事调整恰恰是为了更高效地表达和传播。比如RUC新闻坊在疫情期间发布的《2 286篇肺炎报道观察：谁在新闻里发声？》一文，创作者在研究设计时提出了一系列假设，但在实际撰稿过程中，并没有采用对假设——验证的方式去叙事，而是直接梳理了在创作者看来读者最关注的研究结果，并围绕这些研究成果展开叙事。

---

[1] 盘点3·15晚会30年大数据，食品药品成高危领域，这个品牌3次上榜. 检索于2022-04-09，取自 https://xw.qq.com/amphtml/20210325A0E61100.

关于数据新闻的叙事逻辑，许向东（2019）指出，当数据成为叙事的内容主体时，除了传统新闻叙事中以故事为中心的结构，叙事更多地依据数据间的逻辑关系，从不同维度、以有序的方式排列和呈现数据。不少数据创作者往往容易忽视这一点，导致不少数据叙事作品都有文案偏长的问题，这在学生创作作品中尤为常见。如果看不到数据之间的逻辑关系，没有从传统的叙事框架中跳脱出来，就很容易会选择从类似历史、现状、问题、对策这种常见套路展开叙事，对一个现象或问题事无巨细地讨论，导致成稿很像百科类的词条解释，不仅冗长、烦琐，读者也很难在短时间内获取最有价值的信息点。

7.1.2 如何把握好"准"的程度

在数据叙事过程中，文案应该如何准确地连缀全文，展现数据驱动的逻辑，恰到好处地传达创作者的意图？本节将从文字与可视化内容的配合、方法和对数据发现的表述，以及背景材料的处理等层面展开分析。

1. 与可视化内容的配合：1+1 > 2

文案写作者在解读数据时，要注意与可视化内容相配合，以帮助读者准确读图。其实从数据到可视化图形，读者理解数据的难易程度已经完成了一次跨越，但有时囿于数据本身的复杂性和符号的特殊性，读图依然具有一定门槛。此时，文案写作者就要注意避免对可视化的数据做简单重复的描述，而是要将信息进一步化繁为简，提高信息传递的效率。

以 RUC 新闻坊《打开一本二手书，你看见了……》为例，可视化图表呈现了 18 类二手书中的夹带物（见图 2-2），多种多样，信息繁杂。为了使核心信息更加突出，文案直接指出"'其他人写给原主人'的话是二手书中最常出现的夹带物"，并且将"二手书中的夹带物传递知识与故事"这一特点，升华为"二手书交易中附加的社交属性或许是它最令人着迷之处"，不仅精确提炼了可视化图表中的核心信息，在提高信息传递效率的同时，还凸显了信息背后指向的"二手书承载的意义"。

与可视化内容相配合还意味着，文案要使数据与主题的联系更加直接，毕竟想要"快"和"准",最忌讳的就是绕弯子。比如《1 183 位求助者的数据画像:不是弱者,而是你我》这篇文章,虽然可视化(见图 7-1)已经尽可能地将求助者所在小区的建造年份和价格分布数据变得直观,但对读者而言,只依靠两幅柱状图,列举该数据的用意和其与主题的联系并非一目了然。读者可能会疑惑,求助者居住的房屋建造年份和价格分布与武汉住宅的整体分布一致,这说明了什么呢?文案此时就举足轻重起来,一方面再次回应了图表中的信息,一方面指出:"也就是说,他们并不是传统意义上的'弱势群体',他们可能就是你我。"经过这样一番"转译",读者恍然大悟,由此也更容易对求助者的困境生发同理心。

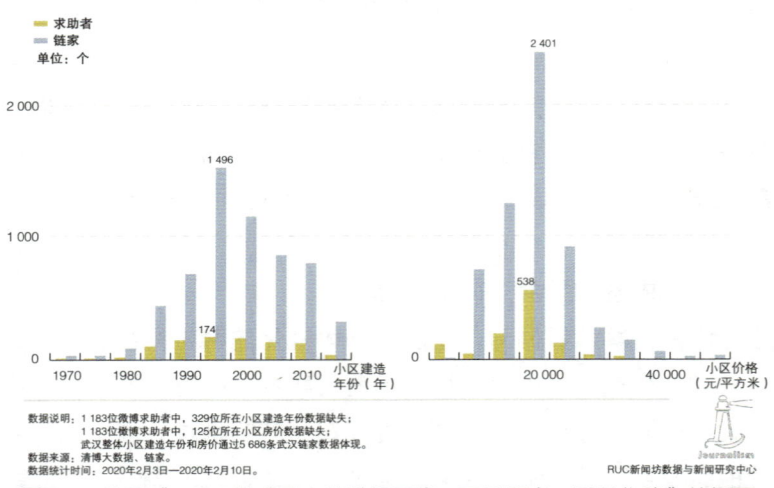

图 7-1 作品《1 183 位求助者的数据画像:不是弱者,而是你我》的插图

2. 方法论:写在哪里?如何写?

在一篇符合学术规范的实证研究论文中,介绍研究方法的章节是必不可少的;但对数据叙事作品而言并非如此,文案写作者并不需要在正文中详细说明数据的处理方法和应用工具,这一部分一般会由可视化组精炼后插在可视化图形中,如比较复杂,则会作为附录放在文末。

在正文中做出这样取舍的原因有二:第一个也是最主要的原因在于,一般的数据叙事作品(尤其是数据新闻)对大众传播效果的期待比学术论文更强,在正文中加入晦涩的数据处理部分,在模糊新闻焦点的同时,也延后了关键信息的传递进程;第二个原因是,与实证研究论文相比,方法论对受众的吸引力并不相同。对一个学术项目而言，方法论是必须经过评议的部分，但在阅读一篇数据叙事作品时，并非所有读者都会对数据处理方法感兴趣。

那这是不是就说明，文案写作者完全不需要考虑在正文中添加方法论的相关表述呢？也并非如此。有的时候在文案中把方法和数据的缺陷表述出来，把判断准确的尺度交给受众，让得到核心新闻点的过程更加透明，这本身也能展现出创作者追求真实、准确和对话的态度。

3. 表述数据：寻找精确与模糊间的最佳落点

准确地表述数据及其含义并不是要求事无巨细地列举显著性水平、置信区间等相关统计数字，这一点与实证研究论文不同。文案写作者需要牢记的是，数据叙事本质上是在给受众讲故事，并通过讲故事的方式传递信息和知识，受众是渴望获取信息和知识的普遍大众而非专业的科研者（一些优秀的数据叙事作品也会因其对数据别具一格的开掘视角而收获专业领域内外的科研群体的关注），他们不一定具备理解数据背后科学运算原理的能力，因而加入过多专业术语和数字会在一定程度上干扰读者的理解，影响重要信息的传递。

同样，在阐发某一现象的特点及导致该现象的原因时，数据叙事更多是在做探索性、描述性的解释，这与实证研究的处理也不相同。科学研究的特征之一就是可证伪性，这也就对数据的精确程度提出了不同的要求。实证研究需要借助统计学数值，准确指出数据呈现的特点是偶然发生的还是确有意义的，而对原因的推测需要说明其关联的强弱和偏差，还需要对样本解释整体的范围及可能性做出判断。但数据叙事往往着重于表现趋势和特点，阐发相对而言更加灵活，余地更大，在数据之外还可以结合采访的一手信息和已有的其他资料做交叉印证，能使作品逻辑自洽和言之成理即可。

在必要的时候，数据叙事还可以对一些数据做模糊处理。以腾讯新闻 - 谷雨数据出品的这篇《实时搜"乳腺增生"，我们发现了四万个女孩的悲伤》❶为例，文章对 40 985 条微博做了主题分析，其中一个主题是生气，但作者并没有说明具体比例有多少，而是直接指出，"'生气'一词出现频率之高，俨

---

❶ 实时搜"乳腺增生"，我们发现了四万个女孩的悲伤. 检索于 2022-04-09，取自 https://mp.weixin.qq.com/s/zaY_JPf4MQrYtOMTiTPbig.

然占据了微博上关于乳腺增生讨论的半壁江山"。

之所以选择对数据进行模糊表达，主要是为了在不影响真伪的大前提下，降低数据的理解难度、增加生动性。因为对读者而言，过于面面俱到和专业化表达的数据分析有时并不能带来理解上的增益，反而会增加记忆的负担和记错数据的可能性。

总而言之，把握好"准"的程度，不仅可以帮助读者更好地理解主题，减轻读者解读数据的负担，减小记忆相关数据时的误差，也是与"快"的要求相辅相成的。

4．更进一步：背景让数据更立体

有时候除了需要"还原"数据的基本形态，文案写作者还需要对导致数据呈现某种状态的因素进行推测，从而让单个的数据更加立体，有助于读者理解。当然，这种对数据由来背景的推测也不是空穴来风，需要以确凿的事实为基础，或者引用权威言论做支撑。

首先来看以事实为基础推测原因的例子。新冠肺炎疫情焦灼期间，我们曾经发布过一篇探讨新冠疫苗研发进程的作品，名为《新冠疫苗离我们还有多远》。数据显示，与近年来其他流行病（如 SARS、MERS）的疫苗相比，新冠疫苗的研发速度更快。这是为什么呢？文案提出了以下观点："因为新冠肺炎疫情的严重性以及各国政府的重视，新冠疫苗的研发享受了更多绿灯。"随后，文案以中国为例，通过梳理国内为促进疫苗研发出台的政策，论证了推测的合理性。

其次来看引用高可信度的言论做支撑的例子。财新数字说在 2019 年 10 月 25 日，发布了数据报道《直面乳腺癌，在致命之前》❶，当天是中国第 11 个爱乳日。数据显示，中国乳腺癌患者的五年生存率明显低于欧美国家。文章指出，"大部分中国人缺少对乳腺疾病早期筛查的意识"是导致患者错过治疗的最佳时机、生存率相对较低的原因。为了支持这一观点，记者采访了时任中国医学科学院肿瘤医院内科副主任（现为主任）、乳腺癌指南专家委员会秘书长的马飞，他提供的"中国乳腺癌患者 I 期的诊断率较欧美低近 27.5 个

---

❶ 财新数字说．(2019)．直面乳腺癌，在致命之前．检索于 2022-04-09，取自 http://file.caixin.com/datanews_mobile/interactive/2019/breast-cancer/．

百分点"这一数据，证实了上述论断。文案又进一步补充说明："中国传统文化因素导致一些女性羞于露体，不愿在医生面前露出乳房，在一定程度上阻碍了乳腺癌筛查和早期诊断。"通过延伸说明这些有扎实根据的背景因素，文章不仅明确了数据的核心，也牢牢扣住了"爱乳日"这一新闻点，告诉读者要有防癌意识，达到了科普的目的。

明明强调数据解读一定要"快"，那为什么还要在文案中对数据的具体信息和背景因素做阐发呢？这样文章不就更长了吗？对数据进行解释论证必然会增加文章的篇幅，也有可能减缓稿件的叙事节奏，但我们这里强调的"快"是在保证读者能够理解核心数据基础上的"高效"，而不是以牺牲信息的密度和完整性为代价的阅读时间的"缩短"。文案写作者根据数据组、可视化组提供的内容条分缕析出最核心的数据信息，并做出适当的原因补充和背景说明，不仅有助于加强数据与信息点之间的联系，也是对读者阅读节奏的调节。文章贵在张弛有度，如果全篇只有干巴巴的数据要点，缺乏对数据的必要解释，那么作品中的核心信息也会因此难以有效传达。

7.2 文案好看？下笔要"狠"

完成快速、准确描述数据的基本需求后，作为数据叙事的文案写作者，你需要考虑如何将这篇作品更好地传递到读者一方。光做到既"快"又"准"可能并不太够，虽然数据叙事中数据依旧是最有力的语言，但我们也要考虑到大多数读者可能并不想耐着性子去看数据到底说出了什么。从数据到受众，中间这道转译的桥梁正是借由设计和文案去搭建的。

文案的"狠"不是语不惊人死不休，而是要尽可能直击读者的心灵，无论是数据中推导的结论，还是文案里传达的价值判断，都要努力做到在读者的阅读记忆中留下或深或浅的痕迹。

7.2.1 善用数据修辞，学会"转译"

一贯被认为是严谨工整的数据叙事，同样需要修辞。

修辞不只是常见于文学作品中的诗情的排比、精妙的比喻、缥缈的通感……它也是一种装点，一种让读者更接近于文本要传达的原意的方法。数据叙事并不意味着板着一张严肃的面孔讲述。让人理解一件陌生事情的最好方法是做类比，用熟悉的客体，让原本难以衡量的数字或概念变得平易近人。

"等量代换"就是一种常用的数据修辞方法，人们很难对一些抽象的数字产生概念，这时候就需要用一些日常物品作为计量单位，帮助读者理解这个数据到底多大（或者多小）。比如在《森林火灾20年：悲剧是否有迹可循？》这篇推文中，作者是这样解释20年来所有森林大火的火场总面积的：

> 进一步计算20年所有森林火灾的火场总面积为3 961 795.7公顷，这个数据相当于554.87万个标准足球场（1个标准足球场面积为7 140平方米）。

公顷、磅、盎司……这些计量单位在日常生活中不常遇到，如果我们的数据中含有这些单位，则可以尝试用这种方法进行转译。类似的转译手法还能帮读者算好经济账。在涉及多个小量累积的数据时，人们往往也懒得自己动手累加，这时候，文案可以替读者完成这一步，积少成多的结果时常会带来意想不到的深刻记忆效果。像《降价吧！卫生巾》这篇探讨卫生巾到底有多贵的数据叙事作品，就很典型地做了一个简单但有效的加法：

> 中国女性的平均经期天数为5.8天，按照每4小时更换一次卫生巾的频率计算（专家推荐每隔2～3小时更换一次），每位女性在每个经期大约需要使用30片卫生巾。即便不计算较贵的夜用卫生巾和安心裤，都以较便宜的日用卫生巾来计算，每年的花费也将达到1 040元，而根据2020年"两会"报道，目前中国仍有6亿人月收入不超过1 000元。

有读者在评论区感慨："在这个问题被讨论之前，真的以为只有我觉得卫生巾很贵……尤其是有轻度洁癖的人，消耗得稍微快一些，每个月要花费好几十元购买卫生巾。"这种给读者带来的"恍然大悟"感，正是简单的数据运算的成效。

7.2.2 变换写作文体，风格不止一种

文案并不是只有规规矩矩的看图说话、平铺直叙这一种形式。尝试运用多种文体，你的数据叙事会变得更加有趣。

比如，尝试将后台的创作过程展示到前台，配合你的选题本身，有时候会产生意想不到的佳效。在一篇关于"糊弄学"流行的数据叙事作品《一个有关糊弄的社会实验》中，我们便尝试了这样的方法。引言部分如下：

> 为了省事，本期将是一个有关"糊弄"的社会实验，顺便自剖一篇（简单）数据新闻的制作流程。

接下来每一章的大标题，我们用的都是最朴素的流程标题："一、选题策划""二、数据挖掘""三、数据分析""四、升华主题"……因为主题偏向轻松流行，核心也是"糊弄学"，所以文案写作也偏向松弛、戏谑，将适当的自我调侃、自我解构糅进文章里，整体风格特色变得更为突出：

> 数据新闻の奥义是什么？
> 数据驱动。
> 数据驱动得先有数据。糊弄学的第一奥义则是要说出这样一段看起来很有道理的正确的废话。
> 要想悟，先作图。
> 线上词云一生成，数据新闻有了魂。
> 不怕词多理解岔，这就叫数据可视化（还是得代入原文哈）。

事实证明，这种尝试带来了理想的反馈，很多读者在评论区积极展开"糊弄学"风格的评论，如"教程很管用，孩子学会后每天能写十篇数据新闻""新闻坊更新了，不得不看，我竟然还是前排。可是想不出该说什么，就随便打两句话吧"，和正文内容形成了另一种形式的互文。

归根结底，语言风格、写作文体的变换始终是要为主题服务的。根据主题的内涵，考虑文体的变形和文风的转换，是数据叙事作品创作者必备的素

质。在很多时候，文案也要能退让一步，根据文案在数据叙事作品中的重要性，适当调整文字的分配。

在做"国考热"这期选题时，文案选取了"宇宙的尽头是考公"这句流行的调侃作为破题之处，《0元体验"国考"航班，带你去宇宙尽头看看》一文的写作构思也就由此而起。

重点既然是要"去宇宙的尽头"看看，全文的行文思路便重在带领读者体验国考的全流程，故而，这篇作品采用了平时推文中较为少见的第二人称叙事方式，通篇以一种假定式的口吻推进，结合突破常规的排版，给读者以沉浸式的代入体验：

权衡之下
你决定选择参加"国考"
看了看过去几年的"国考"招考情况
从2015年到2022年
"国考"报录比大体上呈上升趋势
2019年
由于中央和地方机关在进行机构改革
部分机构招录人数大幅减少
报录比一度达到88∶1
看起来，"国考"越来越难
并不完全是一个错觉

不仅如此，既然已经拟定了"还原流程感"作为串联全文的思路，接下来的文案排布便要努力创造一种"真实感"与"在场感"。这篇作品在文中插入了国考的真实试题，这既能巧妙地增加读者"参加国考"的体验感，也能用点击观看答案的方式和读者进行真实的互动，提升读者的阅读趣味，有读者便在评论区留言调侃称"第一题就错了，怒关！"。

整体来说，这篇推文巧妙地用"宇宙的尽头是考公"这句在考公人之间流行的调侃，将考公时的各类准备，从专业门槛到学习成本再到实际考察内容，化拟成一次旅行中会遇到的种种经历，用航行的意象串联起考公的全流程。结尾更是带有适度的劝解与关怀，"如果您发现终点站与您的预想不符，请不要担心，宇宙很宽广，属于每位乘客的星星都不一样，我们衷心祝愿您，旅途愉快"，以此表达"人生的路未必只有考公"。轻松幽默的文风中带有关怀的柔情，这次切题又灵活的文风转变得到了留言区读者的普遍好评。

7.2.3　调整段落节奏，有疾有徐

网易数读的编辑巫雨松在中国人民大学分享创作经验时，曾建议文案长度尽量控制在三四千字以内，字数再多的话，读者就很容易失去耐心。澎湃美数课的文章同样不长，有时候一两千字就能把某个新闻讲得明白通达。要想充分利用有限的字数空间，需要把握好文章的写作节奏。

一般来说，开头引入不宜过长，须能尽快让读者了解这篇文章的目的所在。RUC新闻坊的推送引言一般不超过三四百字，具象到微信推送时，通常来说滑动一屏即可读完。

不过，短也不能割舍信息量，RUC新闻坊的作品开篇通常包含三个要素：创作的由头、数据来源及总量，以及这篇推文要讨论的问题。

第一个要素最基础，要让读者在寥寥数语中就清楚你的作品要关注什么，与最近发生的某个事件、现象或话题存在何种联系，这里要给读者一个继续读下去的理由。

第二个要素也不难，交代的是你这篇作品的数据来源是什么、数据量有多少，合适的样本和数据量直接关系到这篇文章在读者心中的可信度，最好在开头就说清楚。

第三个要素则是要提炼文章的记忆点，也是要让作者自己能梳理清楚：讲述这个数据故事，是希望读者看到和记住什么样的内容？如果模棱两可，回答不清这一问题，那么写作者可能需要反思自己在创作过程中，是不是有所迷航，导致难以找到一个统一的抓手。

除此之外，文案写作者很容易忽视的一点是，你事实上是在引导读者阅读，为他们安排阅读的节奏。因此，你需要考虑，当读者阅读完一长段密集信息之后，应该在什么位置插入适量的短句和短段落，就像跑步时调整呼吸节奏一样，给读者适当的喘息时间和消化空间。

或许可以考虑这样的方法：解释性段落用长段落，尽量不打断读者理解的过程；最终的判断另起一行，用来加深读者印象；同类举例可以适当另起

一段，使其成为一个并列结构。

比如，《条款三千文，读到哪一行？》一文在解释隐私条例相关管理难题时，先用一个判断句给读者提供关键信息，再拆分解释段落，构成并列结构，比较清晰地展现个中原理。

但据观察，指标根据类别细分后，管理依然存在着一些落地之难。

首先，部分类别的"必要"与"非必要"信息之间存在一些交叉和重合。以智联招聘为例，此类 App 的必要信息包括"联系电话"和"个人简历"，然而被定义为"必要信息"的个人简历，实际包含了大量"非必要个人信息"，甚至其他更为具体、敏感的信息。2021年央视的 3·15 晚会曝光了"智联招聘、猎聘平台简历给钱就可随意下载，大量流向黑市"一事，暗访的记者被智联招聘客服告知，用户"注册完账号，创建完简历，默认就是公开的"，简历可以在本人毫不知情的情况下被付费用户下载。

另一个问题是，虽然《常见类型移动互联网应用程序必要个人信息范围规定》专门提到了"游客"的权益，即"App 不得因为用户不同意提供非必要个人信息，而拒绝用户使用其基本功能服务"，但很多情况下，如果只按"必要"的最低限度提供个人信息，那么在 App 中获得的将是"处处碰壁"的糟糕使用体验，其大部分功能都无法使用。

以运动 App "Keep" 为例，按照新规，用户理应无须提供任何个人信息，即可使用它作为运动健身类 App 的基本功能服务。根据小编的尝试，用户的确可以以"游客"的身份在 Keep 开始训练。但通报名单中，Keep 赫然在列：它正在向用户搜集 20 多项"非必要个人信息"，且只有"位置""照片"和"运动与健身"三项可以自行关闭（iOS 系统）。用户若想要获得更流畅、更丰富的服务，就不得不一点点拱手交出更多的隐私。

举例而言，用户若想要在 Keep 商城购买付费的课时或健身餐，就不得不提供付费信息，以及收货地址；想要通过 Keep 记录锻炼前后的变化，就要交出健康与健身信息……尤其是在微信、美团等横跨多个领域的平台式 App、"SuperApp"（超级应用）中，"必要"很难成为一个固定的范畴，必要与否的判断发生在每一次微小的功能拓展中。

应当说，这一写作逻辑和评论写作的共通性较强，所谓的写作节奏，事实上暗含着你的写作逻辑和对重点、难点的观照。

7.2.4 打出"金句"，会心一击

像在拳击赛上击出的最后一拳，一句强有力的判断式发言有时候会成为全篇出彩的关键。

我们在实践中发现——尤其是在网络传播时代，读者在社交平台分享某篇文章时，往往愿意摘取某一句看起来总结全文的话作为引语。如果文案可以提供这样一句话给他们，则可以助力这篇文章被更多地转发，这也就意味着这篇文章有了更大的"破圈"可能。尤其是，如果文章专业性相对较高，"金句"就能够成为帮助读者理解全文意图的关键抓手。放在文章开头，它可以成为牵引读者阅读的一根线；落在结尾，它则帮助读者做好总结，让人有一种"没白看"的满足感。

RUC 新闻坊的《2 286 篇肺炎报道观察：谁在新闻里发声？》，结尾处就做了一个很有力的论断。作者在结尾写道："对新闻人而言，灾难不是地狱，而是千万种失去秩序的生活。""地狱"与"生活"构成明显的对照，失序则是对疫情期间生活状态的一个精确判断。事实证明，读者在朋友圈分享该文章时，这句话的出镜率颇高，是"金句"走入人心的绝佳印照。

不同的媒体在力图生产"金句"时也有不同的风格，RUC 新闻坊一般会将"金句"放在文章末尾。想写一个"坊"味的收尾，可以在结尾灵活选用比喻、使用"不是……而是""……是为了……"的判断，以达到既生动形象，又能一针见血的文辞效果。

当然，也不用过分孜孜以求——毕竟大多数时候，我们也想不出特别让人拍案叫绝的"金句"。这时候，退而求其次，做好精炼的总结，同样也能为文章增色。

第 8 章
数据驱动叙事，文案有没有"套路"？

数据驱动叙事（data-driven storytelling，简称数据叙事）与数据驱动新闻（data-driven journalism/data journalism）一脉相承，叙事的核心驱动力来源于数据。

有别于传统的以文字叙述（textual narrative）为主体的内容创作，在数据叙事中，多种视觉语言的融合是其核心特点（Weber, Engebretsen, & Kennedy, 2018；杨璧菲, 2019），这一部分可以具体参看设计篇。然而，就像本书第 6 章所强调的，这并不表明文字在数据叙事中失去了价值，恰恰相反，文字叙述在数据叙事中依然有其独有的架构意义。本章将在第 6 章和第 7 章的基础上，从更加宏观的层面继续探讨数据叙事作品中文字的价值和作用：首先，我们聚焦于文字如何"穿针引线"，架构起数据叙事的结构和模式；其次，我们还将对数据叙事中的论证型作品做特别的探讨，分析文字如何构建论证的逻辑。这两方面内容都是为了回应本章标题提出的疑问：文案有没有"套路"？

8.1 "缝合怪"：如何勾连数据与受众？

数据与作品面向的受众往往并非亲密无间，数据的表意功能除了借助可视化图形实现之外，有时候也需要文字的穿针引线。文字叙述作为缝合数据与受众之间距离的一种手段，在考虑受众认知规律的基础上，通过将数据逻辑结构化、数据呈现条理化，使得受众更容易把握数据的核心信息，在脑海中留下深刻印象。

8.1.1 根据数据叙事目标，确定叙事结构

当提到叙事结构（narrative structure）的时候，你会想到什么？是弗赖塔格金字塔结构（Freytag's Pyramid Structure），抑或是亚里士多德悲剧结构（Aristotle's Tragedy Structure），还是坎贝尔的英雄旅程结构（Campbell's Hero's Journey Structure）？是线性结构，还是非线性结构？这些经典的叙事结构不仅出现在戏剧、神话、文学和传统的以文字为主的作品中，也是数据创作者需要考虑应用的对象。

选择什么样的叙事结构，取决于数据叙事的目标。同样的数据，数据创作者的意图不同，就会有不同的发现和洞察，也会有不同的呈现方式；即使是相同的内容或者主题，如果数据创作者想要实现的效果或者想要触达的受众不同，那么叙事结构也可能会不一样。作为文案写作者，首先需要明确的就是叙事的目标，从而确定叙事的结构，保证文案的组织架构服务于叙事的需求。即使有时从体量上看，文案在数据叙事作品中占据的比重并不大，但是其对数据叙事结构的贡献不可小觑。

以财新数字说的两篇与留学相关的作品为例。其中一篇《留学在中国》[1]采用的是典型的线性叙事结构，在山东大学"学伴事件"、北京大学录取汉语不达标外籍学生等新闻引发社会热议的背景下，探讨了海外学生申请来华留学的难易程度、奖学金金额和是否受到优待这三个问题。另一篇互动性较强的作品《通向留学 offer 的 54 条路》[2]则采用线性与非线性混合的数据叙事结构。根据维布克·韦伯（Weber，2017；Weber，Engebretsen，& Kennedy，2018）的定义，线性与非线性混合的数据叙事结构指的是数据叙事作品创作者已经指明了故事主线，但是在故事发展的某个阶段，读者依然可以自行探索数据集。《通向留学 offer 的 54 条路》在开篇介绍国内学子留学海外的形势时设置了一个互动游戏，用户可以选择不同的升学院校、留学准备方式、中介类型，从而得出不同的留学开销。文字叙述不仅让文章主体脉络十分清晰，也让用户对自己选择的"道路"有明确的认知，比如以下对研

---

[1] 留学在中国. 检索于 2022-04-10，取自 https://datanews.caixin.com/interactive/2019/liuxuesheng/.

[2] 通向留学 offer 的 54 条路. 检索于 2022-04-10，取自 https://datanews.caixin.com/mobile/interactive/2019/lxzj/.

究生留学中介不同选择的文字说明：

A. 自主申请：有本科的申请经验，国外的学校容易被认可，体系对接也流畅。参加了科研、实习和各种活动，可以独立完成申请。

B. 半自主式申请：可以完成流程性的工作，也有目标学校和专业。但是在申请流程中还是需要一些帮助，选择一两项中介服务（1.5 万元）。

C. 一站式申请服务：大学的课程压力大，研究生申请过程复杂，一站式服务可以一次性解决所有顾虑，贵就贵点吧（10 万元）。

同样是留学主题，前者面向的受众是关注在华留学生相关热点问题的社会大众，对后者感兴趣的则更可能是有留学打算的学生和家长，以及相关领域的教育工作者；前者的基调是希望通过冷静地陈述事实来回应舆论焦点，后者则可能更希望与受众产生共鸣，把受众带入对留学道路的思考、抉择过程中去。目标的差异化不仅导致了叙事结构选择的不同，也让文字叙述有所变化。

在数据叙事中，比较常见的叙事结构是金字塔结构。香港科技大学和同济大学的研究者在研究分析了 103 则数据新闻短视频后得出结论，大多数数据新闻短视频都具有"介绍"（setting）、"上升的行动"（rising）、"高潮"（climax）和"解决方案"（resolution）这四个阶段（Yang，et al.，2022）。这一发现也与戴克斯（Dykes，2019）在其著作《高效的数据叙事》（*Effective Data Storytelling*）中的观点一致。

RUC 新闻坊《勿知我姓名：流调信息公开的边界》就是这一类叙事结构的典型案例。文章开篇介绍在新冠肺炎疫情大流行的背景下，流调信息公开应运而生；随后在"上升的行动"这一部分，文章详细介绍了流调信息搜集的各个阶段和每个阶段的参与调查人员；文章的高潮是分析了 22 起新冠肺炎患者隐私泄露的个案和各省份的新冠肺炎流调数据，指出隐私泄露后新冠肺炎患者遭受的非理性批评和网络暴力问题，以及各省份新冠肺炎流调数据存在结构化程度低、发布平台分散的问题；针对流调信息公开中出现的问题，文章在最后两个部分，从法律和人性关怀的角度，提出了解决对策——守住法律底线，用公权力铸造个人信息保护的铁盾，同时在信息公开时把握好隐私让渡的程度，实现在尊重个人权利基础上的高水平公共治理。

RUC 新闻坊的另一个作品《剥开糖衣：在爱与交易之间》也采用了类似的结构。在这篇文章中，文字和数据的可视化各自占据了半壁江山，但文章的叙事结构更加依赖文字。文章开篇是对"糖恋"（即"包养""援交"）概念和当前社会现状的简单介绍；其次是"上升的行动"，叙述了"糖恋"双方的人物画像；接着是文章的高潮，创作者叙述了"卧底"调查"糖恋"中介网站和 QQ 群聊的过程，采访了多位"糖宝"，展现了平台运作的理念和驱动女孩注册成为"糖宝"的心理因素——这一部分之所以是高潮，是因为它更深入探讨了"糖恋"现象的各个环节和背后的驱动力，并且展现了矛盾最为激烈的调查经历。文章以整合媒体对"糖恋"结局的报道内容作为结尾，虽然并未明确提出针对"糖恋"现象的应对措施，但是有明显的倾向性，叙事从高潮回落，引人深思。

8.1.2　丰满叙事模式

不同的叙事框架往往需要文字来架构，框架中具体的叙事模式有时也同样需要文字来支持。来自荷兰特文特大学的研究者这样定义叙事模式(narrative pattern)："叙事模式是低层级的叙事机制，它服务于创作者的某一特定意图，可以用单一的叙事模式讲好一则故事，也可以把不同的叙事模式综合运用在一起进行叙事。"（Bach，et al.，2018）在对数据驱动新闻的研究中，这些研究者定义了多种主要的数据叙事模式，并将其分为五个类别，分别是论证相关的类别（patterns for argumentation）、流程相关的类别（patterns for flow）、议程设置相关的类别（patterns for framing）、共情和情感唤起相关的类别(patterns for empathy and emotion)，以及投入度相关的类别（patterns for engagement）。需要提醒读者注意的是，虽然不同类别的叙事模式大多数都不太一样，但不排除有个别模式存在重合，即同一个模式可能同时被划分在不同的类别中。对于论证相关的数据叙事我们将在下一节展开叙论，这一节我们主要关注后四类。

我们先来关注流程相关的类别，它包括揭示（reveal）、重复（repetition）、减速（slowing-down）和加速（speeding-up）这四种叙事模式。从字面意义就可以看出，这一大类里的模式着重强调的是对叙事节奏的调节。具体到文案写作，就是使文字连接、说明、融合数据可视化，保证受众能够领悟到创作者想要表达的重点或者营造出的氛围。以《纽约时报》（*New York Times*）的作品《为什么重启学校的关键是打开窗户》❶为例，该作品运用了逐步揭示（gradual reveal）和重复的叙事模式❷，在同样的空间中设置关窗、开窗、打开电扇和空气净化器三个场景，模拟了新冠病毒在不同通风条件下的传播和最终污染状况，且在不同的场景中都配有相应的文字指示：

当我们在教室中安排一名感染新冠病毒的学生……
当我们打开一扇窗户时会发生什么……
当我们在教室内增加一个简便低价的空气净化器和一个风扇……

这些文字说明运用类似的句子结构，将叙事进程缓步推进，逐步揭示出在新冠病毒大流行期间确保教室通风对于学校防疫的重要性。

其次来看议程设置相关的类别，这一类别主要包括相似场景设置（familiar setting）、设置悬念（make-a-guess）、陌生化（defamiliarization）、打破常规(convention breaking)、隐藏数据揭示(silent data)、实体比喻（physical metaphor）和设问/反问（rhetorical question）这七种叙事模式。其中，隐藏数据揭示模式是指创作者故意隐藏某些数据以调节作品节奏，利用留下的线索引导受众自主发掘、推测隐藏的数据。实体比喻模式完全是从数据可视化的角度出发，将数据的含义以易于受众理解的形式表达出来，或者直接将数据按照受众的常规理解进行可视化呈现，最常见的如右向代表事件的进程。❸ 设问/反问模式将在下文与投入度相关的类别中做重点介绍。与文案关

---

❶ Bartzokas, N., Gröndahl, M., Patanjali, K., Peyton, M., Saget, B., & Syam, U. (2021-02-26). Why opening windows is a key to reopening schools. https://www.nytimes.com/interactive/2021/02/26/science/reopen-schools-safety-ventilation.html.
❷ 该作品还运用了其他类别的叙事模式，但在这里不再一一赘述。
❸ 右向代表事件的进程，是指数据可视化设计里，往往右边的事件时间上更靠后，比如时间轴一般都是从左至右设计，左边的时间点早于右边的时间点；或者越往右边分布表示事情发展的程度更深，成熟度更高。

系较大的是前四种，我们将用具体实例来依次说明这四种模式。

在相似场景设置模式中，数据叙事作品创作者通过建构一个能够让受众产生归属感和连接感的场景，激发受众的探索欲望，并帮助受众理解、使用相关数据。比如澎湃美数课发布的推送《3天App调取177次权限，有多少隐私被取走？》❶，在文章开篇，就描述了一个非常生活化的场景，将读者迅速带入数据叙事设置的情境中：

> 当我们授权App读取手机图片、定位，甚至打开相机的时候，心里也大概明白这是一场交换，意味着点外卖时App可以获取我们的定位，知道我们在哪儿，发送照片时App会扫描手机里的图片……这被默认为新时代的"一分钱一分货"。

设置悬念这种模式经常与后文将要阐释的与投入度相关的模式联系在一起。文案写作者通过设置悬念，赋权读者或者用户，让他们自行揣测数据会呈现出怎样的洞察。以《纽约时报》的《日常性别歧视如何阻止你获得晋升》❷ 为例，文章在叙述完计算机科学家莱诺·布鲁姆（Lenore Blum）向卡内基梅隆大学提出辞职，表示自己身为女性在日常工作中经常感觉被边缘化后，向读者抛出"工作场景中的日常性别歧视有多大影响？"这一问题，与文章标题呼应的同时，也进一步激发读者的阅读兴趣。这同样是数据叙事作品创作者自身的创作动力：想要探索日常的性别歧视如何累积到一起，对女性的职场发展产生影响。作者与读者在相同的困惑驱动下，一个创作，一个阅读，这会带来非常畅快、了然的阅读体验。

陌生化这一模式可能乍一看不明所以，但实际上也是数据新闻中常见的一种叙事方式。虽然呈现的内容是受众熟悉的，但是呈现的方式有悖于常识，挑战受众的常规期待，通过赋予人们习以为常的现象以不同寻常的观察视角，让受众享受视角变化带来的特殊审美感受和思考体验。好的数据新闻是不同

---

❶ 3天App调取177次权限，有多少隐私被取走？. 检索于2022-04-10, 取自https://mp.weixin.qq.com/s/BLNERBYyLI-bHqU2Ocxeeg.

❷ Nordell, J., & Serkez, Y. (2021-10-14). This is how everyday sexism could stop you from getting that promotion. Retrieved April 10, 2022, from https://www.nytimes.com/interactive/2021/10/14/opinion/gender-bias.html.

寻常，能够激发受众好奇心的（Matei & Hunter，2021）。在陌生化这一模式中，文字可能是构筑陌生化叙事的一部分，也可能对构筑陌生化模式的其他元素比如可视化图表起解释说明的作用，以避免陌生化让受众望而生畏或者毫无头绪。

比如，澎湃美数课创作的《14天塑料使用记录》❶就运用了这一模式。这一作品的环保议题是大多数读者都很熟悉的，但是切入角度却很新奇。创作者安排了两名实验员记录14天里各自使用的塑料制品，并在实验结束后统计使用量和其中一次性塑料制品的占比，以此来启发读者在日常生活中减少塑料制品使用量的重要性。文字在这一作品叙事中的主要作用就是帮助读者理解实验背景和实验操作，在构筑陌生化景观的同时，又确保读者可以理解实验的内容和项目的意图。

打破常规模式与陌生化模式类似，但是更强调"打破"这一动态的出其不意。首先是比较常规的叙事，然后在叙事者想要着重强调的地方，突然出其不意地打断叙事进展，从而达到凸显非常规数据洞察，使受众印象更加深刻的效果。

再来看共情和情感唤起相关的类别，这一类别主要包含具象化（concretize）、个体故事（humans-behind-the-dots）和熟悉化（familiarize）这三种叙事模式，后两种模式主要依靠文字叙述来实现。财新数字说在疫情期间的作品《新冠逝者：献给疫情中离去的生命》❷就综合运用了这三种叙事模式，其中具象化叙事模式主要借助数据可视化来实现，用不同图案的花瓣来代表逝去的生命。当点开花瓣之后，介绍逝者生平的文字就会出现，包括职业、年龄、逝世原因，这种具有丰富细节的个体故事让陌生的名字具象化，传递出生命逝去的沉重；也让受众可以凭借这些细节将文章与自己的生活关联起来，产生更深刻的共鸣。

最后来看投入度相关的类别，它主要包括设问/反问（rhetorical question）、行动倡导（call-to-action）和探索（exploration）三种叙事模式。投入度指的是受众对数据叙事内容的归属感、连接感和对互动内容的掌控感。

---

❶ 14天塑料使用记录. 检索于2022-04-10，取自 http://h5.thepaper.cn/html/zt/2021/01/suliao/index.html.

❷ 新冠逝者：献给疫情中离去的生命. 检索于2022-04-10，取自 https://datanews.caixin.com/interactive/2020/THREEJS/blossom/.

语气强烈的设问/反问模式被广泛应用于数据叙事作品的标题和叙事中，有时一个设问句或者反问句就能为下文的数据呈现设置前提。

设问/反问这一模式在 RUC 新闻坊的作品中颇为常见，比如《大象何以为家？》《报道农民工思考海德格尔，是正常的事吗？》《新传学子求职路："入海"之后，奔向何方？》《新冠疫苗来了，谁先接种？》《2 286 篇肺炎报道观察：谁在新闻里发声？》等。以《新传学子求职路："入海"之后，奔向何方？》为例，新闻坊的读者中有相当一部分是新闻传播专业的学生或者从业者，作品以"新传学子毕业后去向何方？"为主题，并将这一问题贯穿全文，能够让具有相同困惑的读者迅速沉浸在数据叙事中。

设问/反问模式有时会暗含行动倡导模式。比如信息设计实验室（Info Design Lab）开发的可视化项目《我们"吃"下去的水》[1]，作品首先向受众抛出了"如果我告诉你，你吃了 3 496 升水，你会怎样？"这一问题，随后指出"理解我们水消耗的构成，可以帮助我们应对当前最急迫的问题之一：确保地球上的每一个人都有足够的水资源"，并明确发出倡导："你也可以成为这一解决方案的一部分。"

探索模式常见于与受众交互比较频繁的数据叙事中，其中文字叙述起着引导、说明的作用。比如，前文提及的《通向留学 offer 的 54 条路》就是典型案例，在不同的节点读者会面对不同的发展道路选择，每一次选择都指向不同的发展路径和留学花费。这种叙事模式能够使读者产生很强的参与感。

8.2　如何论证才能以"数"服人？

在数据叙事的作品中，一类是将叙事目标放在解释、调查乃至预测上，着重对事实性信息进行描摹与刻画；而另一类则是将叙事目标放在说理论证上，着重对具有争议的社会现象或话题展开讨论，表达数据创作者对事实性问题或规范性问题的判断与见解。

探讨论证相关的文案写作，就要认识到论证的作用和宗旨。作为逻辑学中的核心概念，欧文·M. 柯匹和卡尔·科恩（2007）在《逻辑学导论（第 11 版）》中指出，"论证指谓任一这样的命题组：一个命题从其他命题推出，

---

[1] The water we eat. Retrieved April 10, 2022, from http://www.thewatereat.com.

后者给前者之为真提供支持和依据",因此论证应该包含"前提 + 结论"这一基本结构,且前提应能推导出结论。[1]在新闻评论中,论证的作用一是用来寻找、检验和确认人们对新闻事件认识的结果;二是用来说服别人接受这个认识结果(马少华,刘洪珍,2008)。对数据创作者而言,论证一方面要证明数据作为论据本身的准确性和在情境中的适用性,展现创作者使用数据的立场。在数据驱动叙事中,论证一般是围绕数据展开。不少数据叙事作品看似是在"陈述事实"而非针对某一事实做"评论",但事实上,在文案中无论是直接引用数据,还是由某一数据展开叙事,其背后都需要有严密的论证逻辑支持。另一方面,论证要说服读者相信数据驱动的事实或者观点。简而言之,在数据叙事中,论证相关叙事模式的宗旨就是要增加整个数据叙事的说服力。

接下来,本节将从论证的强度和论证的形式逻辑两个方面,来阐释如何运用文字来增强论证的效果。

8.2.1 论证的强度

论证的强度与论据的强度息息相关,拥有强论据的论证往往更让人信服,而强度较弱的论据不仅不能论证作者的立场,还会削弱作品整体论证的说服力,因为"受众当中倾向于站在论证立场对立面的群体,会有意识地寻找能削弱整体论证有效性的理由。认为这些人会直接忽视掉他们不认同的论证似乎也说得通,但通常并非如此。如果一个论证看起来不够有效或者不够有力,那么这些人就会把注意力集中在这个论证上,并对其他的论证视若无睹。一周之后,如果有人问他们整体论证是关于什么的,他们可能只会回忆起那些他们觉得不够有力的论证"(Inch & Warnick, 2011)。

在论证型的数据叙事中,数据往往作为论据出现。尽管强论据不一定会指向强论证(还与论证的形式逻辑有关,见 8.2.2),但弱论据势必会指向弱论证,成为文章的"漏洞"、读者的"把柄",从而削弱整体论证的强度。值得注意的是,论据的强弱需要根据具体情况来判断,相同的数据在不同的情形下发挥的作用可能不同,因此很难具体定义"什么样的数据是强论据";

---

[1] 柯匹,I.M.,科恩,C. (2007). 逻辑学导论(第 11 版)(张建军,潘天群,等译). 北京:中国人民大学出版社. pp.8-9.

但是，如果我们从比较的视角来考虑这个问题，就会更清楚在实际写作过程中，要如何避免使用论证强度较弱的数据论据。戴默（2014）认为，好的论证必须符合五项标准：（1）结构的组织良好；（2）前提与结论的真实性相关联；（3）前提对理智的人来说是可以接受的；（4）前提足够支持结论之真实性；（5）前提对各种可以预见的异议构成有效的反驳。这里，戴默所说的前提即为论据。如果按照这个标准去比较，论证强度较弱的数据主要包括三类：其一是难以令读者接受的数据，包括来源不明、未经证实的数据；其二是与结论的相关性较低的数据；其三则是难以对结论进行充分支持的数据。

避免第一类弱论据的方法是在援引数据时做好核查工作并在作品中标明来源，同时应注意数据的权威性和代表性。比如，有的数据创作者制作的作品虽然从呈现形式上看很酷炫，内容也颇具吸引力，但是整个作品不交代数据从何而来，这就不免让人怀疑作品中的数据发现和结论是否经过了创作者的"装扮"。又如，有的作品以网络调查的数据展开论证，但忽略了互联网中不同地域网民的分布特点，也忽略了不同个体在网络表达上的主观意愿存在很大差异，这样的数据代表性不足，结论容易有偏向，也无法令读者接受。再如，一些创作者与商业机构合作展开数据叙事，所获得的数据来自某一行业内居于领先地位的商业机构，然后以这一家机构的数据来分析整个行业的态势，这种论据存在偷换概念的嫌疑，其实也不符合可接受原则。

除了来源之外，数据叙事所引用的数据有很大概率是创作者自己搜集分析的，因而，对数据搜集或分析过程的简要说明同样也可以增强数据的可信度和论证力。[1] RUC新闻坊的数据叙事作品之所以会在开篇简要介绍数据来源及总量，也是出于提高全文数据论证强度的考虑。在《还没去成环球影城，不是因为麻瓜血统，因为穷》一文中，创作者通过呈现环球影城主要IP的票房数据来论证"环球影城通过还原电影获得了不菲收益"的论点，但在文章发布之后，有读者质疑票房数据的准确性和搜集渠道的权威性。为了消除弱论据对论证效果的影响，创作者随后在评论区就数据的二次核查结果做了澄清，并修正了不够准确的数据：

---

❶ 也可以将数据说明放在数据可视化中，具体见设计篇。

更正：图片【环球影城主要 IP 一览】中，各系列电影总票房均以全球票房为准，但由于编辑的疏漏，图中《变形金刚》系列电影仅统计了北美票房数据，实际全球总票房应为 42.06 亿美元，在此更正，并向各位读者表示歉意。

同时，还对存在争议的数据来源做了说明：

我们统计的数据都来自维基百科的实时数据，叠加了这个系列所有的电影票房，这是因为考虑到许多渠道的票房统计都截止到了一个固定的时间。

这一案例告诉我们，以不够确凿的数据作为论证的基础，可能会使之成为攻击论点的靶子。因而在论证时确保自己所引用数据的权威性和可靠性尤为重要。

想要避免第二类弱论据，就需要文案写作者在选用数据时，根据数据与生活的距离、与论点的距离和对读者价值的高低来选用数据。以 RUC 新闻坊 2021 年 5 月份报道的《新创旧痛｜黄河石林百公里越野赛事件特别报道》为例，这一作品在发布之初就经历了因为论据使用不当而删稿重发的曲折。我们曾在第 2 章 2.1.1 中详细介绍过这个作品所出现的数据问题，在此不再赘述。

第三类弱论据相比前两类论据而言，在本身的质量上并不存在致命的缺陷，但是可能在与想要论证的观点联系的紧密程度或者时效性上存在瑕疵，难以对结论进行充分支持。以 RUC 新闻坊在 2021 年 1 月发布的《我们与癌的距离：癌症真的年轻化了吗？》为例，创作者在论证"癌症具有年轻化趋势"的过程中发现，现有数据（如文中所分析的中国 20～39 岁年龄组的肿瘤发病率）难以强有力地支持癌症已经有年轻化趋势这一观点。为了丰富整个作品的叙事，弥补数据论据的不足，创作者加入了一些针对癌症青年和肿瘤专家的采访。这部分文字叙事尽管依然不能够使作品中的论据明确回答"癌症是否已经年轻化"这一问题，但是在一定程度上弥补了数据论证的不足：一方面文章清晰地阐明了现有医学研究所能企及的水平，另一方面又利用上一节中介绍的个体故事模式，通过患癌青年的日常生活轨迹，使读者与之产生更多共情。可以说这个作品最终没有也无法在现有数据的基础上草率回答癌症是否年轻化这一问题，但却通过相关数据中的蛛丝马迹和采访报道的补充唤起了人们对于患癌青年群体的关注，这也体现出创作者对数据和事实的尊重，以及对人的关怀。由此也可以看出，数据叙事的手段多种多样，文字叙事有时也能够起到使得论据更加充分、增强观点说服力的功效。

第三类弱论据在实际操作过程中时常会遇到，操作时间的有限性和技术手段的局限性有时会限制论据的解释力。比如在《报道农民工思考海德格尔，是正常的事吗？》一文中，对媒体关注农民工议题的数据分析使用了微信公众号的"搜一搜"功能，并按照阅读量排行搜集了前 192 篇报道。然而，因为微信的创办和媒体进驻该平台的时间限制，用"搜一搜"这一功能所能得到的历年微信公众号文章失之片面，只能代表近年来媒体对农民工的报道议题侧重，却无法展现更长时间跨度的媒体表现。因为农民工议题的时间跨度很长，作为创作者，想在短时间内搜集足够的数据对之进行充分的论证的确存在一定困难。所以，一方面，创作者在论证时需要考虑所采用论据的解释力，说明论据的代表性和说服力，如果在力所能及的范围内确实无法实现充分论证，就需要秉持公开透明的原则，在文案中向受众说明这种不充分论证带来的遗憾；另一方面，创作者还需要补充其他渠道的数据进行辅助论证，以弥补某一数据支持力不足的缺陷。如上述作品中，创作者还加入了慧科新闻搜索研究数据库中近十年的农民工报道数量，以及搜狗百科和政府文件中的农民工定义变迁等数据作为补充。

除了避免使用弱论据，高强度的论证有时还需要创作者的未雨绸缪，一个好的数据叙事作品，应该在采用论据时就充分考虑到可以预见的异议，并对之展开驳斥。比如 RUC 新闻坊在 2020 年 9 月推出的作品《降价吧！卫生巾》，文章预估了针对卫生巾降价倡议可能存在的各类异议，比如"卫生巾一点也不贵""说'卫生巾贵'是无病呻吟""根本不存在月经税"，并针对这些异议，用女性用品增值税、营销推广费用等数据一一展开驳斥，从而使得整个论证极具说服力。

8.2.2 论证的形式逻辑

围绕数据展开论证，除了要避免使用弱论据，同时也要讲究论证的形式。在这一节，主要探讨论证的形式逻辑。根据斯坦福哲学百科全书的"论证与论辩"部分（Novaes，2021），形式逻辑中的论证方法主要可分为四类：演绎推理、归纳推理、溯因推理和类比推理。演绎推理，简单而言就是由一般到个别的推理，在这种情况下，前提为真就能保证结论为真；归纳推理，是从个别到一般的推理，是建立在统计频率基础之上，从可观测到的样本到未直接观测到的整体的推理；溯因推理，是根据观察到的几个具有相关性的事实，得到解释这些事实原因的推理；类比推理背后的逻辑则是，如果两种事物具有某些相同的属性，则其中一种事物的其他一些属性另一种事物也具备。

在数据叙事中，这四种论证方法都会用到。作为文案写作者，需要根据数据与论点之间的关系选择最恰当的论证思路。

1. 演绎推理

在上述四种论证方法中，演绎推理是唯一一种得出的结论具有必然性的论证方法。数据叙事中的演绎论证，就是要把数据呈现的事实作为某一确定"整体"的"部分"加以论证，从而得到确凿的结论。

RUC新闻坊《条款三千丈，读到哪一行？》就是一个较为典型的运用了演绎推理来论证立场的例子。文章参考2021年5月1日起国家正式实施的《常见类型移动互联网应用程序必要个人信息范围规定》（以下简称《规定》），对70款热门App的信息搜集现况进行了评估，得出"App对用户信息的搜集行为不规范，用户知情和议价的权利十分有限"的结论。其中隐含的演绎逻辑是，如果评估的App搜集的各项信息远远超出《规定》中明确的可以搜集的必要信息，那么该App的用户信息搜集行为就是不规范的。其中，大前提是"依据相关法律法规，超出《规定》要求的App用户信息搜集行为是不规范的"，小前提是"评估的App的用户信息搜集行为远远超出《规定》的要

求""用户难以取消对这些信息搜集的授权",结论是"评估的 App 的用户信息搜集行为是不规范的"。以下是文章的论述:

> RUC 新闻坊将 14 种、共计 70 个 iOS 端最热门 App 搜集用户信息的情况做了统计,对照《常见类型移动互联网应用程序必要个人信息范围规定》(后简称《规定》)可见,大部分 App 依旧在搜集大量非必要的用户信息,更重要的是,用户难以取消对这些信息搜集的授权。
>
> 以"58 同城"为例,它搜集的用户信息高达 28 种。但《规定》第二十条中明确表示,本地生活类 App 的"必要信息"仅有用户移动电话号码。

这段围绕数据展开的演绎推理是非常有力的,结论也确凿无疑。想要实现这样的论述,就需要文案写作者明确指出参考的标准。一般而言,涉及规范性论题的演绎推理需要有规范性前提或价值前提,而这些规范性前提往往是读者可接受的道德、法律或审美上的标准。上述推理中作者所采用的前提即为法律层面的相关规定。

2. 归纳推理

如果用一个四字成语来概括归纳推理的话,那就是"见微知著"。归纳推理基于的事实往往是既往的、可以直接观察到的事实,通过这个事实,我们可以总结未观测到的事实或者未来会发生的结果。与演绎推理不同,归纳推理的结果具有或然性,因为在从个别到一般的过渡中总有被忽略的因素。在这里我们不考虑哲学上关于归纳推理正当性的争辩,就数据叙事而言,成功的归纳推理依然是能够让读者产生信赖感的。归纳推理的不保真本质并不影响其在数据叙事领域的应用,恰恰相反,很多数据叙事运用的论证方法恰恰就是归纳推理。

网易数读刊发的《中国最卷的公务员考试,挤满清北毕业生》[1] 一文就

---

[1] 中国最卷的公务员考试,挤满清北毕业生. 检索于 2022-04-10, 取自 https://mp.weixin.qq.com/s/vTNuBaMGCITLABKp5cmz1g.

运用了归纳推理。文章以北京大学和清华大学毕业生的就业数据为基础，总结出顶尖高校毕业生成为公务员的主流方式是通过选调生选拔而非像一般人"通过国考、省考等方式'上岸'"：

> 2017年，北京大学选调生人数占到了同年党政机关就业人数的75%，这个数字在2019年上升至89%。清华大学更夸张，从2017到2020年，每10个成为公务员的清华毕业生中，大约有9个都是选调生。

顶尖学府只有清华大学和北京大学吗？并不是，还有其他顶尖高校的就业数据并未在文中展现，读者也并不了解。但是由于把上述两所高校作为顶尖学府的代表符合受众的普遍认知，因而论证是十分有力的。

由此我们看出，在数据叙事中，归纳论证的要点就是明确并清晰阐述能够引导出论点的数据并基于此事实进行归纳推理，而文章中呈现的个体数据也一定要具备足够代表整体或者推测整体的能力。

3. 溯因推理

溯因推理的合理性在于，它所得出的解释方法能够通过演绎推理得到预测，而这种预测是可以通过归纳推理被验证为真的，因而提出的解释方法是可以被接受的。溯因推理与归纳推理一样，也是在数据叙事中被广泛运用的一种论证方式。

RUC新闻坊的作品《暴雨袭城：被低估的红色预警》在创作的过程中就运用了溯因推理。当编辑们从社交媒体上看到郑州暴雨的新闻时，不约而同地感到疑惑：为什么此次暴雨带来这样具有破坏性的严重后果？追溯原因，我们首先想到的是从历史中寻找经验和教训，于是决定成立一个突发事件报道小组，做暴雨的相关历史数据梳理稿，思路和之前做过的森林火灾稿件相似，都是从历史数据中去洞察事件发生的深层原因。在这个过程中，编辑群里出现了一种新观点，就是追问此次事件中的预警机制。因为从理性的角度推断，如果有关部门发布了暴雨红色预警，这种暴雨预警顺利抵达公众，且得到了整个社会的重视的话，就应该不会出现很多人被困在通勤路上的情况，一些悲剧或可避免。在做出这一推理的过程中，有编辑将自己刚刚经历过的北京地区暴雨红色预警作为参照，提出后者在发布红色预警时往往会建议弹性上班。指导教师方洁提醒大家，预警就是一种风险沟通，专家和政府是发出信息的一方，公众是接受的一方，沟通的效果应从双方出发进行考量。所以如果我们将预警机制视为造成此次暴雨后果的重要原因之一的话，就需要从这些沟通机制的各方入手考虑，看各方如何对预警做出及时和有效的应对。

此后，编辑们开始通过采访、寻找资料和数据等方式对上述原因的判断做出验证。编辑新艺和子璐分别找到当地的红色预警短信通知和气象局红头文件，发现红色预警发布时间的确较早，这印证了《中国青年报》的《河南遭特大暴雨，气象部门是否及时预警？》和界面新闻的《郑州暴雨"千年一遇"？气象部门回应四大疑问》等报道中提及的气象局说法，从时间的角度看，红色预警是早于暴雨发布的，不存在滞后问题。随后，通过对比短信通知和文件内容，她们发现郑州暴雨前的微博和短信通知相比当地文件内容过于简单，缺少了有关停工停学的建议。除此之外，和北京在发布暴雨红色预警时采取多种方式展开传播相比，郑州此次暴雨预警的触达率也令人担忧。与此同时，负责采访的一蘅、映雪、静远等编辑也提供了更多佐证信息，她们通过采访当地民众发现：一方面由于郑州的历史和地理原因，当地人对暴雨应对缺乏经验，很多人未能科学理解红色预警中的降雨量等级，因而也未加以重视；另一方面，当地人接收到的相关信息的确没有提醒他们停课停工，有关部门也未做出及时的决定，这导致很多人在接收到信息后仍按照日常习惯出行而不是在家中躲避。子璐进一步补充了过往经验对人们造成的影响，如沿海地区的人们往往能很敏感地对台风预警及时做出反应。她通过新闻现场视频还发现，"水确实是一瞬间就冲进来了，反应时间本身确实也短"。新艺也找到深圳暴雨的预警信息，发现有类似经验的城市在发布预警时给出的信息的确更加丰富，也更具有指导性。

通过这些分析，我们证实了之前提出的原因推断是合理的，新艺据此拟定了文案的基本框架（见图8-1）。就此框架方洁进一步补充道，第二点的2小点里还可以加入后来发布的停学通知以及其他略显迟滞的通知，而且文案里还可以加入子璐提及的时间紧迫感，强调暴雨没有给人们那么多协调和反应的时间，灾难几乎是瞬间袭来。

> 引入：特大灾害 降水强度（具象化为 ×× 个西湖）人员伤亡情况和驰援情况简述
> 一、郑州暴雨是从何时开始预警的？
> 虽然郑州天气预警一开始出现了正常误差（当时预报中心是焦作，郑州被认为是次中心），致使郑州错失了提前准备的时间；但在 19 日晚上，郑州就发布了暴雨红色预警（微博、短信等）。
> 尽管预警短信量达到了 ××× 条，但是地铁正常运行，民众工作日照常上班。
> 引用郑州民众收到的短信。
> 指出短信存在的问题：没有点明暴雨严重性，没有给出防护措施建议，等等。
> 二、公众风险感知：收到了预警却忽视了风险
> 预警就是一种风险沟通，专家和政府是发出信息的一方，公众是接受的一方，其沟通的效果要从双方进行考量。
> 1. 缺乏历史经验的乐观预判
> 多位受访者提到，看到了预警（短信图），但因为郑州/中原地区几乎从没有下过这么大的暴雨，并没有引起人们的足够重视，"对我来说下雨就是带双拖鞋""当时还想着赶紧下班回去挤地铁，没想到会被困"。
> 2. 社会的应急管理协调缺陷
> 各大企事业单位正常上班。
> 地铁的停运时间要晚于红色预警时间（地铁的时间线）。
> 评估沟通效果：政府虽然及时发布了预警，但是并未说明"红色预警"的严重性，暴雨的风险性没有从专家方有效传达给社会各主体。
> 三、历史经验教训
> 香港在遭遇 1992 年台风伤亡之后，会在各个人流量大的地方竖立预警牌。
> 北京在 7·21 特大暴雨事件之后，更加重视预警机制（如 App 推送、公司发的预告、地铁里的宣传）。
> 四、总结
> 此次郑州暴雨具有气象特殊性，短时间内的突发性和巨大的破坏性让人类意识到现代文明在自然灾害面前并没有人类想象得那么强大，敬畏自然、尊重科学，做好风险的防治，我们还有很长的路要走。
> 结尾：最新消息，雨带北移安阳，河南在预警消息上的改善。

图 8-1 《暴雨袭城：被低估的红色预警》的文案框架

由这个案例可见，溯因推理未必都会出现在作品的叙事中，在作品文案的酝酿和讨论过程中，溯因推理已经得到了运用。我们通过演绎推理提出假设，然后再一步步通过归纳推理去验证我们对于原因的假设，最终获得证实的结果，并在作品中把我们的论据和观点有逻辑地表达出来。

4. 类比推理

想要在数据叙事中有效运用类比推理，就必须确保类比的两者之间的相似性是显著的。RUC 新闻坊的作品《报道农民工

> 报道农民工思考海德格尔，是正常的事吗？

思考海德格尔,是正常的事吗?》就大量运用了类比推理来增强论证的感染力和说服力:

> 精神生活需要一定的物质支撑,在对英国工人阅读史的研究中,学者就指出除了难以获得书籍,闲暇时间、照明设备和交流的社群对他们来说更为奢侈。通过不得不离开东莞图书馆的吴桂春,我们能看到文化类基础设施的不足和地域分布不均;通过皮村的写作小组,我们能看到民间的趣缘组群对人的提升之大;通过陈直求学、出版中遭遇的重重困难,我们看到了建制化的学院愈发森严的壁垒。通过他们的跋涉,"透明的高墙"得以显形,甚至因此有机会进入管理者、研究者的视野。

文章的焦点落在当代中国,但这段论证从国外到国内,从近代到当代,将思考海德格尔的农民工陈直与19世纪的英国工人、不得不离开图书馆的吴桂春做类比,以三者遇到的共同阻碍——物质匮乏为线,凸显出"正是对这些'小众'追求的书写,折射出大众难以察觉的匮乏";而将陈直与皮村写作小组做类比,表现的则是边缘群体精神需求的隐形。这两个类比论证,不仅达到了一般论证的目的,申明立场并将其有效传达给读者,其中的文学性也让其超出了一般的论证,在表达上更加富有张力。

第 9 章
重谈标题党：标题如何兼顾深度与"网感"？

标题的重要性，对文字工作者来说，无须多言。有道是："标题者，新闻之缩影，事实之骨髓。"在这个公认的注意力稀缺的时代，酒香也怕巷子深，在新媒体端，文章标题发布的逻辑不再是传统的题文同现，而是和内容构成链接关系。标题和内容不同时出现的发布方式淡化了标题与内容间的依存关系，也让标题成为文章实质的"门面"。一个好的标题能抓住读者浏览订阅号时漫不经心的一瞥，帮助读者理解文章的落点，甚至成为转发链上激起读者分享欲的关键启动点。

然而，当我们拟标题的时候，我们究竟应该关注什么？

老实说，这个问题并没有标准答案。所谓文无第一，即使是身经百战的资深编辑，也不能保证拟出所有人心中最佳的标题。如何既保留数据叙事严谨客观的风格，又不绷着面孔，来点轻松活泼的"网感"，是拟定数据叙事作品标题时需要解决的一大难题。

在这章里，我们试图和你分享 RUC 新闻坊在拟定标题时的一些偏好和考虑，还原我们拟标题时那些现场讨论和考量，我们讨论、修改、取舍标题字句的过程本身，或许能对也在为拟什么标题而发愁的你有一些启发。

9.1 重谈标题党：鱼和熊掌，能否兼得？

有关标题党的讨论由来已久。大多数人认为，"标题党"是在互联网新闻兴起的情况下出现的一种以标题为诱饵来提高新闻点击率的设定模式，标题往往具有极度夸张的色彩，追求怪异、扭曲、情色设置而罔顾事实（陈思，朱殿勇，2020）。在英文中，与"标题党"类似的表达为"clickbait headline"，包含"吸引点击的诱饵"之意，即以标题为饵，读者"愿者上钩"。

事实上，标题党的历史远早于互联网诞生。早在 19 世纪末期，黄色新闻潮在美国盛行，当时的小报记者为了吸引读者，往往会用惹眼和夸张的标题，且标题的色彩越来越重，字号越来越大。到 1896 年之后，美国大众报业的"故事模式"[如普利策的《纽约世界报》（The World）] 终于让位于"信息模式"（如《纽约时报》）。1902 年，《新闻从业者》（Journalist）杂志在一篇题为《美国新闻业的标准》（Standards in American Journalism）的社论中重提了查尔斯·达德利·华纳（Charles Dudley Warner）的主张——"未来成功的报纸必定是最优质的报纸……只有那些准确、充分地呈现新闻，抓住越来越多最忠实读者的报纸，才能生存下去"，并将之视为《纽约时报》成功的预言（舒德森，2009）。然而，恰如舒德森所反思的："即使《纽约时报》坚守信息模式的原则，我们也不能说它一定是公平、准确的。信息式新闻不一定真的比故事式新闻更准确……报纸之间的道德分野，也许就像人类大脑功能的道德分野一样：一边是高贵的抽象功能，另一边是不那么高贵的情感功能。"（舒德森，2009）。

这一反思似乎能解释，为什么在互联网时代，标题党以新的面貌重出江湖。在传统纸媒时代，读者在阅读报纸时，购买行为已经完成，而且阅读环境相对封闭，注意力逃离成本高，读者本身已经进入了阅读状态，对信息（自律）的要求更高，此时新闻标题的主要功能是帮助浏览报纸的读者准确地捕捉和理解各条新闻的内容。虽然电子传播时代的到来对纸媒造成了较大的冲击，但纸媒的形态并未发生根本变化，标题仍保留着传统的形态和功能。与之相比，当内容生产挪至互联网，网民在网络上面临的阅读环境更加开放，注意力逃离成本极低，加上碎片化阅读方式的影响，这些都促使内容生产者要使出浑身解数通过标题诱使网民点击，标题原有的信息传达功能在一定程度上被削减，"标题党"也再一次盛行。

标题党的盛行也有心理学上的阐释。标题党的一些常用策略，如省去关键信息，正是利用了人们对未知事物的好奇。心理学家认为，那些能激发我们好奇心的东西能在我们的"当前状态"和"未来状态"之间造成一种"认知落差"（knowledge gap），进而催生出一种我们难以忍受的被剥夺感（sense of deprivation）；为了消除这种被剥夺感，人们会想办法获取相关信息，直到找到答案，水落石出，认知落差被填平——这和人们点开标题时的心情如出一辙（Chen，Conroy，& Rubin，2015）。

不难理解，在这样一个信息超载的时代下，不少人已经对"信息模式"的严肃冰冷感到厌倦，转而渴望"个人化新闻"（personal journalism）和"叙事/文学新闻"(narrative/literary journalism)，以从更轻松、更个人化的视角，探索并观照这个世界。

实际上，以娱乐方式传播（infotainment）严肃新闻并非毫无可取之处。有研究表明，像《囧司徒每日秀》(The Daily Show)❶这样的娱乐性政治新闻讽刺节目大大增强了网民对重要政治新闻的知晓度（Bufnea & Otropa，2018）。悖论由此产生，如果"标题党"只是为了让用户对新闻的内容感兴趣，只是一种为适应新的传播环境而做的无奈之举，那么它们是否还应该承担诸多恶名？毕竟主流的声音仍在贬斥标题党，甚至，有些人会将任何他们不喜欢的网络内容定义为标题党，还有些人从精英主义者的角度，将所有"网络娱乐文化"视为标题党。

难怪哈佛大学尼曼新闻实验室的乔舒亚·本顿（Joshua Benton）在推特上讽刺地将"标题党"定义为：那些互联网上任何"我"不喜欢的内容。❷一位新华社资深编辑也在接受访谈时认为，把"刚刚体""一字题"和"叠字题"都泛化成"标题党"，这是以"老古董编辑思维"去批评新媒体（曹林，盖姣伊，2021）。

所以，我们到底该如何去识别、去看待标题党？有学者总结了标题党的几大特征，大致包括：简化（simplification）、奇观化（spectacularization）、消极化（negativity）和前倾提示（forward referring）❸（Blom & Hansen，2015；Rowe，2011；Tenenboim & Cohen，2015）。邓建国（2019）认为：在微观层面上，标题党是指"社交媒体时代的内容生产者为片面追逐流量而实施的任何以引诱网民点击为目的的标题写作风格"，而网民在点击后往往有种被误导或上当的感觉；在宏观层面上，标题党则是指内容生产者以"诱使网民点击，追逐流量"为中心的一种系统性的内容生产方式。由此可见，人们"苦"标题党，并不是因为其采用了各种诱使读者阅读的方式，而是"苦"于一些

---

❶《囧司徒每日秀》是美国影响力最大的喜剧脱口秀之一，1996年首播。

❷ Benton, J. (2014-11-07). Clickbait, Noun: Things I don't like on the Internet. Retrieved April 5, 2022, from https://twitter.com/jbenton/status/530511085049495553.

❸ 指在标题中设置题外信息，运用"这个""为什么""是什么"等词来吸引读者点击探索标题包含的未尽之意，类似《你不知道的……原因》《你永远想不到……是如何运转的》这样的标题。

内容生产者舍本逐末，为了诱导而在标题中隐去关键信息，甚至歪曲本应正常的表达，既带给读者上当受骗感，又消耗了注意力资源，还潜移默化地相互影响，使互联网上"语不惊人死不休"的标题比比皆是。

标题能给作品带来可观的点击量，但点击量不是评判作品的唯一标准：读者的留言互动量、点赞分享量仍是和作品本身的质量息息相关的。换言之，即便标题做足噱头，如果故事本身无法提供与标题吸睛度相等质量的信息，则无法撑起标题夸下的海口。

适当留有悬念和故意引导读者向别的方向联想有着根本的区别，前者的目的仍是提醒读者，通过阅读这篇文章你能获得什么信息，而后者则是借助模棱两可的话术技巧，"欺骗"读者点开，实质上是消耗了读者对内容创作者的信任。

当下，受众呈现出一种从被动阅读到主动选择的变化，数据叙事作品创作者不要低估了读者的敏锐。例如，有学者（王诗瑶，石晋阳，2018）通过焦点访谈法，发现读者对纸媒公众号"标题党"文章表现出的情绪主要为气愤、厌恶、冷漠等，读者的态度也从一开始的"经常被吸引"到现在"知道是什么，点不点开看心情"。

综上所述，在数据叙事中，标题应承载一种公共逻辑：无论使用何种策略，吸引读者的目的都是将好的故事传播出去，同时内容创作者有责任维护一个良好的传播环境，避免用故弄玄虚、题文不符的标题消耗公众的注意力资源，损害内容创作群体的公共形象。

9.2　A 还是 B？我们这样拟标题

从某种意义上说，每个故事在诞生之时，就理应有了呼之欲出的故事标题。对我们而言，标题的首要目的，是告诉读者读完这个故事后最可能收获的信息。如果绞尽脑汁也无法敲定标题拟定的方向，创作者则应当自我反思：是否逸散过度，枝蔓过多，反而使得讨论议题失焦？是否对议题落点的思考不甚清晰，最后才会难以总结？

值得庆幸的是，在告诉读者创作者意图这一方面，数据故事有其天生的优势，因为数据故事必须回答下列问题：数据源是什么？为什么寻找这一数据源？对数据进行处理分析后，有什么最重要的发现？

搞清楚了这些问题，事实上标题只需要用简洁的话表达出核心发现，在提供信息这一层面上便已经完成了使命。

剩下要做的事，便是考虑到新媒体环境下的传播诉求，数据叙事本身有其理性的内核，因此在与读者"初次见面"时，可以适当放低身段，以更柔性、更俏皮的命名方式，吸引读者。

国外有学者（Kuiken, Schuth, Spitters, & Marx, 2017）通过实证研究方法总结了"有效标题"（effective headline）的几个特征：采用更简练的字词、不出现提问、不出现引语、包含信号词、包含情感词尤其是负面情感词、用人称代词或物主代词做开头等。而在实践中，我们发现，虽然上述结论还有待更多研究加以证实，但其中采用的简练字词、提炼情感词等做法可以被推广到数据叙事领域，成为拟标题时的参考思路。

以下，我们总结了过往拟标题时的考虑与辩论。

9.2.1　取舍数字

说服读者这篇作品值得阅读，是标题的另一层用处。而对于数据叙事作品创作者来说，展示自己的数据发现一定是最简便、最直观地向读者传达作品可信度的方式之一。对数据来源"硬核"、数据体量较大的数据故事来说，采用这种标题是一种直白的展示和说服：为什么我们的作品值得你花时间阅读？因为这个项目需要花费大量的时间和精力，并且，这样的付出才能让我们得到如下的结果——非常简洁，又足够有力。

比如，RUC新闻坊的作品《2 286篇肺炎报道观察：谁在新闻里发声？》《1 183位求助者的数据画像：不是弱者，而是你我》都在标题中体现了原始数据的大体量，以此突出数据叙事的特征，引起读者的关注。

然而，在另一篇关于高考顶替案的作品中，我们把标题最终定为"寻找「苟晶」：十年，41段被顶替的人生"，而放弃了类似"分析了3 725篇高考顶替新闻报道后，我们发现……"这样的表达。这是出于何种考虑呢？其实，选择将什么样的数字放在标题中也有讲究。一般来说，我们更倾向于选择有实际意义的数字，而非简单的数据罗列。在这个案例中，创作团队也讨论过，是否选择那种大体量数据做标题主体部分，但这样做标题空有数字，却无实质信息，读者虽然知道了这篇数据作品是分析了3 000多篇新闻报道得出来的，却无从得知更进一步的信息。而"十年"的时间跨度和"41段"这样的数据，则可以更清晰地勾勒出故事中最重要的两个相关环节。

在标题中呈现大体量原始数据的做法，在数据叙事发展的初期颇受欢迎，能吸引读者，但是随着数据叙事作品越来越多，读者的心态也从最初的"这么多数据一定很厉害"回归对标题的信息期待。并不是所有的数据都能提供最有价值的信息点，有时候，读者需要标题来帮他们进行总结。

这也意味着，数据叙事作品创作者在拟定标题时可以适时舍弃数字，对数字所包含的信息进行总结或许能起到四两拨千斤的作用。RUC 新闻坊在创作一篇有关环球影城的文章时，创作团队曾为选择哪个标题而犹豫不决。最终定稿的版本舍弃了"900 元的魔法袍"这一包含最直观价格数据的标题，转而总结为"穷"——900 元的魔法袍到底是贵还是不贵，不同的读者一定有不一样的感知；而直白地点出"穷"，则既能暗示文章主题和环球影城的整体消费相关，又能激起感同身受者的共情，在表达效果上更好（见图 9-1）。

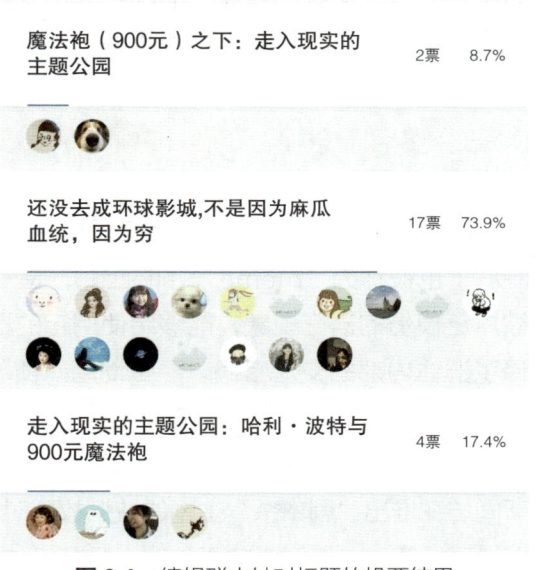

图 9-1　编辑群内针对标题的投票结果

9.2.2　善用意象

有学者指出，新闻标题中的隐喻不仅是一种语言现象，更是人类的一种思维方式。隐喻不仅可以帮助我们将抽象事物具体化，还能让熟悉的事物"陌生化"，从而激发认知兴趣（刘晨红，2007）。新闻标题中的隐喻"以词为焦点，以句子（话语）为框架"，这种语用特征使得焦点更加突出，也更能让读者理解文章的核心。

RUC 新闻坊在写作有核心主人公的数据故事时，更偏向以这种方式起标题。叙述性的故事中常常有核心意象，而找准这个意象，善用比喻，可以让文章更生动。

比如 RUC 新闻坊一篇颇受好评的作品《剥开糖衣：在爱与交易之间》就选中了"糖衣"这一意象作为标题的题眼。糖衣和文中的专有名词"糖宝""糖爹"本就有关联，又能引申出剥开金钱的"糖衣"，内里有世间百态的含义，同全文抽丝剥茧的写作风格极为贴近，是标题和文风契合、有效引导读者的良好案例。

再比如《0 元体验"国考"航班，带你去宇宙尽头看看》这篇作品的标题，则是考虑到"宇宙的尽头是考公"这一流行的调侃，选择了"航班""宇宙尽头"作为标题的意象，把国考的历程浪漫化，起到了纾解议题本身的严肃性的作用，使读者看到标题时能产生一种相对轻松而不紧绷的情绪。

9.2.3 灵活玩"梗"

所谓"网感"，我们可以将其概括为一种与网络主要活跃群体的亲近感。"梗"（也被称为"meme"，即模因），是一段时间内流行于特定群体中，并被广泛模仿的语言现象，能够给使用它的群体成员带来一种亲近感，如同破译了群体内部的交流密码。熟练地用"梗"玩"梗"能消除文章与读者间的陌生感，从这一角度看，所谓用"梗"，或许正是新时代的"用典"。

一些知名影视作品的台词、命名等，是用"梗"的绝佳素材。比如，RUC 新闻坊在推出"剧本杀"主题的数据故事时，在几番讨论后，最终敲定的标题以"真相不止一个"为前缀。这个标题模仿了知名日本动漫《名侦探柯南》中男主角江户川柯南的经典台词"真相只有一个"，既契合了"剧本杀"的推理主题要素，又能让了解《名侦探柯南》的读者在看到标题时会心一笑，这便是用"梗"的意义所在。

合理借用影视剧、音乐等文艺作品的名字，有时候还能和"意象"的使用进行良好的衔接。比如 RUC 新闻坊的作品《诺奖作品买不着？中国的"天才捕手"们这次失算了》就借用了知名传记片《天才捕手》的名字。这一传记片讲述的是美国作家托马斯·沃尔夫和他的图书编辑麦克斯·珀金斯之间的友谊，刚好能契合作品所要分析的主题——诺奖作品如何被出版社提前发现并引进版权，这种借用既能与电影中的人物故事构成一种互文关系，又隐喻了出版社编辑在引进国外诺奖作品时的重要作用，可谓一举两得。类似地，在做环球影城的相关选题时，最终标题《还没去成环球影城，不是因为麻瓜血统，因为穷》用了"麻瓜"这个《哈利·波特》小说里指代不能使用魔法的群体的"梗"，因为哈利·波特系列是环球影城中最知名的 IP 之一，这个标题无形中拉近了和"哈迷"之间的距离。

从编辑群内部的投票结果来看，巧用时下流行"梗"的标题确实更受欢迎。比如，在有关春晚小品主题的数据叙事作品中，编辑们拟定了多个标题供大家投票：

"春晚小品：那么多爱恨情仇，是否还能付之一笑？"
"春晚小品，相见不如怀念？"
"春晚小品：我们期待什么样的语言艺术"
"承认吧，它/春晚才是我们最初的'一年一度喜剧大会'"
"我也曾在除夕的电视机前笑出声来"
"我怀念的是除夕在电视前笑出声来"
"我怀念的是一场一年一度的欢笑"
"小品依旧在，用啥笑春风？"
"春晚小品：青山依旧在，用啥迎春风？"
"春晚小品 ×× 年：今晚，你笑了吗？"

其中，有化用诗词的（青山依旧在），有化用流行歌曲的（我怀念的），但最终则是"一年一度喜剧大会"这个表达的标题得到最多赞成票。个中原因是，在发稿时，网络综艺节目《一年一度喜剧大赛》刚刚结束不久，对喜剧大赛的讨论仍是互联网上的热门话题，编辑部内也有很多喜剧大赛的忠实观众，将春晚小品和喜剧大赛相关联，既亲切，又富有趣味。而其他的诗词、流行歌曲等，则少了这份新鲜感，不大能激发人们对新鲜事物的好奇心。又考虑到春晚毕竟不是比赛而是晚会，所以将"喜剧大赛"改为了"喜剧大会"。

但是，玩"梗"时一定要注意不被网络流行语框住，以致成为陈词滥调。一般来说，我们在选取"梗"的时候，应避开一些单纯的"谐音梗"，如"蓝瘦香菇"（难受想哭的谐音）一类。这些仅仅依靠错字、方言谐音等流行起来的网络语言，本身缺乏有趣的社会现象或是文艺创作打底，生命力并不持久。若以此为标题，则很容易陷入"流行语比文章先过气"的窘境，效果还不如中规中矩的传统标题。

9.2.4 尝试对话

不要小看对话形式标题的作用。对话式标题往往以问题为引，或是直白提问（如××是对的吗？××是怎样的？），或是暗含提问（如测评）。它与数据叙事的内在逻辑相关，数据叙事往往需要以问题为引，再以数据论证或解释这一疑问，问题是串联全文数据、文案的重要线索。在标题中提问，也是帮助读者理解全文抓手何在的一种方式，能够同数据叙事本身议题相互照应。

与此同时，对问句、第一或第二人称的交叉使用，则可以让文章标题互动感更强，在一定程度上激发读者的互动欲。

对话式标题是RUC新闻坊常用的标题形式，如"一码通不通？全国健康码大测评""在社会的时钟里，我们'应该'成为什么样？""报道农民工思考海德格尔，是正常的事吗？"。

这种标题非常适合配上灵活、简短的摘要。在微信推送标题下方出现的简短摘要，或是回应标题，或是进一步引导，从而和标题串联，构成完整的短段落，既能贴合全文主旨，又能适应新媒体环境下读者的快速阅读习惯。

比如上述三个标题，对应的摘要分别是"又崩了？"（对应当天的热点事件健康码崩溃）、"现在评判他们嫌太早"（摘取文章的核心关键句）、"每个心灵都有高贵的可能"（在回应标题提问的同时揭示文章主旨）（见图9-2）。三者形式不

一码通不通？全国健康码大测评 | 关注
又崩了？

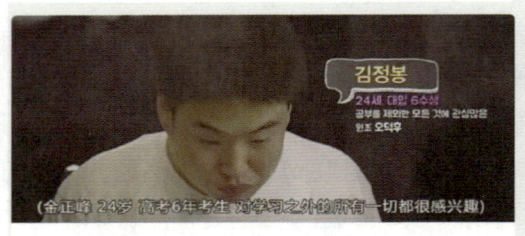

在社会的时钟里，我们"应该"成为什么样？
"现在评判他们嫌太早。"

报道农民工思考海德格尔，是正常的事吗？
每个心灵都有高贵的可能。

图9-2 三组对话式标题及其摘要

示，或自问自答，在保证提供了关键信息——全文到底要说什么内容——的同时，也让读者产生了一定的期待，是简便又有效的命题方式。

9.2.5　找准基调

如果说上述的建议主要针对文词、句式等方面，那么在这一节，我们则需要注意到，标题同正文一样，有其风格和底色。换言之，标题所传递出的情感信息应当同全文基调一致，一个严肃的议题不适合一个插科打诨的标题，而一个轻松风格的文案如果配上合适的"梗"，则能达到锦上添花的效果。

最典型的例子可能要数 RUC 新闻坊 2021 年清明节的特别策划。在商定最终标题《生命与爱的重量：216 场与死亡的对谈》前，考虑到死亡这一议题本身的特殊性，编辑部内部曾就此展开了一场深入的讨论。因为这篇作品的数据来自网络问卷调查，是读者讲述的对死亡的印象和相关经历，有编辑建议将"怀想""答卷"等词放在标题中。然而考虑到这些词与作品叙事主题之间的情感重度不够匹配，"怀想"过于浪漫而缺乏分量，"答卷"过于自我而略显轻飘，最后大家一致赞同使用"对谈"一词，因为这个词给人平等沟通之感，也显得庄重且不失亲切。

在这方面，我们也有过教训。RUC 新闻坊曾有一篇针对抑郁症患者的专题文章，标题为《抑郁症患者大都是高贵的人》，虽然此语出自对医生的采访，且"高贵"指的是心灵高贵，并非阶层划分之意，编辑部希望借此打破偏见和误解；但从读者的实际反馈来看，有一部分患者感到被冒犯。即便标题原意是要去除污名化，但用词的不谨慎却可能区隔开患者和常人，造成一部分负面观感，甚至可能在某种程度上为这个群体打上另一个污名化的标签。可见，对于特殊题材，我们在拟定标题时应当更为谨慎，即便可能丢失掉一部分流量，也需要尽可能体察数据叙事的主体对象和阅读者的感受，这也是内容创作者发自内心地传达对"人"的尊重和关怀的内在要求。

与之相反的是，如果文章本身的气质轻松活泼，又是做文体类相对软性的选题，则可以考虑在拟标题时抛开包袱，贴合正文的气质来"花式玩梗"，和读者进行轻松的对话。

比如，在做"糊弄学"这一社会现象的分析时，我们全文都采用"糊弄学"的原则进行叙事，开头更是直言"为了省事，本期将是一个有关'糊弄'

的社会实验，顺便自剖一篇（简单）数据新闻的制作流程"。因此，在拟标题时，为了和全文这种"糊弄"的气质保持一致，我们选择以非常简单的"一个有关糊弄的社会实验"为标题，表明此文会展示整个数据新闻的生产流程。看似"敷衍"的标题，契合的正是"敷衍的学问"这一数据叙事主题。

　　长时间的输出会使内容创作者呈现出一种相对稳定的语言风格，这常被称为品牌调性。在拟标题的最后阶段，我们总要衡量这个标题是否符合我们一直以来的创作思路和公众形象，要让读者"见标题识人"，感受到属于我们的独有气质，这是我们孜孜以求的长远目标。

可沿打孔线轻轻撕下

选题之
提前策划

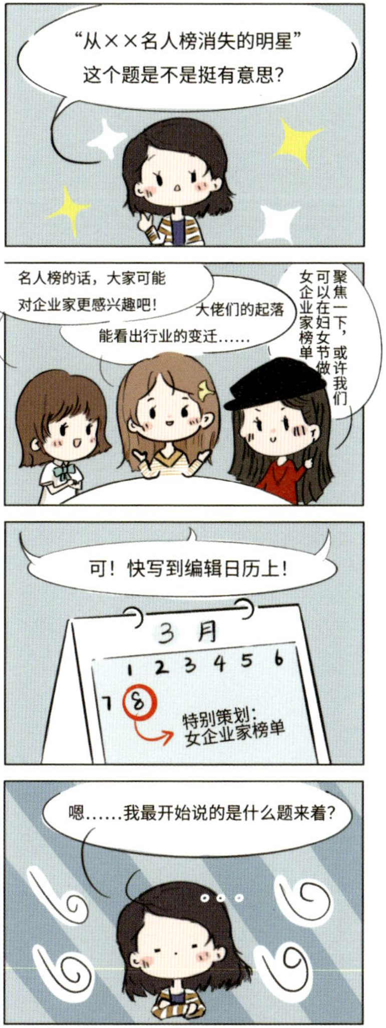

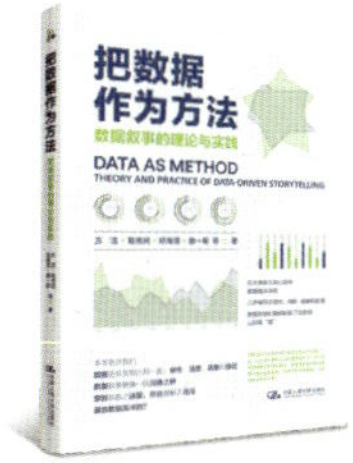

数据人崩溃
四大瞬间

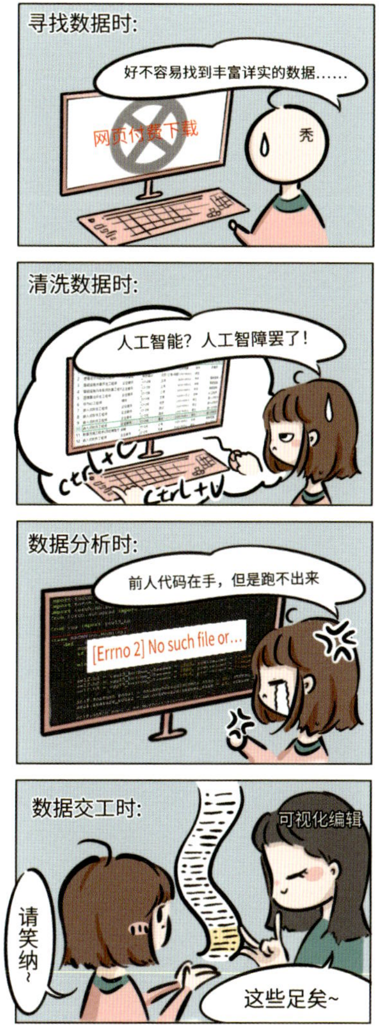

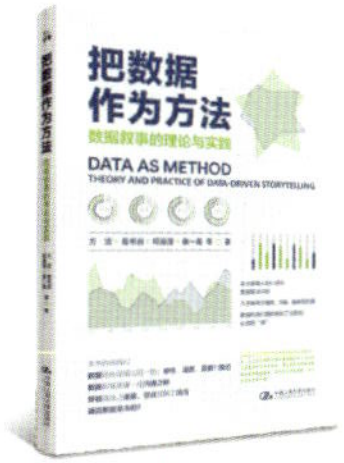

□□□□□

_____
_____

邮政编码：

□□□□□

_____
_____

邮政编码：

可沿打孔线轻轻撕下

特稿写作的准备工作

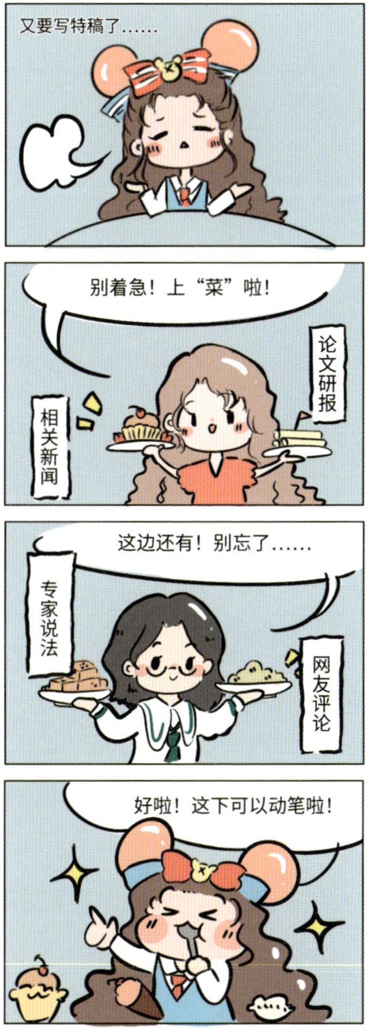

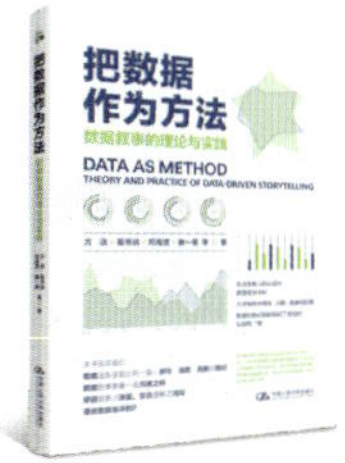

如何点亮技能树？

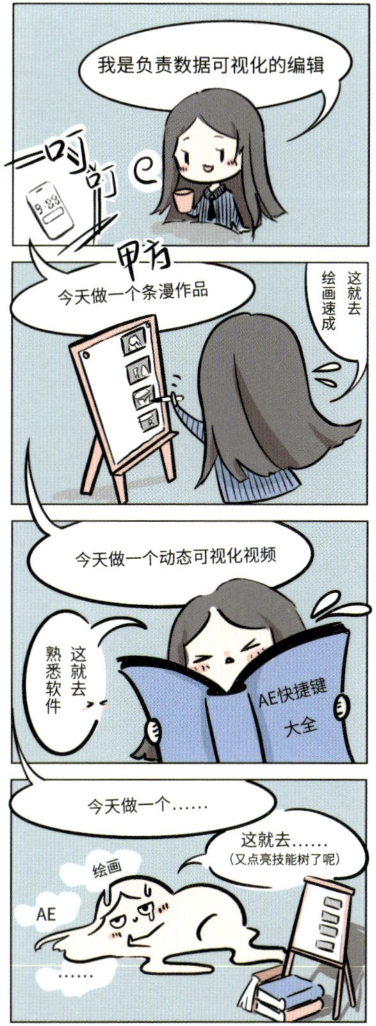

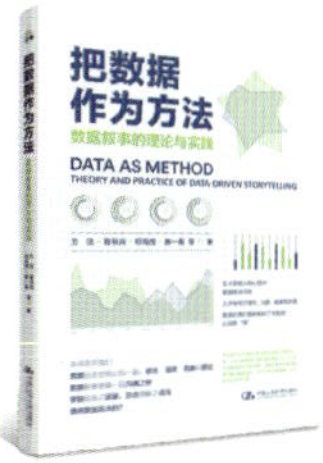

邮政编码：

邮政编码：

第 10 章

资料库：如何储备写作素材？

当下，新闻报道（尤其是深度报道）正在"内卷"，这突出地体现在对学术研究的运用逐渐深、新、异上，有时甚至将学者的研究脉络贯穿于报道中，为事件和现象的揭示提供了更多的理论深度。以 2020 年刷爆社交网络的报道《外卖骑手，困在系统里》[1]为例，其文末的参考资料不乏《消费社会》（*La société de consommation*）等经典文献，以及不少深耕数字劳动、平台研究的学者的论著，学者孙萍等人的系列研究也包含其中，通过参考这些研究资料，行文得以在经典理论、本土研究、现实经验之间穿梭。

对数据叙事作品而言，数据即最大的"资料"来源，但与论文的写作一样，数据仅是一种原材料。曾庆香、陆佳怡和吴晓虹（2017）将数据新闻定义为一种论证。和所有的量化研究一样，从以数据为主的"原料"到完成论证的过程，仍需大量辅助材料。它们虽然不是文章骨干，但仍可被视为肌肉、皮肤。作为数据叙事，依旧需要拓展延伸，对数据所推导的结论进行合理化和进一步深度挖掘。RUC 新闻坊的每个作品在定下大方向后，几乎都会建立一个名为"资料库"的共享文档，将可能用到的资料、资源整理到其中。

本章将整理 RUC 新闻坊在创作中经常会调用的资料来源，与诸君共享。此外，资料的运用发生于创作的各个时段，因此本章也将结合一个资料准备的实例，描述贯穿整个撰稿过程的资料"储备"如何发生。

材料的搜集一般发生在三个阶段：（1）初步定选题后在既有研究中寻找准确角度，为数据确定维度，或为既有的数据框架背书；（2）寻找事实与既存观点，完成数据论证；（3）寻找相关"修辞"，增加文章可读性。

---

[1] 外卖骑手，困在系统里. 检索于 2022-04-11，取自 https://mp.weixin.qq.com/s/Mes1RqlOdp48CMw4pXTwXw 》.

10.1 "三步搜集法"：一个实操案例

一般而言，在选题阶段，大量的资料准备能帮我们在一个空泛的话题中寻找切角。以《报道农民工思考海德格尔，是正常的事吗？》一文为例，发此稿是为了加入当时舆论对腾讯新闻-谷雨实验室的文章《一个农民工思考海德格尔是再正常不过的事》[1] 所提出问题的讨论。但如同我们在正文中所言，一篇文章的爆火，折射的是问题的多重面向，当机构媒体、自媒体、网民等纷纷从自身立场谈论此事时，数据叙事作品因其耗时较久已经处于反应的"后置位"，想要使稿子标新立异，创造更多信息增量，就必须见缝插针，寻找话语稀薄、便于操作且适合数据叙事的角度。如果说学术写作需要寻找"研究沟"（research gap），那么诉诸深度和理性的数据叙事作品，则也需要找到那些在以往作品中尚未被填充的信息沟和认知落差。

"便于操作"，即本报道需要调用的知识处于作者的舒适圈或至少是检索舒适圈——即便存在空缺，也知道去何处搜集材料。作为创作者以新闻传播学背景为主的团队，我们最终定下的角度是'媒体报道像'农民工思考海德格尔'这样类型的报道是不是一件正常的事"，将问题拆解，可见几重回答任务：（1）定义"农民工思考海德格尔"的系列报道是如何作为一种类型存在的，有哪些特点？（2）将这种特殊的报道类型放入更大的时间坐标系中，观察对农民工的新闻报道出现过怎样的历时变化？（3）这种特殊报道产生于何种时代背景，有益于社会认知的进步吗？

其中，第二个问题最容易回答，因为"农民工的媒介形象"在新闻传播领域已经有大量较为成熟的研究。只要检索关键词，就能获得大量文献和专著。

数据叙事与学术写作"如切如磋，如琢如磨"不同，它虽然不像新闻消息那样需要极强的时效性，而是具有相对宽松的制作周期，但在如今出稿不断"加速"的新媒体环境下，也需要尽可能在短时间内看完相关论点，不可能遍览群书找到前面所说的"信息沟"和"认知落差"。因此，一种相对快捷

---

[1] 祁佳妮. 一个农民工思考海德格尔是再正常不过的事. 检索于 2022-04-11, 取自 https://mp.weixin.qq.com/s/5bjMfqgqEZNGr8ZHaRzGuA.

的做法是阅读该领域的最新研究或者综述类文章，提取有效信息。如果题材需要，也应尽可能快速阅读有代表性的经典著作。这是"三步搜集法"的第一步。

在"农民工"一文的写作前，通过检索文献，我们发现围绕"农民工＋媒介"这一议题的研究，主要分为两种研究路径：一种是以农民工这一群体为主体，研究有关改革开放后"城乡二元"社会结构的形成，以及媒介如何作为一种变量参与其中；另外一种则是以媒介为中心、以"农民工"为研究样本——包括研究媒介对该形象的呈现（或自我呈现）与建构，以及这一群体的媒介使用的情况。

"农民工阅读海德格尔"这一事件在舆论场上不断升级的焦点，并不在于"农民工"这一群体本身的精神境况，而在于媒体选择性地呈现或者说奇观化了农民工拥有自身精神世界这一现象，折射了媒体的"他者凝视"。这种症候也许是媒体无意而为之，也许是可以迎合主流受众的某种想象和猎奇的趣味，总之，选择性呈现本身反映着某种社会症候，这正是值得反思的部分。因此，作者主要泛读了李红艳教授的《观看与被看 凝视与权利：改革开放以来媒介与农民工关系研究》❶一书，同时精读了李红艳和牛畅所写的《仪式、压缩、断裂与永恒：农民工的媒介时间特征研究》❷一文，以及《走出内眷化：基于学科影响、边界与范式的反思和探索——以农民工议题的传播学研究为例》❸一文对新闻学界农民工议题的研究述评。同时为了寻求多元的视角，作者还阅读了这一细分话题下来自新闻传播学之外其他学科的相关研究，如语言学（《话语场内的角力——从动力意象视角看中国新闻报道对农民工问题的建构》❹《农民工，该拿什么来称呼您》❺）、文学（《当代文学中民工形象的

---

❶ 李红艳. (2016). 观看与被看 凝视与权利：改革开放以来媒介与农民工关系研究. 北京：中国言实出版社.

❷ 李红艳，牛畅. (2019). 仪式、压缩、断裂与永恒：农民工的媒介时间特征研究. 现代传播 (2)，45-50.

❸ 郑欣. (2021). 走出内眷化：基于学科影响、边界与范式的反思和探索：以农民工议题的传播学研究为例. 新闻与传播研究 (8)，22-40，126.

❹ 张蕊. (2019). 话语场内的角力：从动力意象视角看中国新闻报道对农民工问题的建构. 外语研究 (1)，24-28.

❺ 施春宏. (2019-03-13). 农民工，该拿什么称呼您. 检索于 2022-04-11，取自 https://faculty.blcu.edu.cn/sch1/zh_CN/article/217049/content/1323.htm.

变迁》❶）。

阅读完这些资料后，作品数据搜集和行文的"骨架"已经基本搭好了。这是"三步搜集法"的第二步。

但在写作的过程中，作者发现，想要写好这一话题，只积累"媒介＋农民工"这一子话题的素材，依旧是不够的。这就涉及"三步搜集法"的第三步，对某个词、某个论述向度或某个论点的相关数据的搜集。首先，"农民工"这个词本身就是一种社会共同建构的产物，从客观上看也并非媒介所主导。这一构建的过程反映着整个社会对这一群体的想象；这个话语争夺的过程，也透露着社会意识在各个时期的变迁。因此，在告知读者有关"农民工"形象的媒介呈现之前，有必要梳理"农民工"这一指称的政治、经济、文化脉络。于是，作者又补充阅读了对"农民工"一词进行考据的相关文献，而创作团队也结合文章中数据部分所需要的内容，查阅了所有提及"农民工"一词的重要政府文件。

其次，与学术研究相比，一篇面向大众的科普文章，并没有抽取原理的重担，而有更多的空间把具体的事件讲清楚。在本案中，该新闻事件的核心是媒体对"农民工"形象的呈现，集中表现为对其精神世界的想象。所以另一个重要向度，"农民工的精神世界"，亦不可偏废。作者跳出媒介呈现的框架，浏览了一些直接以"农民工"为研究主体的质性研究专著和文献，如《城市里的陌生人：中国流动人口的空间、权力与社会网络的重构》❷《打工女孩：从乡村到城市的变动中国》❸，以及更宽泛的描述我国政经转型的科普类读物，如《大国大城：当代中国的统一、发展与平衡》❹《置身事内：中国政府与经济发展》❺等，既拓宽了写作的视野，也从中汲取了一些有用的分析材料。

最后，文中提到的更细部的论点，也需要更精专的相关资料进行支撑、举例。如果说上一步搜集的是文章的"肌肉"，那么这一部分则像是提供"血液"或者"关节"，其作用是让叙事的上下文连接更为顺滑。比如《报道农民

---

❶ 李秀萍．(2017)．当代文学中民工形象的变迁．广西社会科学 (7), 179-182.
❷ 张鹂．(2014)．城市里的陌生人：中国流动人口的空间、权力与社会网络的重构（袁长庚，译）．南京：江苏人民出版社．
❸ 张彤禾．(2013)．打工女孩：从乡村到城市的变动中国（张坤，吴怡瑶，译）．上海：上海译文出版社．
❹ 陆铭．(2016)．大国大城：当代中国的统一、发展与平衡．上海：上海人民出版社．
❺ 兰小欢．(2021)．置身事内：中国政府与经济发展．上海：上海人民出版社．

工思考海德格尔，是正常的事吗？》一文在论证为何"更具文学意味的报道往往能打动人心"时，作者使用了一个纯文学的"极端"例子：王安忆在《乡关处处》❶中对一位进城务工女性的描写。再比如，为了论证"精神生活需要一定的物质支撑，对农民工精神世界的报道之所以能有如此大的影响力，是因为他们反映了农民工在进行精神追求时物质基础的匮乏"，作者引述了一项关于英国工人阅读史的研究（《自由的阶梯：美国文明札记》❷中"一个19世纪的英国矿工阅读希腊哲学到凌晨 3 点"一节），其中指出除了书籍难以获得，闲暇时间、照明设备和交流的社群对工人阶级来说更为奢侈。又比如在论述阶层跃升、身份认同时引用了《回归故里》❸中的相关表述，等等。这类资料可遇而不可求，相比于上面两种有目的性的检索，更考验作者在日常阅读中的积累。而比大海捞针效率稍高的方法是：订阅相关话题或学科的权威、垂直公众号，较为常用的有法学类、文史类、政论类、社会研究类、影视类、科普类、医学类、消费类，直接在公众号内检索不仅方便，而且搜索质量往往比大海捞针更有保障。此外，新媒体端的内容往往阅读门槛较低，适合在追热点时进行"量子速读"。

如果一时难以找到该领域高质量的文本资料，应当如何"开源"？此时，可以采用直接采访的方式，让该领域的专家或其他当事者，就该问题临时"创造资源"。如在写作《拨开迷雾：战争中，事实核查如何追问真相》一文时，由于关于国内事实核查媒体的介绍较少，编辑便直接联系到了国内名声较大的两家事实核查媒体的负责人和创始人，请他们介绍在战争发生时事实核查媒体的工作特性。又如，在研究性侵报道规范的《梳理 45 起性侵事件报道，让我们聊聊真相与边界》一文中，我们采访了三位分别研究新闻理论、新闻伦理与法规、新闻实务的学者，还将其观点整理为《"认识真相是一个漫长而崎岖的过程"》一文，以让读者对相关领域报道中新闻工作者的"规范"为何、如何落实和有关争议

---

❶ 王安忆. (2017). 乡关处处. 见王安忆. 红豆生南国. 北京：人民文学出版社.
❷ 钱满素. (2014). 自由的阶梯：美国文明札记. 北京：东方出版社.
❸ 埃里蓬, D. (2020). 回归故里（王献，译）. 上海：上海文化出版社.

有更为学理化的了解。

以上，便完成了一整个"开源"的过程。这种"开源"并不专属于数据叙事，任何想要叙事作品更"深度"（的初学者）都可以试试这种步骤。但这些资料中不乏抽象宏大的理论，以及立足于特定的社会事实得出的相关结论——它们可能与我们讲述的数据故事相距甚远。如何将这些资料合理地嵌入文中，为数据主轴服务，而不是断章取义、牵强附会地误用，还需要不断尝试与摸索。

总而言之，数据驱动的叙事作品因为议题丰富，可能涉及各个领域的知识，想要在报道周期内迅速成为专家，除了从传统的学术渠道搜索专著、书籍、文献，也可以在新闻事件发生时（或从前相似的新闻事件的回顾中），关注专业水平较高的知识分子在社交媒体、自媒体上的发声（如《1 183 位求助者的数据画像：不是弱者，而是你我》一文中引用作家李静睿的微博："灾难面前，我们不是旁观，只是幸存。"），相关的泛学术知识类公众号对此事的书写和推荐阅读，以及一些网友的代表性发言。同时，人文社科领域的基本概念、理论、经典叙事，甚至一些轶事和掌故（如《疫情中的封锁与流动：瑞丽再封城的背后》一文中引述陈毅元帅的《赠缅甸友人》："我住江之头，君住江之尾。彼此情无限，共饮一江水。我吸川上流，君喝川下水。川流永不息，彼此共甘美。彼此为近邻，友谊长积累。……山山皆北向，条条南流水。"），则更倚赖平时坚持不懈的阅读和积累。

10.2 运用拓展资料时，事实本身就是一种观点

在数据叙事中使用补充性资料，最重要的是区分事实与观点。这与传统新闻写作中"客观性"的标准有相似之处，但并不完全相同。引用材料本身，无论是其中的观点还是事实，都是为了佐证自身的观点，而非补足当下的事实。因此，将这部分内容放在数据叙事作品的非主干部分为宜，而主干部分的数据结论，更应当恪守"实事求是"和"就事论事"，尊重数据，不做没有必要的联想和延伸。"非主干"部分通常可以出现在开头对报道的评述、小节的末尾、文章的末尾，重点是有明显标记，能让读者知道，这是"拓展阅

读"，不代表作者本人的观点，更不代表文章数据所得。而写作者也最好标记好所引材料的来源并进行述评，以确保客观持正。

当然，将客观教条化为"事实观点两分"的做法也招致了不少批判，甚至客观性本身也面临着挑战。批评者认为，"记者不对事实进行价值判断，仅仅罗列双方观点不做评论，事实上是记者偷懒和推卸责任的方法"（夏倩芳，王艳，2016），它让公众成为新闻的被动接受者，妨碍了对真相的获得。同时，如果只将确证的事实和权威消息来源视作"事实"，那它们往往会是权力部门与政府官员的发言，这种对"权威"的追求容易淹没来自普通民众和弱势群体的声音，使其不被观照，继而丧失话语权。因此，作为一种颇具革新性的内容生产形式，数据叙事应当在"客观"上往前一步。数据叙事的创作者不仅应当在选题策划和数据的选择上秉持更开阔的视野，也应当在其余资料的运用上更有余裕，不排斥观点性的内容，而是通过合理的使用，让其辅佐论证，凸显事实。

10.2.1　观点类：注意所用资料与论证的"共面"

观点也有抽象和具体之分，在使用时，应当注意所引资料与所论述内容处于同一个维度上。

不少数据叙事作品是借助某一社会热点事件，对一个行业、一个领域、一个话题、一个争议等未有定论或悬而未决的事务进行探讨。而通过前文爬梳数据的"强论证"之后，结尾可以适当开放，留出讨论的余地，既可以将具体的社会问题放在学理层面探讨，也可以直接和读者对话，让读者也参与到思考中来，增加读者的"介入感"。

如 RUC 新闻坊发布的《痛苦有形，衰老无声：看见老年求助者》一文的结尾，就由新冠肺炎疫情中老年群体"不可见"的处境，探讨了背后的结构性问题。鉴于文章前半部分已经讨论了医疗资源、人口结构、媒介使用等较"实"、易于量化的问题，因此在文章的末尾部分，作者安排了较"虚"的文化、观念层面的成因探讨：

在被迫隐形之外，文化因素让老年人选择主动缄默。在衰老成为耻感文化的一部分之后，"不给年轻人添麻烦"便随之成为他们的生活信条，唯恐自己提出的诉求成为晚辈的负担，这也在一定程度上导致了老年人和社会的进一步区隔。

接下来，作者使用反问，邀请读者一同从自身经验开始反思，"年老"何以在心理层面被轻视甚至无视：

  赫兹里特在《论青年的不朽之感》中谈及了一种近乎天真的自信："年轻人不相信自己会死……人正当年轻力壮，谁去想三灾六病；人正当雄姿英发，谁去想衰朽残念、奋然物化。"为什么我们总是在谈论"他们"，仿佛自己永远都不会成为其中的一员？
  常闻老人追忆青春，却鲜见青年想象老年。

然后，自然地过渡到学理层面的探讨，借用学者们的看法，说出自己的主张："老年"是一个被建构的概念，我们应该直面衰老，而不是简单粗暴地用"老年"这一概念来概括一个复杂的群体：

  事实上，"老"并非倏忽而至，而是一个绵延的过程。北京师范大学心理学教授王大华曾对"老年"一词提出异议，她主张用"如何准备度过衰老期"这一说法替换"如何迎接老年"，因为"衰老"是客观事实，而"老年"则是人为划定的边界、建构的概念。在笼统的"老年群体"中，包含着巨大的个体差异和特殊问题。

随后发出呼吁，强调"年轻人在社会中占据着优势地位和更多的注意力"这一事实，号召每个人都从观念层面主动打破对"年老"的偏见和盲视：

  当学者们开始主张从"帮助老人适应社会"到"社会主动适应老人"的逻辑转向，也许我们也该打破对衰老的无视与偏见，从观念开始改变。
  …………

在这样的负面情绪和边缘位置中，疫情和封控的特殊状态凸显了老年人的新困境，也凸显了子代，乃至所有社会成员共同的新责任——

跳出"年轻中心视角"，以老人为本位思考他们在这个时代的需求，并让更多人听到看到。这既是提醒个体为衰老做好准备，也是呼唤更合理的社会结构、更坚实的机制保障、更适老的价值导向。

最后，以疫情中涌现的一些温暖人心的例子做结，让读者相信人文光火不灭，只要有所行动，便是希望所在：

此前，"银发"和"夕阳"总被与"经济""产业"相连，从商业角度论证老人的价值。但在疫情中，居民代际互助的故事、逐渐出台的适老政策，也让我们看到了功利计算之外一点温情的火光。正如《冰点周刊》2022年4月14日的报道标题所言，"守护好他们，是一座城市的文明底线"。

另一个"从具体到具体"的案例是在《暴雨袭城：被低估的红色预警》一文中，作者借水利专家在接受其他媒体采访时的追问，来引出对救灾、防灾的思考：

国家减灾委专家委员会委员、中国水利水电科学研究院原防洪减灾研究所所长程晓陶认为："气象部门连续发布了最高级别的预警——红色预警，但问题在于，我国目前还没有形成一套针对气象预警的应急机制。预警之后，怎样的情况要停工停产？应该怎么协调各部门，怎样调度各种救灾资源？对应要采取的真正应急行动是什么？"这是更值得我们追问与思考的。

这也是一个使用资料的技巧：某领域专家的追问往往更专业，能直切要害，用这些问题提纲挈领，再调用相关数据与资料去回答、解决这些问题，是一种较有说服力的论据组织方法。

10.2.2　事实类：注意结论得出的背景

联系"旧闻"必须有依据，有所指。过往的新闻构成了当下报道的"前文本"。除了使用可靠信源，更需要注意的是，所引事实要与文中的主体事实具有相关性和可比性，不能将二者"平白"并列在一起。下列几种事实在数据叙事作品中较为常见。

1. 报告绘全景

使用调查报告，是一种高效地让读者了解产业或行业全景的方式。一种需要跳出的误区是，在数据叙事中，并非"所有的报告数据都要被做成图"，如果一份报告中，只有一组数据或是一两个结论对手头的文章有增益，则可直接引用，而不必强行将报告中的数据结构化并制图。在一篇数据叙事作品中，可视化内容太多也容易引起读者的读图疲劳，应当将珍贵的可视化额度留给更具独家性和有解读价值的数据——平移一份报告显然意义不大。

文案则没有这种顾虑。例如在介绍环球影城的文章《还没去成环球影城，不是因为麻瓜血统，因为穷》中，虽然文章整体也形似一份研究报告，但作者在开头使用了另一份报告的全景数据，不做无用功，从而让主题更为聚焦：

> 近年来，主题公园行业呈平稳增长趋势，但迪士尼、环球影城仍垄断着主题公园入园人数前十的榜单。根据美国主题娱乐协会（TEA）与美国 AECOM 集团联合发布的《2019 全球主题公园和博物馆报告》，全球前十大主题公园集团 2019 年的游客接待量达 5.21 亿人次，迪士尼虽较前一年下降了 0.8%，但仍以 15 599.1 万的总人次"断层"领先。

而如果可视化部分使用了报告，则文案中亦可提炼主要结论，充分突出所用报告数据的价值，如《我的奶奶，每天都在追更霸总文》一文便同时在文案和可视化中使用了《掌阅 2019 年度数字阅读报告》：

《掌阅2010年度数字阅读报告》显示，50岁以上的银发族虽然在用户规模上无法与新生代匹敌，但人均互动次数和打赏月票数远超其他年龄用户，具有强劲的潜力。

2."旧闻"看规律

将新闻与旧闻联系起来，适合探索规律，总结经验教训。可以通过媒体的官方网站（如《人民日报》官方的资料库）、慧科新闻搜索研究数据库等工具，检索相关新闻事件（但需要注意的是甄别信息来源，并确认此事在报道后是否存在"反转"或勘误），也可以通过采访，呈现历史记忆。如《暴雨袭城：被低估的红色预警》一文，虽然围绕的是2021年郑州暴雨事件中的预警机制，但作者将过去的新闻调用出来，仅通过并置就产生了一种压迫感，促使读者对灾害预警机制进行反思：

> 仅1874年一年，香港因风灾死亡两千多人。自1946年来（至2021年），香港天文台曾发出14次十号飓风信号[1]，台风带来巨大伤亡损失，"温黛""露丝"等名字成为香港抗台风历史上的黑色注脚。
>
> 2012年，台风"韦森特"过境香港，当地无人员死亡报告。在天文台下调警告信号级别后，香港依旧不敢放松：多处泳滩依旧悬挂标识提醒，个别道路因受灾严重宣告封闭，劳工处提醒必须确定安全后才能恢复工作。
>
> 北京"7·21"特大暴雨之后，北京的气象预警能力得到提升。曾经只能进行1天至3天的大尺度天气预报，但是北京城市气象研究院研发的睿图系统打造了0～12小时、1公里水平分辨率、10分钟快速循环更新的网格化分析和预报系统。北京也分别于2016年、2019年修订暴雨预警信号标准，提高人们对雨量的感知，以提升预警信息的传播效果。
>
> 而在沿海地区，台风等极端天气的影响具有很强的时间集中性，如每年7～9月是浙江受台风影响最大的时间段。因此在这类地区，

---

[1] 此处原文有误，经核实准确数据应为16次。

公众意识与政府统筹长期相互配合，形成了成熟的防灾模式。

"家住浙江沿海，每年至少一次台风。小时候父亲在木材厂工作，木材都扎排放在江里，所以每到台风天他必是在厂里值班待命的。而我家的玻璃，每年必是需要重装一次的。每年一有台风预警，必是政府部门全员待命，各个指挥部成立，相关部门全部待命值班。……通常是只要预测台风会经过，就早早做各种准备工作，如临大敌，电视循环播放通知，台风正面袭击的地方，渔船该疏散的疏散，该撤离的撤离。"（知乎网友@180元之后再改）

1975年8月的河南驻马店洪水未在年轻一代心里留下疤痕，加之河南省地处中原，远离江海，因此对于此次郑州暴雨事件，"没想到"一词多次出现在采访中，甚至被专家提及——气候领域研究者张瑾说："此次事件应该引起所有内陆型（不沿海、不沿江）大城市的警醒。"

除了过往新闻，加入历史记载的内容，能增加文章厚度和人文底蕴。此处可以举一反例，如《疫情中的封锁与流动：瑞丽再封城的背后》一文谈到了中缅边境人民的种种交往传统：

长期以来，两地边民隔河相望、田埂为邻。瑞丽很多村寨居民和缅甸居民本来就是一族，血缘文化关系密切，通婚是由来已久的传统，人情交往难以切断。但经济——或说谋生，是比人文因素更为"实在"的动因。除了长期互市的传统，国界两边的劳动力，也习惯于在对岸寻找更合适的工作机会。在2020年的相关案例中，无论出入境，"务工"都是偷越国境、边境的最大原因，因务工而偷越国（边）境的事件占总数的29.7%。

无论是血缘还是文化、商贸，引用一些成文的历史记载，或是直接借用富有古意的提法，无疑都是更好的选择，但因为视野和检索能力有限，作者只做了浮光掠影的介绍，这成了作品的一个遗憾。

3. 研究讲结论

学术研究的结论包含着学者的判断和发现。在引用学术成果时，应当注重结论的适用性和解释效力。

如果是实证研究的结果，应当尽量在文中给出与结论相关的背景和语境，不用小结论去套大现实。举例而言，《被拐的她们：1 252段被标价的人生》一文中使用了这样一个结论：

> 此外，法律在惩罚犯罪行为的同时注重对人权的保障。有实证研究认为，一味地处以最重的刑罚并不一定能够减少犯罪的发生。

文中提到的"实证研究"是指陈硕与章元的《治乱无需重典：转型期中国刑事政策效果分析》[1]一文，该文发表于2014年，两位作者反思了"严打"力度与犯罪率同时增长的事实，基于1989—2009年省级面板数据及混合组平均（PMG）估计方法，检验了严厉性策略和确定性策略这两种类型的惩罚政策对犯罪的影响，最终得出了"前者无法有效遏制犯罪，而后者可以显著降低犯罪"的结论。该文献发表于核心期刊，且引文量颇高，可见具有相当高的可信度。但今天我们再看这一处引用时，不免觉得有一些瑕疵：该研究发表年份较早，而其所用数据更早，对能否直接代入当下的情况还存疑。因此，表述可以修正为：

> 一项基于1989—2009年省级面板数据的研究显示，一味加重刑罚而不顾量刑的确定性，并不一定能够减少犯罪的发生。

而一个较为稳妥的结论引用则见于《刀尖上起舞：医务人员职业暴露问题》一文：

> 2016年，来自山东大学附属省立医院、中南大学湘雅医院等

---

[1] 陈硕，章元. (2014). 治乱无需重典：转型期中国刑事政策效果分析. 经济学（季刊）(4), 1461-1483.

15家医院的研究人员采取发放调查问卷的形式，对全国13个省份158所不同级别医院的医护人员进行了有关职业暴露发生情况与职业暴露管理现状的调查研究。研究结果表明，职业暴露发生概率较高的科室分别是普通病房、手术室、重症监护病房、口腔科及急诊科……研究显示，对职业暴露的管理，近80%的医院由医院感染管理部门负责，少数医院由预防保健科或医务处负责。职业暴露管理部门权责不清、职业暴露规章制度不完善，以及职业暴露漏报现象突出，都是医务人员职业暴露管理工作中亟待解决的问题。

文中同时点明了该研究的时间、作者、研究范围、研究对象、研究方法等，让读者知道被引结论是基于什么样的条件、在什么样的语境中产生的。

另一类学术研究引用则没有实证研究结果那么严格。如《一码通不通？全国健康码大测评》一文中对学者观点[1]的引用：

> 孙玮等学者指出，健康码的主要技术原理，是查询和比对不同类型的数据，并将这些数据与两个系统挂钩：一是与每一位市民的身份信息捆绑，成为一种特殊意义上的"电子身份证"；二是汇聚在相关机构的信息平台上。

这里学者使用的是一种学理性的描述，是对社会现象的归纳总结，得出结论的方法不是实证研究，而是理论推演，所以不必详细交代研究的背景。同类型的引用，还有《新名字的故事："草根"人物，如何生长？》一文中学者宋辰婷对"草根"一词所指涉人群的界定[2]：

> 目前在中国，"草根"主要是大众娱乐领域的概念，相对于殿堂文化而言，草根文化就是大众文化、平民文化，生于民间长于民间。

---

[1] 孙玮，李梦颖．(2021)．"码之城"：人与技术机器系统的共创生．探索与争鸣 (8)，121-129．
[2] 宋辰婷．(2013)．草根明星走红的受众心理分析．新闻界 (24)，44-49．

而"草根明星",按照大众理解即是"老百姓成名",也就是"非学院派"或"民间派"。

总而言之,学术类的引用固然能给文章增色不少,但在使用时需要时时注意得出结论的语境以及其局限性,且应在必要时交代作者取得该结论的前因后果。

4. 闲笔添意趣

此外,还有一些"闲笔类"的引用,虽不能直接用作事实论证或补充观点,但可以用于调节文章节奏,增加可读性、文学性,有时甚至可以成为点睛之笔。在使用这些"闲笔"时,切记观察文章主题能不能加入这些延伸类的内容,以及这一文化元素与整体基调是否适配。有时,加得恰如其分能增添人文关怀,加得不巧则可能就是对叙事中人的不尊敬,或者显得过于酸腐。如在《森林火灾 20 年:悲剧是否有迹可循?》一文中,我们引用了以美国森林消防员故事为原型拍摄的电影的内容,将其作为结尾向消防员们致敬:

> 在亚内尔山森林火灾改编的美国影片《勇往直前》中,消防队的队长埃里克·马什(乔什·布洛林饰)感慨道:"如果消防员不是这世上最可敬的职业,那什么又是呢?"影片如此描述消防员们躲在防火罩下的感受:"森林大火的声音,就像 100 列火车从头顶开过,也像飓风一样嘶吼,温度能够达到 500 多度。感觉就像世界末日。"

找到如此适配的"蛋糕上的樱桃",更加依赖写作者平日的积累与文学敏感性。巧妙的引用往往可遇而不可求。RUC 新闻坊较为成功的实践是在讨论年龄焦虑、同辈压力的《在社会的时钟里,我们"应该"成为什么样?》一文中对辛波丝卡(Szymborska)诗歌的引用:

> 波兰作家辛波丝卡在诗歌《不读》中写道:"我们的寿命变长,精确度却减小,句子也变得更短。我们旅行得更快,更远,更频繁,

带回的不是回忆而是投影片。"

在谈论死亡话题的《生命与爱的重量：216场与死亡的对谈》中对《我还在爱，还在苦恼……》一诗的引用：

> 听命于太阳的金光，树根扎进坟墓的深处，在死亡那里寻求力量，为的是加入春天的歌舞。

两处引用皆篇幅短小，既不影响整体的行文节奏，且较为"小众"，流传度尚未到人尽皆知的程度，更容易让人眼前一亮、反复咂摸。

> 小剧场

发推送时的
文案组

板块编辑：
葛书润　林子璐　宛瑾

稿子发了
发了就行
发了就睡

3am. 为什么我会把ecmo写成ecom……
算了，算了，妹妹
反正现在也编辑不了 -3-

3am. 睡了，睡了！
下次发前仔细检查就行~

5am. ecmo。

文案篇

第10章 资料库：如何储备写作素材？

设计篇

第 11 章
什么是我们心目中好的可视化？

欢迎来到可视化的世界。

若将数据叙事比作一幕戏剧，那么数据是导演和忙碌的舞美人员，是作品的基石与质料；文案是演员口中精彩的台词，凝结了高密度的知识；而可视化便是引人注目的灯光与生动创新的表演形式。数据叙事中的可视化兼具文字的"前台性"和数据的"后台性"：一方面，它是可被读者直接观看的视觉画面；另一方面，它依托于专门的工具和知识体系，与数据挖掘分析共同构成数据叙事的技术基础。

不知道你对可视化有什么样的理解，对可视化设计师又有什么样的想象？你会觉得严谨的图表在技术上很难实现吗？你会觉得好的设计只有艺术"大神"才能达成吗？事实上，可视化并非被高墙围住的城堡，只要不断鉴赏、分析优秀作品和长期进行创作实践，每个人都能变为"大神"。

在正式谈论技巧之前，我们不妨放缓脚步，先一起聊聊对可视化的看法。RUC 新闻坊的微信公众号后台常常收到读者夸赞图表的留言，可见，好的可视化能够抓住读者的心。那么，什么是好的可视化？

11.1 信息量：可视化需要有"真知灼见"

为读者提供"真知灼见"在某种程度上比可视化的设计美感更为重要。不少在社交网络刷屏的数据叙事作品在可视化设计上可能中规中矩，谈不上令人眼前一亮的创意和美，但仍然能收获很高的关注，这主要是因为此类数据叙事作品提供了对于读者而言非常具有价值的信息增量和知识增量，这时可视化部分只需将这些信息增量准确传达出来，简化读者的学习成本，就能达成效果。反之，如果作品本身的信息量很大，而可视化设计却非常糟糕，误导了读者的理解，那么这样的作品会因为明显的硬伤而被诟病。由此可见，准确传达信息是可视化作品的立身之本，也是数据可视化与其他艺术性视觉作品的差异所在。想要制作出好的可视化信息表达，应注重画板上每一块区域的信息传递，帮助读者快速、准确、详细地了解作品想要传达的重点。

11.1.1　需使图表内容丰满，具有资料价值

如果你没那么擅长抽象思维，那么可视化图表会帮你做到这点。

想象一下，如果你眼前排列着密密麻麻一百个数字，它们是某地近百年来的年均气温数据。你需要多久的时间阅读、思考、找规律，才能总结出该地的气温变化特征？

即便大脑可以在短时间内飞速运作，得出精确的结论，但如果隔一段时间再来重新分析这些数据，岂不是又要重复曾经的思考过程？可视化最直接的作用，就是把人脑处理数据的抽象过程转化为图表等形式，让你快速读懂数据特征。如果把上述气温数据做成图表，那么气温升降的趋势将变得明显，读者便能快速看出气温变化存在怎样的规律。而且，数据化身视觉表达后，任何特殊或异常的数值都将无所遁形，逃不开读者的眼睛。

好的图表可以教会读者思考，因为它通过对图形、符号的运用，为读者展现了认识事物的逻辑。一张气温折线图说了什么？数值只是一部分，它还教会读者通过趋势来理解气温变化、注意气温的极值，引导读者探究这些特征背后的原因，做到"从信息到知识的升华"。

好的可视化所追求的目标之一，是使作品不仅能被传看，还有被保存、翻阅和收藏的价值。在正式进入制作环节之前，我们先展示几个案例，看看这些可视化作品挖掘了数据的何种特征，以解读可视化呈现方式与数据叙事的资料价值之间的联系。

1. 结构化数据的信息价值

清晰展现结构化数据的信息价值，是可视化设计的重要目标。数据的"趋势""分布"等特征都是数据可视化常常揭示的内容。我们要做的是，让读者看了设计后，能很快辨识出数据指向的主要特征，并且认识到这些特征背后对应着什么样的现实问题。下面让我们以较为突出的两类特征为例，看

看可视化设计对结构化数据的呈现。

"趋势"是数据可视化最常见的呈现特征之一。在《2 286 篇肺炎报道观察：谁在新闻里发声？》中，RUC 新闻坊对新冠肺炎疫情早期媒体报道的数量变化进行了梳理，用折线图来呈现媒体每天的发文量是最容易的，最简单的方式是把所有媒体报道量的总和做成折线图，但这样会丢失大量数据。所以这张图的可视化设计，是选择呈现单家媒体的报道量变化，同时用不同的颜色来标识报道最早、最多的几家媒体，这样既呈现了数据的整体趋势，又突出了重点数据对象（见图 11-1）。

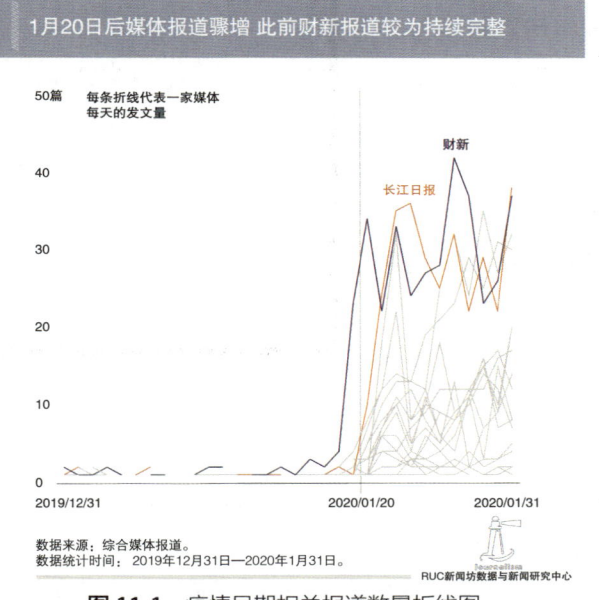

图 11-1 疫情早期相关报道数量折线图

"分布"的本质是分类计数。根据需要，数据可以按年龄分、按国家/地区分、按名称分，甚至按观点类型分……如果能了解哪些子项目数量较多，哪些子项目数量较少，我们就可以分析出这一维度的内部结构。那么，清晰、快速揭示数据分布情况的优秀数据图表是什么样的呢？

以澎湃美数课这张展现 2020 年全球癌症新增病例数的图表为例（见图 11-2）。制图者对 2020 年全球癌症病例进行了两个维度的分类，一是按照癌症类型，二是按照国家。外部的径向柱图呈现了癌症类型的分布，通过图形元素的长度、颜色，以及上面标注的数值，三重可视化设计大大突出了数据的特征，读者可以非常直观地认识到，乳腺癌、肺癌、结直肠癌是新增病例数最多的三种癌症。

中间的部分则呈现了 2020 年癌症新增病例在六大洲不同国家的分布情况，图形元素的大小代表病例数的多少，通过大小比较，读者可以很快发现中国、美国、印度、日本的癌症新增病例数排在前列，而亚洲是癌症新增病例数最多的大洲。这样一来，对世界癌症新增病例分布情况的认知，就通过一张由图形大小和颜色区分清晰明确的数据图表，刻画在读者的脑海中了。

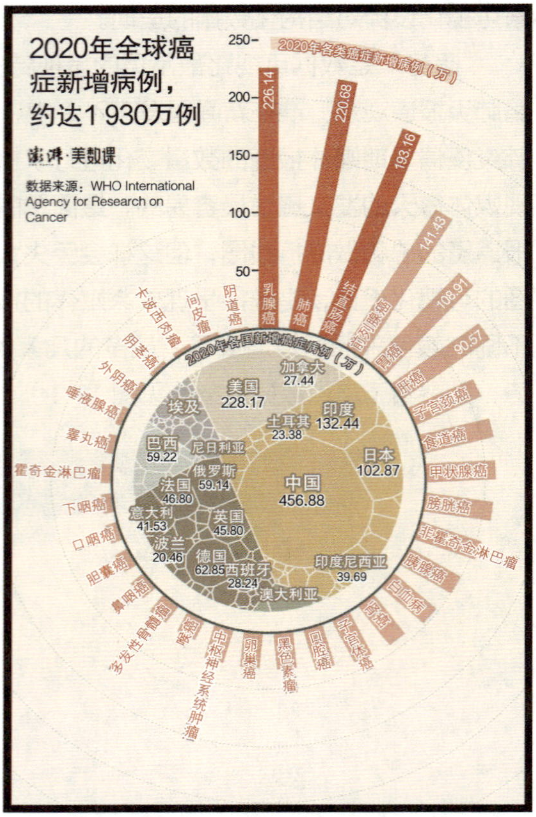

图 11-2 2020 年全球不同类型癌症新增病例数量及各国情况

资料来源：死亡名单又变长了，它为什么是“众病之王”?. 检索于 2022-04-15，取自 https://mp.weixin.qq.com/s/O5EyNDqptA9NxNw2YjYA8Q.

2. 文本的信息价值

结构化数据固然重要，但可视化的内涵不只是把数字做成信息图，文本信息的可视化也是必不可少的，它可以向读者充分解释大段文字材料的逻辑。“流程”“关系”是常见的文本逻辑，环节较多的程序、关系复杂的事件通常会让人感到迷惑，而文本信息的可视化要做的，就是在读者的脑子里建立流程图、关系网。

寻找「苟晶」：十年，41 段被顶替的人生

以流程图为例，RUC 新闻坊的《寻找「苟晶」：十年，41 段被顶替的人生》一文中，用思维导图来展现高考被顶替者的五条维权路径，尤其注重分析较为复杂的诉讼维权究竟要如何进行，将普通人难以理解的法律关系清晰呈现在一张树状图中（见图 11-3）。读者可以直接根据图中的几大

角度，分析高考顶替对个人和社会的法律危害。

不知不觉间，一个结构清晰、内容完整的可视化信息图，就实现了对维权流程的认知框架输出。它不仅具备当下的现实意义，且在未来的任何一天，再出现类似的事件时，人们都可以翻阅这张信息图，并将它作为一种维权路径的参考指南，这就是信息图的资料价值所在。

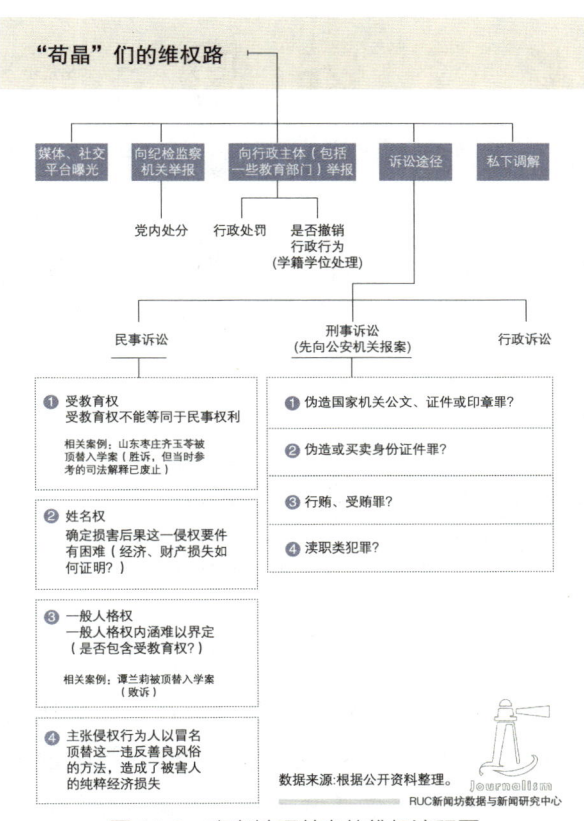

图 11-3 高考被顶替者的维权流程图

再看一个例子，在 RUC 新闻坊的《降价吧！卫生巾》一文中，卫生巾生产、销售流程的可视化也是引导读者构建认知的一个典型案例（见图 11-4）。这张图用图标和层级拆分了现实中原本较复杂的流程，使读者一眼望去即知有哪些费用类型，它们在整个流程中处在什么位置，非常清晰地展现了卫生巾生产、销售的各个环节是如何推高卫生巾价格的，甚至可以成为分析类似商品定价环节的一个基础思维模板。

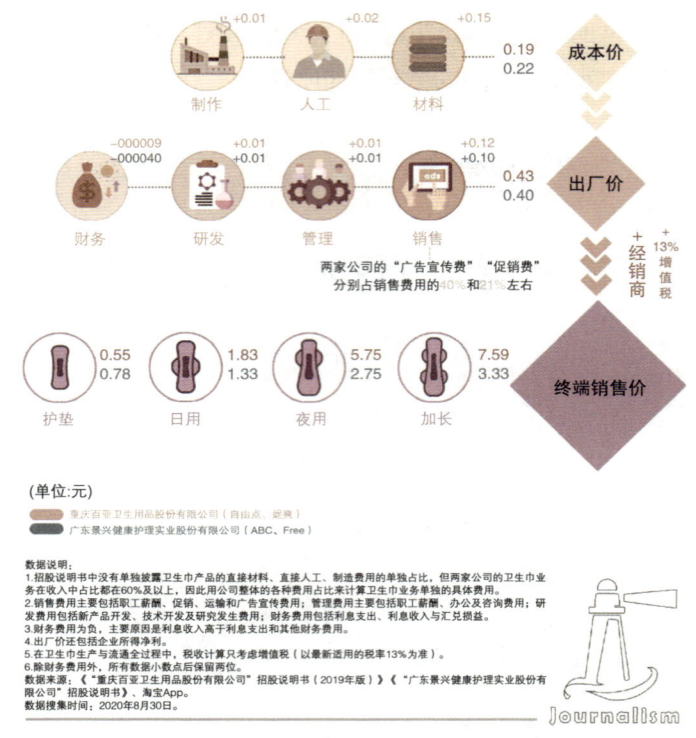

图11-4 卫生巾生产、销售流程图

"关系"的原始数据通常以文字的形式存在，如果用可视化来呈现事物之间的关系，往往会有出其不意的效果。澎湃美数课的作品《从首例到"封城"，这763份确诊详情还原了新冠病毒向全国扩散的路径》中有一幅树状图，原始数据是从763份驳杂的流调材料中找出的具有多项行程记录的患者详情共47例，设计者通过梳理这47例确诊患者前往不同城市的先后顺序，清晰呈现出武汉疫情与其他城市疫情的可能关系（见图11-5）。

逻辑与事物本质是图表的骨架，而信息密度是图表的血肉，二者相互依存、缺一不可。当一个作品以最合适的呈现方式准确传达出了数据最显著的特征时，可视化的资料价值便由此显露。

离开武汉后前往多个城市的后期确诊患者

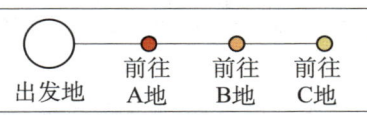

6名患者离开武汉后抵达广州，其中4名去了湛江，1名去了墨尔本，还有1名先到了珠海，随后去了澳门。

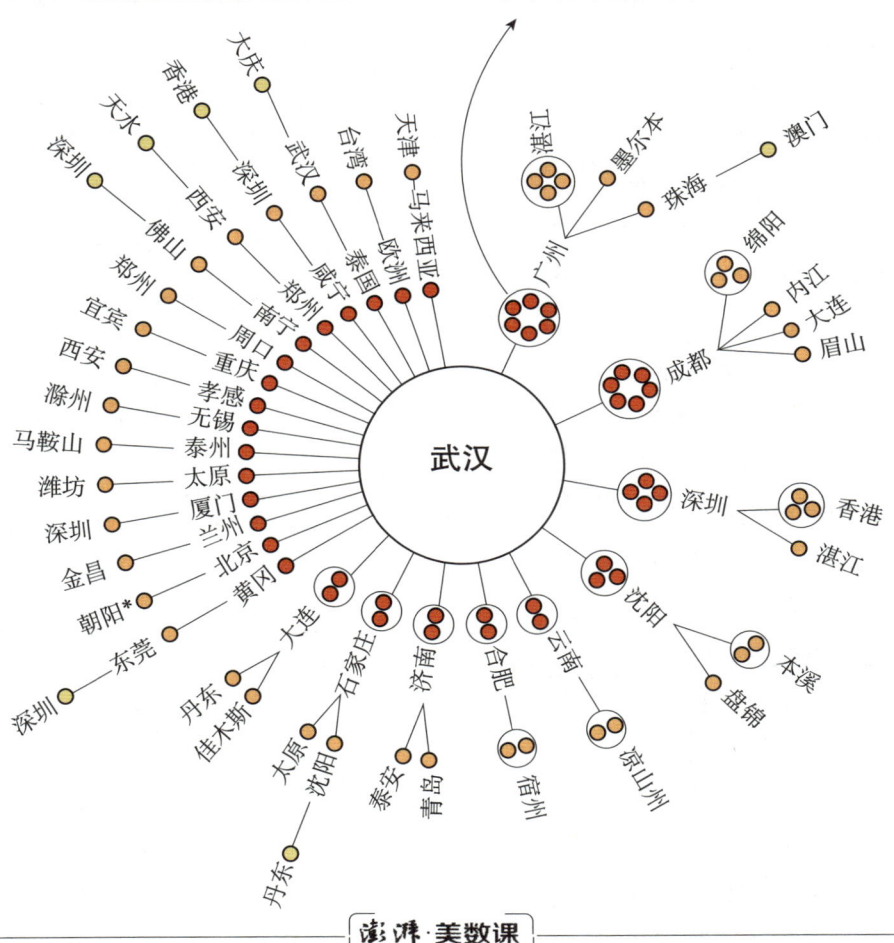

*这里指辽宁省朝阳市。
数据说明：截至2020年1月27日24点，除湖北武汉外所有公开的患者详情。各省份数量的差异主要源于各地政府信息公开的程度不同。包含多项行程记录的患者详情共47例。
数据来源：各地卫健委。

图 11-5　澎湃美数课作品《从首例到"封城"，这 763 份确诊详情还原了新冠病毒向全国扩散的路径》截图

资料来源：从首例到"封城"，这 763 份确诊详情还原了新冠病毒向全国扩散的路径. 检索于 2022-12-15，取自 https://mp.weixin.qq.com/s/a-dTJaeIJwuumNMutgJQig.

3. 实现资料价值需要提高信息密度

提高信息密度，不仅要突出图表主要特征，细节的信息量还必须足够大，组合图表就是丰富图表内容的一大利器。仍然以前述高考顶替案作品为例，组合图表让读者"一图读懂"41位高考被顶替者的所有相关经历（见图11-6）。

图中内容包括：什么时候出现了高考顶替案？被顶替者通常时隔多少年发现真相？这些受害者如何维权？维权结果如何？这些与核心事实联系紧密的问题都可以在一张图里找到答案。

如果读者只是想做大致了解，那么图中醒目的红色条块表明，高考顶替案近十年才逐渐销声匿迹，大多数被顶替者时隔数年才发现自己的人生遭遇变轨，读者进而可以从维权方式、告发动机、处理结果等角度出发对高考顶替案做出自己的思考。

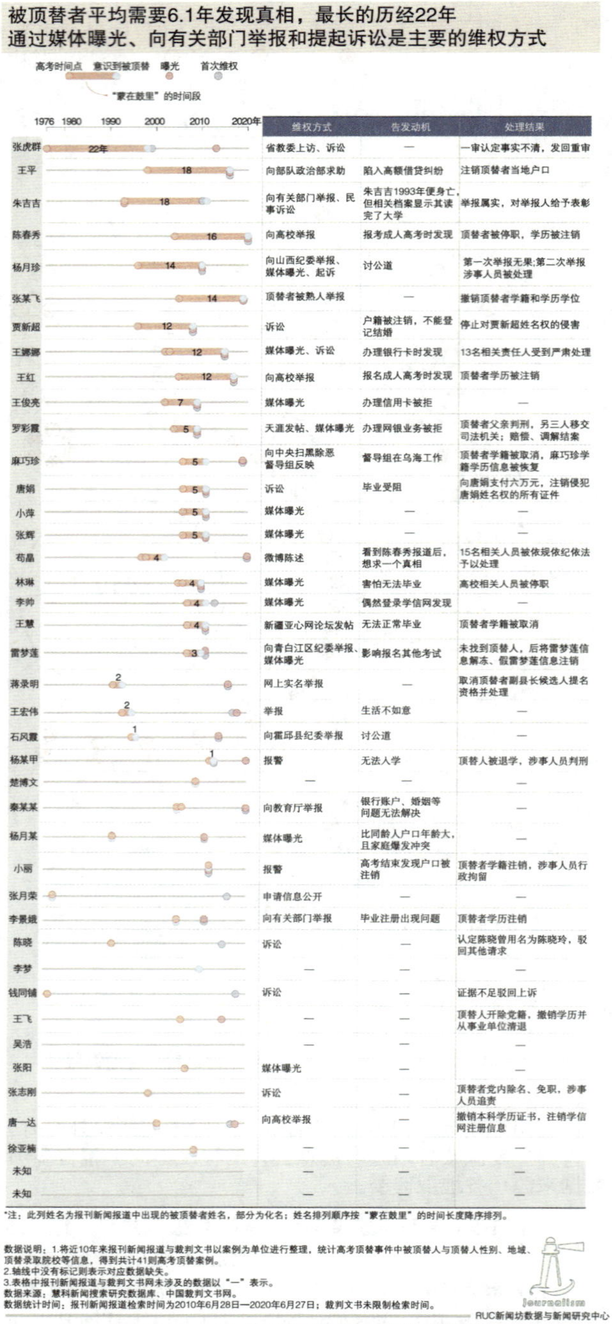

如果读者想深入考

图 11-6　41位被顶替者主要信息展示

察这 41 段被顶替的人生，细致的时间轴、丰富的数据细节则可以满足这一特定需求。可以发现，要想做到"凸显结论"和"事实丰满"，一张主次分明、逻辑结构完整的组合图表往往能有妙用。

交互设计也是容纳大量信息的一种方式。图表总是有主次的，我们有时很难从一些复杂程度高、层次节点多的数据中梳理出明确的主干或结论，而交互设计有助于解决重点和细节间的矛盾，给予读者选择的权利，它把信息图做成了可视化"图书馆"，所有人都可以依照索引"按需取阅"。这样的设计最大化地展现了数据内容和特征，并且数据的呈现方式可依据读者的兴趣发生变化，读者拥有更多阅读和观看的自主权。

品读了这些案例作品，在后面的章节中，我们会手把手教大家如何做出一张"有内涵"的图表。不过，信息图的组成远远不止于数据图表，好的可视化还有哪些小秘密呢？

11.1.2　不忽略每个元素，确保信息完整性

现在，我们了解了做一张经得住品读的主图的重要性，但是这样就足够了吗？如果只把一张"光秃秃"的主图放到读者面前，他们可能会感到无从下手；如果这张图恰巧长得"不太下饭"，那么读者极有可能就放弃"食用"了。

诚然，主图承载了绝大部分的信息点，值得创作者在上面投注绝大部分的精力，但一个数据可视化作品还需要许多辅助信息来支撑。一个好的作品往往善于充分调度每一个信息区，为读者解疑答惑，导航指路。

以最简单常用的静态信息图为例，不容小觑的信息区还有标题、数据说明和注记图层（见图 11-7）。

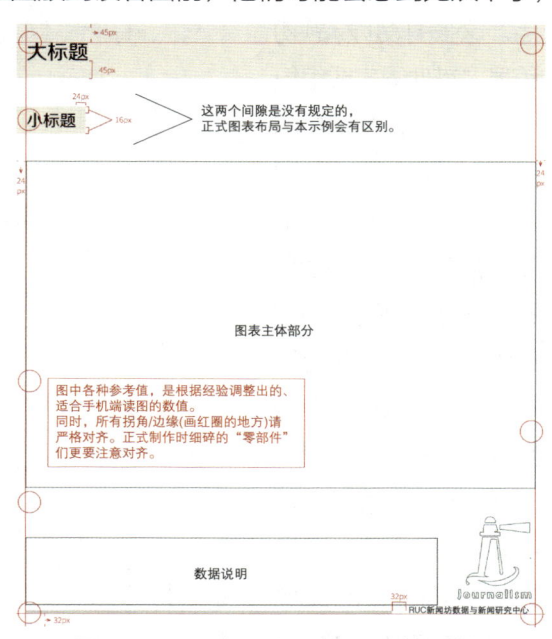

图 11-7　RUC 新闻坊可视化图表基础模板

1. 标题

标题的重要性仅次于主图。第 9 章已探讨过标题对整个作品的重要性，此处不再赘述，在数据可视化作品中，标题同样具有非常重要的地位。

标题的拟写应当注意呈现可视化中最重要的信息点，将图表精髓快速传达给读者。清晰的标题能够让读者更好地抓住可视化的重点，同时理解可视化的使用意图。想象一下，标题写"×××图"或"×××表"和用"呈×××趋势""以×××为主""×××增加"来表述相比，所传达的信息量完全不可同日而语。

比如图 11-8，文字繁多，尽管有高亮重点语句的处理，但乍一眼望去还是难以抓住重点。这张图表的标题初稿是"其他国家或组织公开的新型冠状病毒肺炎（COVID-19）流调标准"，这个标题丝毫没有减轻读者的阅读负担。幸好，终稿标题被改为"许多国家和组织在流调信息处理规范中都注重保护个人信息"，这一标题不仅能引导读者归纳图表信息，并且聚焦文章讨论的流调信息公开边界议题。

许多国家和组织在流调信息处理规范中都注重保护个人信息

国家或组织	来源	规范/指南/建议内容
WHO	《关于COVID-19接触者追踪的问答》	国家**必须建立保障体系**，在本国法律框架内保障隐私和保护数据。 参与接触者追踪的每个人都必须遵守个人信息处理的伦理原则，**负责整个过程中负责任地管理数据和尊重隐私**。 需要以清晰、透明的方式**告知相关人员如何处理、存储和使用数据**。 应在使用前**评估用于接触者追踪的电子工具**，确保能够按照国家法规保护数据。
韩国	《传染病预防管理法》	**不得公开与传染病无关的患者姓名、性别、年龄、具体地址等个人信息**。 政府及时披露公众需要了解的预防传染病信息，例如行程路线、交通工具、医疗机构和传染病接触者等，但应**排除与预防传染病无关的性别、年龄和其他信息**，并且在不需要之后，应**立即删除所披露的信息**。
新加坡	《关于COVID-19接触者个人数据收集以及SafeEntry系统*使用的建议》 *新加坡政府应对新冠疫情使用的人群轨迹记录系统，类似中国的健康防疫码	收集个人数据的组织必须**遵守PDPA**（新加坡个人信息保护法）的数据保护规定，例如制定合理的安全架构，保护其掌握的个人数据免遭未经授权的访问或披露，并确保未经法律同意或授权，不会将个人数据用于其他目的。
美国	《HIPAA（美国健康保险携带与责任法）隐私规则与新冠病毒》	在未经患者或其指定人员**书面授权**的情况下，适用主体不得向媒体或公众报告**可识别患者个人身份的信息**或与患者诊疗相关的信息。若患者并未反对或明确同意其受保护信息的披露，医疗机构可**基于请求**，在HIPAA隐私规则允许的范围内，适当披露患者的受保护信息。 使用与披露受保护信息应遵循**最小必要原则**。 即使在紧急情况中也必须采取**合理的安全措施**保护受保护信息，防止不被允许的信息使用和披露。
欧盟	《新冠病毒爆发期间处理个人数据的正式声明》	公共机构应**首先寻求以匿名方式**处理位置数据。如果不可能仅处理匿名数据，成员国可以依据《电子隐私指令》第15条，在采取**适当保障措施，遵循比例原则的前提下**，采取立法措施对非匿名位置数据进行处理。 **数据主体应收到相关透明信息**，包括搜集数据的**保留期**和**处理目的**。所提供的信息应易于获取，并有清晰明了的语言。 雇主应告知员工感染COVID-19的病例并采取保护措施（但不应传达关于感染者的**非必要信息**）。

数据说明：流调数据公开规范来自上述国家或组织官方发布的有关新冠疫情个人信息公开的规范、建议或指南。
数据收集时间：2021年1月25日、26日。

图 11-8 各国家或组织流调标准信息

值得注意的是，标题的表述应当客观准确，切忌掺杂主观臆测。数据可能说谎，可视化也遍布陷阱，在做可视化设计时应时刻警惕自己是否做出了武断的结论，有没有可能误导读者。

接下来还需要注意：确保所使用的每个词的含义表述准确清晰，尤其是专业术语；在突出异常值的同时记得交代整体情况，避免断章取义。

以图 11-9 为例。2021 年 7 月 20 日，河南郑州遭遇极端强降雨。在《暴雨洪涝纪：灾难从未远离》中，我们以图表展

郑州暴雨24小时降雨量远超特大暴雨警戒线

郑州7月20日降水量

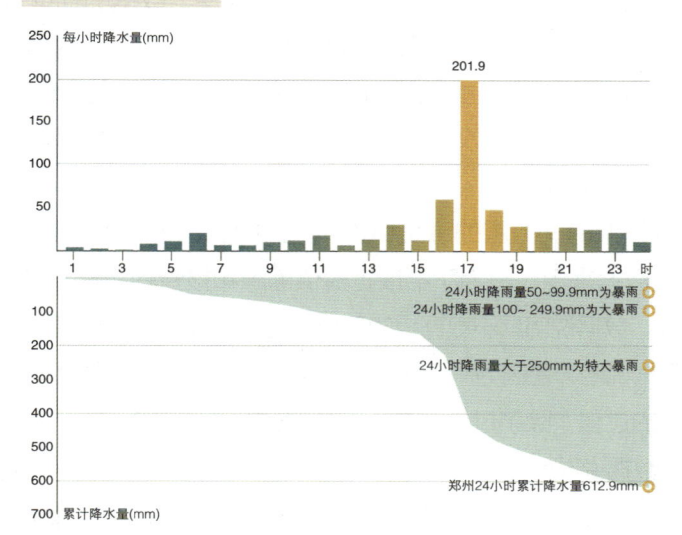

（每小时降水量(mm) 峰值 201.9；24小时降雨量50~99.9mm为暴雨；24小时降雨量100~249.9mm为大暴雨；24小时降雨量大于250mm为特大暴雨；郑州24小时累计降水量612.9mm）

郑州本次大雨和历史大雨降水量比较

安徽歙县导致高考延期的大暴雨 2020年7月7日	安徽歙县7日在02—03时、05—06时出现小时雨强在20mm以上的短时强降水。从7日0时至13时，安徽歙县累计降水量110.3mm，从0时至16时，累计降水量122.1mm，达大暴雨量级。
2012年北京地区特大暴雨 2012年7月21日—22日	2012年7月21日—22日，北京平均降水量达190.3mm，暴雨中心房山区河北镇降雨量达460.0mm。

数据来源：网易数读、中国气象报社、中国天气网、2013《中国气象灾害年鉴》。
数据搜集时间：2021年7月21日。

图 11-9 郑州 7 月 20 日降水/雨量统计图

现了 20 日当天郑州的降水情况。不知细心的读者是否发现，图表中关于雨量存在"降雨量"与"降水量"两种表述——降水包含了液态降水和固态降水，雨、雪、雹、霰均属于降水，而降雨量仅指雨水量。媒体报道中不乏二者的混用，我们在图中根据具体表意情境特别对这两个容易混淆的概念进行了区分。

2. 数据说明

数据说明部分虽然枯燥艰涩，常常被大部分读者略过，但它是至关重要的基础。只有拥有扎实的数据说明，我们才能游刃有余地应对读者的质询，并为求知若渴的读者提供探索方向，肩负起传播公共知识的责任。关于整个作品的数据说明，我们在第 5 章已有交代，这里特别针对可视化设计中的数据说明做补充解释。

在可视化设计环节，数据说明部分一般包含狭义的数据说明、数据搜集时间范围和数据来源三方面内容。

狭义的数据说明，主要是向读者解释数据规模、数据的抽样标准和方法、数据的处理分析方法以及数据的缺失情况等。像"四边形的内角和为 360°"在"同一平面内"的条件下才成立一样，报道中所给出的数据结论也一定是在某种条件下成立的，读者有权知道这些条件是什么，然后再对是否接受数据给出的结论做出独立的判断。

交代数据搜集时间范围的意义和上述大致相当，也是为了清晰展现数据的条件；而交代数据来源，是为了给读者提供溯源和核查的线索。

严格来说，数据说明属于数据组的工作内容，设计师只是负责搬运。但在可视化部分强调数据说明，是因为搬运这个操作本身就很有意义，是真正地令后台生产行为"可见"的过程。除了过于复杂和冗长的数据说明以附录形式放在正文之后，正常情况下，数据说明都可以精炼地放入图中，也应该被放入图中。毕竟，像前面所说的，我们设计师也有"一张图表永流传"的梦想，把数据说明纳入图中，让读者仅观图就能完整思考，这样才有机会"单飞"出圈，通过轻量化传播反哺深度稿件。

例如，2020 年 7 月，3 人伪造老干妈印章签合同一事引起社会广泛关注，澎湃新闻的《"老干妈"的商标护城河》（见图 11-10）在当时登上了微博热搜榜。这张图本是澎湃美数课 2019 年 9 月发表的文章《把商标注册成族谱的，不止老干妈这一家》其中的一张配图，很能抓人眼球，除了主图形象震撼外，还要归功于数据说明写得清晰，能充分传达文章对应部分的文案信息。对不了解《中华人民共和国商标法》的读者来说，他们可能会对这张图的数值感到困惑，而数据说明简明扼要地解释了为什么一个商标会被多次注册，并指路国家知识产权局商标局，给感兴趣的读者自己动手核查和发现更多信息的机会。只有在图片上就把读者的疑惑都解答清楚了，才可能"一图胜千言"，并经得起公共讨论的考验。

3. 注记图层

所谓注记图层（annotation layer），指的是对图进行补充、强调、澄清的文字注释，这个概念是由《纽约时报》制图部门的设计师们提出的。

想要恰当使用注记图层，需要对读者的阅读节奏有精准的预估，提前预测出读者可能产生的读图困难和疑惑的位置，针对性地补上说明。

比如《数据描摹确诊者：河北流调信息解读》中的这两幅图（见图11-11），除用条形图展示整体分布信息外，还特别标注出极值和具体的事件经过。可以看到，第一幅图的主图清晰地揭示出中老年人依然是感染新冠病毒的高危人群，而注记图层特别点出下至6个月的婴儿上至89岁的老人都有感染风险，更容易唤起读者的防护意

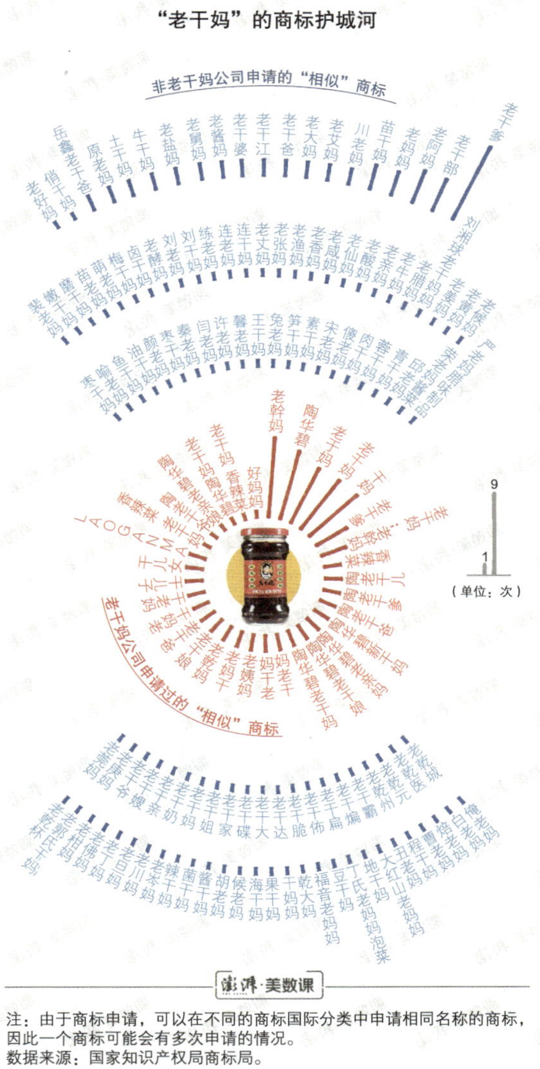

注：由于商标申请，可以在不同的商标国际分类中申请相同名称的商标，因此一个商标可能会有多次申请的情况。
数据来源：国家知识产权局商标局。

图 11-10 "老干妈"的商标护城河

资料来源：把商标注册成族谱的，不止老干妈这一家. 检索于 2022-04-15，取自 https://www.thepaper.cn/newsDetail_forward_8086104.

识。第二幅图中的"首次出现症状到确诊时间间隔最长达17天"特别显眼，注记图层便进一步解释这17天到底发生了什么。对这一潜伏期特别长的病例数据加以特别标注是为了提醒公众新冠病毒的潜伏期可能并不限于14天，一些地区之所以出现疫情蔓延，和早期的病例确诊时间偏长不无关联。

一般而言，注记图层会标示以下两方面信息：一是标出特殊值的名称或数值，使其从"泯然众人"的状态变为"万众瞩目"，增加信息的纵深度；二是标出简单的解释，提供细节信息，丰富图表内容。

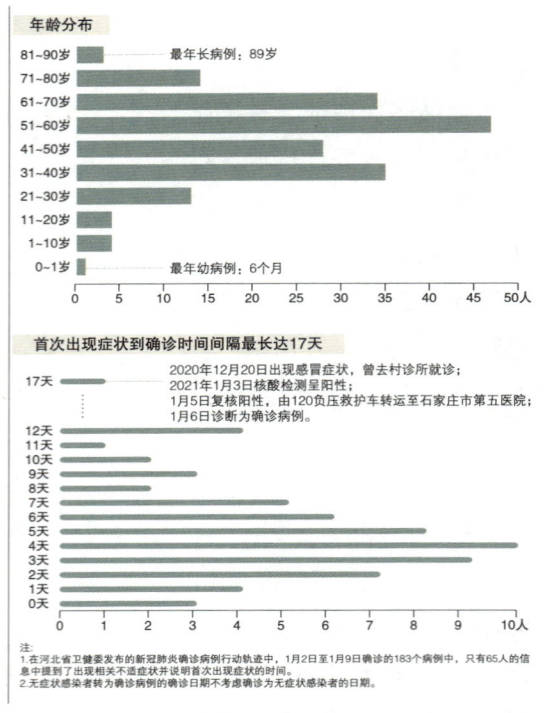

如图11-12所示，对新冠肺炎疫情早期相关报道消息来源统计折线图所做的文字注释便是注记图层运用的生动案例。当使用折线图时，我们常会遇到这种情况——变量的数量较多，纷繁的

图11-11 河北确诊病例画像（部分）

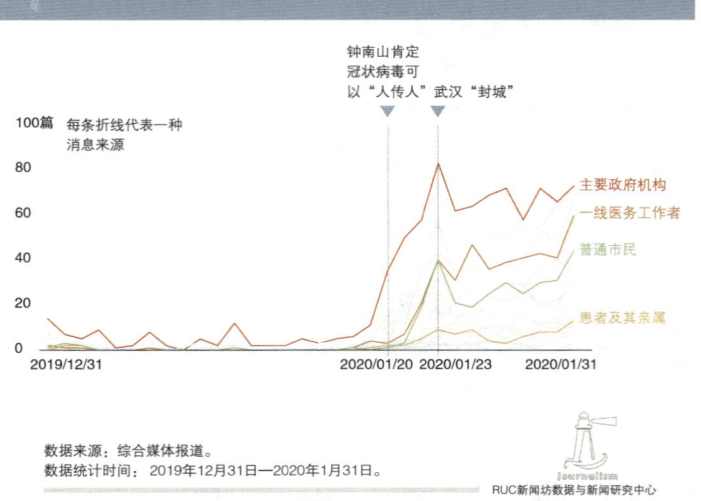

图11-12 新冠肺炎疫情早期相关报道消息来源统计折线图

线条使信息呈现变得扁平而晦涩，令人难以辨识图片的重点。此时，舍弃部

分信息固然显得奢侈又狠心，但为了更高效地表意，我们不得不将大量线条调成灰色，用高亮颜色将最契合主题、行文逻辑的变量凸显出来，并标注具体名称。同时，折线表现出的突出数值往往能在现实场景中找到对应事件，以文字进行简要描述可直接为图表信息增添一个解释维度。层次感与丰富度，是注记图层能够带给可视化作品的两件"伴手礼"。

11.2 美感：可视化需要有"设计感"

能够为读者准确、清晰提供所需信息的图表本身就具备功能之美，但随着社会不断发展、审美主体不断壮大，受众在获取信息的基础需求之上产生了更高层面的审美需求。丁治中和李超德（2020）在探讨"设计审美日常化"的问题时就介绍了在物质与经济基础普遍改善的背景下审美泛化趋势的出现，并提出"设计不是审美日常化的唯一途径，却是日常生活审美化的必然选择"。

因此，就数据叙事中的可视化设计而言，满足读者审美需求、通过好看的设计为读者带来更愉悦的阅读体验、在传达信息的基础上进一步丰富可视化的内涵表现形式也是我们完成一个作品时需要考虑的要素。

11.2.1 有用之余还要好看

朱光潜（2018）在《谈美》一书中以"我们对于一棵古松的三种态度——实用的、科学的、美感的"作为开场白，将其对美学的认知娓娓道来。同样，我们对可视化的追求除了实用层面的信息传达、科学层面的准确无误外，也有艺术层面的审美追求。

1. 为什么要好看

一篇学术论文或是专业报告中的图表不必过于计较可视化的"好看"与否，但对需要进行大众传播的叙事作品而言，可视化的美观则重要得多。从最直接的影响来讲，"好看"往往是与读者的阅读体验和作品的传播效果挂钩的。

平面设计以图形符号为手段进行信息传达（何方，2004），在数据可视化中，契合报道主题的视觉要素一方面能起到装饰美化的作用，另一方面还能通过再现性图形符号或是隐喻性图形符号传达的信息使主题更为鲜明。

路透社关于全球人口老龄化的报道《走向老龄化》(Going Grey)[1]不失为这方面的一个成功案例。该作品的前几屏是一张交互式的折线图，随着鼠标的滑动，代表世界平均年龄、不同人口结构类型国家的线条渐次高亮。在此基础上，路透社选择为图表配上深色背景，而折线选用灰白色，并辅以平滑处理（见图11-13）。这样的设计既保证了折线图的科学性与准确性，同时巧妙地利用灰白色折线这一类似银发的隐喻性图形要素，有力地呼应了作品的标题（"grey"原意为"灰白色"，引申为"老人"）和所讨论的人口老龄化问题，这种巧妙的双关式设计给受众留下了遐想和回味的空间。

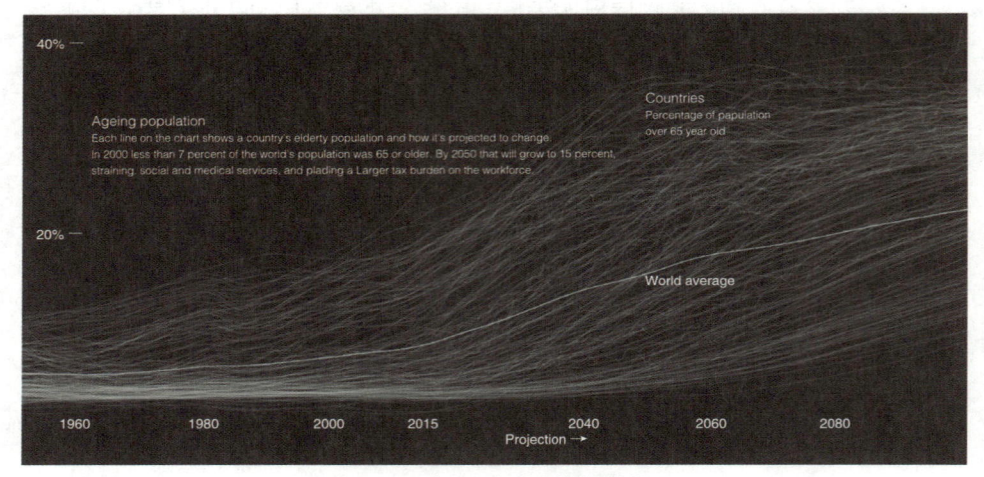

图 11-13 《走向老龄化》作品截图

除却"强化主题""营造氛围"这样实用的原因，好的审美体验本身还能带给受众情绪价值。

2019年信息之美奖的人类、语言与身份认同类金奖获奖作品《一览绝望》(A View On Despair)[2]就有着这样别出心裁的设计。作者索尼娅·奎珀斯（Sonja Kuijpers）从自身与自杀倾向抗争的经历中获得灵感，在基础的数据可视化上加入了"景观"（landscape）的元素，以描述荷兰2017年的自杀情况。"景观"中树、云朵、波浪等元素分别表示不同的自杀方式，同一类

---

[1] Going grey. Retrieved April 12, 2022, from https://graphics.reuters.com/JAPAN-AGING/010091PB2LH/index.html.

[2] Kuijpers, S. (2019). A view on despair. Retrieved April 12, 2022, from https://www.studioterp.nl/a-view-on-despair-a-datavisualization-project-by-studio-terp/.

元素的不同颜色、形状、大小描述的是自杀情况在八个年龄层间的分布，中间还用具体数值标注了自杀者的生理性别分布（见图11-14）。原本冰冷而绝望的"自杀"主题在充满自然意象的可视化手段下变得平静而温暖，表达了作者借此唤醒有自杀倾向者对生命眷恋的期望。

爱美之心人皆有之，好看的可视化能够成为一篇作品的记忆点，促成受众的口碑传播。

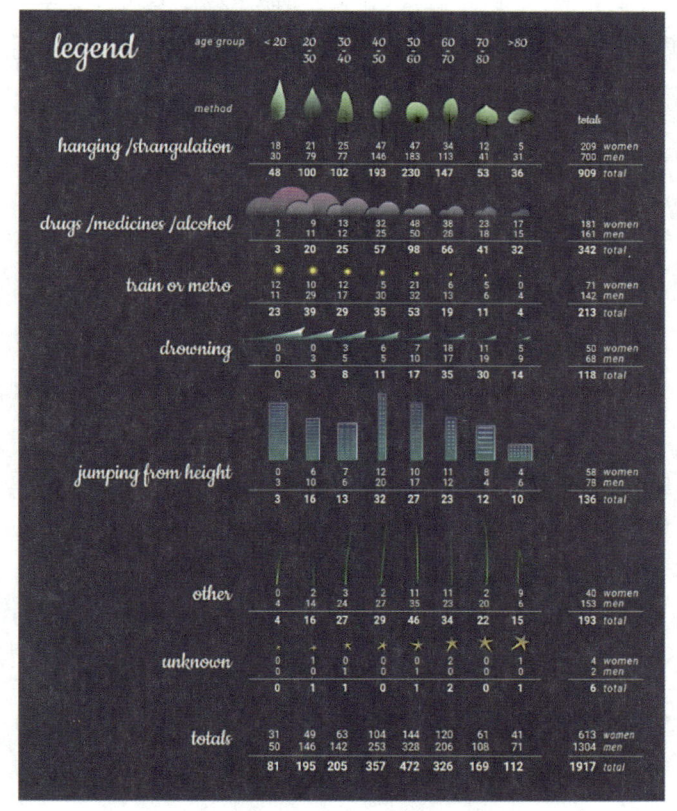

图 11-14　作品《一览绝望》截图

2. 可视化之美的认知：什么是美？

什么是"美"？从传统美学的立场出发，哲学对人们的审美体验构成有这样一组对立的视角：美到底是源于客体的属性，还是人们体验到的愉悦？（周丽昀，2018）毫无疑问，全然客观或是全然主观的视角都有各自解释力无法触达的真空之处。本小节无意对"美"进行哲学层面的深入探究，只截取其中的不同审美取向作为切口，对应可视化设计中的一些案例，展现我们对于可视化之"美"的认知。

（1）协调：各种设计元素的位置、比例、尺寸和配色合理恰当，整体具有统一的视觉观感。

这一组案例来自 RUC 新闻坊的作品《上万条讨论背后身高的秘密与焦虑》，意在为读者直观地说明基本的协调在可视化中的重要性。

图 11-15 上图是一个动态的弹幕 GIF 图的静态截图，其设计上存在以下硬伤：

1）整幅图都遭到了水平方向上的不当拉伸，字体和 logo 明显变形，基本的协调感被破坏；

图 11-15 社交媒体上身高关注点弹幕图的初稿（上）与修改版（下）

2）弹幕分布不均匀、文字字体大小不一，主图出现了部分区域空白而另一部分区域文字堆叠的情况，显得杂乱无章；

3）弹幕底色和整张图的底色不一致，出现了浅灰和纯白两种背景，不同颜色起到的分割作用让主图空间显得局促。

在图 11-15 下图修改版中，上述问题都得到了纠正，读者应能明显获得更为舒适的读图体验。

（2）平衡：各种视觉重量不等的设计元素在画面中形成相对合理的布局，不让画面的重量失衡。

这一组案例来自 RUC 新闻坊的作品《降价吧！卫生巾》，可视化旨在展示卫生巾生产、销售的流程，虽然初稿图并没有"协调"一例中那样的硬伤，但成稿图完全颠覆了初稿的设计思路，以求空间布局上的平衡。

初稿图（见图 11-16）采用了"贪吃蛇"一样的螺旋形布局，四角留白较多，最后一环的巨大饼图导致左下空白处尤为空荡，视觉元素的分布不均匀使画

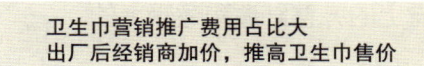

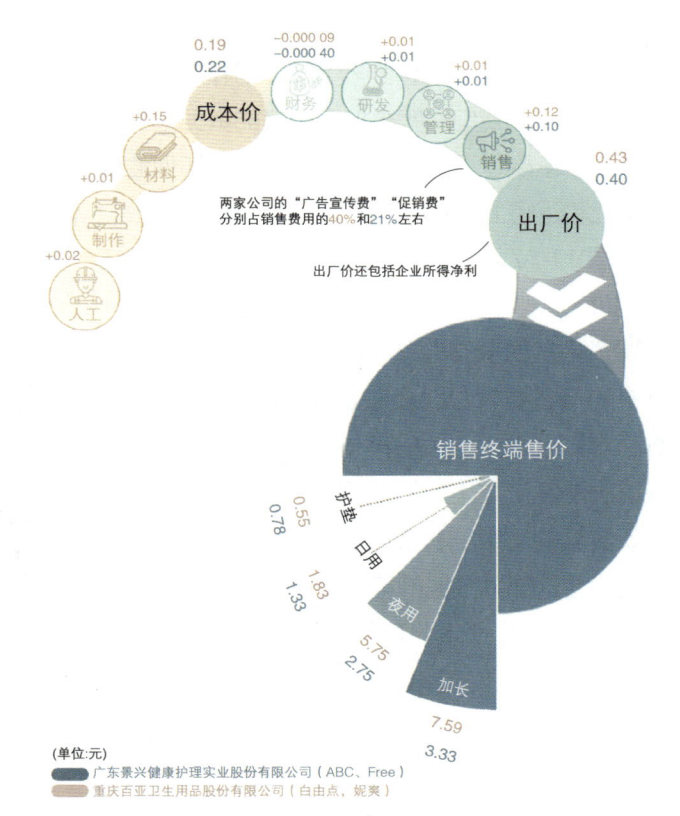

图 11-16　卫生巾生产、销售流程图的初稿

面略显失衡。同时，从数据属性的逻辑关系来看，把费用类型和具体环节放在同一链条上也不够妥当，容易导致信息误读。

成稿图（见图 11-4）采用了受众更为熟悉的流程图式排版，在留白均匀的同时能够层次分明地区分出费用类型和具体环节这两类信息。每个图标都在充裕的空间里排列整齐，注记图层的文字也被放置在统一的相对位置上，能给读者带来更疏朗清晰的视觉体验。

（3）秩序：视觉上的齐整舒适和逻辑上的层次分明。

以下案例来自 RUC 新闻坊的作品《新创旧痛 | 黄河石林百公里越野赛事件特别报道》，可视化意在展示我们对赛事报名门槛的数据分析结果，三版修改过程充分体现了可视化是如何达成视觉上和逻辑上的秩序之美的。

图 11-17 这张旭日图来自旧稿《高烧遇冷？国内马拉松的冰与火之歌》，体现了马拉松赛事的参与门槛，包括主办方的报名要求，以及在健康、经历等方面对选手进行把关的严格程度。在传统饼图的基础之上，旭日图可以清晰地体现数据的层级结构和归属关系，看似比较契合这部分数据的可视化诉求。

然而，当具体的可视化图表被做出来之后，我们可以看到，由于未设报名门槛及不要求健康或经历的赛事居多，因此左下角的信息颇显拥挤，并且也看不出具体赛事的场数及所占比例。再加上没有对具体数字和所占比例进行标注，读者能感受到各部分的数值差异，但无法获得更细节的数据，这就造成了一定的信息量损耗。

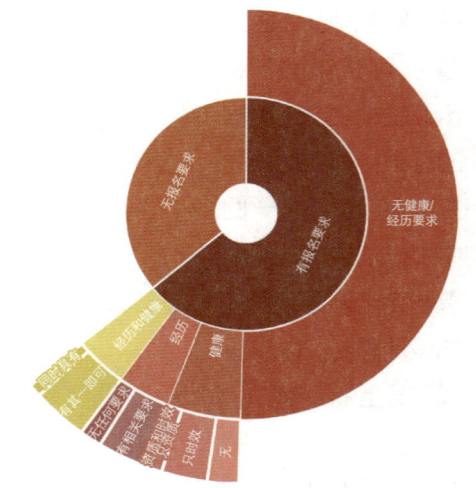

图 11-17 国内马拉松赛事报名要求旭日图（第一版）

图 11-18 是我们在 2021 年 5 月黄河石林百公里越野赛事件发生后，于前述旧稿基础上补充更新数据、重新进行可视化的一版效果图。流程图的形

超1/3国内马拉松及相关赛事不设报名门槛
对选手健康和经历要求少

```
                    3 690场赛事
                  超1/3 未设置报名门槛
        ┌──────────┬──────────┬──────────┐
       年龄        健康        经历        其他
   2 053场赛事进行  仅482场赛事对  仅967场赛事  159场赛事提出了包括
   了年龄限制,占  选手提出健康要  要求选手具备过往  防疫、参赛选手身份限
     55.6%       求,占13.1%    经历,占26.2%  定等特殊要求,占4.3%
        │           │              │
   ┌────┴────┐  ┌────┴────┐   ┌────┴────┐
  仅198场赛事要  仅62场赛事对提   569场赛事对过往  仅82场赛事对过  343场赛事对过往
  求提供体检证  供的健康证明做   经历中的赛事提   往经历中的成绩提  经历的时效性提
  明,占5.4%    出时效性要求,   出要求,占15.4%  出要求,占2.2%   出要求,占9.3%
              占1.7%
```

数据说明:
1. 在"爱燃烧"平台"比赛"栏目对2014—2021年国内"马拉松""越野""健康跑"这三项数据进行筛选统计。
2. 人工对有明确报名资格要求的赛事进行编码,其中,"体检证明"要求去医院开具的检查结果,"赛事要求"为主办方限定级别赛事的完赛或成绩证明,"成绩要求"为参赛选手历史成绩,"时效要求"为取得上述证明与成绩的时间限制(如,一年内),"其他"则包括防疫、参赛选手身份限定等特殊要求。
数据来源:"爱燃烧"平台。
数据统计时间:2021年5月23日。

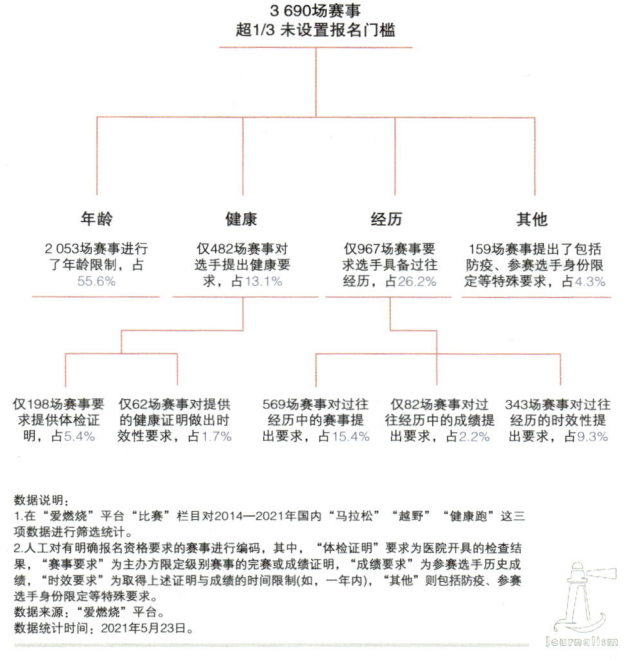

图11-18 国内马拉松及相关赛事报名要求流程图(第二版)

式同样能清晰展现数据的层级结构,并且可以避免数据中结构显著不均衡对可视化效果带来的影响。但是这幅图中又出现了新的问题:文字过多,虽然采取了加粗、标蓝比例数据的形式,尽量突出这一数据,但可视化不够直观,未能帮助读者感知具体比例的差别。

稿件发布后因为文中出现了差错,我们又做了调整。在第三版中,我们对这幅图提出了新的制图要求:要对比越野赛和马拉松等其他赛事的门槛。这时,第二版中简单的流程图不再能满足这一诉求。因此我们在新一版可视化(见图11-19)中不再拘于传统图表的形式,而是采用了拆分、组合条形图与流程图的形式,以求同时展现不同类别赛事的对比和有报名门槛赛事所占比例。

除了以上三点,我们还想强调,数据与可视化之间的关系是非常灵活的,在具体操作时可以视实际效果和需求进行调整,选择适合的可视化方式。数据类型与可视化方式之间往往并不互为充要条件,同一类型的数据在数值发生

越野赛的报名门槛略高于马拉松、健康跑等其他赛事，
但仍有近1/3越野赛未设置报名门槛

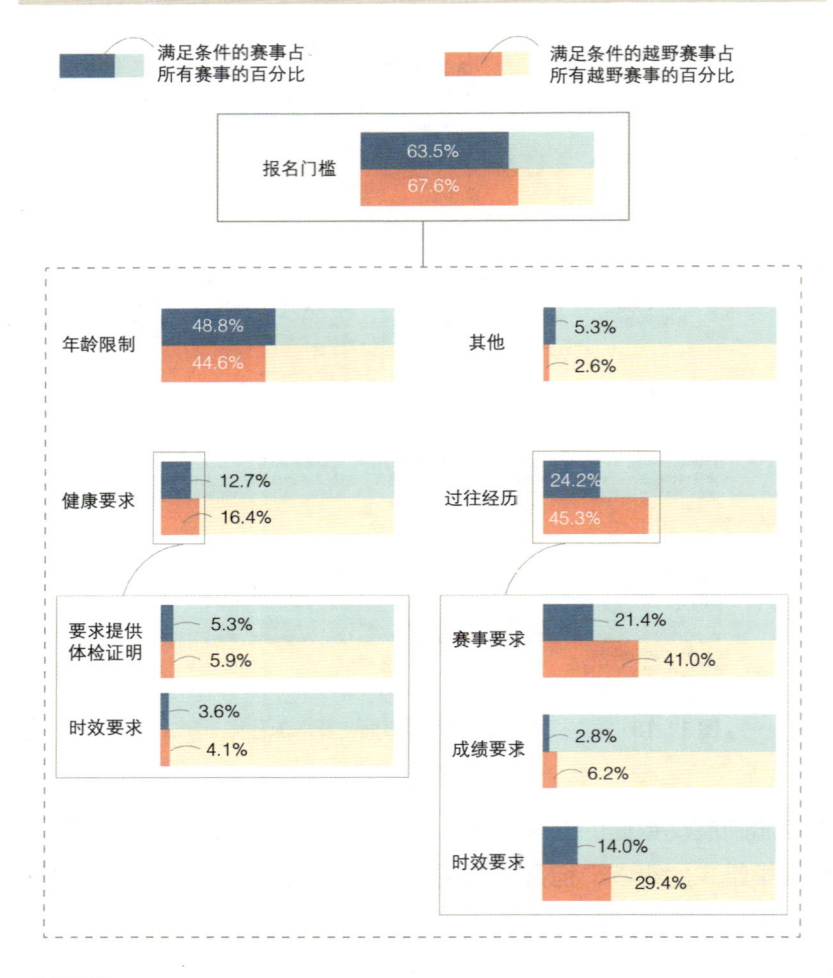

满足条件的赛事占所有赛事的百分比　　满足条件的越野赛事占所有越野赛事的百分比

| 报名门槛 | 63.5% / 67.6% |

年龄限制	48.8% / 44.6%
其他	5.3% / 2.6%
健康要求	12.7% / 16.4%
过往经历	24.2% / 45.3%
要求提供体检证明	5.3% / 5.9%
赛事要求	21.4% / 41.0%
时效要求	3.6% / 4.1%
成绩要求	2.8% / 6.2%
时效要求	14.0% / 29.4%

数据说明：
1. 在"爱燃烧"平台"比赛"栏目对2019—2021年国内"马拉松""越野""健康跑"这三项数据进行筛选统计，共得到1 761条赛事信息，其中马拉松赛事963场，越野赛事581场，健康跑赛事217场。
2. 人工对有明确报名资格要求的赛事进行编码，其中，"体检证明"要求为医院开具的检查结果，"赛事要求"为主办方限定级别赛事的完赛或成绩证明，"成绩要求"为参赛选手历史成绩，"时效要求"为取得上述证明与成绩的时间限制（如，一年内），"其他"则包括防疫、参赛选手身份限定等特殊要求。
数据来源："爱燃烧"平台。
数据统计时间：2021年5月23日。

图11-19　国内越野赛及相关赛事报名要求柱状图（第三版）

改变时如果仍然沿用原来的设计，那么效果可能并不理想；同理，同一份数据在做出不同解读、希望强调不同的信息重点时适用的设计方式也有所区别。

11.2.2　复刻之外还有创新

在熟悉基本的美学原则之后，你也许会陷入一个瓶颈期：数据可视化的同质感好像太强了。基础的柱形图、饼图、折线图等已经让人产生了"审美疲劳"，散点图、热力图、叠嶂图也被应用得越来越多。数据可视化的基础图表类型相对固定和模式化，在掌握了这些基础图形之后，要想创作出令受众眼前一亮的作品，设计师必须要有创新的胆量和能力。

显然，我们很难针对"创新"进行一些套路式的总结，以下是从实践中归纳出的在创新时需要注意的事项。

1. 有舍有得，大胆解构重组

对数据可视化来说，比较常见的图表创新方式可以概括为三种：增、减、变。

所谓"增"，是给图表增添一些装饰性内容，或是进行不同大小图表的组合排列，以层级的丰富性减少单一图表带来的乏味感，并为设计增添简约、规整且富有节奏的美感。

RUC 新闻坊在进行案例统计和展示时，经常采用这种"增"的方式。比如，这幅展现遭受隐私泄露的新冠患者的组图（见图 11-20），就

图 11-20　新冠患者隐私泄露情况案例统计

合理运用了图表组合和装饰图案的方式。名片式的方框设计能准确传达"个人"的观感，组合式的排列则带来整齐中略有错落的美感。

有时候，单个图表信息量较为单薄时，也可以把传达同一大类信息的图表组合在一幅图内，这样既能减少读者阅读多幅图的时间成本，合理调整作品的阅读节奏，也能增加设计上的信息量和视觉丰富性。

以 RUC 新闻坊的作品《绘本世界性别观察手记》中的一个设计为例，图 11-21 整合了径向柱图、词云图和数据表等多种形式，全面呈现了绘本世界中男女角色在身份类别上的差异。这样的加法设计不仅能给读者带来充实的信息量，还能令他们感受到设计的丰富层次，读图亦可充满探索奥妙的趣味性。

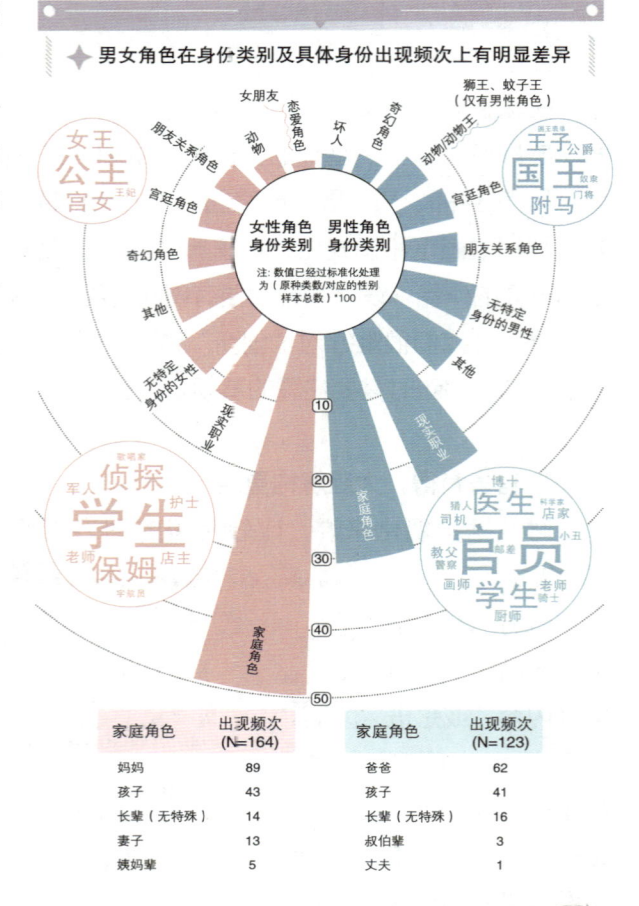

更高级的增量尝试还可以加入手绘、拼贴等设计元素。我们的作品《我不能想象一座没有公园的城市》在探讨公园之于公共生活的价值这一主题时，就在可视化的开头加入了一段生动形象的手绘，柔化了纯数据带来的"硬核"感（见图 11-22）。

图 11-21 绘本世界中的男女角色身份

RUC新闻坊也做过拼贴排版的尝试。在《我们能否可视化爱情》这一七夕主题推送中，设计者为了更贴合"恋恋笔记本"的主题设计，在进行词频统计时，不使用常见的对齐设计，转而采用了类似手账拼贴的排版方式，加入便签条、手绘图案等常见于手账本设计中的要素，既契合情侣类话题日常化、生活化的特点，也给读者带来了温馨的视觉感受（见图11-23）。

有"增"，也可以有"减"。所谓减，本质上是一种对图表的简化。你可以适当删除图表本身的元素，从而突出线条、图形所传达出的数字意义，让读者能更快抓住重点。无论是横纵坐标轴，还是一些无须重点突出的庞杂数据，都是可以割舍的。

图 11-22 《我不能想象一座没有公园的城市》作品开篇的手绘图

图 11-23　可视化的爱情

例如图 11-24 针对东京奥运会经济账的可视化，就删掉了条形图的横纵坐标，转而将其融合到表格中，以和整个作品的长卷风格恰到好处地融合。

在 RUC 新闻坊的另一个作品《承认吧，它才是我们最初的"一年一度喜剧大会"》中，图 11-25 呈现了春晚小品的时长分布情况，设计师用热力图的形式对小品时长

的分布情况做可视化，通过色彩变化来表现小品时长的分布规律。设想设计师也可以采用条形图、柱状图、饼图等大家熟悉的方式来展现数据，但一来那样的设计更占空间且缺乏新意，二来此处无须对所有统计的小品时长数据做烦琐的交代，因为后者能提供给读者的信息量过于细节而显得必要性不强，反之图 11-25 的设计不仅简洁，而且为了让读者了解数据极值，设计师还机智地用小品图像的形式增加了注记图层，使画面的信息量在必要的减法基础上又做了较好的加法。

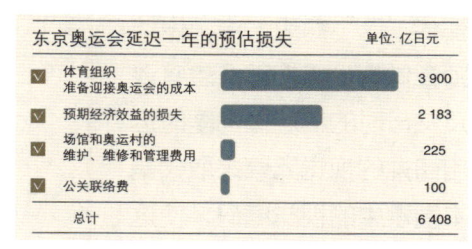

图 11-24　东京奥运会延迟举办带来的经济损失

"变"则可以理解为狭义的"创新"。往小了说，对图表组成部分的细节变换就是一种变。比如说，我们可以改变传统圆形、柱形、条形等的固有图表形状，根据数据内容本身的含义，选取相关的图案替换原有元素。这样一来，替换的意象也能延展出图表之外的意义，和图表本身传达的内容形成良好的互文效果，加深读者的印象。

图 11-25　春晚小品时长分布图

比如，RUC 新闻坊在做中秋月饼这期选题时，就把月饼包装上内馅的图案巧妙融合进了象征月饼内馅口味数量的圆圈中，表意更为直观，整个图表看起来也"秀色可餐"（见图 11-26）。

在我们的另一个作品《青少年何以成为抑

郁症"老"病患》中，设计师在做青少年抑郁症患者谈及父母时的情感倾向图时运用药丸的视觉元素来取代基本图表中的视觉编码，使这张图不仅直观，还令人感到颇具匠心，与主题更加契合（见图 11-27）。

2. 表意清晰，切忌喧宾夺主

　　数据可视化的创新可以是多维度的，但在数据叙事中的可视化创新却是有限制的。因为前者更加自由、天马行空，可以做许多前沿性的科技和艺术层面的探索；后者则要在突破传统的基础上兼顾信息和知识的准确传达。因此，在数据叙事中，如果可视化的视觉效果过于复杂烦琐或者抽象晦涩，就会在读者面前立起观看的高门槛，反而不利于读者接受。因此，设计师需要在创新的过程中，找到自我表达和叙事效果之间的微妙平衡。

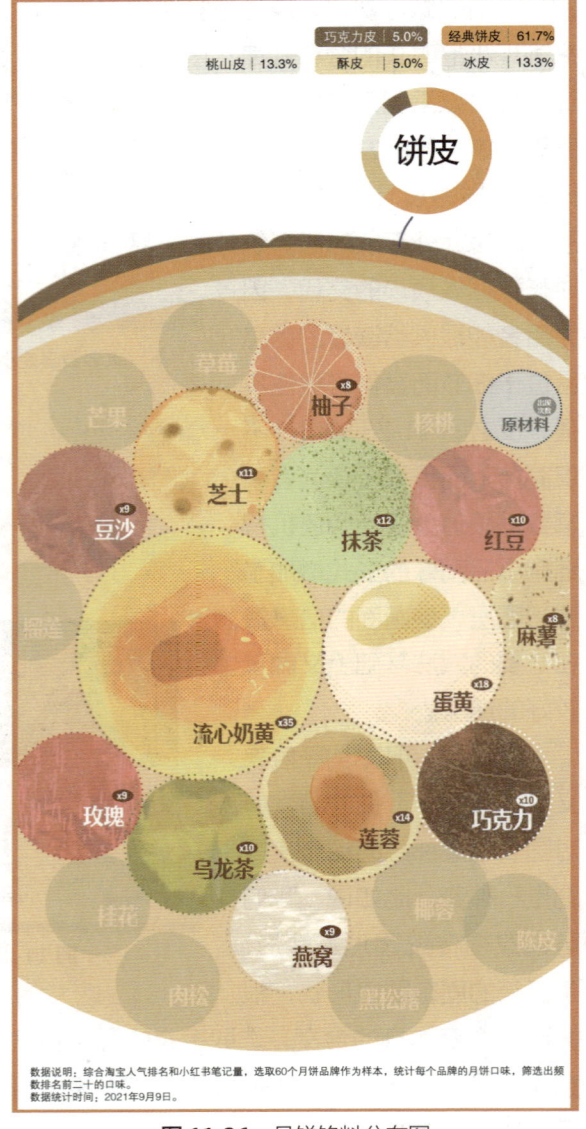

图 11-26　月饼馅料分布图

　　例如，意大利可视化设计师费代里卡·弗拉加帕内（Federica Fragapane）曾用弧形曲线的高低表现马克思和恩格斯之间的书信往来数量（见图 11-28），而这幅作品遭到了一些读者的质疑：为什么不能用简单的柱形图更加明确地表示信息？使用这样的形状到底是为了什么？

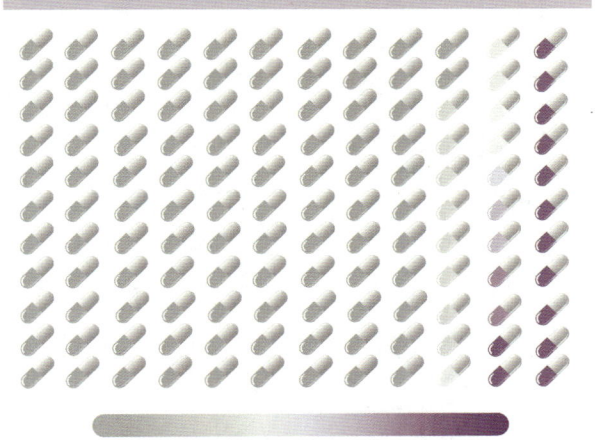

当患有抑郁症的他们谈及父母，负面情感远远大于正面情感

注释：颜色越接近灰色，情感越负面，颜色越接近紫色，情感越正面。

数据说明：
爬取"抑郁症"微博超级话题包含"爸""妈""父母"的帖子，筛除无意义发帖，进行文本统计。
数据搜集时间：2021年11月28日—2021年12月1日。

图 11-27 青少年抑郁症患者谈及父母时的情感倾向分布图

在质疑声中，另一位可视化设计师马蒂厄·吉列尔米诺（Mathieu Guglielmino）对这份设计表示称赞："通过一个水平时间轴，弗拉加帕内把信中内容连接了起来，运用 40 年起伏不断的重复的曲线形成了视觉上的和谐观感。由书信来往对象而被对称分开的上下曲线，使读者不仅容易判断收信对象，还能对比曲线高度来找出通信频繁程度，这大大减少了理解难度，也很好地诠释了马克思和恩格斯的书信量异同。"❶

但抽象的视觉表达对普通读者未必那么友好。当创造性设计遇上读者已有的阅读习惯，可能会使观看者眼前一亮，也可能会导致沟通障碍，遭遇抵制。是要创意的挑战，还是要简洁的保守？设计师需要根据作品风格与传播目标进行适当取舍，而其中的平衡并不那么容易把握。

---

❶ Guglielmino，M. (2021-05-05). The five rules of harmony in the art of federica Fragapane. Retrieved April 13, 2022, from https://medium.com/nightingale/the-five-rules-of-harmony-in-the-art-of-federica-fragapane-e17a006f8418.

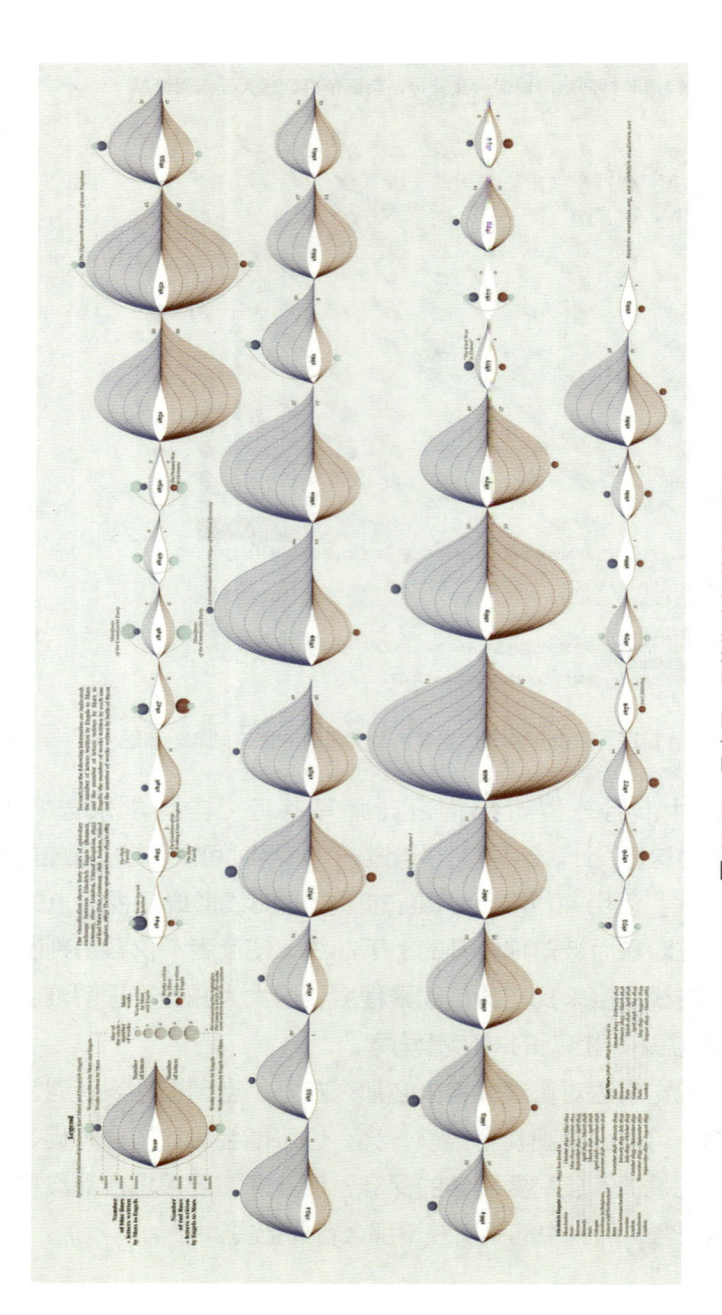

图 11-28 马克思、恩格斯之间的书信往来

资料来源：Federica Fragapane 个人主页。

第 12 章
可视化设计师如何从零起步？

上一章我们分享了优秀可视化的标准，本章将明确可视化在数据叙事中的角色，并对主流数据可视化工具做评测，以此帮助零基础的设计师开启自己的设计工作。

12.1 可视化在数据叙事中的角色

虽然可视化并不是数据叙事作品的唯一呈现形式，但大多数人都赞同可视化已基本成为数据新闻和相关叙事作品的显著构成要素（Howard，2014；Gray，Chambers，& Bounegru，2012；方洁，2019），"数据－文案－可视化"铁三角已成为大众对数据叙事的基本认知 ❶。

然而，在不少人的认知中，设计师的工作就是配合数据和文案，对数据、信息进行美化，就像传统媒体中的美编一样，他们所做的可视化呈现都是为内容锦上添花。不可否认，根据数据、文案展开设计，对信息进行转译，这是设计组的基本工作。通过可视化这一探索、展示和表达数据的媒介（邱南森，2014），我们可以使数据呈现更加直观，而有感染力的设计，能提高数据叙事的传播效力和审美价值。

可视化工作不是附属的，设计师不是机械的"翻译软件"。数据叙事生产的"铁三角"改造了传统内容生产的线性流程：工作组之间并没有严格的分野，它们相互配合又相互制约，作品从创作之初就需要三个工作组同时讨论与磋商。

---

❶ 大部分人赞同"数据－文案－可视化"是一个数据叙事作品的标配，但也有人认为这只是最基础的配置，更具完整性的配置需要加上"开发"环节。

一方面，可视化的复杂程度和表现方式与数据搜集的精细度和结构化维度是相互影响和作用的。从宏观层面看，可视化作为作品最后的表现窗口，它的复杂程度会左右数据的颗粒度。如果最后只能以静态图表呈现，那体量再大、颗粒度再精细的原始数据都需要进行归类和简化，相反，如果可视化产品允许交互，那就可以存留更多数据细节。从微观层面看，具体的可视化形式和版面/页面可容纳的空间大小也会影响数据分析存留维度，如面向 PC 端大屏所做的设计和面向移动端所做的设计就存在很大的差异，这些反过来也会影响前期的数据搜集工作。

更"极端"一些的情况是，可视化本身也可以成为数据叙事的灵感。可视化之美也构成了评判数据叙事作品质量的一个关键要素。例如知名的国际信息和数据可视化大赛"信息之美"（Information is Beautiful）奖就对参赛作品的设计美感极其重视，荣获该奖的作品往往在可视化形式的探索和审美表达上具有突出的表现，这些"美"使其呈现的数据叙事更具张力和传播力。

另一方面，数据故事中的文字不再是绝对主角，可视化本身就可以传递高密度信息，很多时候能起到"一图胜千言"的作用，这不仅会影响到文案的谋篇布局，也会改变文案的行文习惯，促使数据编辑减少浅显的描述，做更深入的分析和资料延展。

因此，从数据叙事创作的第一刻开始，三个工作组就应当一起讨论交流，一同确定即将讲述的数据故事的可能性和边界。不过从实际的情况来看，上述工作模式可能还是一种理想状态，国内外对于数据新闻团队配合的研究都表明，数据记者依然占主导地位，而不少设计师依然把自己定位为"辅助"的角色（郑蔚雯，姜青青，2013；肖鳕桐，方洁，2020）。

这可能是因为媒体中的设计师更术业有专攻，并没有新闻采编经验，同时身上还承担着媒体其他部门安排的视觉任务，因而参与数据叙事创作其他环节的动力和精力不足。

作为校园媒体，RUC 新闻坊团队保留了团队内部的流动性，团队成员既可以在一个项目中身兼数职，也可以在不同项目中尝试不同的角色。因而，可视化组成员大多有数据搜集处理和文案写作经验，这在一定程度上促使设计组能更深入地介入数据叙事创作，并与其他工作组更顺畅地交流。

12.2 主流数据可视化工具的介绍和评测

从简单到复杂，从静态到动态，可视化工具不仅非常多，并且也一直在推陈出新。工具、技术是重要的，而在网络资源丰富的今天，它们又是最容易学习的一部分。在这里，我们主要对一些目前比较主流的可视化工具的用途和优势进行介绍和评测。

12.2.1 在线图表网站

在线图表网站可以说是最容易入门的一类工具，一般而言只需要导入数据，就可以一键生成图表。在线图表网站的产品虽然有很重的模板化痕迹，但整体而言美观度高于 Excel 生成的图表，种类也更丰富。对缺乏数据可视化经验的初学者来说，在线图表网站不失为一个熟悉各种类型图表、打开可视化之门的快捷通道。

国内外的在线图表网站非常多，它们的风格与优势各不相同。

国内比较大众的在线图表网站是花火数图（Hanabi，https://hanabi.dataviz.cn/）和镝数图表（https://dycharts.com/appv2/#/pages/home/index），它们分别属于数据服务提供商数可视和镝次元。这两个网站的图表类型都相当丰富，覆盖了基础图表的基本形态，如基础柱状图、折线图、饼图等；基础图表的进阶形态，如瀑布图、极坐标折线图、旭日图等；还有较为新颖、特别的图表，如力导向图、沃罗诺伊树图、热力图等（见图 12-1、图 12-2）。

它们对丰富的图表进行分类，这能够帮助使用者感知图表之间的亲缘性。花火数图还为每个图表附上介绍，通过"图表定义"解释该图表如何表达信息或如何解读数据，通过"应用场景"解释何种类型的数据适用该图表，通过"使用场景"解释该图表的使用目的，这能帮助使用者更好地认识、理解图表，并快速建立可视化图表的知识图谱。

但花火数图默认样式的配色饱和度较高、用色较多，在使用时可适当调整颜色，使生成的图表配色更和谐；而镝数图表的默认样式鲜少有勾边、圆角设计，显得比较板正，在使用时可在细节上做相应的美化。

而国外的在线图表网站也有许多选择，它们的风格、功能和国内网站相比略有差异，它们通常是一个创作者交流的社区，创作者在制作自己的图表之余还可以浏览他人的作品。

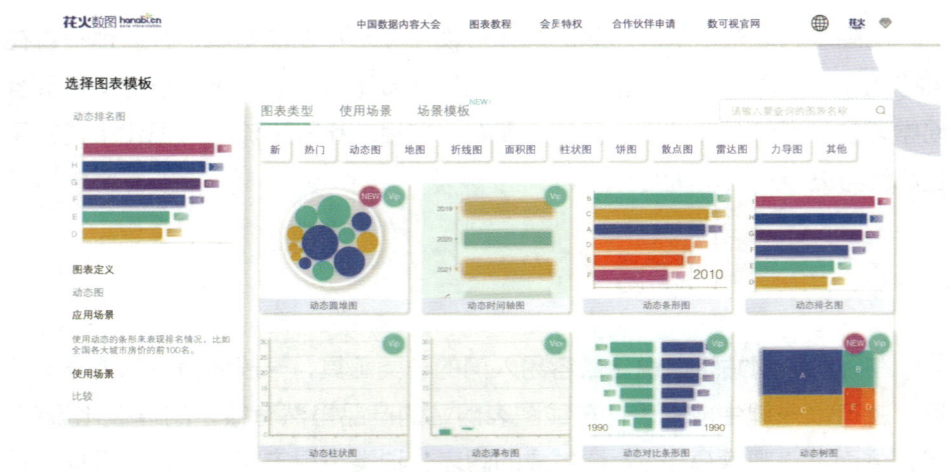

图 12-1　花火数图的图表类型界面

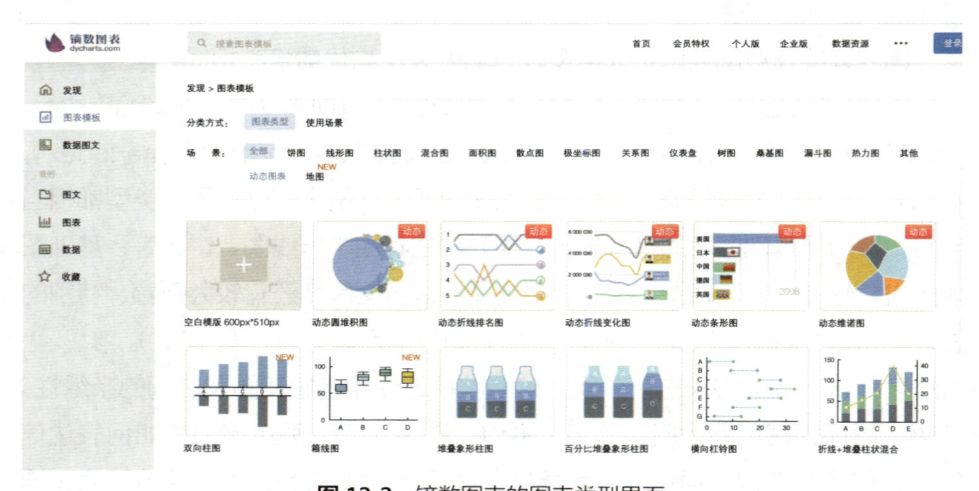

图 12-2　镝数图表的图表类型界面

Flourish（https://flourish.studio/）是在线设计网站 Canva 的数据可视化产品，Flourish 一个比较大的优点是复杂图表的类型比较丰富。比如汉斯·罗斯林经典的 4 分钟讲述 200 年来 200 个国家发展故事中的动态气泡图❶（见图 12-3）就被 Flourish 做成了可视化模板。

❶ Rosling，H. (2010). The joy of stats. Retrieved April 13, 2022, from https://www.gapminder.org/videos/the-joy-of-stats/.

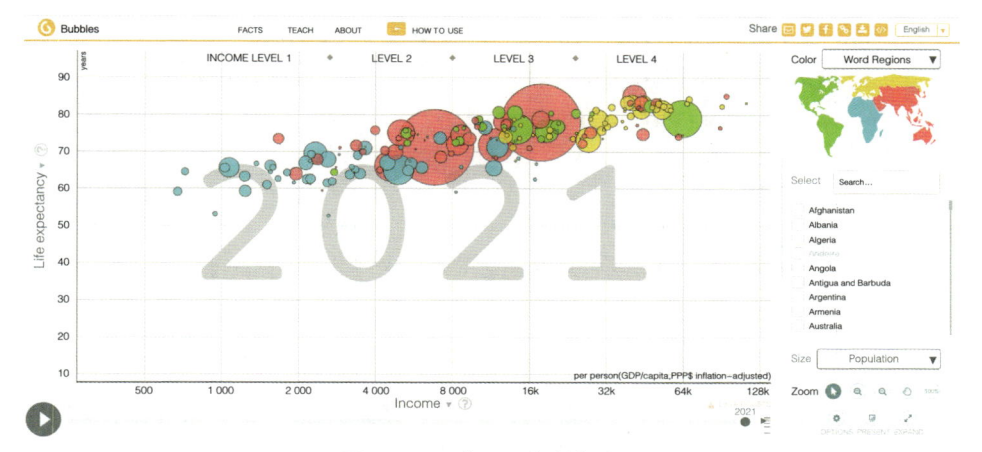

图 12-3　汉斯·罗斯林气泡图

资料来源：Gapminder。

另一个优势是，Flourish 的可调整参数较多，能为设计师提供更大的图表设计空间，同时它还有较强大的筛选功能，支持图表交互，也提供数据图表以外的交互模块，这些交互图表还附有 API 文档，适合网页端的数据可视化制作。

例如 Flourish 的 Survey 模板中，每一个具有多维数据信息的个体被化作一个圆点，在视觉编码时允许设计师筛选不同维度的数据，方便进行探索性的数据分析和呈现（见图 12-4）。

此外，Flourish 还包含了照片对比、测试等交互模块，能帮助使用者实现特定的交互需求（见图 12-5）。

与 Flourish 相似，PlotDB（https://plotdb.com/）也适合非常规图表制作。PlotDB 上的基础图表或基础形状比较少，但提供了一些相对复杂的图形模版。

PlotDB 的搜索栏比较特别，使用者除了可以通过较为传统的"图表类型"标准来检索，还可以通过"视觉元素"（视觉编码方式）和"维度"（数据的维度数量）标准来检索，这能帮助设计师去探索发现与数据更匹配的图表类型（见图 12-6）。

在调整图表参数时，PlotDB 还支持代码模式（见图 12-7），对有代码基础的使用者而言，这使他们拥有了更高的自由度和设计空间。

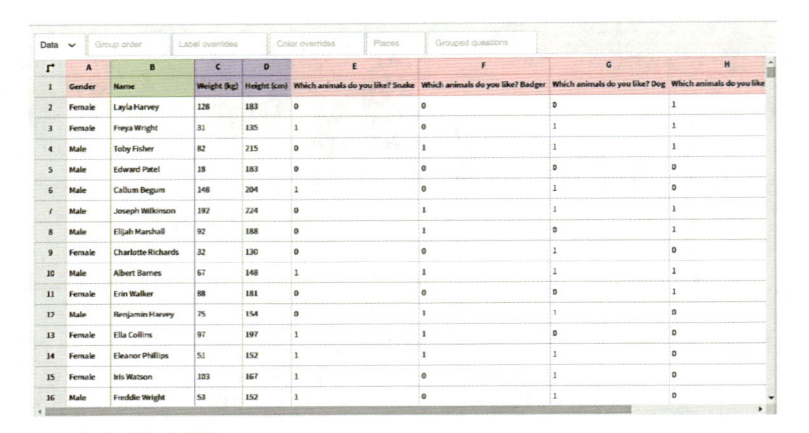

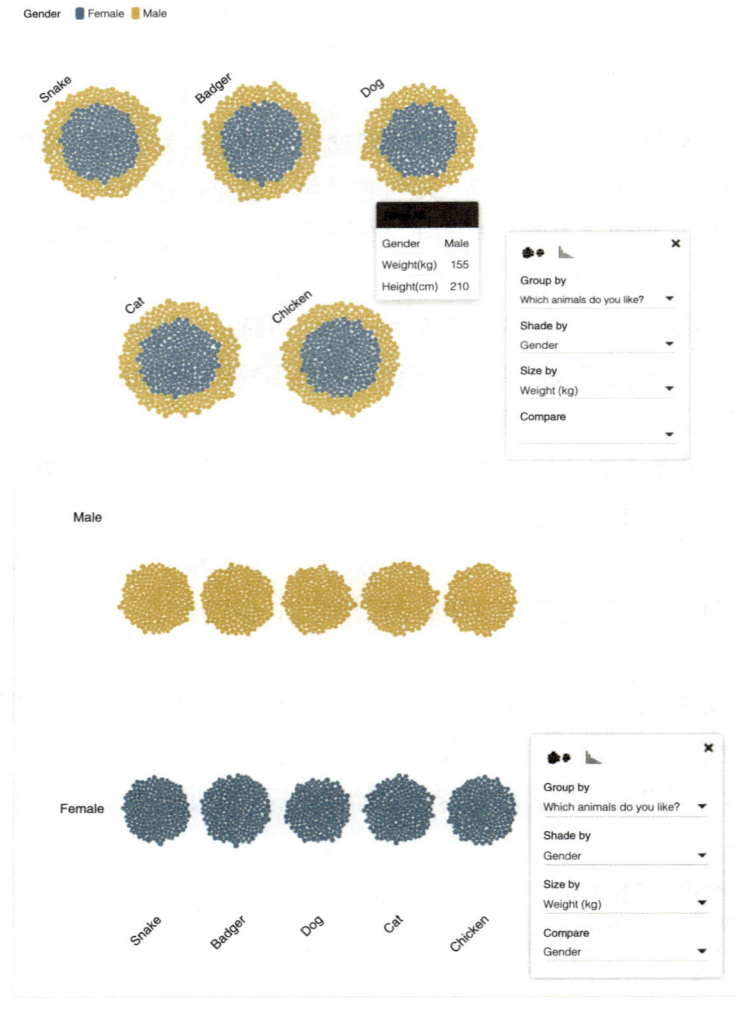

图 12-4　Flourish 上的 Survey 模板

图 12-5　Flourish 上的照片对比与测试模板

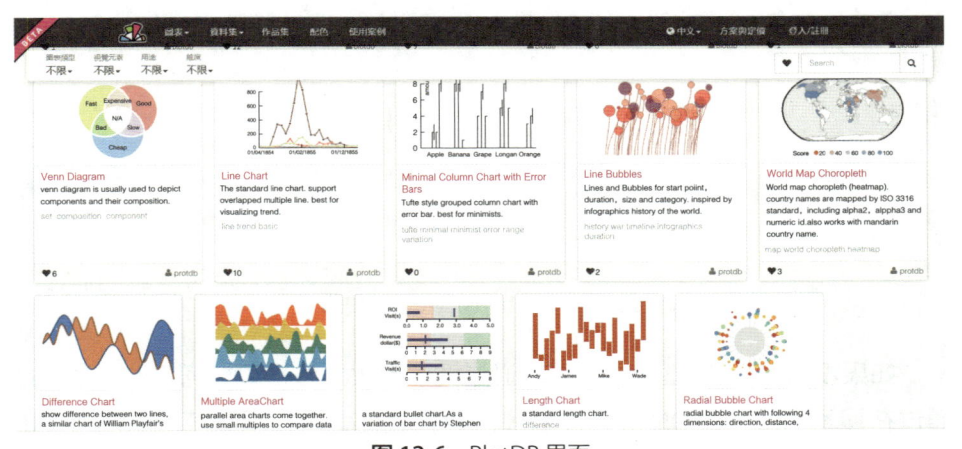

图 12-6　PlotDB 界面

与上述网站相比，最初由百度团队开源的 ECharts（https://echarts.apache.org/zh/index.html）在专业性上走得更远、使用难度更高，它是一个基于 JavaScript（JS）的开源可视化图表库。换言之，使用 ECharts 的时候，需要编写 JS 代码（见图 12-8）。

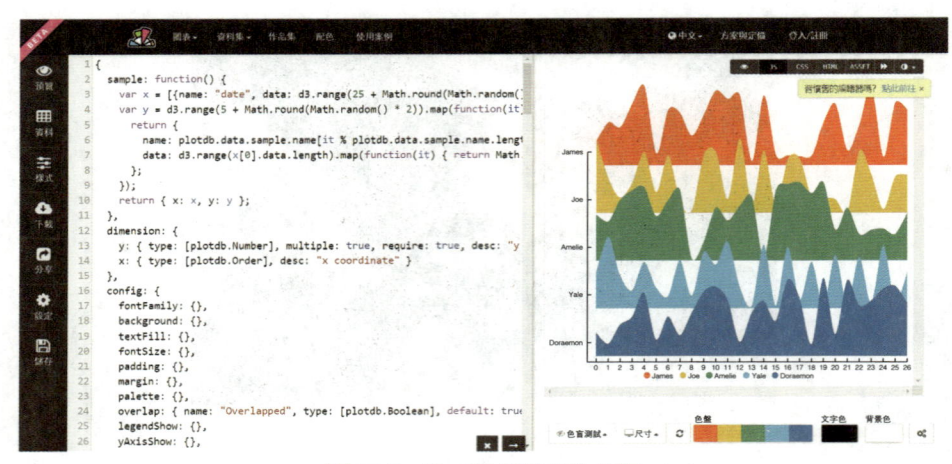

图 12-7　PlotDB 调整参数界面

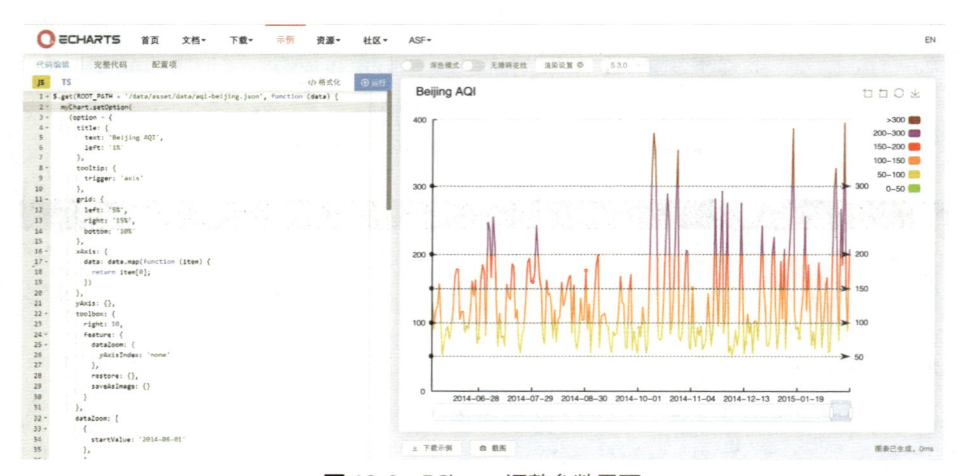

图 12-8　ECharts 调整参数界面

如果没有 JS 代码基础，也可以通过阅读代码大致推算如何修改参数，或通过在搜索引擎、CSDN 等开发者社区寻找教程，依样画葫芦地做出所需的效果。

由于是通过代码调整参数的，ECharts 能处理更大量级的数据，实现更复杂的可视化：它提供 3D 可视化的模板，也支持接入 WebGL API，无须使用插件即可在任何兼容的 Web 浏览器中渲染高性能的交互式 3D 和 2D 图形，能精细地处理大数据（见图 12-9）。

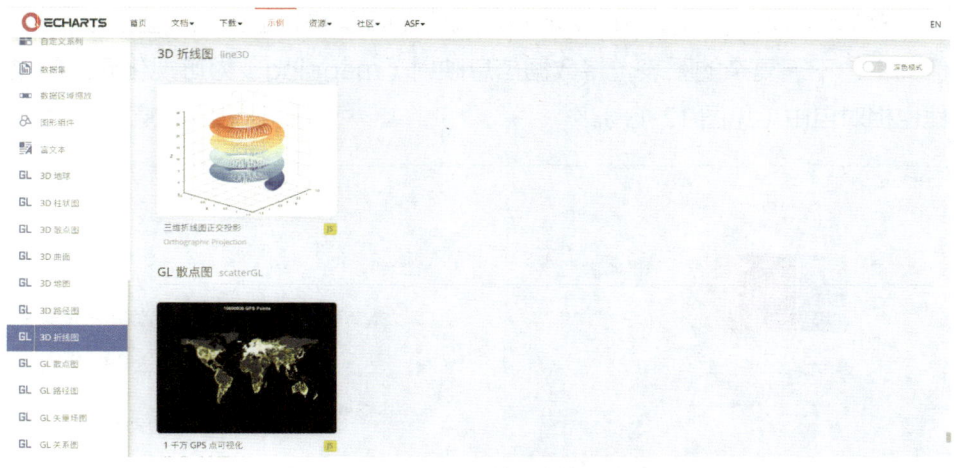

图 12-9　ECharts 可处理大体量的数据

与上述几个专业性较强的可视化网站相比，Datawrapper、RAWGraphs 和 Infogram 走的是更简洁、轻量的路线，可供选择的图表相对比较基础。它们的使用逻辑和前述网站不太一样，不是先选择图表再导入数据，而是先导入数据再调试图表，同时它们会提供比较清晰的操作路径。

Datawrapper（https://www.datawrapper.de/）的界面几乎是最简洁的，它还推出了响应式表格的模板，能较为方便地把表格中的一些数据转化为条形图、折线图、热力图等，是优化表格类型信息图的好选择（见图 12-10）。

图 12-10　Datawrapper 界面

RAWGraphs（https://rawgraphs.io/）的界面也相当简洁，虽选项不多，但其中也不乏复杂的图表，将数据信息映射（mapping）为可视化元素的过程也相对自由（见图12-11）。

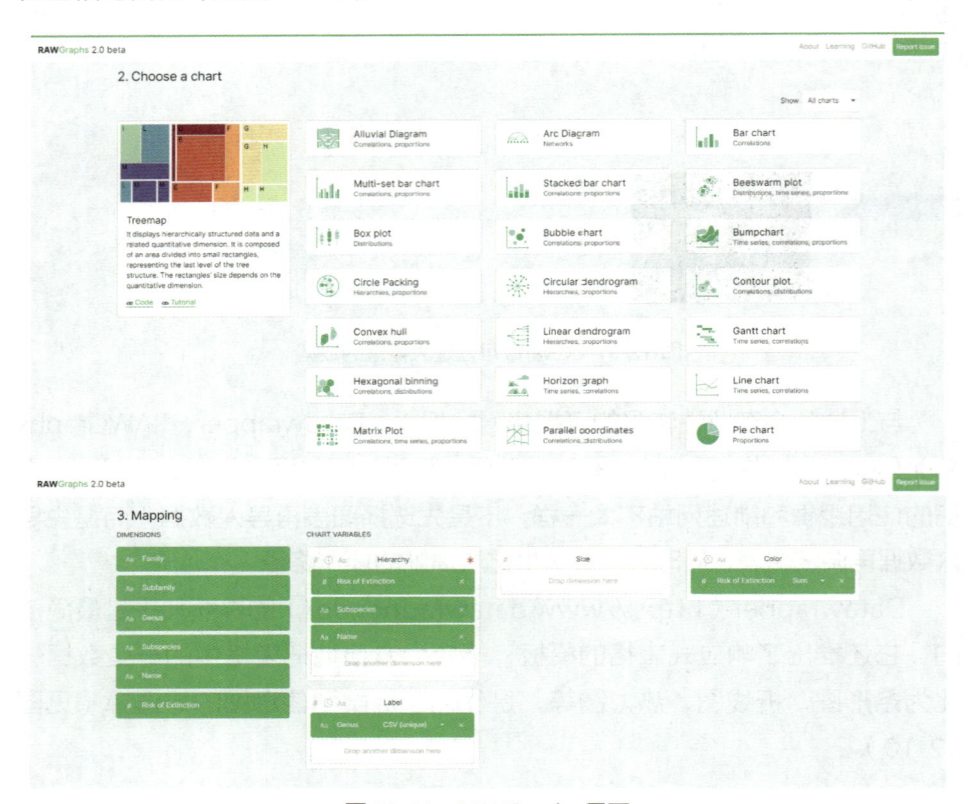

图 12-11　RAWGraphs 界面

Infogram（https://infogram.com/）是一个更综合的信息类文件设计网站，除了制作单张的信息图表，还可以直接设计数据长图、数据报告、幻灯片、仪表盘、信息可视化海报等（见图12-12）。借助 Infogram，人们可以便捷地组合使用图表，也可以进行一些版面设计，且直接生产成品，在某种意义上可以将它理解为信息可视化领域的秀米。

最后，这些在线图表网站各有千秋，搭配使用便能够满足绝大部分非大数据的静态图表设计和部分交互图表设计的需求。不过网站功能再好，也要考虑可获得性，不同网站的免费权限大小并不相同，综合而言 Infogram 的免费权限是最少的。

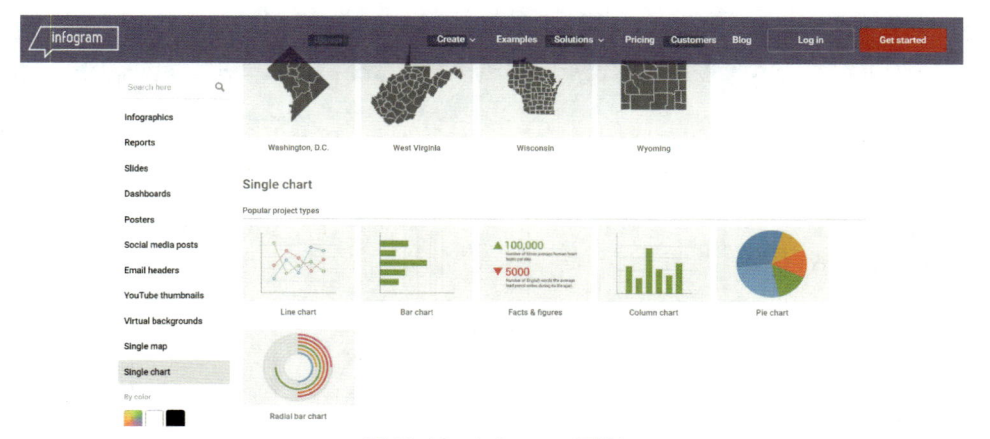

图 12-12　Infogram 界面

PlotDB、ECharts 和 RAWGraphs 不需要注册即可使用，其余网站都需要通过邮箱或其他社交媒体途径注册登录后才能完整使用。不过注册步骤不算烦琐，注册本身亦不需缴纳额外费用。

在不付费升级账号的情况下，花火数图能使用约 80% 的图表模板，但无法使用一些地图和动态图表；Flourish 能使用 95% 以上的模板，仅几个交互性强、较复杂的模板无法免费使用；Infogram 有相当多的精美模板无法使用，前述提及的其余网站则可免费使用所有图表。

在水印方面，过半数网站自始至终没有出现过水印，对使用者比较友好；Datawrapper 会在图表末尾用一行小字注明"Created with Datawrapper"（使用 Datawrapper 制作），这行说明无法被删除；而花火数图则在图表主体部分添加背景水印并在右下角注明"制作：hanabi.cn"，不付费升级为 VIP 账户不能关闭水印。

在导出格式方面，除 Infogram 外，其余网站皆可导出 JPG 或 PNG 格式，基本上也能自行调整画布大小。但是，如果需要将信息图表导入 Adobe Illustrator 软件做进一步处理，位图是不够清晰的，必须使用矢量图，而上述网站并不都支持导出 SVG 格式。其中，PlotDB、ECharts 和 Flourish 等提供相关选项并可免费使用；花火数图、镝数图表则需要付费升级才能选择该格式；Datawrapper 在官方网站的"帮助"中提供了导出 SVG 的教程，但作者测评时并未找到相关按钮，最终无法选择 SVG 格式。镝数有水印，付费关闭。

各在线图表网站免费权限如表 12-1 所示。

表 12-1　各在线图表网站免费权限测评

网站	花火数图	镝数图表	Flourish	PlotDB	ECharts	Datawrapper	RAWGraphs	Infogram
是否强制注册	是	是	是	否	否	是	否	是
能否免费使用全部图表	否	是	否	是	是	是	是	否
能否免费去除水印	否	否	是	是	是	是	是	否
能否免费导出JPG/PNG格式	是	是	是	是	是	是	是	是
能否免费导出SVG格式	否	否	是	是	是	否	是	否
能否免费导出代码	是	否	否	是	是	是	是	否

注：1. 强制注册指不注册登录无法成功下载作品；2. 代码包括 iframe 链接和完整代码两种情况；3. 镝数的免费使用限个人/公益使用，商用非全免费；4. PlotDB 目前为止全功能限时开放，正常情况下高清位图、SVG 和代码导出需要付费；5. ECharts 导出 SVG 通过修改代码而非按钮实现。测评时间：2022 年 12 月 30 日。

12.2.2　图表设计与包装工具

在线图表网站能够帮助你便捷地生成数据图表主体，但是如果想要制作出更精美、更有设计感、更具风格的可视化作品，还需要使用专业的设计软件。

Adobe 家族中的 Illustrator（以下简称 AI）是大多数可视化设计师制作静态图表时会选择的专业设计工具。与 Adobe 家族的 Photoshop 相比，AI 是矢量图形制作软件，不仅能够做创意性平面设计，还可以精确生成数据图表，而 Photoshop 则是处理位图的软件，同时它在功能设计上并不适合生成数据图表。

AI 自带的数据图表工具，是利用 AI 进行数据可视化的核心工具。数据图表工具，能够制作柱形图、条形图、折线图、面积图、散点图、饼图、比例符号图、雷达图等基础图表，并且可以通过组合、拆分、修改等方式制作这些基础图表的变形。

数据图表工具的操作并不困难，将 Excel 中的内容复制到 AI 的表格里即可成功导入数据，导入后可以调整图表的坐标轴和图表主体的样式细节，还可以通过"解组"功能拆分图表"零件"，从而达到修改图表颜色、弧度、花纹的目的（见图 12-13）。

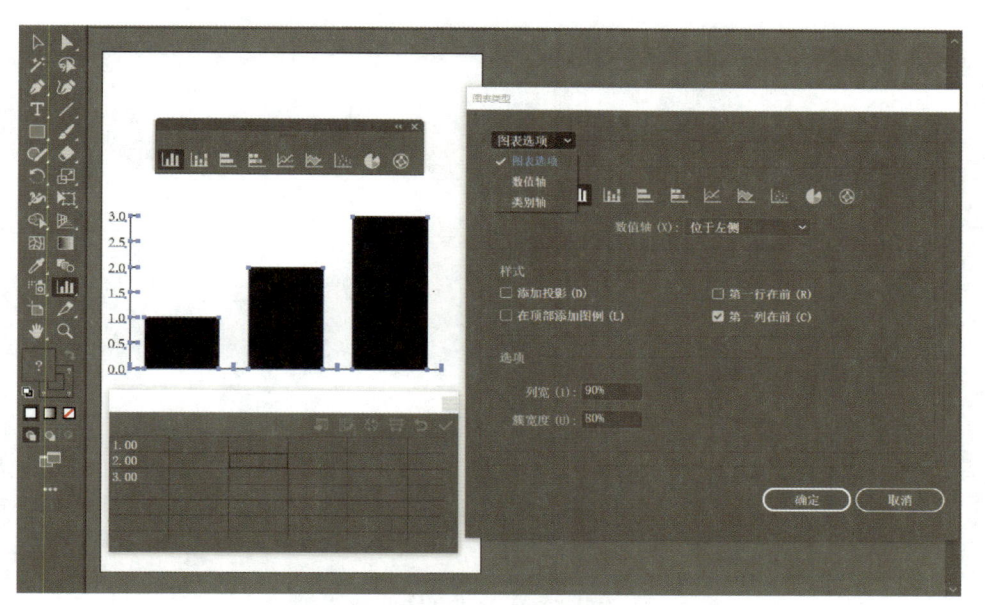

图 12-13 AI 数据图表工具界面

直接用 AI 生成图表，不用担心在线图表网站的诸多限制，坐标轴、数据值、注记层等也更容易编辑，在掌握一定方法后，甚至还能做出比网站生成的图表更有设计感的作品。比如 RUC 新闻坊的作品《在社会的时钟里，我们"应该"成为什么样？》中的极坐标柱状图（见图 12-14），每一根柱体的宽都被处理成弧形，图表形态更类似花瓣，外层添加时钟素材，使图表整体与作品主题更贴合。这些处理需要用 AI 完成，在线图表网站难以生成这样个性化的图表。

即便使用在线图表网站作图更方便，或者 AI 不能胜任某类特定图表的制作，AI 依然不该被忽视。在大多数时候，设计师需要把半成品图表放入 AI 进行调整和完善。因为在线图表网站或其他软件生成的图表的细节还需要进一步处理，而用 AI 调整更方便。

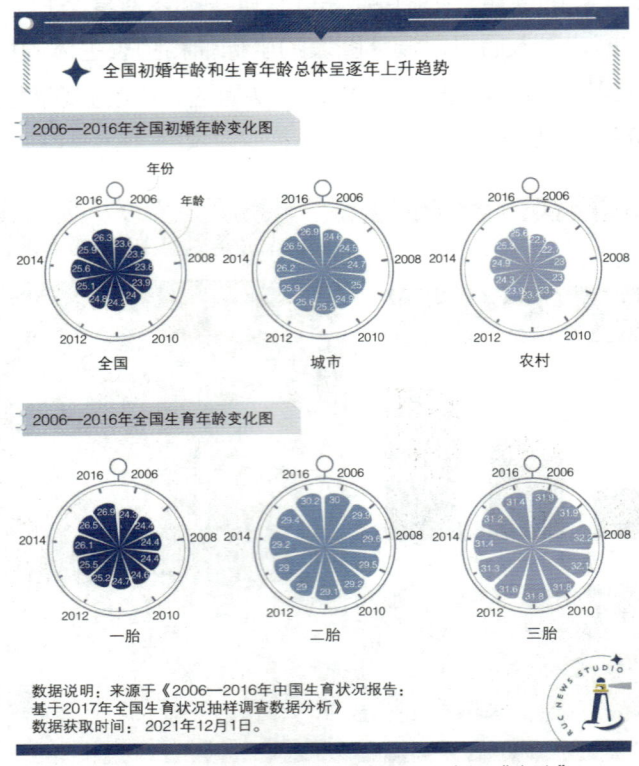

图 12-14　作品《在社会的时钟里，我们"应该"成为什么样？》中的极坐标柱状图

例如 RUC 新闻坊的稿件《真相不止一个：剧本杀的演绎、社交和套路》中的共现图，将原始数据导入 Gephi 软件后可初步绘制图表，但 Gephi 不便于调整字体和色彩，所以需要从 Gephi 导出 SVG 格式图表，再放到 AI 里调整文字大小、位置和颜色，以及更改点和线段的颜色（见图 12-15）。

即使不需要进行上述修改，如果作者是一个持续产出的设计师，需要给图表打上个人或所属机构的品牌标识，那么这个步骤也需要使用 AI。我们需要创建一个 AI 模板，将图表标题和品牌 logo 的版式固定下来。

除了精准性，AI 的另一个优势就在于它的艺术性。AI 的钢笔工具十分强大，在绘制非结构化数据的信息图表时，常常需要它出马（见图 12-16）。在拆解、剖析某个事物时，钢笔能更灵活地绘制出简洁、精准的示意图。

Gephi界面

Gephi导出

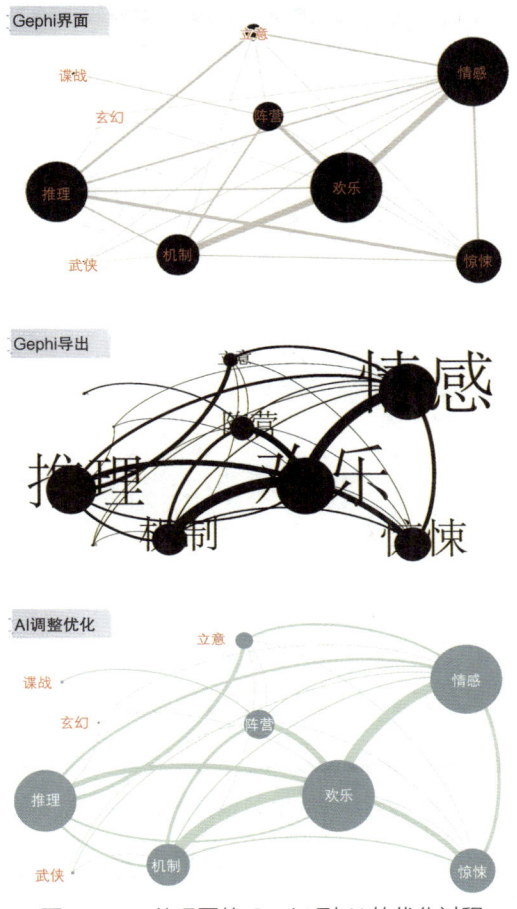

AI调整优化

图 12-15 共现图从 Gephi 到 AI 的优化过程

例如在 RUC 新闻坊的作品《花滑技术图解：看比赛不能只会说"哇哦！"》中，我们就利用 AI 钢笔工具将花样滑冰的步法抽象了出来（见图 12-17）。除此之外，当你需要把实物图片或者照片降维，统一为线稿时，也可以考虑使用钢笔工具临摹，比如在作品《从"互联网+"到"新基建"，后疫情时代我们将迎来怎样

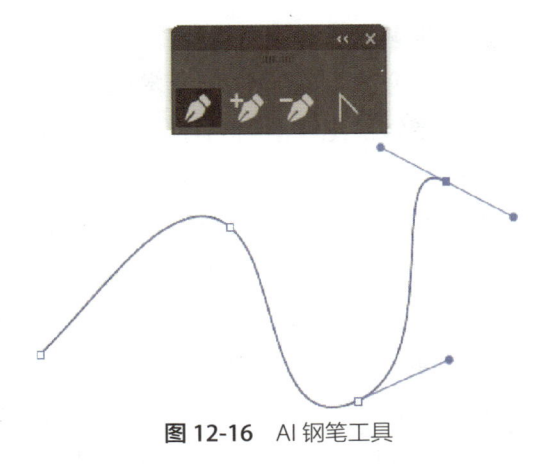

图 12-16 AI 钢笔工具

图 12-17　花样滑冰常见步法示意图

的新经济？》中，我们就利用 AI 钢笔工具照着企业家照片勾勒轮廓，画出了企业家们的简笔画风格头像（见图 12-18），使企业家们更协调地融合在了整个版面中。

　　AI 不仅兼顾精准性和艺术性，还很容易上手，是性价比非常高的专业图表设计工具。除 AI 以外，Tableau 也是比较容易上手的数据分析和可视化工具，它可以更紧密地连接数据处理和可视化环节，但相应地，可视化的精细度和自由度就会下降，图表美观性也不及 AI。

　　与此相比，Data-Driven Documents（D3.js）和 Processing 则更专业，虽然需要利用代码来完成工作，但它们的功能也更强大，适合创作动态可视化和交互可视化。而如果需要对海量数据进行可视化，那么 Python 或者 R 语言等本身也有相应的包来实现，但需要花费心思提高美观性和可读性。

图 12-18 2020"两会"上的企业家提案

12.2.3 特定图表制作工具

除了对数值数据进行可视化，我们有时候也需要处理其他类型的数据，而它们通常需要使用特定的工具来制作。

一个很常见的数据类型是地图，根据实际需要，实现效果的复杂程度不同，使用的软件也不相同。

如果只是需要示意、高亮特定的行政区划，那么找到合适的地图即可，国内省份的行政区划图可以考虑从阿里云的数据可视化平台 DataV.GeoAtlas[1] 下

---

[1] 网址为 https://datav.aliyun.com/portal/school/atlas/area_selector。

载，这个网站能够精确到市级的行政地图，导出 SVG 格式和 JSON API；而国外地图可以考虑使用 Maps4News（https://maps4news.com/），它能精确到非常小的区域，支持导出 JPG、PNG、SVG、PDF 等格式的文件和网址。

如果需要可视化大量精确的位置，那就需要获取相应的经纬度坐标数据，也需要使用更专业的地理信息系统（GIS）软件。谷歌地球（Google Earth）能够提供特定区域的情况，可以查看历史数据，也可以通过导入经纬度数据精确呈现，或者查看该位置的高程数据。QGIS 则是一个专业的 GIS 开源软件，能处理位图和矢量图，进行地图标注、修改、变形、分析和三维渲染。

因为 QGIS 比较专业，新手需要一段时间的学习才能上手，所以我们还可以选择一些平台让地图可视化变得更简单，比如稿件《1 183 位求助者的数据画像：不是弱者，而是你我》中的求助者分布地图就是借助极海平台（https://geohey.com/）完成可视化的：在用百度地图 API 获取具体的经纬度信息后，将数据导入极海，对数据点进行分类呈现，并选择删除无关的地理信息，使地图更干净、更凸显重点。需要注意的是，在使用各种地图工具制作可视化时务必注意中国地图的准确和完整性，严格按照地图管理的相关规定来使用，切勿出现差错或遗漏。

除了地图，RUC 新闻坊也多次制作了共现图，或者说关系网络图。共现网络分析是指通过分析在同一个文本主题中两个词语是否共同出现及共同出现的次数，来确认词语之间的关系。共现图更侧重呈现点与点间的关系，可以呈现它们之间的断－联或亲－疏。我们主要使用两个软件来制作共现图，一个是 Gephi，另一个是 VOSviewer。

Gephi 是为人熟知的社会网络分析可视化工具，人们不会编程语言也能使用（见图 12-19）。导入边数据和点数据之后即可在 Gephi 中完成可视化工作，还能通过改变外观和布局，使图表更美观。如果在 Gephi 中不好进行细节美化，则可以导出 SVG 格式文件，到 AI 中进行调整。

RUC 新闻坊的另一篇稿件《什么女人最好命？甜宠剧的千层套路》中的"甜宠"标签共现图（见图 12-20）的草图就是利用 Gephi 创作的。由于稿件主要讨论的是甜宠剧，于是只专注"甜宠"标签和其他标签的共现情况，没有进一步讨论其他标签间的共现情况，以免模糊议题。而前述剧本杀稿件的那张共现图（见图 12-15）则完整展现了两两标签间的关联情况。

什么女人最好命？甜宠剧的千层套路

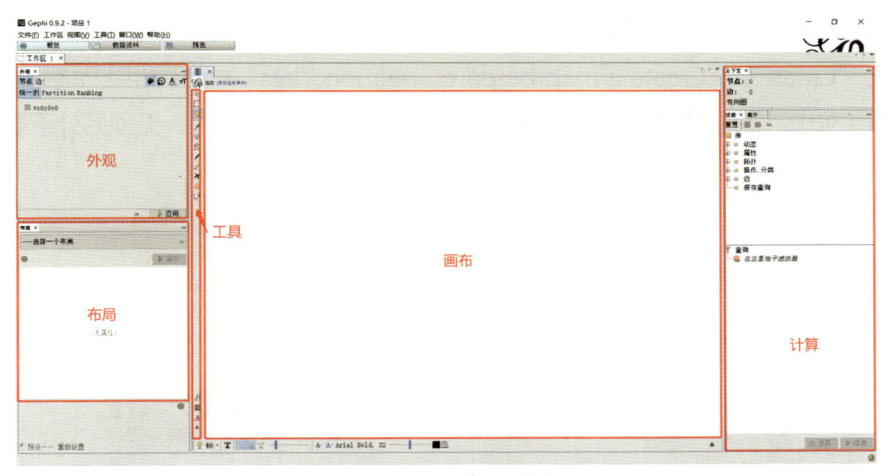

图 12-19　Gephi 界面

VOSviewer 是荷兰莱顿大学科技研究中心的范埃克（Nees Jan van Eck）和卢多·沃尔特曼（Ludo Waltman）基于文献的共引和共被引原理开发的一款数据分析与可视化软件（见图 12-21）。用户可从 www.vosviewer.com 网站上免费下载安装包，运行软件时需要为计算机配置 Java 环境。VOSviewer 常被用于学术论文中的文献计量分析，而在数据叙事的场景下，它也是共现分析的有力工具。

在文献计量分析中，VOSviewer 可直接识别来自 Web of Science 等文献数据库的数据格式，只需点击"Create..."按钮导入 CSV 格式文件，软件中部的空白处便会显示可视化分析结果。但当处理新闻文本数据时，我们还需要结合 NetDraw 或

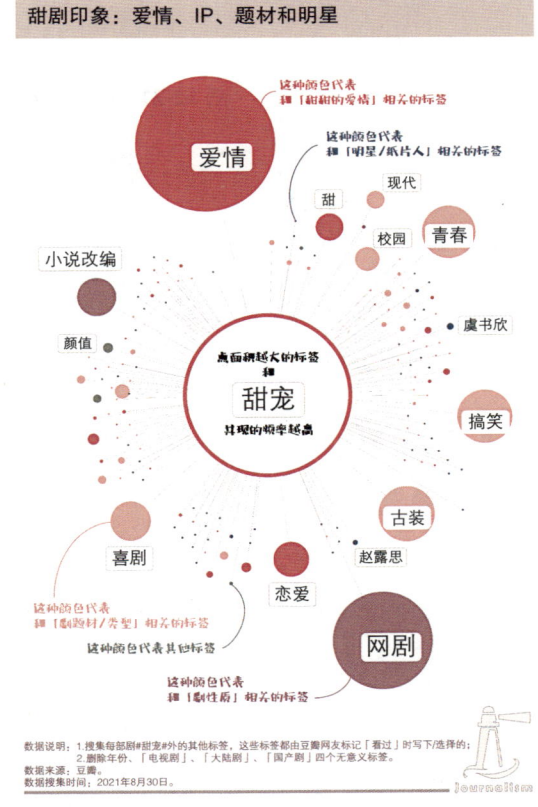

图 12-20　作品《什么女人最好命？甜宠剧的千层套路》中的共现图

Python，先将待分析的词汇库处理为以 .net 或 .mat 为后缀的共现矩阵文件，依次点击"Create…""Create a map based on network data"，选择利用 Pajek 进行分析（如图 12-22 所示，该网络分析工具内置于 VOSviewer 中，无须另外下载）。

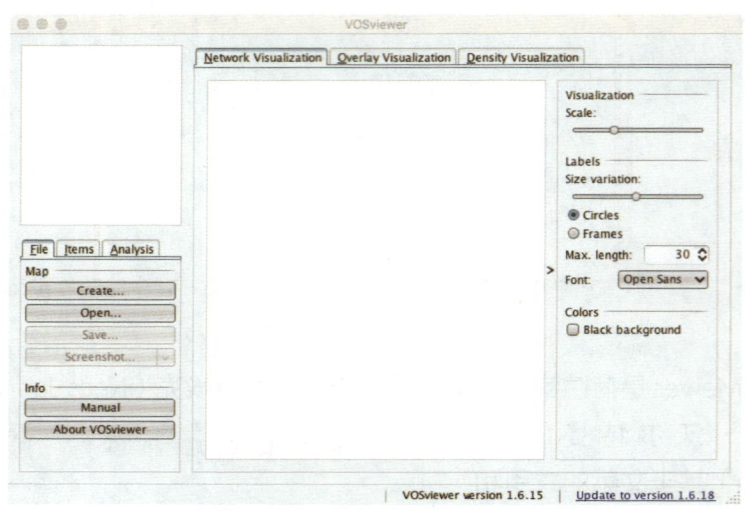

图 12-21　VOSviewer 软件界面

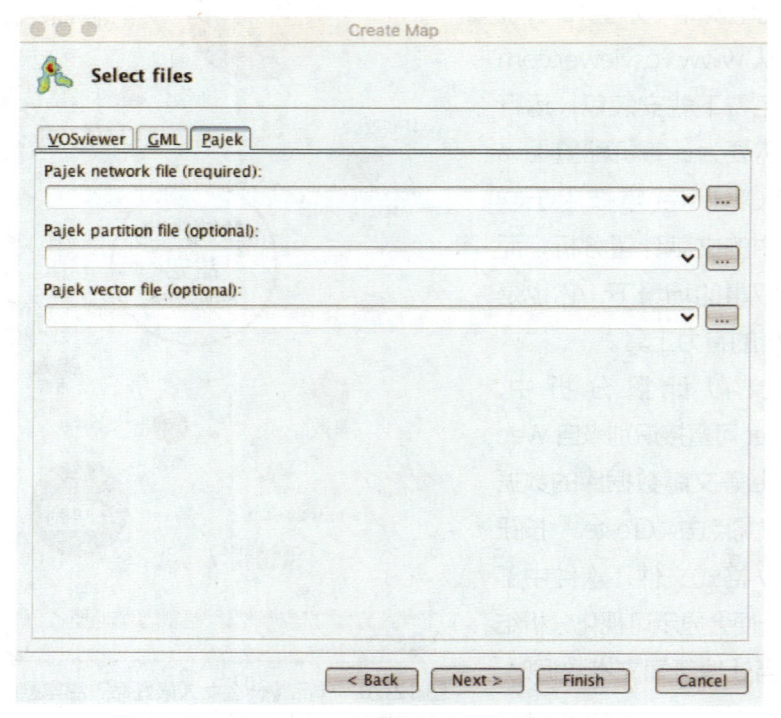

图 12-22　VOSviewer 软件内置的网络分析工具 Pajek

以作品《议题、情绪和话语：新旧媒体交织演绎的肺炎舆情史》中的共现图为例，图 12-23 为将数据导入 VOSviewer 后的初步可视化结果。界面左右两侧的选项可用以调节圆点与线条的颜色、大小、数量和布局等。点击"Screeshot..."的下拉按钮可将图像导出为 AI 可编辑的 SVG 格式。经过美化后最终效果如图 12-24 所示。

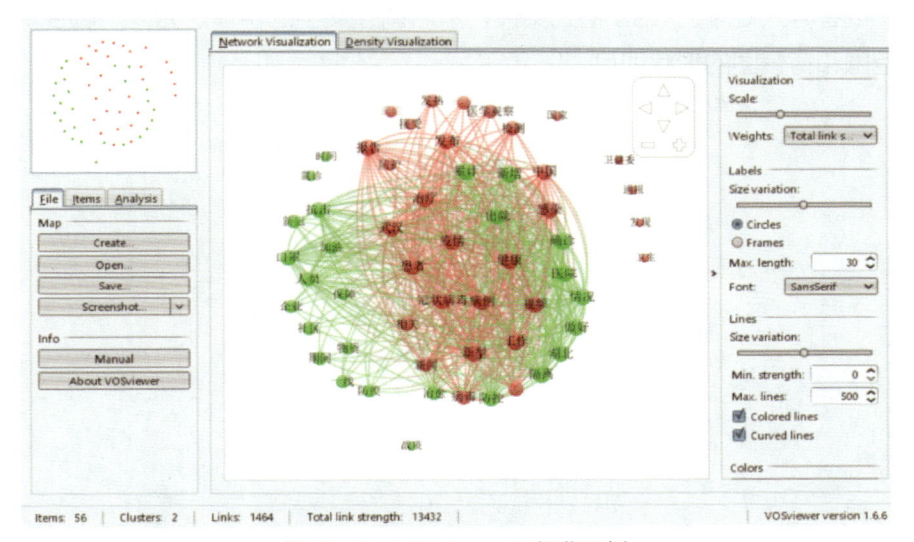

图 12-23　VOSviewer 可视化示例

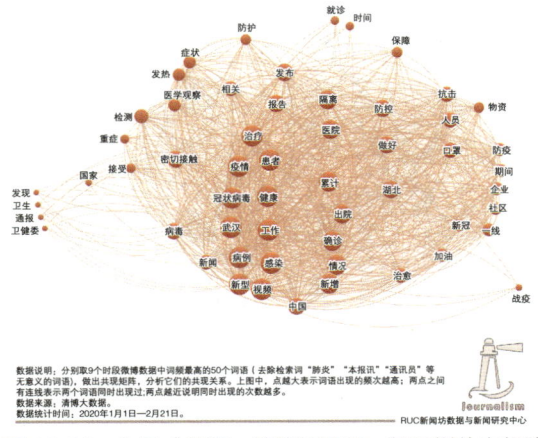

图 12-24　作品《议题、情绪和话语：新旧媒体交织演绎的肺炎舆情史》中的共现图

此外，还有大家熟悉的文本可视化。尽管现在文本可视化已经出现了很多新套路，可以更好地与数值数据图表结合起来，但经典的词云图依然好用。我们可以借助 Python、R 语言等编程语言生成词云图，但对可视化初学者来说，还有更方便的在线生成网站。如使用 WordArt（https://wordart.com/）和微词云（https://www.weiciyun.com/edit/）都能制作词云图，直接复制粘贴数据，或者导入 CSV、XLSX 格式文件，然后调整文字的字体、方向、颜色、大小范围和背景图的形状即可。

第 13 章

数据可视化：如何严谨展现结构化的数据集？

通过前两章，相信你对数据可视化的整体原则有了理解。下一步，应当了解各类图表的特性，这比掌握工具技巧更为重要，因为数据可视化需要找到合适的视觉形式来表达数据，而只有建立图表认知体系，才能拥有稳定的设计基础。

这一章，我们将介绍适合展现结构化数据集的基础数据图表和进阶数据图表，以及这些图表的特性、适配何种数据、设计的注意点和优化思路等。

13.1 基础图表类型

在做数据可视化工作时，数据图表的使用频率最高。大多数时候，我们需要处理的数据体量并不庞大，也不复杂，基础图表足以挑起大梁。

对于基础图表的类型，业界没有严格意义上的划分，一般指大家耳熟能详，使用频繁且适用范围广，学习和理解门槛不高的统计图表。随着大众对数据可视化的认知和接受度越来越高，一些过去不太"基础"的图表也会逐步被纳入其中，而设计师需要不断地绞尽脑汁设计新的创意图表以带给受众惊喜。

在常见的基础图表名单中，最典型的是柱状图/条形图、折线图、饼图，几乎每个做过数据统计分析的人都或多或少和它们打过交道，也基本了解它们的意涵和使用方法。对大众而言，基础图表的认知门槛低，能让数据更为直观，且可以提供创意的基础，熟知这些图表的功能和绘制要求，是可视化设计师的基本素养。

13.1.1 柱状图/条形图

柱状图与条形图本质上是同一种图表类型，都是以长方形/线条的长度来表示数据多少的图表，只不过它们一个是纵向排列，一个是横向排列。

柱状图/条形图通常用于视觉化不同类别主体的绝对值数据。比如图13-1中的数据为全球不同主题公园2019年的入园人数，这个数据是绝对值数据并且不连续，非常适合使用柱状图/条形图来展示。我们做了一个降序处理，让读者能快速定位第一名和最后一名；同时还对迪士尼和环球影城做了颜色区分，以便于读者了解二者的差异。

2019年全球主题公园入园人数 top10		
公园名称	所在地	入园人数(万人次)
迪士尼魔法王国	美国佛罗里达	2 096.3
加州迪士尼乐园	美国洛杉矶	1 866.6
东京迪士尼乐园	日本东京	1 791.0
日本环球影城	日本大阪	1 450.0
迪士尼海洋乐园	日本东京	1 465.0
迪士尼未来世界	美国佛罗里达	1 244.4
迪士尼动物王国	美国佛罗里达	1 388.8
迪士尼好莱坞影城	美国佛罗里达	1 148.3
奥兰多环球影城	美国佛罗里达	1 092.2
巴黎迪士尼乐园	法国巴黎	974.4

资料来源：AECOM，山西证券研究所整理。
注：奥兰多迪士尼世界共有四大主题乐园：魔法王国(1971年开园)、未来世界(1982年)、好莱坞影城(1989年)、动物王国(1998年)。东京迪士尼分为迪士尼乐园(1982年)、迪士尼海洋乐园(1998年)。

迪士尼、环球影城主题公园入园人数最多

2019年全球主题公园入园人数 top10

数据来源：AECOM、山西证券研究所、公司官网、天风证券研究所。

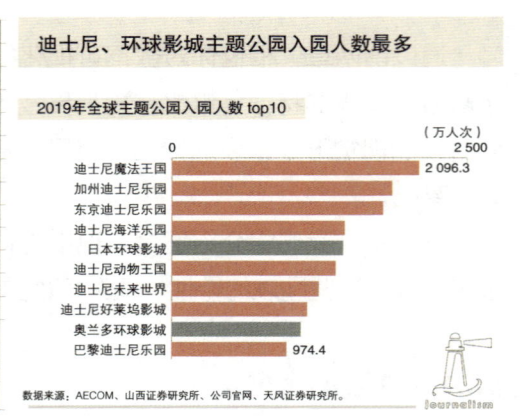

图 13-1 2019年全球不同主题公园相关数据与条形图

柱状图/条形图是最基础、适用最广泛的基础图表类型，凡是只有一个数值变量的数据，都可以选择使用柱状图/条形图来展示。或者说，能使用最基础折线图和饼图展示的数据，其实都可以被转换为柱状图/条形图。

在某种程度上，折线图也可以理解为是将柱状图中每个柱子的顶部中点连接起来形成的折线，所以柱状图其实也可以反映趋势，只是折线图更符合读者对时间趋势数据的视觉期待。

而饼图和柱状图/条形图也可以相互转换，如百分比柱状图/条形图就可以用来展示总体内部的百分比差异。例如在《2 286篇肺炎报道观察：谁在新闻里发声？》一文中，我们采用了百分比柱状图来显示2019年12月31日至2020年1月31日期间每天的疫情报道中各体裁的占比（见图13-2），我们当然可以把每天的情况做成饼图，但选择百分比柱状图是因为它不但展示了内部差异，还方便比较时序上的差异，同时能节省设计空间。

图 13-2 新冠肺炎疫情早期相关报道体裁百分比柱状图

在绘制柱状图/条形图时，有两点需要注意（Wong，2010）：

一是数值轴绝对要从0刻度开始，数值轴需要始终连续并且刻度值是等间距的。如果没有做到这三点，那整个图表是变形的，不能准确传达数据，会对读者造成视觉误导。但有时，某个数值确实"一骑绝尘"，画面又没办法给足够篇幅，这种情况下只能退而求其次，做一些特殊处理。比如图13-3，图表篇幅确实无法承载代表诺梵品牌月饼收货人数的柱形在正常比例下的长度，故纵坐标轴做

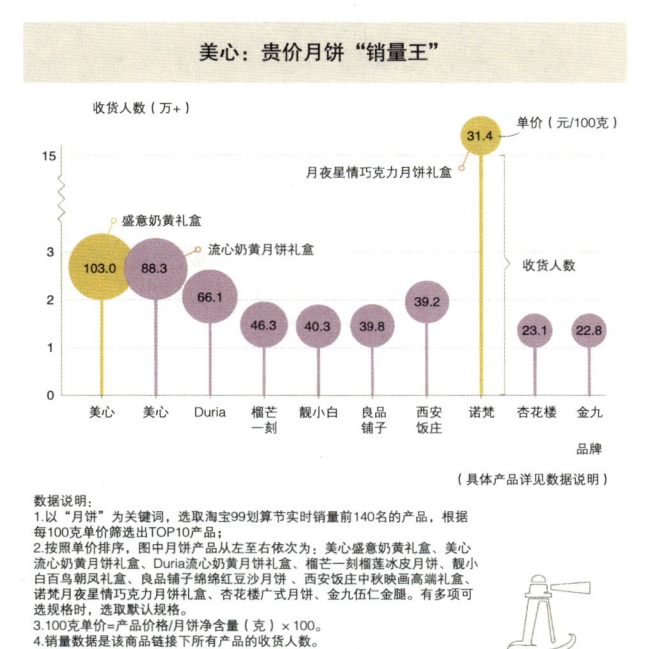

图 13-3 网红月饼销量与价格气泡柱状图

了特殊的锯齿状处理，省略了 3 ~ 15 的中间刻度，尽可能减少读者误解。但这是无奈之举（类似的差距过大的数据还可以参考 5.2.2 中所提及的用对数比例尺来做 Y 轴），正常情况下尽量不要这样处理。

二是柱子或者横条的宽度应当大于柱间距，不建议等宽或者窄于柱间距；如果是分组柱状图/条形图，还应该注意组间距大于一组内部的柱间距。这和格式塔理论中的"邻近原则"(proximity)、"相似原则"(similarity) 有关，人们倾向于将相邻或相同的事物归为同属性组 (Wertheimer，1938)。比如在图 13-4 中，上图（初稿）条形宽度和条形之间的距离几乎相等，这会让读者把一定的注意力放置在空隙上，从而干扰读者对条形图信息的提取。

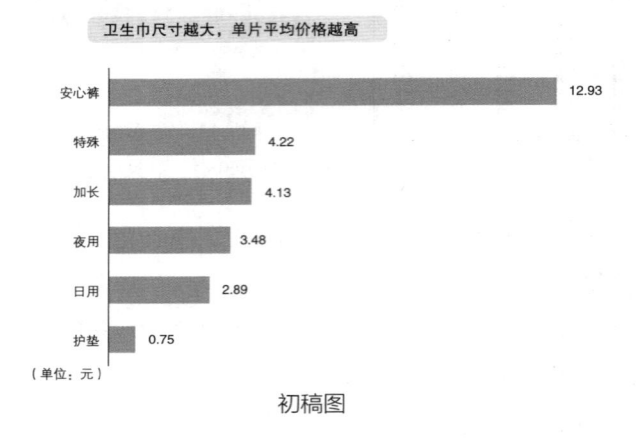

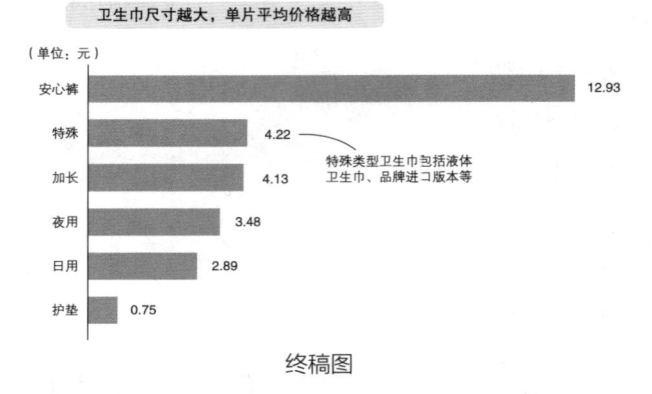

图 13-4　各类卫生巾单片均价条形图初稿与终稿

柱状图/条形图虽然最为常见和普通，但仍可优化视觉效果，以下是三个技巧。

（1）增加柱/条的设计感。结合稿件主题，在适合的情况下可以用一些元素包装柱子/长条。比如在 RUC 新闻坊的稿件《如果没有电，我们会怎么样？》中，我们把家电待机耗电量条形图中的长条变成了灯管形状（见图 13-5）。同理，如果是表示疫苗注射或者医患关系，则可以考虑使用针筒。但需要注意的是，最好使用元素规整的部分来替代柱子/长条（比如灯管中间的管，或者针筒中间的管子），如果过分强调其他部分的高/长度，则很容易使整个图形产生畸变或造成视觉误差。

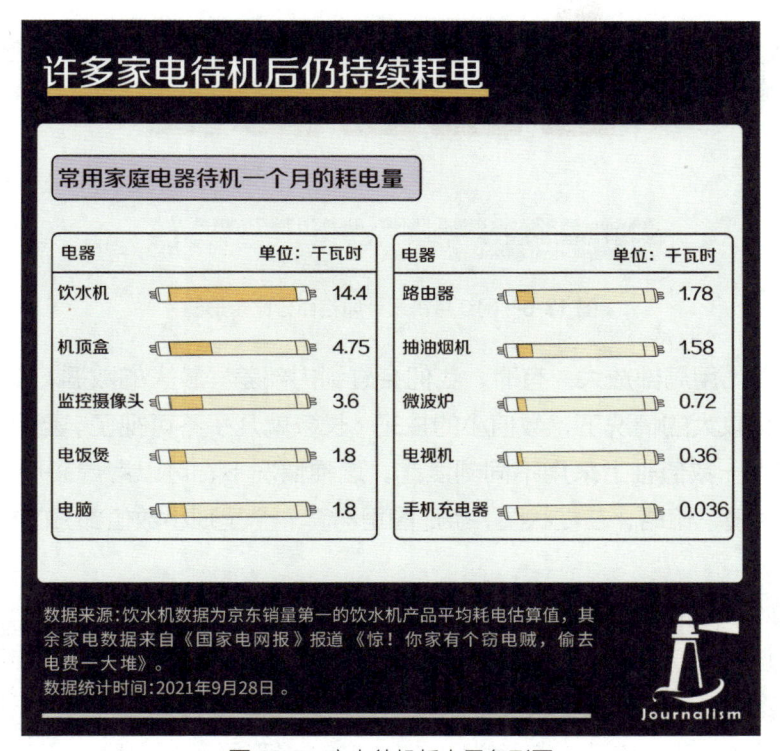

图 13-5 家电待机耗电量条形图

（2）设置参照背景。一组数据里总会有最大值，或者是 100%，那它们就可以变成一个有参照意义的背景，用来衬托主体柱子/长条，既让画面不显得过空，又能让读者快速对比每个数据与极值的差距。例如《网红月饼财富密码，被我们找到了》一文中的百分比条形图就将一根柱子拆成五根，每根柱子下面都有表示 100% 的背景柱子（见图 13-6）。

网红月饼的设计主题，中国风占主流

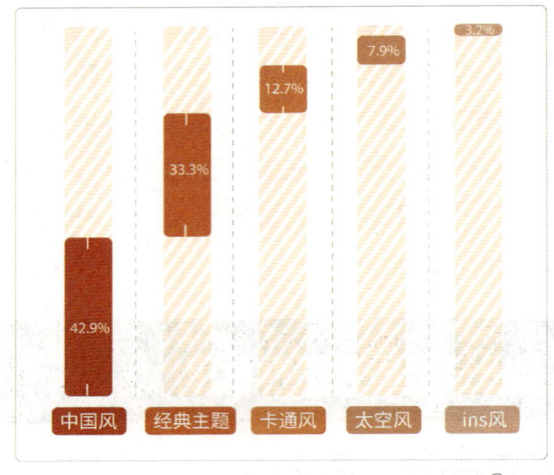

中国风	经典主题	卡通风	太空风	ins风
42.9%	33.3%	12.7%	7.9%	3.2%

数据说明：综合淘宝人气排名和小红书笔记量，选取60个月饼品牌作为样本，统计每个品牌的月饼礼盒主题。
数据统计时间：2021年9月9日。

图13-6　网红月饼设计风格百分比条形图

（3）巧用局部放大。有时，我们会碰到内部差异较大的数据，在数值轴刻度值比较大的情况下，数值小的柱子／长条就几乎不可视了。但我们又不可以在同一数值轴上采用不同刻度比，这种情况下，可以考虑采用"套娃"或"放大镜"策略，在柱状图／条形图里再套一个呈现小数值部分的柱状图／条形图。

比如在 RUC 新闻坊的作品《"远处的哭声"：印度疫情中的社交媒体求助者》中，求助物资源供需条形图里有些资源的提及次数很少，像一条又长又细的尾巴，在这种情况下我们就把尾部放大，在一个纵轴刻度为 0～10 次的条形图里二次呈现（见图13-7）。

"远处的哭声"：印度疫情中的社交媒体求助者

最后介绍一下柱状图／条形图的三个常用变体：哑铃图、玉玦图和极坐标柱状图。

哑铃图在只有两个节点的时候长得像哑铃，有多个节点的时候还会被称为 DNA 图。这种图表通常用于展示两个或以上主体（图中节点）在不同类别中的分布差异。和它相似的另一种图表叫甘特图，二者在某种意义上都属于起始点不一的柱状图／条形图，这类图除了长度具有数据意义外，两个端点的位置也被赋予了意义。

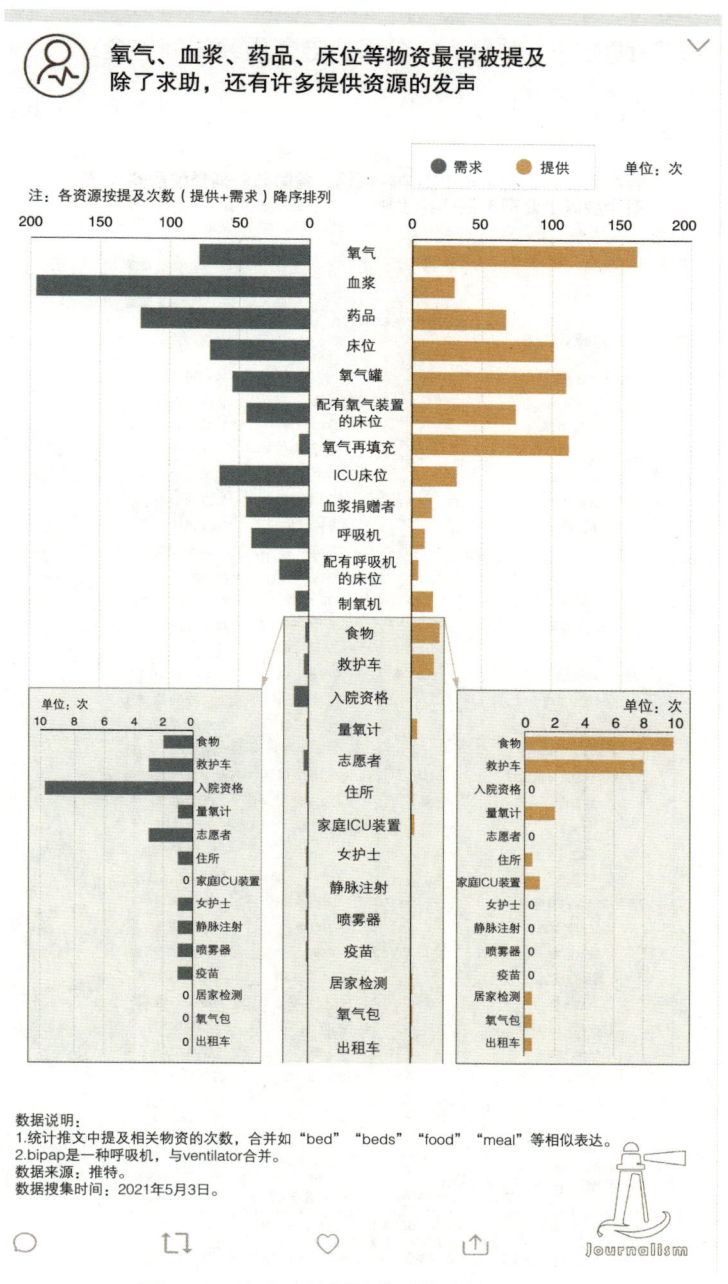

图 13-7　印度疫情期间求助物资供需条形图

在稿件《〈指环王〉遭差评，经典重映能叫好又叫座吗？》中，我们就用了哑铃图来表示各部经典电影的全球首映、中国首映和中国重映时间（见图13-8），可以看出近半数重映电影此前未在中国院线上映，并且大部分经典电影重映时间与全球首映时间已相隔20年左右。

豆瓣网友想看的重映电影中，剧情、冒险与爱情类型居多
有半数以上此前未在中国上映

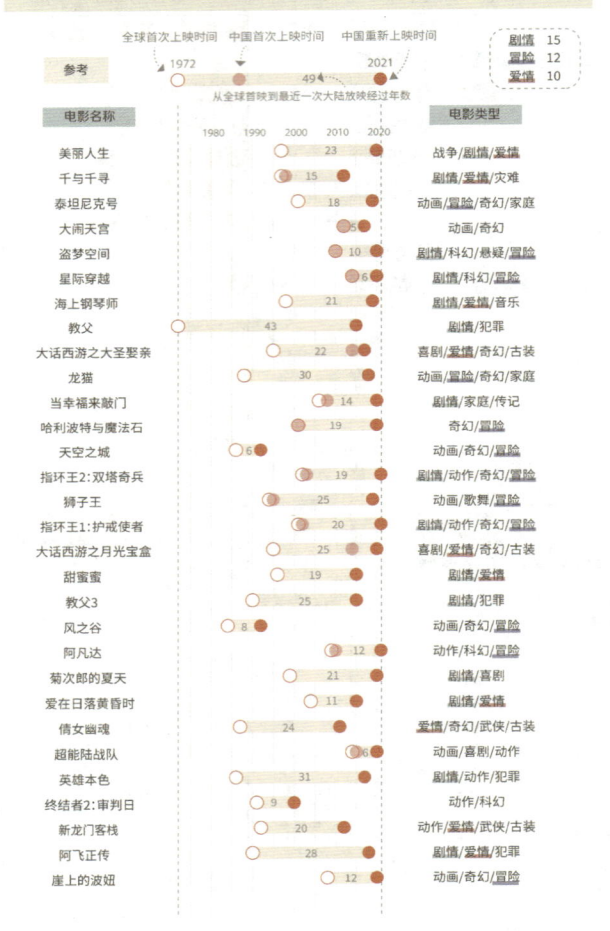

剧情 15
冒险 12
爱情 10

电影名称	电影类型
美丽人生	战争/剧情/爱情
千与千寻	剧情/爱情/灾难
泰坦尼克号	动画/冒险/奇幻/家庭
大闹天宫	动画/奇幻
盗梦空间	剧情/科幻/悬疑/冒险
星际穿越	剧情/科幻/冒险
海上钢琴师	剧情/爱情/音乐
教父	剧情/犯罪
大话西游之大圣娶亲	喜剧/爱情/奇幻/古装
龙猫	动画/冒险/家庭
当幸福来敲门	剧情/家庭/传记
哈利波特与魔法石	奇幻/冒险
天空之城	动画/奇幻/冒险
指环王2：双塔奇兵	剧情/动作/奇幻/冒险
狮子王	动画/歌舞/冒险
指环王1：护戒使者	剧情/动作/奇幻/冒险
大话西游之月光宝盒	喜剧/爱情/奇幻/古装
甜蜜蜜	剧情/爱情
教父3	剧情/犯罪
风之谷	动画/奇幻/冒险
阿凡达	动作/科幻/冒险
菊次郎的夏天	剧情/喜剧
爱在日落黄昏时	剧情/爱情
倩女幽魂	爱情/奇幻/武侠/古装
超能陆战队	动画/喜剧/动作
英雄本色	剧情/动作/犯罪
终结者2：审判日	动作/科幻
新龙门客栈	动作/爱情/武侠/古装
阿飞正传	剧情/爱情/犯罪
崖上的波妞	动画/奇幻/冒险

数据来源：豆瓣。
数据搜集时间：2021年4月30日。
数据说明：1.通过猫眼专业版在豆瓣电影Top250榜单中筛选被"重映"的"经典电影"，具体标准为——若为中国影片，则其全球首映时间与重映时间间隔≥5年；若非中国影片，中国放映时间与该影片全球首映时间间隔≥5年（若影片在中国多次放映，最新一次放映与全球首映时间间隔≥5年即纳入统计）。2.影片按照豆瓣评分高低自上而下排序。

图13-8 经典电影重映时间哑铃图

玉珏图与极坐标柱状图，可以直观理解为分别把条形图和柱状图"变圆了"。

玉珏图，相当于把条形图的数值轴变成圆弧形状，外观上和环图很接近，但"满者为环，缺者珏"，所以叫玉珏图。由于它主要用于展示绝对值数据，因此我们认为它和条形图更亲近；而它和饼/环图相似的地方是使用极坐标系而非笛卡尔坐标系，也就是用角度表示数值大小。简单来说，就是同一个数值，外环的会比内环的长，但端点落在同一条半径上。

RUC新闻坊的稿件《网红月饼财富密码，被我们找到了》中就用了玉珏图展示各网红月饼百克单价（见图13-9），一方面比较好"收纳"超群的数值，让画面变得紧凑，另一方面能稍微放大相近数值的差异。

而极坐标柱状图（也被称为"径向柱图"），则相当于把柱状图的类别轴变成了圆环形状，每个主体占据圆心角相等的扇形或柱形面积，以半径长度差异表示数值差异。所以，这依然是以长度而非角度为可视化编码变量的图表类型，故认为与柱状图同根同源。在这类图形中有一种常见的"南丁格尔玫瑰图"，也有人将之视为饼图的变种，虽然它看似饼图，但严格意义上应该纳入柱状图的范畴。

稿件《中国4K修复：38部电影中永不消逝的光影》中就用了极坐标柱状图展示各修复电影时长（见图13-10），这幅图包含38部修复电影的数据，如果用正常的柱状图会显得非常拥挤，而用极坐标柱状图则能安排妥当，而且不夸大数据差异。

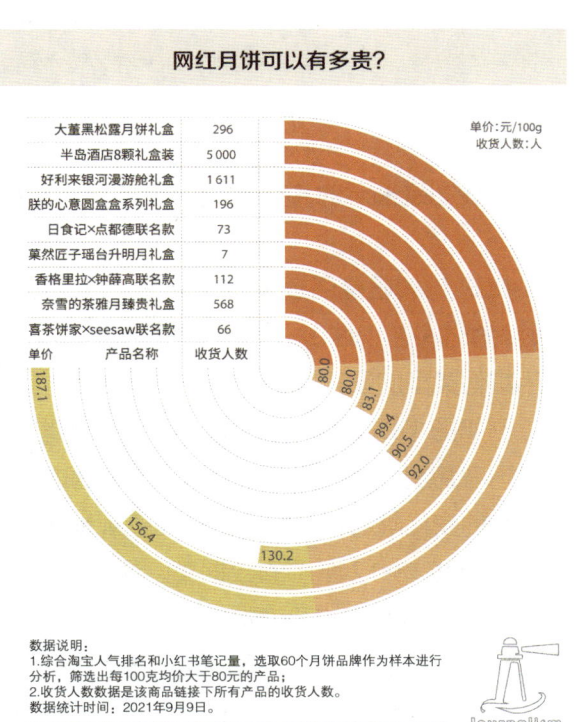

图13-9 网红月饼百克单价玉珏图

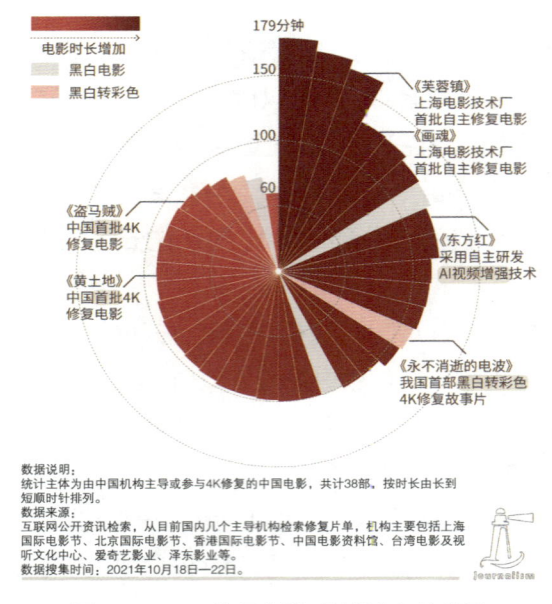

图 13-10　4K 修复电影时长极坐标柱状图

13.1.2　折线图

折线图是显示时序数据的图表类型，适合展示在相等时间间隔下数据的趋势。

在研判数据是否适合使用折线图的时候，主要关注数据是否有连续性（通常为时间连续性），如果需要展示的数据存在类别的差异，则可能更适合选用其他类型的图表。

例如图 13-11 左边表中的数据，就可以考虑使用折线图，因为这是在讨论"国考情况"这个主体的数据，折线图能清楚反映出 2015—2022 年国考"报录比的变化趋势，从中可以非常直观地看出"上岸"难度总体增加。

但如图 13-12 所示的数据集，就不适用折线图，因为职称之间并没有关联关系，把它们用线段连接起来，逻辑上并不合理，且这种呈现缺乏数据解读意义。针对该例中的数据，柱状图相比折线图更合适一些。

在绘制折线图时，最值得注意的是刻度范围的选择。虽然折线图没有严格的"0 刻度线"要求，但要注意不要选取过大的范围，导致生成的折线趋近

2015—2022年"国考"报录比	
年份	报录比（%）
2015	58
2016	50
2017	55
2018	58
2019	88
2020	58
2021	72
2022	68

数据来源：中公职位库、华图教育公务员考试网。
数据统计时间：2021年11月15日。

图 13-11 2015—2022 年国考报录比相关数据与折线图

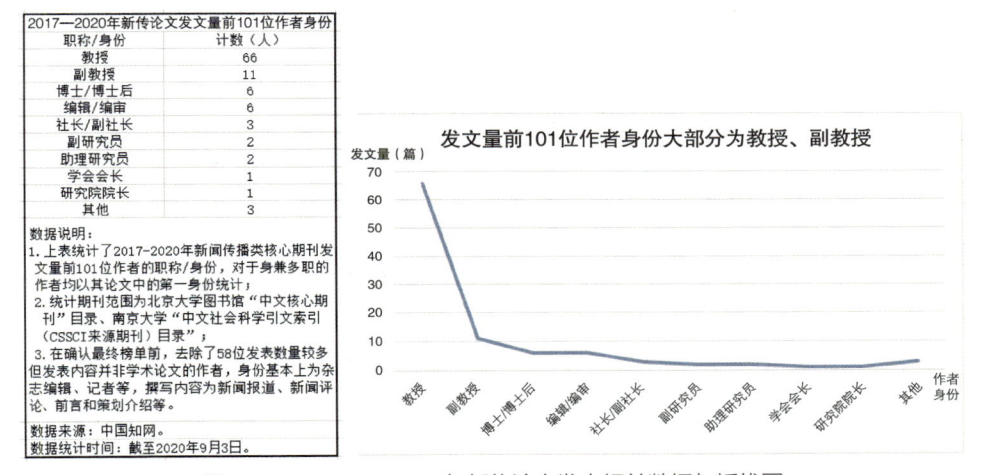

2017—2020年新传论文发文量前101位作者身份	
职称/身份	计数（人）
教授	66
副教授	11
博士/博士后	6
编辑/编审	6
社长/副社长	3
副研究员	2
助理研究员	2
学会会长	1
研究院院长	1
其他	3

数据说明：
1. 上表统计了2017—2020年新闻传播类核心期刊发文量前101位作者的职称/身份，对于身兼多职的作者均以其论文中的第一身份统计；
2. 统计刊物范围为北京大学图书馆"中文核心期刊"目录、南京大学"中文社会科学引文索引（CSSCI来源期刊）"目录；
3. 在确认最终榜单前，去除了58位发表数量较多但发表内容非学术论文的作者，身份基本上为杂志编辑、记者等，撰写内容为新闻报道、新闻评论、前言和策划介绍等。

数据来源：中国知网。
数据统计时间：截至2020年9月3日。

图 13-12 2017—2020 年新传论文发表相关数据与折线图

水平直线；也不要选取过小的范围，导致生成的折线呈现出不符合实际的剧烈波动样态 (Wong，2010)。

怎么选取纵轴刻度值范围，需要视稿件目的决定。大多数时候，从 0 刻度开始即可，这样，数据的波动趋势也会显得相对客观；但有时，数据细微的波动都具有参考价值，这时则应考虑缩小刻度范围，让读者更清晰地感受到变化情况。

折线图因其视觉核心元素过于简单直观而不易做得美观，以下有一些改进技巧。

1. 考虑给折线适当"磨皮"

当一条折线棱角分明时，就显得有些呆板和生硬。这种传统的"写实派"

折线图，很容易给人一种"你即将要阅读研究报告"的感觉，让人神经紧绷；而如果适当地把折线变得圆滑一些，给人带来的视觉感受就会变得松弛。图13-13 就直观地对比了两类折线图的差异。

给折线"磨皮"之后，更易于进行艺术创作，例如我们在第 11 章提到的路透社的作品《走向老龄化》中的折线图（见图 11-13），如果设计师使用的是折点明显的折线，那就无论如何都难以模拟出一束白发的感觉。

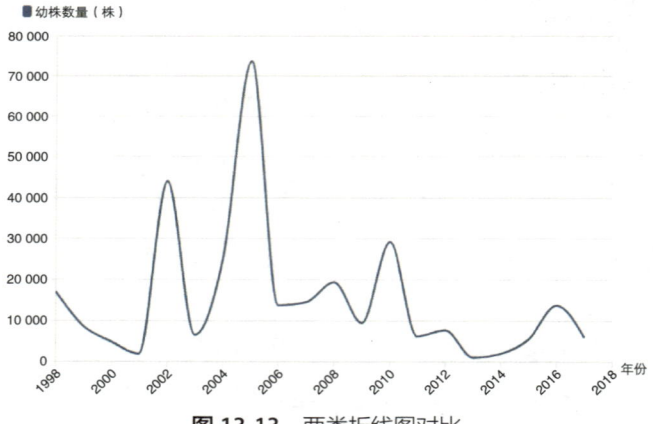

图 13-13　两类折线图对比

但也需要注意，折线变平滑后会磨损数据精度，对比图 13-13 中的两幅图，能看到圆滑版中 2004 年、2015 年这两个时间节点的数据被磨平了。这提醒我们板正的折线图仍有不少用处，磨平折线或会带来一定的数据变形。所以具体选用哪种风格的折线，需要结合数据呈现的精确性要求和设计的风格与布局进行平衡。

对于森林火灾这个数据集，我们的稿件《森林火灾 20 年：悲剧是否有迹可循？》最终还是采用棱角分明的折线图来表达（见图 13-14）。主要的考量在于，整张信息图由多张图组成，每张图的占比并不大，不用担心像单图那样因为折线面积偏大而造成较强烈的视觉冲击，同时在这种情况下，小图中采用棱角分明的线条更利于读者接受准确的数据信息。

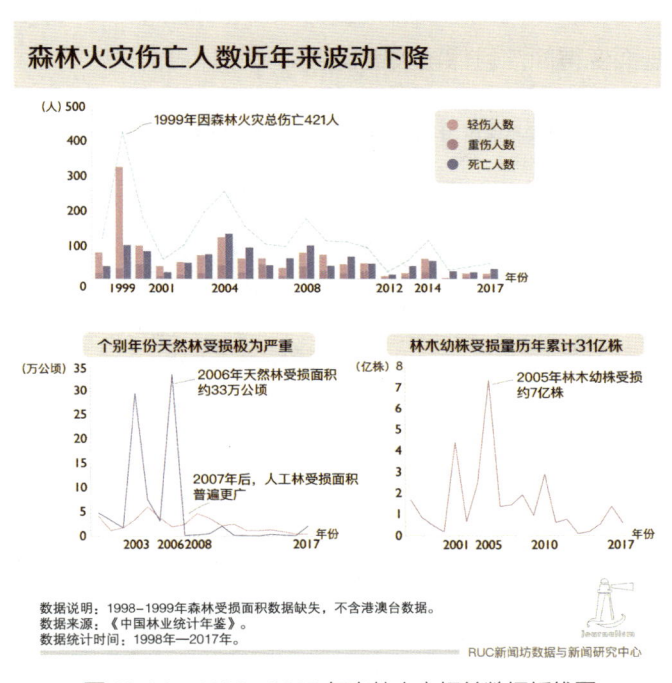

图 13-14 1998—2017 年森林火灾相关数据折线图

2. 藏好辅助线，让重点更突出

让图表变得好看的一个通用秘诀，就是藏起不必要的辅助信息。有些工具自动生成的折线图，通常有稠密的网格线、拥挤的坐标轴和详尽的数值标注，但在有限的空间中堆积密密麻麻的线条和数据往往会使人读起来很累。想要图表变得好看，就要学会做减法。

大部分的横纵坐标轴都可以精简，没必要标出每一个刻度，保证头尾和关键点的刻度齐全就好；网格线和大部分的辅助线则可以删除。

当然，为了防止过于精简给读者带来理解负担或者丧失必要的信息点，建议在必要时保留关键数据的辅助线，或是对关键数据进行特别标注。在这种情况下，要注意通过对虚线和降低透明度的使用来弱化辅助线的视角效果，不要让其抢了图表主体的"风头"。

在稿件《疫情中的封锁与流动：瑞丽再封城的背后》中，我们选择了隐藏纵轴和横向辅助线，而标注每个节点的数值和保留纵向辅助线（见图13-15上）。而在《忠诚朋友的困境：爱宠何以成患？》中，我们则选择隐藏数值标注和减少横轴的刻度标注，但保留了横向辅助线和完整的纵轴（见图13-15下）。这两种处理方式都能使画面变得简洁且保留关键信息。

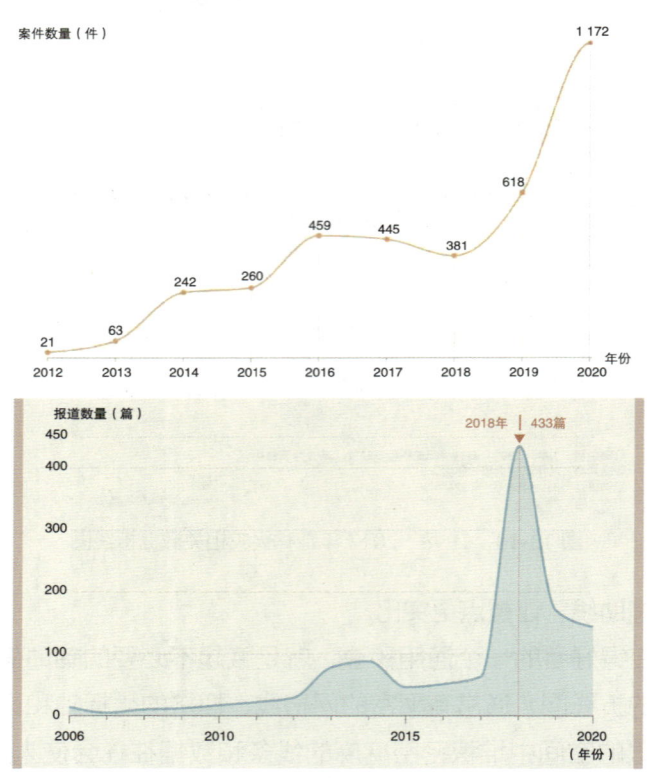

图13-15 2012—2020年偷越国（边）境案例数量折线图（上）与2006—2020年狗患新闻报道数量折线图（下）

3. 拆分复杂数据，降低阅读难度

有些时候，我们需要可视化一些比较冗杂的数据，主要体现为数据的类别过多。试想一下，如果需要画几十条折线，那画面往往会比较混乱，读者会感到难以逐一查阅线条相关数据。

这种情况下，交互设计是比较理想的选择。如果无法做交互，只能设计静态图，则一般会考虑精简展示的数据。但如果必须把所有数据展示出来呢？我们总结了两个小技巧：

第一，把不重要的折线调灰，甚至降低透明度，把它们变成背景，从而突出颜色更鲜明的折线。例如稿件《2 286 篇肺炎报道观察：谁在新闻里发声？》中的折线图（见图 11-1）主要想突出报道时间较早、报道数量较多的《长江日报》与财新传媒，但也想呈现其他媒体的情况，于是高亮两条主要折线，调灰其他折线，如此便能让读者了解这两家媒体在疫情前期的表现较其他媒体有何区别。

第二，拆分成多个小折线图，按一定逻辑整齐排列。例如稿件《我们与癌的距离：癌症真的年轻化了吗？》中的癌症发病率折线图（见图 13-16）分为五个年龄组，每个小图表分别展示了农村女性、农村男性、城市女性、城市男性这四个主体的数据，小图表之间也能形成对比关系。

最后，介绍一下折线图的一个变体图表——斜率图（slopegraph）。斜率图看起来像"一段"折线图，它指的是显示两点之间变化的图，通常用于比较位于序列中的主体随时间发生的变化（Tufte，2013）。这个图表类型是由可视化大师爱德华·塔夫特（Edward Tufte）概念化的，他在 1983 年发表的经典著作《量化信息的视觉呈现》(The Visual Display of Quantitave Information)中首次提及这种图表。

斜率图是一个"集成又分离"的图表类型。集成在于这是一个反映"联系"的图表，讲述的是一个个数据如何变化的故事；分离在于它有三组

15~39岁各年龄组城市女性癌症发病率均处于较高水平，年轻人患癌率上升主要是因为农村女性患癌率大幅增加

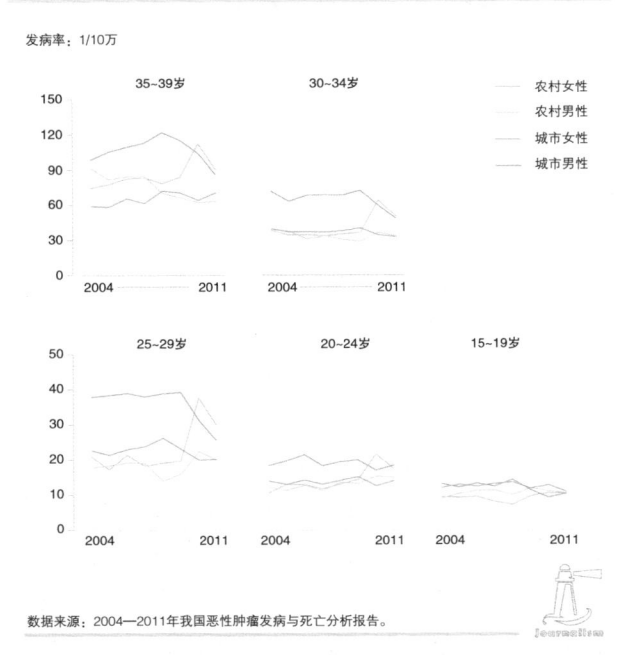

图 13-16 2004—2011 年我国癌症发病率折线图

数据来源：2004—2011年我国恶性肿瘤发病与死亡分析报告。

阅读和比较路径,即左右两列的排序和同一主体的变化情况(Tufte,1983)。

在稿件《诺奖作品买不着?中国的"天才捕手"们这次失算了》中,我们便运用了斜率图来展示历年诺贝尔文学奖得主作品的引进情况(见图2-3)。在这幅图里,可以清晰地看到一些"原版出版—引进出版"时间差极大和极小的作品,体现了中国集中引进的年份和引进时差趋短的规律,简洁而具有可读性。

13.1.3 饼图

饼图是指以圆饼代表数据总量,以每个扇形(圆弧)表示各分类占总体比例大小的图表类型,适合展示数据内部的比例关系。判断是否适用饼图,主要看数据是否为总体相加100%的数据系列,同时看内部的比例关系是否为表达的重点。

比如在稿件《新创日痛 | 黄河石林百公里越野赛事件特别报道》中,报名资格涉及百分比数据,但仔细分析会发现"有报名要求"中的各项细分并非互斥,即各细分项相加会超过"有报名要求"的赛事数量(见表13-1)。这种情况下不能做成饼图,只能用百分比条形图单独表示每一项与赛事总数的比值(见图11-19)。

表13-1 2019—2021年国内长跑赛事报名资格

越野赛的报名门槛略高于马拉松、健康跑等其他赛事但仍有1/3越野赛未设置报名门槛						
全部赛事	1 761			全部越野赛事	≤581	
	无报名要求	643(36.5%)			无报名要求	188(32.4%)
	有报名要求	1 118(63.5%)			有报名要求	393(67.6%)
		年龄	860(48.8%)		年龄	259(44.6%)
		健康	224(12.7%)		健康	95(16.4%)
			体检证明	93(5.3%)	体检证明	34(5.9%)
			时效要求	64(3.6%)	时效要求	24(4.1%)
		经历	427(24.2%)		经历	263(45.3%)
			赛事要求	377(21.4%)	赛事要求	238(41.0%)
			成绩要求	50(2.8%)	成绩要求	36(6.2%)
			时效要求	246(14.0%)	时效要求	171(29.4%)
		其他	93(5.3%)		其他	15(2.6%)

注:1. 在"爱燃烧"平台"比赛"栏目对2019—2021年国内"马拉松""越野""健康跑"这三项数据进行筛选统计,共得到1 761条赛事信息,其中马拉松赛事963场,越野赛事581场,健康跑赛事217场;
2. 人工对有明确报名资格要求的赛事进行编码,其中,"体检证明"要求为医院开具的检查结果,"赛事要求"为主办方限定级别赛事的完赛或成绩证明,"成绩要求"为参赛选手历史成绩,"时效要求"为取得上述证明与成绩的时间限制(如:一年内),"其他"则包括防疫、参赛选手身份限定等特殊要求。
数据来源:"爱燃烧"平台。
数据统计时间:2021年5月23日。

另外,数据类别为3~5个时,饼图会较为美观;如果数据类别过多,那么哪怕数据重点是内部占比,也尽量不考虑使用饼图可视化,因为在这种情况下,占比较小的数据容易被折叠,配色也不好处理。比如在稿件《诺奖作品买不着?中国的"天才捕手"们这次失算了》中,出版机构首次引进诺奖作家作品的数据

"尾巴"较长，有很多次数为1的出版机构，会把圆饼切得很细碎，所以我们最终并未使用饼图，而是使用了比例符号图（proportional symbol）（见图13-17）。

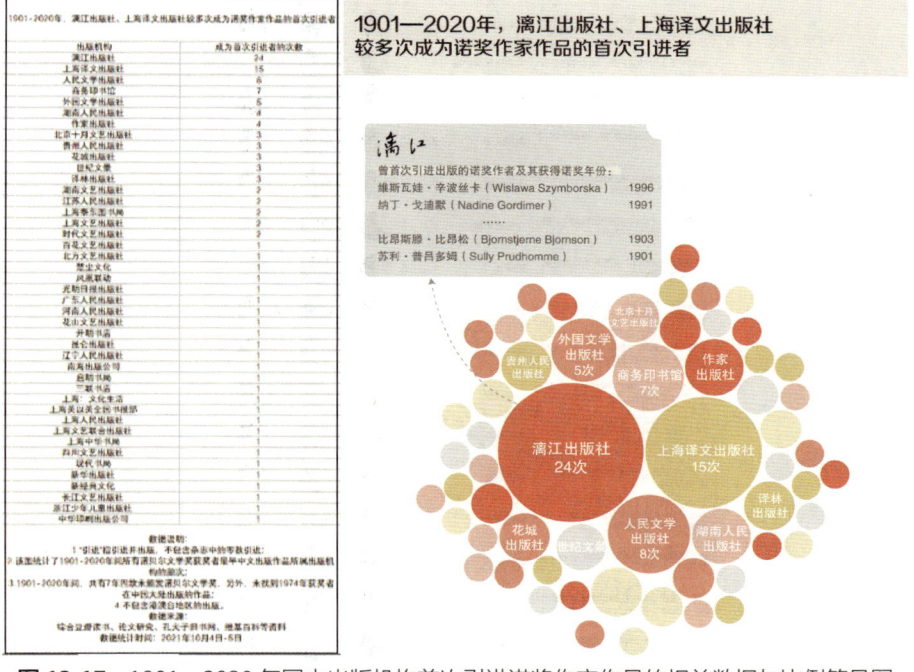

图13-17 1901—2020年国内出版机构首次引进诺奖作家作品的相关数据与比例符号图

此外，需注意把圆饼"摆正"，数据值最大的部分应该位于12点钟方向的右边第一大扇区，这样会使图形更有秩序感。另外，还需要注意各个部分的排列顺序，最常规的是按顺时针由大到小排列；当然也有学者（Wone，2010）提议，应当把数值最大的部分放在12点指针右边，把数值第二大的部分放在12点指针左边。两种排列方式都有一定道理，但不能没有章法地把大小悬殊的数据穿插排列。

把饼图做得好看的窍门不多，我们的经验是尽量做成"多个小饼图排列"的样式。当只放一个"巨大"的饼图在页面中间时，往往失之愚钝；做多个小饼图，就能在对比中找到变化之美。RUC新闻坊的作品《英国冷柜拖车案的事实核查：碎片时代和曲折真实》和《"金斯伯格"们的斗争：法庭上的"她"者》中的饼图都采用了这种方式（见图13-18、图13-19）。

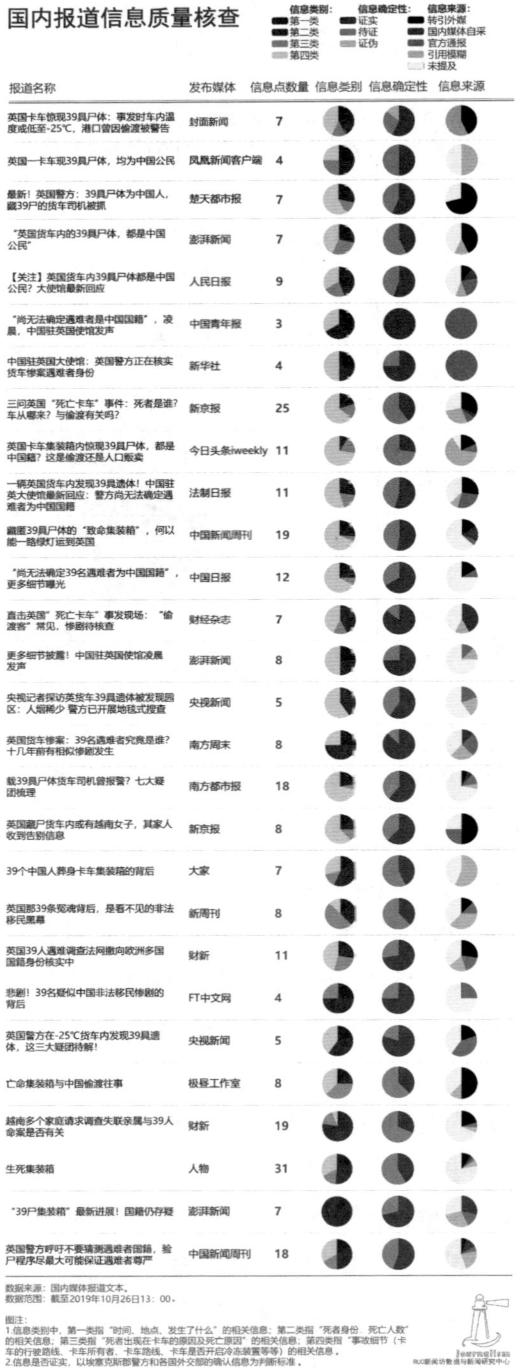

图 13-18　作品《英国冷柜拖车案的事实核查：碎片时代和曲折真实》中的饼图

2020年在任的9位大法官中，女性法官在民权类案件中的投票更倾向自由立场，男女法官投票阵营差异不明显

2020年在任9位大法官在民权类案件中的投票倾向

■ 自由立场　■ 保守立场　■ 没有明确倾向

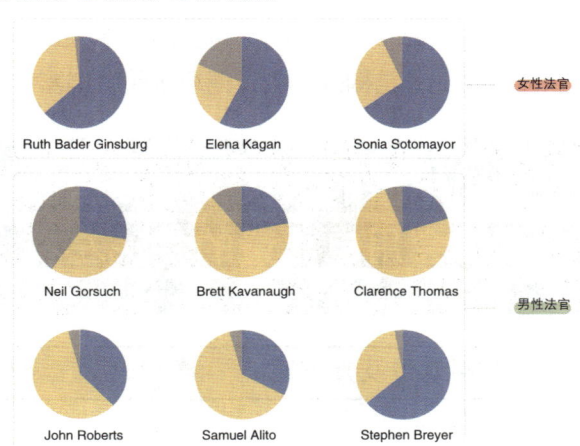

女性法官：Ruth Bader Ginsburg、Elena Kagan、Sonia Sotomayor

男性法官：Neil Gorsuch、Brett Kavanaugh、Clarence Thomas、John Roberts、Samuel Alito、Stephen Breyer

2020年在任9位大法官在民权类案件中的投票阵营

■ 多数派　■ 少数派　■ 没有明确阵营

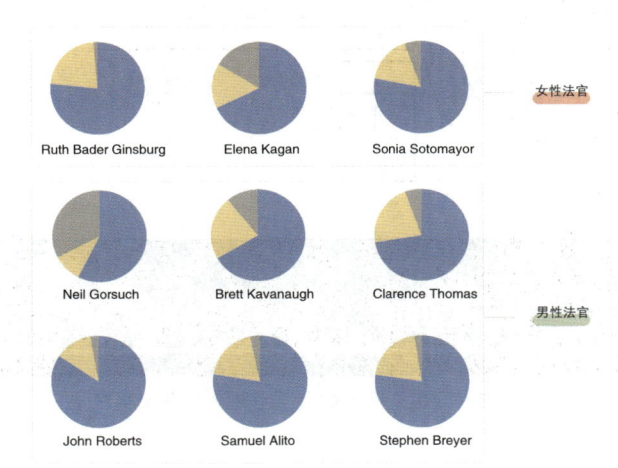

女性法官：Ruth Bader Ginsburg、Elena Kagan、Sonia Sotomayor

男性法官：Neil Gorsuch、Brett Kavanaugh、Clarence Thomas、John Roberts、Samuel Alito、Stephen Breyer

数据说明：
1. 从数据库中仅筛选出"issue"变量中标记为"civil rights"的案件进行分析。
2. "2020年在任"指的是金斯伯格去世前的法官阵容。
3. "倾向"（direction）指的是法院的判决倾向，如，在涉及民权的案件中，自由立场倾向主张民权诉求，尤其是那些应被保护而未被充分保护的群体，如LGBTQ群体；保守派则相反。"没有明确倾向"是指案件争议问题不涉及关于自由或者保守的描述。
4. "阵营"（majority）判断此法官的投票和法院最终判决是否一致，多数派指在此案件中该法官的投票属于多数阵营，少数派则相反。"没有明确阵营"是指在部分案件中参与法官数量为8位或6位时出现的平票情况。
数据来源：
THE SUPREME COURT DATABASE MODERN Database Version 2019 Release 01。
数据搜集时间：1946年—2018年。

图 13-19　作品《"金斯伯格"们的斗争：法庭上的"她"者》中的饼图

旭日图（sunburst chart）可视为饼图的升级版，也依靠角度来体现比例关系。旭日图是多层环形图，内外层间存在从属关系，这和树图更相似；而它和饼（环）图的共同之处在于，都能够展示数据内部的比例情况。例如稿件《如果没有电，我们会怎么样？》中就有一个比较简单的旭日图（见图13-20），这张图一次性交代了生活用电和生产用电的比例、生活用电和生产用电的细分用电结构，以及各细分结构的比例，信息量比较丰富。

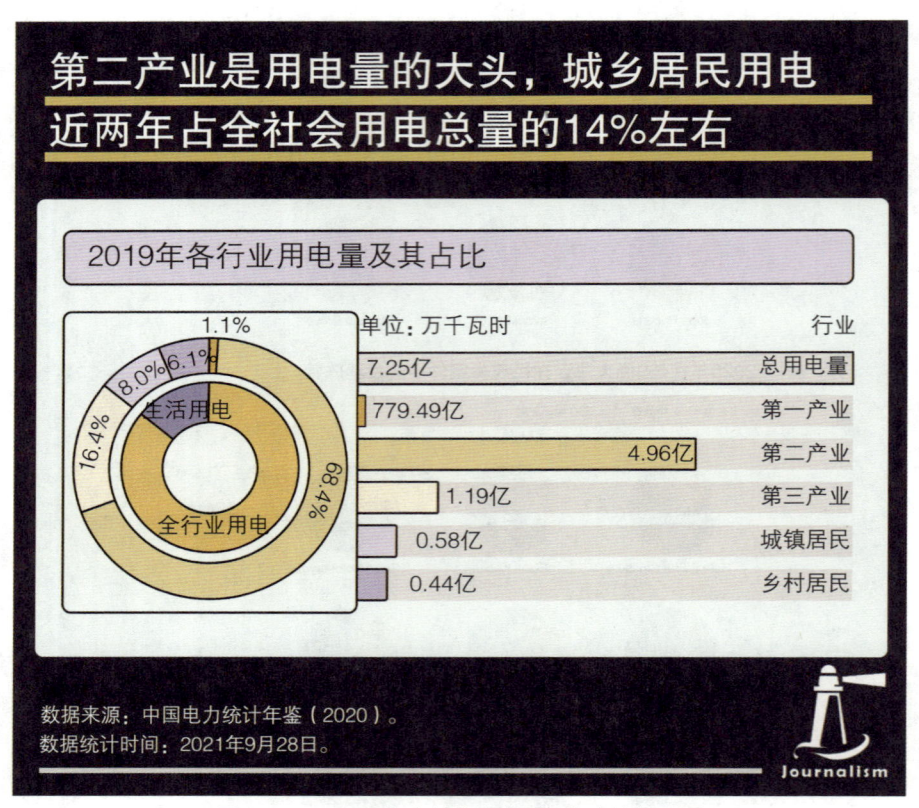

图 13-20　2019 年全社会用电量结构占比旭日图

13.1.4　散点图

散点图是指以点在两组数据构成的 x、y 坐标轴上的位置表示两个变量间关系的图表类型，适合展示数据的相关关系。

之前的图表虽然看上去也涉及两组数据，但基本都为一组类别数据加上一组数值数据，而适用散点图的数据集须是两组数值数据。

散点图是用以讨论两个变量相关关系的最具解释力的图形，同时图中的数据点还能拟合出趋势线，用于预测事物的发展方向。再换个角度想，它也能帮助我们发现不符合趋势的异常值，促使我们进一步挖掘数据异常的原因。

在稿件《1 183位求助者的数据画像：不是弱者，而是你我》中，我们就对新冠肺炎疫情初期武汉各区的求助者数量和拥有的医院、门诊数量做了一个交叉分析，并以散点图的形式呈现（见图13-21）。同时，我们引入两组数据的平均值作为辅助线，划分出四个区间，右上区间为医疗资源高于平均值、求助者数量也高于平均值的行政区。这个趋势其实是反常的，引导我们对这个区域进行单独分析，在进一步引入求助者与医院、门诊的距离数据后，我们发现江岸区、洪山区和硚口、汉阳的部分区域有大量的求助者距离这些发热门诊和定点医院较远，他们难以触达本区较丰富的医疗资源，因而不得不在网上求助。

武汉各区的求助者数量与医院、门诊数量		
行政区	求助者数量	该区域定点医院/发热门诊数量
洪山	197	6
江岸	175	8
武昌	165	10
汉阳	145	6
硚口	140	7
青山	68	7
江汉	67	6
东西湖	34	4
黄陂	14	3
江夏	11	5
蔡甸	5	5
沌口	3	0
新洲	3	3
汉南	3	2

数据说明：
1.定点医院、发热门诊名单为火神山、雷神山医院和方舱医院启用前名单
2.28条微博求助信息区县位置未知。
数据来源：清博大数据、百度地图、武汉市卫健委。
数据统计时间：2020年2月3日-2020年2月10日。

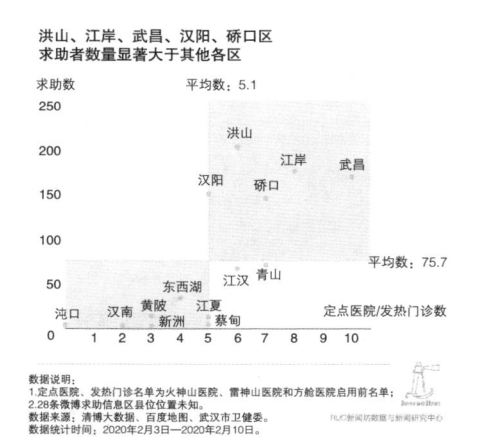

图 13-21　疫情初期武汉各区求助者数量与医疗资源散点图

制作散点图时，一般需要注意三个方面：

一是注意增添一些辅助线，比如横纵轴数据的平均线，或者趋势线。增添平均线，可以把图表划分为四个象限，清晰地把数据归成四类，例如图13-21；而增添趋势线，则可以清晰展现数据的相关关系和发展趋势。这些辅助线，都能更好地帮助读者解读图表信息。

二是注意灵活利用视觉编码元素。散点图有着特别大的视觉编码空间，

散点的形状（如圆形、三角形、方形）、散点的颜色或透明度、散点的填充样式（如纯色填充、用斜线填充、无填充）等都可以代表不同维度。利用这些编码元素可以呈现分组维度较多的数据集。

三是注意重合区的呈现。当数据足够大的时候，不太需要担心点重合的情况，因为趋势展现是更为重要的。但当数据量较少，每一个点的位置都比较重要时，要注意重合区的处理。我们一般会使用透明度浅于描边颜色的填充颜色，这样在点挨得比较近的时候也能看出位置差异；而如果出现完全重合的情况，那么当只有零星几个点时可以考虑用辅助线标注一下，当数量较多时则考虑改变视觉编码方式。如图 13-22 所示，不同重叠个数的点使用了不同的图例表示。

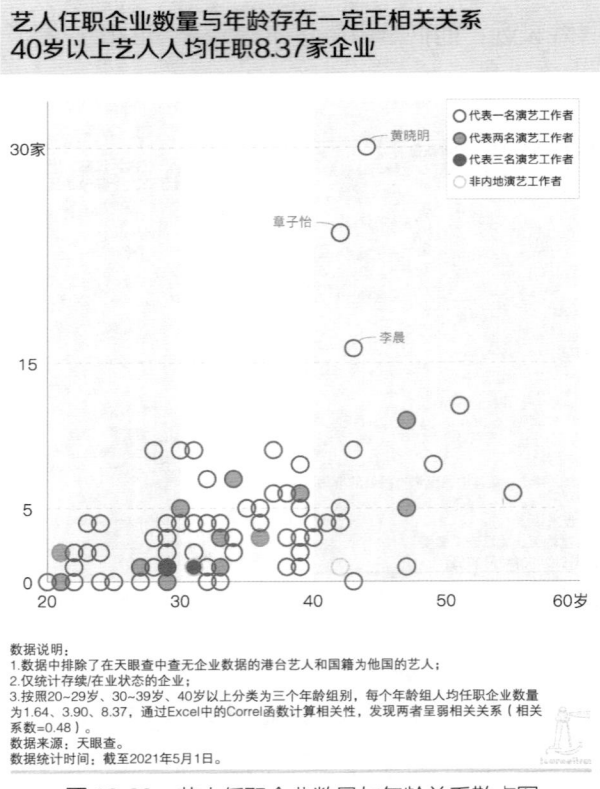

艺人任职企业数量与年龄存在一定正相关关系
40岁以上艺人人均任职8.37家企业

图例：
○ 代表一名演艺工作者
◐ 代表两名演艺工作者
● 代表三名演艺工作者
○ 非内地演艺工作者

数据说明：
1.数据中排除了在天眼查中查无企业数据的港台艺人和国籍为他国的艺人；
2.仅统计存续/在业状态的企业；
3.按照20~29岁、30~39岁、40岁以上分类为三个年龄组别，每个年龄组人均任职企业数量为1.64、3.90、8.37，通过Excel中的Correl函数计算相关性，发现两者呈弱相关关系（相关系数=0.48）。
数据来源：天眼查。
数据统计时间：截至2021年5月1日。

图 13-22　艺人任职企业数量与年龄关系散点图

而散点图的进阶是气泡图（bubble chart），是指在散点图上再添加一组数值数据，以点（气泡）的大小来呈现数据的多少。

我们就曾用气泡图来集中展示新冠肺炎疫情初期累计确诊病例数排名前20位国家（中国除外）的卫生医疗服务投入与确诊病例数之间的关系（见图13-23），如果不用气泡图，那么政府卫生支出占GDP的比例、政府卫生支出占政府总支出的比例和确诊病例数这三组数据将难以同时呈现。

各国政府卫生医疗服务投入情况对比

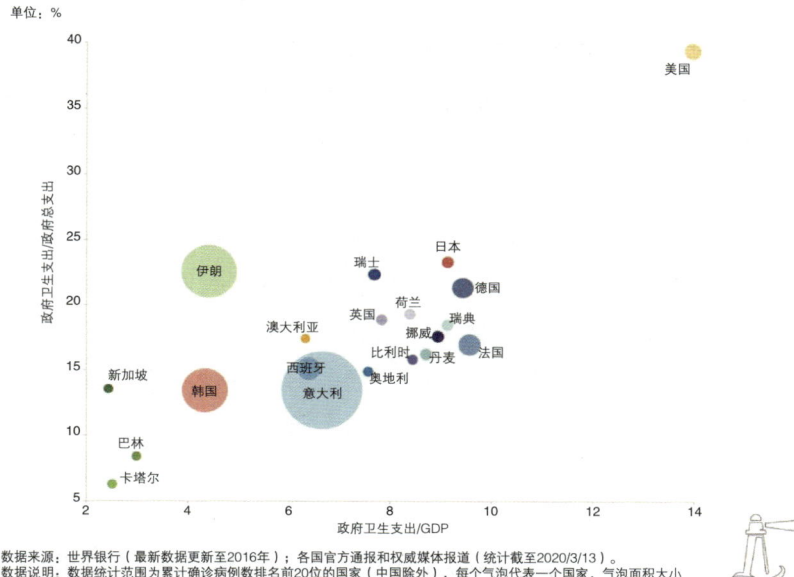

数据来源：世界银行（最新数据更新至2016年）；各国官方通报和权威媒体报道（统计截至2020/3/13）。
数据说明：数据统计范围为累计确诊病例数排名前20位的国家（中国除外），每个气泡代表一个国家，气泡面积大小代表各国累计确诊病例多少；气泡位置越靠近右上角，代表一国卫生医疗服务所消耗公共资源的相对比重越大。

图 13-23　疫情初期各国政府卫生医疗服务投入情况与确诊病例数量气泡图

13.2　进阶图表类型

经典的基础图表已可以满足大部分常态的数据可视化需求，但在操作实践中，我们常常会遇到逻辑更为复杂、形式更为多样的数据对象，这就要靠进阶图表来做视觉表达。

进阶图表的信息对象主要包括三类，分别是文本、流程和地理空间数据。词云图是典型的文本信息图，树状图、桑基图属于流程信息图，而地图、经典热力图则专注于对地理空间数据的可视化呈现。

基础图表专注于对描述型统计数据的可视化，而进阶图表对数据类型的包容度更高，能展现的图表逻辑也更为复杂。在特定情况下，这些图表能容纳很高的信息密度。

13.2.1 词云图

虽然海量文本的阅读是困难的，但针对这类文本的词频分析则相对简易很多。词云图可以实现对大量文本数据的快速理解，通过对文本的分词分析、词频统计，最终生成一个可以直观体现词频高低的"词汇库"。

词频越高的词语，在词云图上字号越大，位置越靠中间，反之则可能淹入茫茫"云"海，字号、位置的强烈对比可以让读者快速找到关键信息。这种设计逻辑让词云图能够轻松凸显核心信息，直接以视觉元素区分什么是相对重要的、什么是相对次要的，这也是它如今得到广泛应用的一大原因。

碎片化的海量文本最适合做成词云图。虽然我们可以对一本书做词频分析，了解它最常提到哪些内容，但书是系统的、有脉络的、有逻辑推演或故事推进的，独立的词语必然会减损它的内涵。与之相对的是碎片化的信息，比如某话题下的微博、某商品下的评论、某视频中的弹幕、某岗位的招聘广告等，由于信息载量过大，我们无法逐一阅读分析，同时由于信息的碎片化，我们无须逐一阅读分析，只要找到它们的共性就好，这时词云图就是最好的帮手。

前面已经提到，词云图的核心元素是词频，但词频统计并不止这一种可视化形式。所以，我们在拿到一份词频数据时，不必局限于"词云图"这种形式，而应该根据数据的特点，去做最恰当的可视化设计。

传统的词云图适用于大样本的、词频差异较大的数据，而小样本的、词频差异不明显的数据，则需要更为灵活的可视化。

图 13-24 是标准的词云图，它是 2020 年 15 本新闻传播学类 CSSCI 期刊的 2 702 篇发表论文的关键词词云图。我们可

图 13-24 2020 年 15 本新闻传播学类 CSSCI 期刊发表论文的关键词词云图

以来分析一下用词云图表现这组数据的三个原因：（1）2 702篇论文的关键词，属于大样本；（2）分析针对的是关键词而非文章内容，属于碎片化信息；（3）对已经形成固定学术概念的关键词的分析，分词的科学性较高。可以说，这组数据符合"适合做词云图"的特征。

但在实践中，我们其实很难遇到"完美数据"。最常见的一种情况，就是数据量较小、词频差异不够大，导致词云图的视觉效果不佳，此时便需要将其灵活处理为"没有词云的词云图"。

以图13-25为例，这组数据的样本量小，有效的词语量较少，词语的出现频次也较低，且词语频次差异不大，于是我们以"扩展"为核心思路，将传统词云图中的词语，扩展成词语、词频数和代表词频的图形，充分而不累赘，清晰地展现出了数据的词频特点。

事实上，词频分析的灵活可视化设计还有多种实现形式。以RUC新闻坊的《点击更新记者节22.0版本！》一文为例，我们需要对九大媒体岗位的招聘信息分别做工作内容和技能要

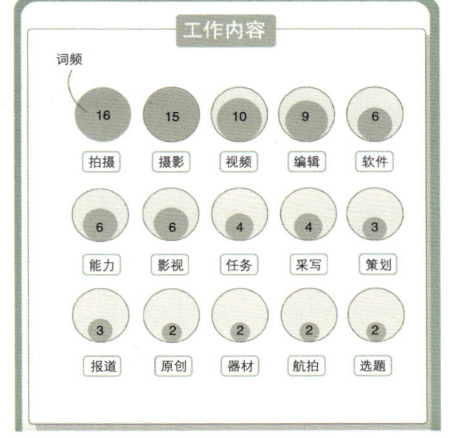

图13-25 摄影记者/编辑的招聘信息（工作内容）词云图

求两方面的词频分析，也就是最终要制成18个词频分析图表。这时，要想做出避免审美疲劳、适合数据特征的可视化，就要灵活结合其他类型的图表，设计思路仍然是上文讲的"扩展"逻辑。

值得一提的是，词云图并不是完美无缺的，它有一个比较突出的局限，即不能充分说明词语背后的意涵及其关联。如果所分析的文本信息不是读者熟悉的内容，那么藏在词语背后的信息则容易被忽视。在这种情况下，我们需要对其中一些重要的词语进行举例说明。在RUC新闻坊的作品《建议提案去哪儿了》中，我们就对高频词出现的典型文本做了相应的例举（见图13-26），从而帮助读者更深入地了解这些词在建议提案复文中的表达情境。

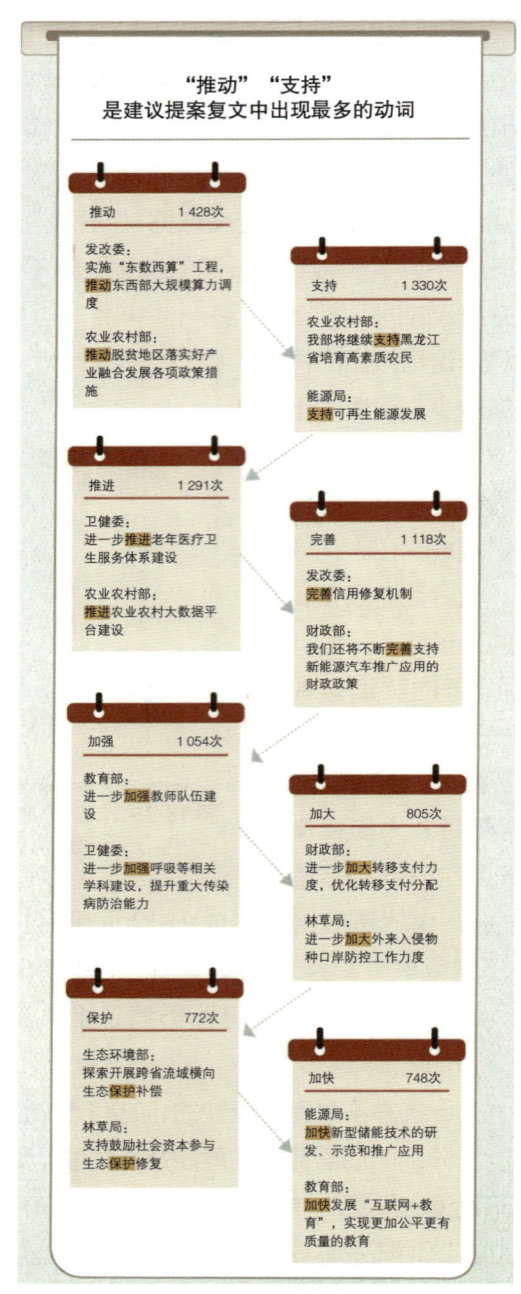

图 13-26　添加案例描述的高频词词云图

　　作为应用较广泛的一类进阶图表，词云图在制作过程中容易出错的事项也是非常需要注意的。

最常见的错误是同一词语多次出现。如果词频分析的文本量较小，词云图案却较为复杂，那么自动生成词云图的软件或在线网站就可能重复显示同一词语，以填充词云图案。以图13-27为例，"说好""眼看""微笑""怎么"等词语都出现了两次甚至多次，同一词语出现时字号大小不一，这显然与词云图"词频-字号-重要性"

图 13-27 周杰伦《说好不哭》的歌词词云图

三者正相关的设计逻辑是相悖的，即使这个图做到了较为美观，但在展示数据的层面仍不够严谨和科学。

13.2.2 地图

地图是最有生活气息的一类图表，它的逻辑非常直观，就是呈现"某地有何物"，或者"某地怎么样"。我们在生活中都很熟悉地图，但在数据可视化的语境下，地图可能会变成我们"最熟悉的陌生人"。

地图是对现实空间的抽象。两千多年前的《古巴比伦世界地图》（见图13-28）是最原始的地图之一，是古人描述空间方位的一次充满智慧的实践。该地图用圆形圈出古巴比伦的主要区域，用七个三角形来代表外围的"荒远之地"，用矩形、椭圆形来标注城市，用长短粗细不一的条状图案来标注河流与沼泽，且在图里图外都有相应的文字说明。可以看到，地图的核心逻辑，就是将复杂的空间地理特征抽象化为简单的点、线、面，并加以文字解释。

图 13-28 《古巴比伦世界地图》实物图和示意图
资料来源：大英博物馆官网。

在这个抽象化的过程中，根据不同的需要，地图要突出、要舍弃的内容截然不同，所选取的设计元素也会发生相应改变。我们可以从点线面三个维度出发去设计地图：坐标、位置信息对应点的设计；路线、空间关系注重线的设计；区域特点则常用带颜色的面来表达。

稿件《1 183位求助者的数据画像：不是弱者，而是你我》中的患者分布图是典型的以点为主的地图。图表关注的是新冠肺炎疫情暴发期间，武汉求助者的位置以及他们和医院的距离，用圆点来标注求助者的位置，点的聚集和分散清晰呈现了求助者的位置分布特征。

这张图上还有一个知识点：数据可视化中的地图设计往往不止单一维度，而是"地理位置＋"的复合呈现，有时需要用到"地图＋其他图表"的复合设计。除了定位求助者，我们还要呈现求助者与医院的距离，因此用圆点的颜色来表达距离关系，这其实是地图与散点图的一种结合。

此外，由于复合的地图设计相对复杂，所以必须特别注重以下几点：图例说明要清晰完整，包括颜色深浅对应数值大小、数据的单位；排版务必对齐；多个地图须标注比例尺；等等。

路线信息往往采用线段作为主设计元素。《新创旧痛｜黄河石林百公里越野赛事件特别报道》是使用线段的一个例子。在这里，尤其需要注意的是，相对于其他图表，由于地图的设计元素较为多样，因此可视化设计的对比感是非常重要的，否则读者可能难以找到图表的关键信息。与黄河石林百公里越野赛选手遇难事件无关的路段信息主要使用了白色，而越野赛被叫停前涉及遇难事件的路段信息主要使用了红色，以此引导读者阅读。

区域特征通常采用填色的设计思路，用颜色的深浅表达数据的大小，通常颜色越深代表数字越大。在作品《大象何以为家？》中，我们绘制"亚洲象主要活动范围逐渐北迁"一图时，使用颜色深浅表达了不同县域亚洲象的数量，整体呈现了亚洲象种群数量随时间变化的分布特征。

地图主体是云南省西南边陲的四个地级行政区，但读者完全不熟悉这一局部区域，地图信息难以与读者自身已有的认知联系起来，所以我们在图上补充了一个云南全省的小地图，以指示地图主体的位置，从而帮助读者建立起想象的地理空间。

最后，地图素材的获取也是制作地图的重要步骤，地图的正确选择主要有三个方面的内涵。第一，地图内容正确。尤其要注意的是，中国完整地图必须准确反映中国领土范围，可以在中国国家标准地图服务网站下载标准地图素材。第二，地图类型选择准确。根据数据需要，准确选择行政区划图、地形图、卫星图等地图素材类型。第三，地图格式应满足可视化设计需要。特别是关注区域特征的地图可视化设计，若要实现改变区域颜色这一需要，可单独选择各区域的 SVG 格式素材，而 JPG 格式的标准地图无法满足需求。这时候就可以使用阿里云的数据可视化平台 DataV.GeoAtlas，这个在线网站提供的地图素材可以精确到区，且能导出为可修改的 SVG 格式。

13.2.3 热力图

热力图也是一个来自地理学的经典图表，它的传统形式是用颜色变化来表示数据的地理分布，常常在天气预报中出现。但是，热力图在数据可视化中的运用要灵活许多，不变的是依旧用颜色变化来表达数据，变化的是热力图不再局限于表现地理空间位置类的数据。

对于这一变化，我们可以总结为：热力图的坐标系变得自由。年份、日期、名称、话题等维度都可以成为热力图的坐标。如果数据的分布特征是最需要突出的部分，且这一分布特征与某一个或两个维度相关，那么就可以考虑用热力图来做数据可视化。

图 13-29 就是单一横坐标的热力图，横坐标表示年份的变化，红蓝色阶呈

现了 1850—2017 年的全球平均气温变化情况，这个图清晰地展现了全球变暖的现实。

分布特征越突出的数据越适合热力图，因为热力图的视觉强度是基础图表难以比拟的。还是以图 13-29 为例，虽然折线图也可以清晰地呈现出气温的变化，但热力图通过色彩的对比，形成了强烈的视觉冲击。气温变化是最适合热力图的数据之一，因为红蓝色阶能恰如其分地打通气温冷热的体感和视觉观感。

The colour scale represents the change in global temperatures covering 1.35°C [data]

图 13-29　1850—2017 年的全球平均气温变化热力图

资料来源：Hawkins, E. (2018, May 22). Warming stripes. Retrieved April 14, 2022, from http://www.climate-lab-book.ac.uk/2018/warming-stripes/.

热力图的坐标系是自由的。时间维度是目前最常用的热力图坐标系之一，年份、月份、日期都可以成为坐标轴，还可以与其他维度共同定义数据。不过，热力图的坐标系还可以更加"自定义"，图 13-30 的横坐标是数据新闻的议题，纵坐标是制作数据新闻的媒体类型，相当于是对这两个维度进行了一个交叉分析，并且用颜色深浅变化清晰地展现出了结果。

正如图 13-30 所示，"填格子"是最常用的热力图设计，即在由横纵坐标分割出的矩形中，依据设置好的色阶，按数据所对应的颜色填色。但是热力图的可能性远不止于此，它也可以实现诸多极具创意的设计。

图 13-31 展示了 2004—2018 年不同食物在谷歌的搜索趋势。这张图采用了常见的时间坐标系，但它的形式设计非常新颖：用同心圆表示 2004—2018 年的各个年份，再用线条切割出月份，于是每一个格子分别代表某年某月，最后用不同颜色表示某一食物在相应时间段内的搜索热度。

机构媒体最关心疫情数据和现状
科普知识类数据新闻多为新媒体机构作品

澎湃号 | 湃客

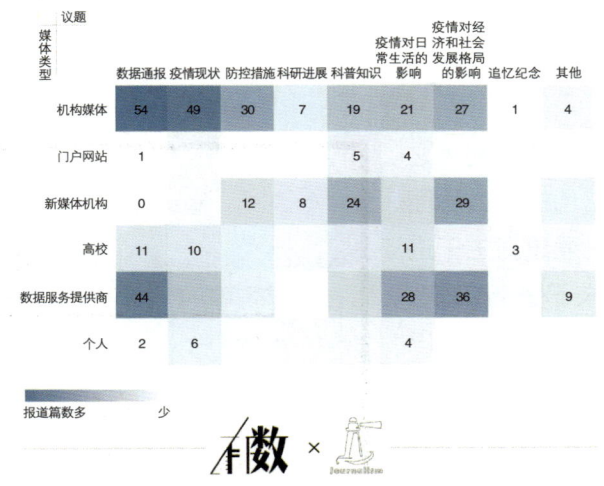

媒体类型 \ 议题	数据通报	疫情现状	防控措施	科研进展	科普知识	疫情对日常生活的影响	疫情对经济和社会发展格局的影响	追忆纪念	其他
机构媒体	54	49	30	7	19	21	27	1	4
门户网站	1				5	4			
新媒体机构	0		12	8	24		29		
高校	11	10			11			3	
数据服务提供商	44					28	36		9
个人	2	6			4				

报道篇数 多 ← → 少

数据来源：湃客"有数"栏目、澎湃美数课、财新网、新华网、网易数读相关疫情报道。
数据范围：2020年1月1日—2020年8月31日。

图 13-30 数据新闻生产的媒体类型和议题分布热力图

January February March April May June July **August** September October November December

PEACH　　　GARDEN TOMATO　　　EGGPLANT

2004　　　　　　　2018

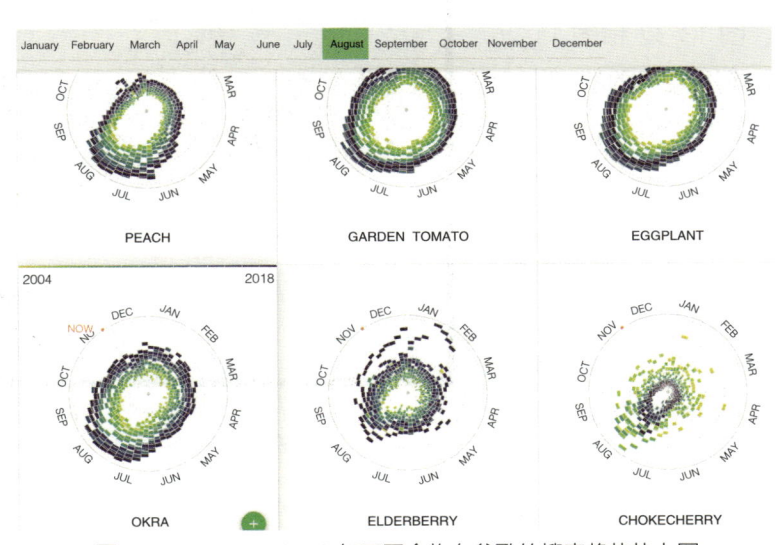

OKRA　　　ELDERBERRY　　　CHOKECHERRY

图 13-31 2004—2018 年不同食物在谷歌的搜索趋势热力图

资料来源：Rogers, S., Cairo, A., Stefaner, M., Vishnevsky, Y., Weigele, S., Sibley, D., & Baur, D. (e.d.). The rhythm of food. Retrieved April 14, 2022, from https://rhythm-of-food.net/.

当然，用矩形也可以制作这一热力图，但对于这组数据来说，圆形热力图是更好的选择。它占用的空间更小，填色的格子更集中，颜色的对比更分明，最终的可视化效果更清晰、美观。

13.2.4 树状图

树状图是最灵活的图表之一，我们现在常用的思维导图就属于树状图。通过对主干进行分类，再对枝干进行二次、三次乃至更多的分类，可以充分拆解系统、呈现其内部结构，最终制成一张层次分明、条分缕析、重点突出、细节丰富的树状图。

数据的层级关系是树状图的核心。图 13-32 和图 11-26 都以圆形或近似于圆的图形大小来表示数据的多少，粗略一看非常相似，但其实这两张图有本质差别。

图 13-32 是典型的树状图，而图 11-26 是比例符号图，本质属于饼图。区别就在于前者首先将全球新冠肺炎疫情数据按大洲分类，然后再分大洲展现各国的确诊情况，具备明显的层级关系；后者是对 20 种月饼口味频数的直接呈现，圆圈的大小与相应口味的占比呈正相关，这种比例关系正是饼图的要素。

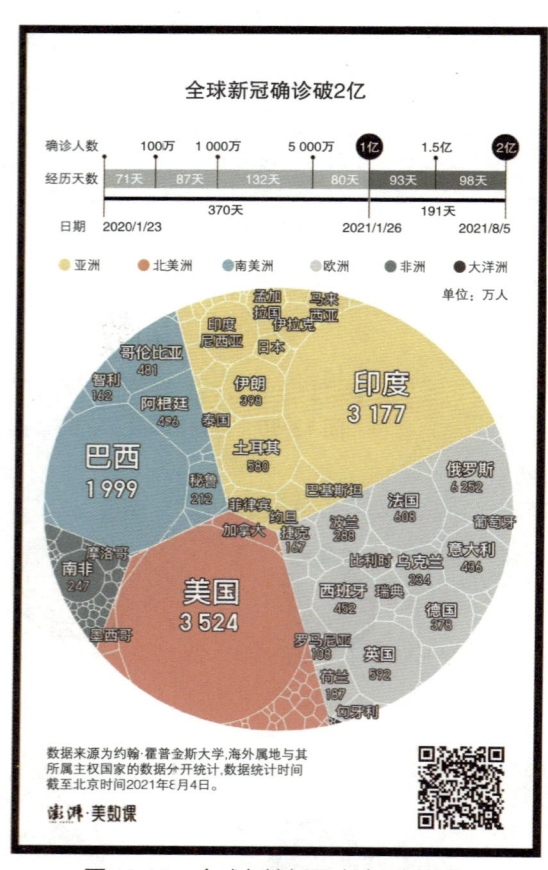

图 13-32　全球各地新冠确诊量树状图
资料来源：全球确诊破 2 亿，疫情还会终结吗……？检索于 2022-04-15，取自 https://mp.weixin.qq.com/s/A2az-ezajy27UoiWccU0PQ.

树状图的变体非常多样，大体有两种设计思路：一是沿用经典的线条设计，二是采用变化万千的面积设计。图 2-9 即采用了经典的线条设计思路，用线条表示分支，展现数据的层级关系，并且用颜色来区分各学科门类。经典树状图的优点在于细节不丢失，缺点在于可能会造成比例关系的误解。仍以图 2-9 为例，文学专业数量远远大于工学专业，但由于文学专业的一级学科和二级学科分类较少，因此在视觉上可能会造成文学专业占比较少的错觉。读者需要仔细阅读最外围的柱形图，才能充分理解数据的比例关系。

以图形面积为设计要素的树状图，则可以同时呈现数据的层级关系和比例关系，常用的图形有环形、圆形和矩形。

之前讲饼图时，我们提到过饼图的变体——旭日图，它也可以用于数据关系层级的可视化，即将饼图和树状图结合，成为以环形为基本元素的树状图。与其他树状图不同的是，旭日图是由往外扩张的圆环构成的，添加新的关系层级时相对自由，适合关系层级较多的数据。

圆形和矩形树状图的设计逻辑基本一致。前面我们讲树状图的关系层级时，将一张圆形树状图（见图 13-32）和一张比例符号图（见图 11-26）进行了对比，其中的全球各地新冠确诊量情况图，就是以（近）圆形为基本元素的树状图。

不过，处理关系层级非常复杂的数据的机会其实很少，反而是单一关系层级的矩形面积图在实践中最为常见。图 13-33 就是典型的例子，我们只将 2021 年媒体招聘岗位按照新闻生产的不同类型进行了一次划分，便得到了一张单一关系层级的树状图（矩形面积图），其中的矩形面积充分体现了各类型岗位的占比。如果我们想进一步呈现记者和编辑岗位的划分，则可以在相应的矩形内部增加新的层级。

上述树状图能提供视觉意义上的大致比例关系，但读者不易从这类图中获知数值意义上的精确比例关系。为了避免这一局限，我们可以在图表标题中标明重要的比例数据，从而给读者提供更深度的信息。图 13-33 的标题提到"新媒体岗位占比达 30%"，这一数据在图表中并没有直接体现，设计师选用这个标题就是为了给读者提供一个明确描述统计结论的数据，以突出想传达的信息重点。

11大媒体岗位，新媒体岗位占比达30%

媒体招聘岗位分布

文字记者/编辑 117	视频记者/编辑 51
	深度报道记者 27
新(融/全)媒体记者/编辑 112	研究员 20	摄影记者 10
		电视新闻记者/编辑 6	音频记者
	评论员 11	数据新闻记者/编辑 6	驻外记者

数据来源：1.以《互联网新闻信息稿源单位名单》为参考进行立意抽样，并从用人单位官网、招聘平台选取岗位招聘信息，共抽取100家媒体，362个岗位招聘。
2.选择2021年内最近一次正职招聘，如2021年未招聘则选取往年最近一次招聘，实习生招聘不算在内。
3.岗位范围限定在内容生产、运营、技术等不算在内。
数据统计时间：2021年10月26日—2021年10月29日。

图 13-33　2021 年媒体招聘的岗位分布树状图

13.2.5　桑基图

桑基图的核心在于呈现不同维度或各个环节间数据的关系，以回答三个与数据相关的问题：是什么？从哪里来？到哪里去？

图 13-34 是最常用、最简单的桑基图设计形式，它严格遵循了桑基图的"能量守恒"定律，即图表左右各分支的宽度之和是相等的。这张图的设计逻辑，就是用桑基图的线条，将招聘岗位和招聘单位的关系勾连起来。

这样一来，许多问题都可以在图上找到答案，比如想做编辑记者的应届毕业生可以去哪些单位？互联网公司需要什么类型的人才？二者关系越紧密，图中的线条就越粗，最终自然形成一个粗细分明、重点突出的图表。桑基图不但可以呈现各维度/环节间的关系，而且可以充分表达这种关系的强弱程度。

有两种数据类型适合采用桑基图呈现。第一种是呈现同一数据在不同维度的分类。我们可以用线条来揭示各个维度数据之间的联系，代表不同维度的分支宽度之和相等，以体现桑基图的"能量守恒"定律，最终呈现为"多对多"的形式，图 13-34 就是典型的例子。

第二种是用桑基图中流动的线条来诠释某一数据的多维度流向，最终呈现为"一对多"的形式。图 13-35 展现了澳大利亚新南威尔士州警署记录的 2009—2018 年这十年中的性侵报告数据的流向。在警方收到的 52 396 条性侵报告中，有 2 809 条被驳回，剩下的被调查的 49 587 条性侵报告中只有 1/4 的案件警方会提出指控，但真正被法院受理的案件只约占 60%，而最终被判有罪的案件仅 3 827 件，相当于最初报告数据的 7.3%。这张描绘"性侵报告都是如何处理的"的桑基图属于典型的"一对多"数据，依然符合"能量守恒"定律，即所有分支代表的数值之和等于主干数值，我们可以称之为"尾部不收拢"的桑基图。这类桑基图相比前一种类型而言对色彩搭配的要求较低，如图 13-35 配色简洁，黑、白、灰等无彩色搭配红色数据的设计清晰而醒目。

在谈论热力图时，我们曾举例说明用圆形代替矩形作为整体形状的例子（见图 13-31）。当我们需要设计的数据维度较多，所需空间较大时，可思考能否把它转化为圆/环形的图案，因为圆/环形能极大地节省空间、使数据分布在一屏而非多屏中。例如，图 13-36 就是对桑基图的灵活运用。因为该图要呈现的主要人物的数量和场景数量差别较大，如果设计为传统的桑基图布局，那么图表可能会显得左右失衡且笨拙，此处用则排布两侧近似圆形的设计回避了上述问题，也与《指环王》电影中戒指这一核心元素产生了微妙的呼应。

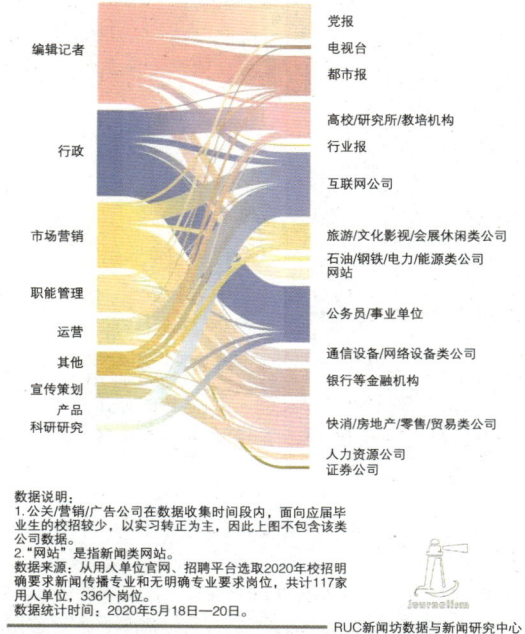

图 13-34 2020 年校招岗位及招聘单位桑基图

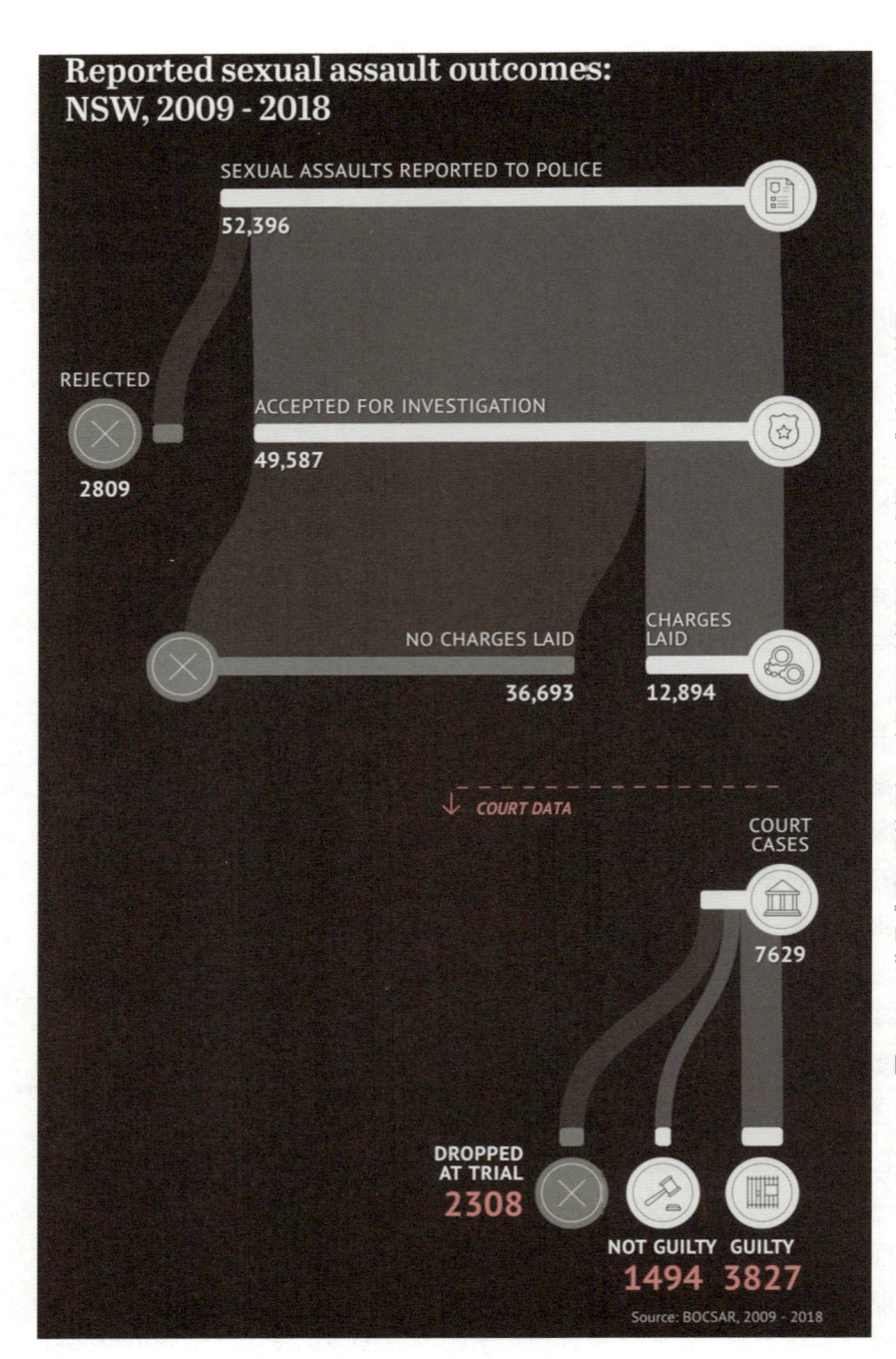

图 13-35 作品《看不见的罪行：我们是否让性侵受害者失望了？》中的桑基图

资料来源：Precel, N. Dexter, R. & Marsh, E. (2019,September). The Invisible Crime: Are We Failing Victims of Sexual Violence? Retrieved December 20, 2022, from https://www.brisbanetimes.com.au/interactive/2019/are-we-failing-victims-of-sexual-violence-v-2/.

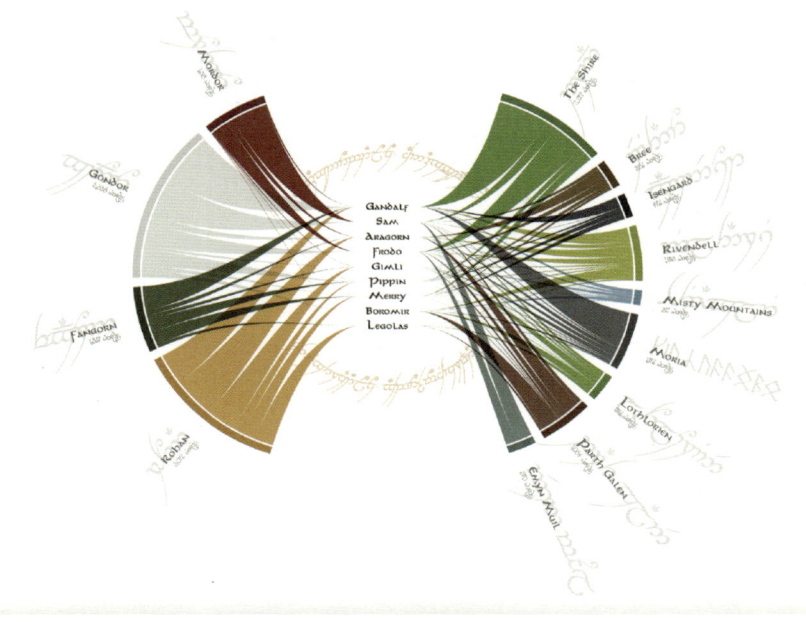

图 13-36 《指环王》主要人物台词时长场景分布

资料来源：Bremer, N. (2016, July). The words of the Lord of the Rings. Retrieved April 14, 2022, from https://lotr.visualcinnamon.com/.

最后，以上提及的进阶图表类型大多需要先进行特殊的数据处理，才能在特定的可视化设计网站或软件中导入数据并顺利生成相应的图表。我们推荐 Flourish 这个图表类型丰富的在线数据图表制作网站，它为每种图表提供样例和对应的原始数据表格，我们建议大家亲自观察分析这些表格是如何设置表头、如何组织行列的，在自己搜集分析数据的时候先按照示例去做，熟练掌握后再进一步尝试处理特殊数据的方式。

第 14 章

信息可视化：如何艺术化表达质性信息？

在数据叙事中，我们不仅要面对规整的结构化数据，也会面对难以用统计图表展现的非结构化数据，如表 14-1 所示：

表 14-1 新冠肺炎疫情暴发期间印度网友 @RamGrover 发布的推文

日期	具体时间（印度时间）	推特内容概括	推特原文
2021/5/4	15：47：00	我在排队给氧气罐充氧，队伍排在路中间，警察每次只允许 5~7 个人拿着氧气罐进去。我前面大概还要充 200 多个氧气罐，已经过去一个小时了，队伍一点也没有移动。有的人在氧气罐上睡觉，有的人说，他们已经排了一天了。	I am at a place where they are filling cylinders with oxygen. There is a line on the main road, from where the cops and civil defence allow about 5 to 7 people to go inside with the cylinders.About 200 plus cylinders in front of mine. It's been more than an hour and the line has not moved forward at all. People are sleeping on cylinders, some say they have been here for a day.
2021/5/4	15：47：00	刚才警察说制氧设备要到 4~5 小时之后才能重新工作，人们尖叫、诅咒，最后还是只能回来坐在自己的氧气罐上。为了拯救爱的人，我们除了冒着被感染的风险，安静地在这儿等，还能做什么呢？当我领到氧气的时候，我的家人还能用到吗？还是已经成了新冠死亡人数中的新增数字？	Just now the cops have announced that the plant will now be operational after 4 to 5 hours. People screamed and shouted and cursed, and are now back to sitting on their cylinders or lying on the roadside. The truth is, right now, to save our loved ones, to ensure they get oxygen, we must risk ourselves of infection, and quietly stand in line. I wonder if by the time I reach home with the cylinder, will it be able to be used or not, or would my family have added to the list of statistics.
2021/5/5	9：21	终于在深夜的时候领到了，感谢大家。	Finally did, late in the night. Thank you so much
2021/5/5	10：03	这不会是故事的结局，氧气罐支撑不了多久，也许今晚或者明天我就又要重复上面充氧气的过程。	And this is not the end. The cylinder won't last long. This refill process will happen again tonight or tomorrow.

注：在推特上选取较有代表性的用户发布的推文，发布时间为印度当地时间，由于篇幅限制未摘取用户发布的全部推文。

这是稿件《"远处的哭声"：印度疫情中的社交媒体求助者》所用到的部分原始数据。2021年5月，印度新冠肺炎疫情暴发，许多身处印度的人们通过推特发布求助信息。在用结构化数据对求助者情况进行量化分析之后，我们梳理了其中三位求助者发布信息的时间与内容，以呈现出疫情之下的个体遭遇。这份"数据"以纯文本信息为主，上一章所提及的图表形式没有一种能与之契合——当我们略感遗憾地确认了这一点后，一条新的可视化路径才刚刚展开。

信息可视化作品的内容主要由插图、文字、数据图表和其他规范性元素（如标题、图例、必要的说明）组成。根据选题特点、呈现形式、画面尺寸的不同，各元素会得到不同程度的运用，最终会形成两类作品。一种是由质性图表元素（qualitative graphic element）[1]组成的轻量化、海报式图表；另一种是多板块、多层次的大版式信息图（infographic）。前者与数据图表作用类似，在数据叙事作品中起串联与辅助作用；而后者具有更加完整的叙事结构，自身便能成为一部数据叙事作品，呈现形式也更加多样化，如条漫、信息图、视频等。

尽管内容与呈现形式有所差异，但两类作品的制作思路是一致的，都要经过思考创意、画面布局、付诸设计这三大环节。在各环节内每走一步，可视化设计师便可根据选题风格与数据特征，从共性中归纳出不同的具体操作路径，最终制作出形式多样的作品。鉴于此，本章跳过对不同形式信息可视化作品的分类介绍，而以制作流程进行串联和展现：当我们拿到非结构化的质性信息时，如何从构思到设计，将之一步步变成可视化作品？

14.1 信息可视化的要素

在正式进入制作之前，我们有必要先了解构成信息可视化的要素。

14.1.1 功能与实用性

RUC新闻坊的后台常常收到读者对可视化的夸赞，"美与不美"，这是人

---

[1] 指任何非数字的元素，包括信息和插图。兰蔻，J.，里奇，J.，克鲁克斯，R. (2016). 信息图表的力量（张燕翔，杨春勇，杨凯，刘千溪，译）. 北京：人民邮电出版社 .p.19.

们在观看可视化作品时的第一反应。然而，形式应当为功能服务，数据叙事中的信息可视化终究是服务于叙事，服务于信息的解读、分析和呈现的，从而使信息易于查找、阅读、理解和回忆。

作为设计师，当一张空白的画板在面前展开时，我们的第一反应并不是将它装饰成画作，而是思考如何将手头复杂的信息重新放置、转译，使信息得到更清晰的表达。正如阿尔贝托·开罗（2015）所说："图表、图解和地图不仅仅是用于欣赏的工具，更是用于解读和详细分析的工具。信息图表的首要目的不是满足眼睛的感视，而是可读性，然后才是美观；或者说美感源于优雅的实用性……美感确实有用，但没有好的内容作为坚实支撑的美感仅仅是哗众取宠。"

为了实现信息可视化的功能，设计师需要时不时从中抽离，站在读者的角度审视作品，使作品成为"善解人意的设计"。从这个角度看，数据叙事中的信息可视化比艺术作品中的设计更讲究易读性，相比而言，后者更倾向于个性化的表达和探索，而前者则需要在"信息"和"读者"间架构起"致知"的桥梁。

14.1.2 脉络与结构感

脉络的原则体现在广袤的自然空间里，群山连绵，江河顺流而下，万物遵循一定路径才能永续发展。而对人类来说，当我们想快速了解一件事物的全貌时，常常诉诸一种形式——时间线。时间线是最能表现脉络感特征的信息可视化形式之一，也是最基础的形式。我们生活在线性流动的时间中，时序性梳理是回溯、再现过去事物的最佳方式。除了时序，空间关系、逻辑推导、系统组织和关联顺序等都可以成为构成作品脉络的一种形式，掌握脉络，对设计师而言，如同掌握了表达作品的流程，而读者也可通过作品的脉络去读懂信息架构的逻辑。

在可视化作品中，脉络感展现为画面中或显性或隐性的信息序列，一般通过线条或将信息按照一定路径排列来实现，我们可以通过德国信息图设计师扬·施沃霍夫（Jan Schwochow）的作品《自行车的演变》（*Die Evolution des Fahrrads*）直观感受到信息可视化中的脉络感（见图14-1）。在视觉效果上，脉络感遵循着也引导着人们的阅读顺序；在叙事效果上，脉络体现的逻辑使信息的传达效能更高。

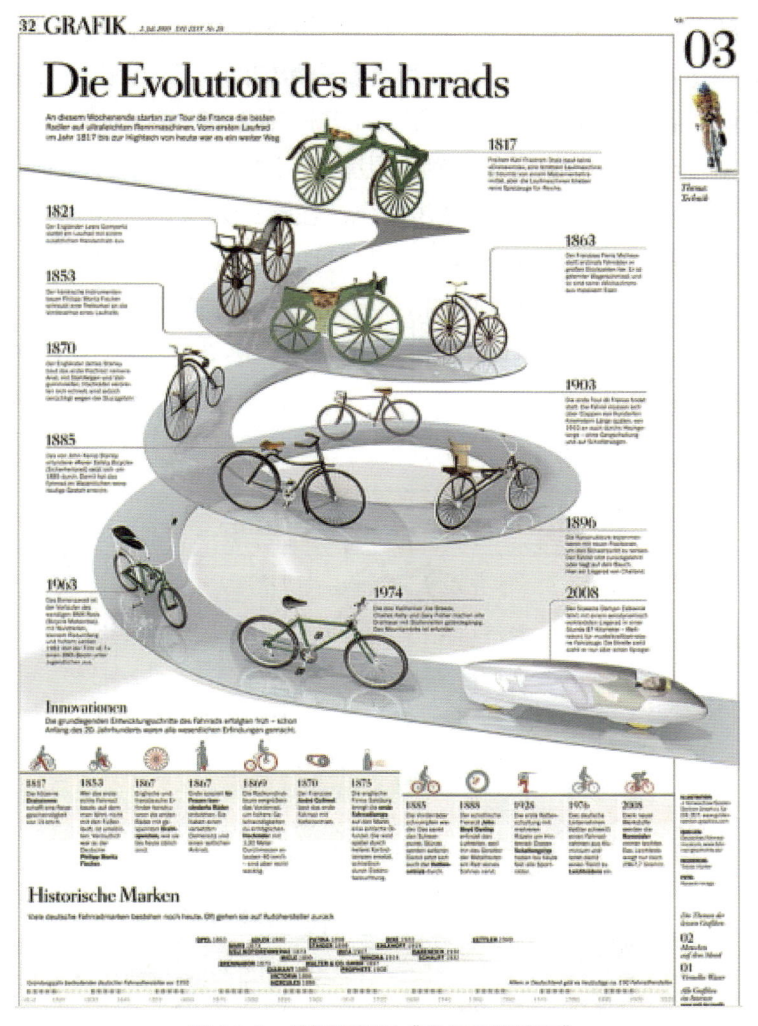

图 14-1 信息图作品《自行车的演变》

资料来源：黄金图像分割公司。

  脉络使可视化有了内部逻辑的架构，但要让可视化作品从外部看起来井井有条，还需要"结构"。

  在第 11 章关于信息完整性的内容中，我们便提到过"信息区"这一概念。信息区是各信息模块的"房间"，让不同元素规整地待在划定的区域内，能够使画面结构清晰、井然有序；同时，各个"房间"的面积大小分明，必须有一片主区域存在，才能使画面拥有视觉中心，主次分明。

  与数据可视化图表相比，信息可视化作品的结构更加自由，不受固定模板限制。如此一来，优势便在于设计者有了更大的创作空间，但难点也很明显——每做一幅信息可视化作品，都需要重新构图。在开始设计之前，我们首先需要认识到作品画面结构的存在，并培养起结构的意识。

仍然以《自行车的演变》为例（见图 14-2），该作品有三个明显的信息区：标题及导语、主体部分和次要信息。在占比最大的信息区中，视觉元素——自行车插画和螺旋形路面是主体部分的核心，两侧斜对角的出血设计相对应，可能造成的另外两对角的不平衡感被文字排版消除。画面下方的次要信息区域是对主体部分时间节点信息的补充，横向跨越整个页面使画面闭合，形成完整的作品。

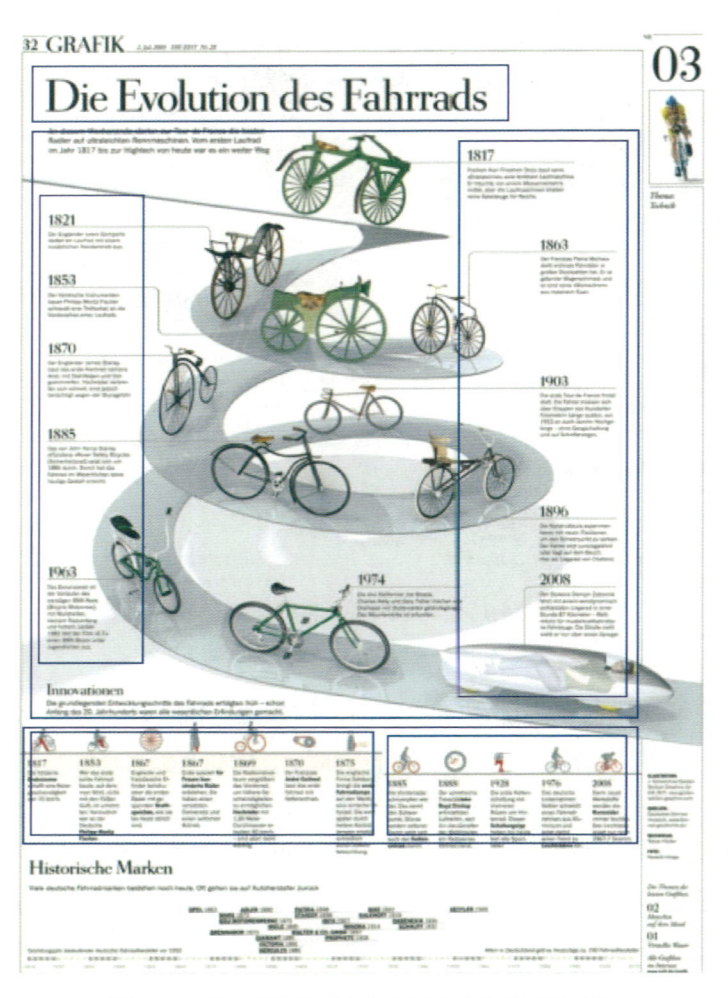

图 14-2　信息图作品《自行车的演变》的画面结构

14.1.3　形式与设计感

结构化数据的可视化与数学、计算机科学关联紧密，而非结构化信息的可视化更多涉及艺术领域的知识。信息可视化作品与所有的设计作品一样，应当具有美学吸引力，为读者提供愉悦的视觉体验。这需要借助丰富的信息设计形式，不仅包括前一章所提及的各种统计图表，还包括手绘、漫画、视频、拼贴等一切富有创意的艺术表现形式。例如，在作品《一首为考研人而写的叙事诗》中，我们尝试采用拼贴画的形式来表达对考研群体的祝愿（见图14-3）。

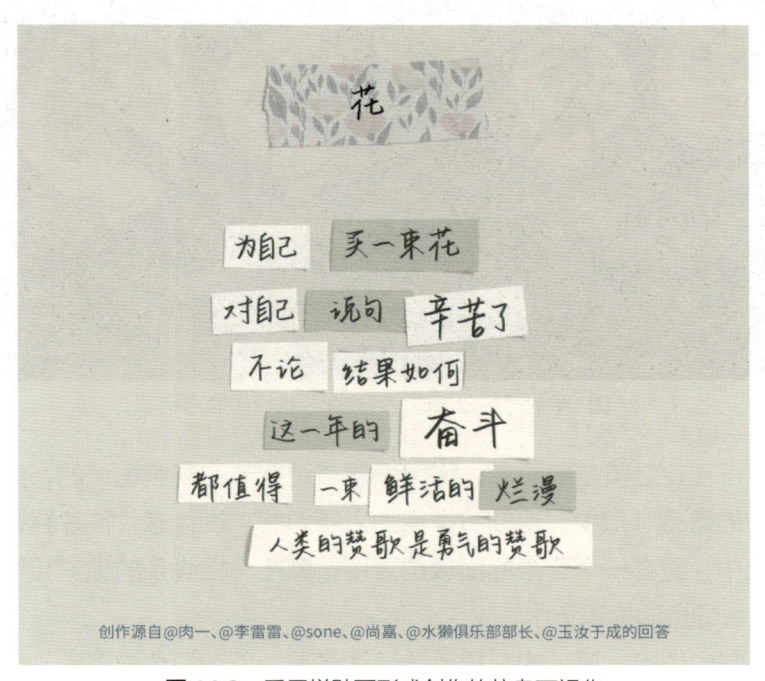

图 14-3　采用拼贴画形式创作的信息可视化

这种创意形式的丰富性还体现在设计元素的多元化上，一切为人们所熟悉的事物都可能成为信息可视化的设计元素。比如在曾获信息之美奖的"每日橡皮泥可视化"（Day Doh Viz）项目[1]中，我们可以看到所有作品都采用橡皮泥来塑形，设计师巧妙地运用了橡皮泥的色彩多样性和形态的可塑性，创

---

[1] Cesal, A. (e.d.). Day Doh Viz. Retrieved April 16, 2022, from https://www.amycesal.com/day-doh-viz-all/.

作了一个又一个有趣的数据和信息可视化作品，深具童趣的视觉元素令人感到新奇又美观（见图 14-4）。

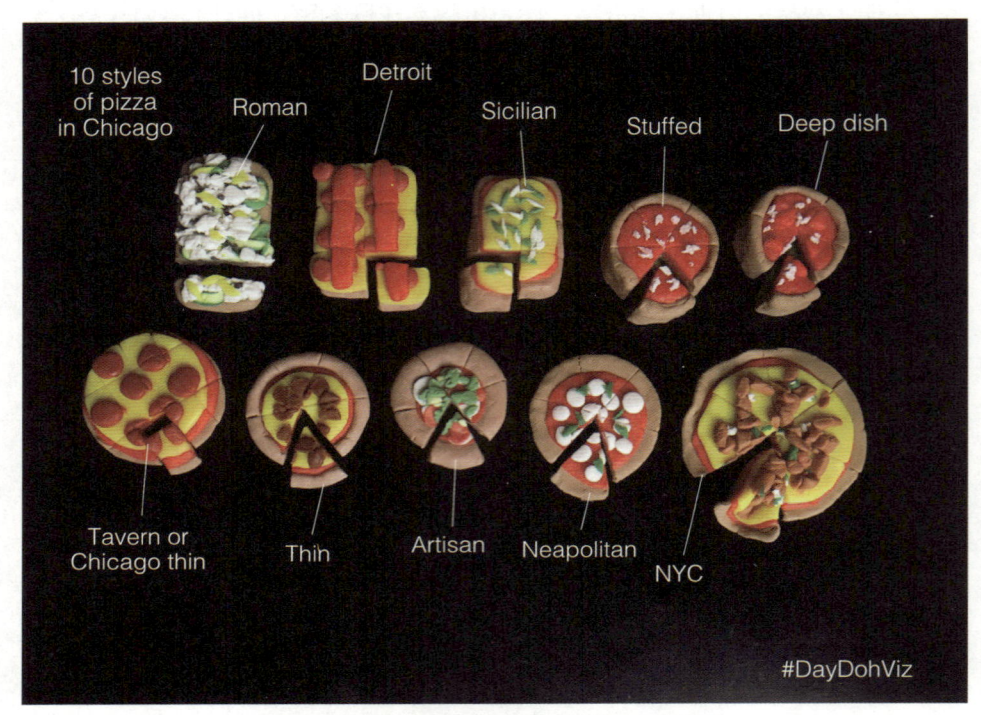

图 14-4 "每日橡皮泥可视化"项目中的作品

信息可视化之美是靠灵感、练习积累与对细节的观照达成的，前两者存在于人们的普遍认知中，但细节常常为人所忽略。设计感，往往藏在一处字体的使用中，藏在一个元素的摆放位置中，藏在一根线条的虚实粗细中，藏在一个色块的透明度设置中……

无可辩驳的是，设计的直接目的是达成美。那么，达成了美，然后呢？美的价值远远不止于观看一瞬间的感兴，功能之美亦是设计美学的重要组成部分（李砚祖，2003）。当涉及具体议题时，美可以传达积极的情绪，柔化恐惧与沉重；或使人沉浸于画面中，带给人更强烈的冲击。

最后我们想强调的是：信息可视化之"美"，是作品在拥有以上特征之后自然达成的状态，是一种和谐与秩序之美。达成这一状态需要练习、需要灵感，而无须担忧和刻意为之。

14.2 创意时间：风格确立与素材准备

确立作品整体风格是最基础的工作，也是最有价值的工作，直接决定着作品是否能够惊艳读者。

一直以来，在设计可视化时，RUC 新闻坊都使用固定的图表模板。模板没有明显的风格特征，能够承载几乎所有类型的选题，它节约了创意时间、提高了工作效率，但也束缚着可视化工作的创造性。想要打开新的创意大门，内涵丰富、意向丰满的质性信息仿佛是天然的钥匙。

在设计时，创意的来源首先和选题相关。比如我们在做东京奥运会这一选题时，其可视化设计就借鉴了很多日本浮世绘的元素，同时在配色上也注重贴近日本文化的特点，以更贴近主题（见图 14-5）。

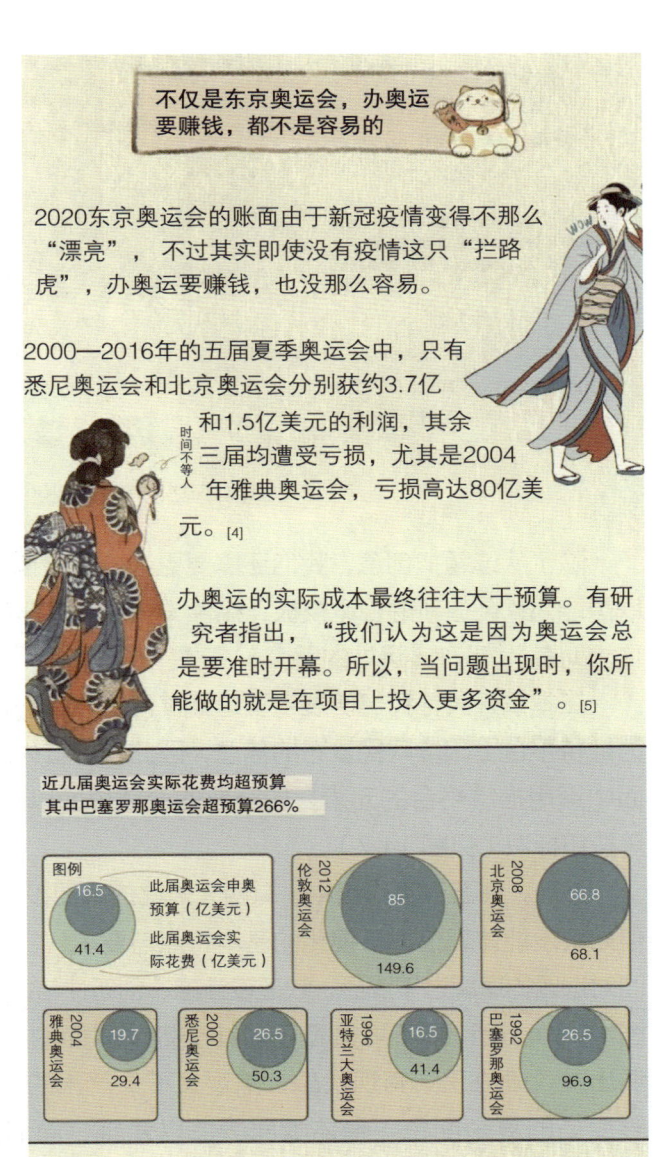

图 14-5　借鉴日本元素的信息可视化设计

而在作品《德尔塔变异毒株防护知识笔记》中，为了呼应标题中的"知识笔记"一词，设计师突破了公众号一贯以来的竖屏排版形式，借鉴了手帐的设计，给读者耳目一新之感（见图14-6）。

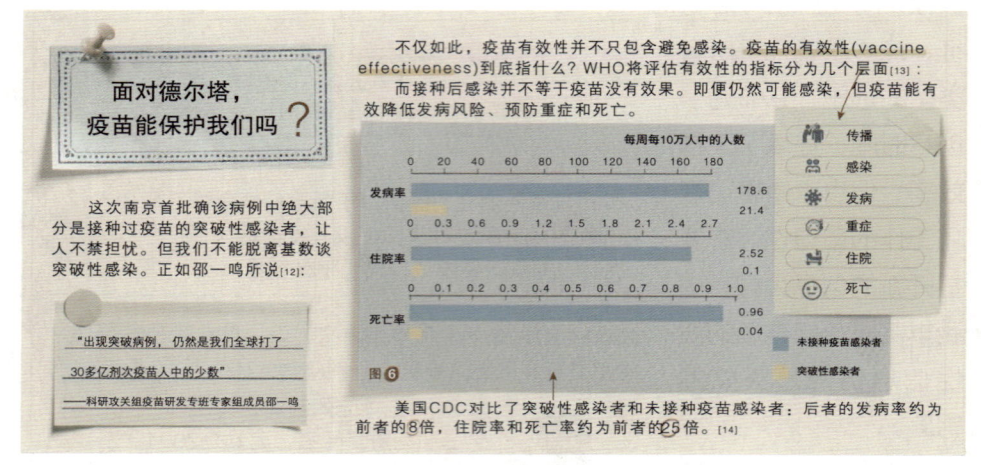

图 14-6　手帐风格的信息可视化设计

除了从选题找创意，我们还需要更进一步解构设计对象中的要素，发挥联想能力来创造新的视觉模板，稿件《"远处的哭声"：印度疫情中的社交媒体求助者》（下称《远处的哭声》）便是一个例子。

在本章开头，我们便展示了这篇稿件的原始数据形式。由于其数据来源为推特平台上印度网民发布的信息，因此我们首先想到的，便是在信息图版面中运用推特平台的元素，如经典的蓝色界面以及"转发""点赞""评论"等按钮标识（见图14-7）。

然而，在五人工作组中，有四人对此信息图投了反对票。设计本无对错，但如果没能体现信息可视化的基本特点与要求，它便需要被纠正。这幅信息图对选题的理解过于浅显，缺乏设计感、创新性与视觉吸引力。经过调整（见图14-8），设计师不再执着于对社交媒体界面的整体复刻，而是从选题基调出发，确立了具有现代感、美观又不失严肃的风格。沉重的话题不适用彩度高的复杂配色，整体版面颜色以素雅、简洁为佳。不同于过于"简洁"的初版，修改版运用了适量的插画素材以对照文字中提及的意象，这使得版面更加生动。

图 14-7 《远处的哭声》信息图版面设计初稿 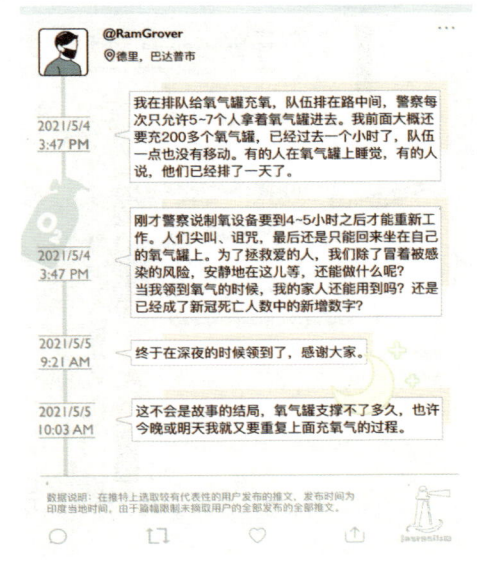　　图 14-8 《远处的哭声》信息图版面设计修改稿

　　另一个案例来自作品《一苇慈航：自杀干预在中国》。这个作品中有一个自杀干预案例的流程可视化，原设计稿（见图 14-9 左图）虽然采用了火车、火车票等元素来展现流程，但因为元素类型过多而显得杂乱且缺乏结构感。修改后的设计稿（见图 14-9 右图）同样抓住了火车这一重要的设计元素，但把时间线和移位过程进行了叠加，这样画面就有了脉络和结构感，也更便于读者迅速抓住信息重点。

　　以上谈论的创意路径，均是从已有选题中挖掘出设计思路。除了这一路径，我们时常需要"凭空"策划每年重大时间节点和节日的相关稿件。这类稿件对设计提出了更高要求，同时也提供了更多自由，主视觉元素不再有限制，只需要合适。

　　"赠人玫瑰，手有余香。"谁会拒绝他人赠送的玫瑰花呢？抱着这样的想法，我们以玫瑰花作为主要视觉意象，设计了 2019 年的年终策划稿件《新年献词玩出「花样」，哪朵是你「心里的发」？》（下称《新年献词》）（见图 14-10）。这个创意最初来自《纽约客》（The New Yorker）杂志封面的玫瑰花设计（见图 14-11）。在稿件中，四朵玫瑰花分别代表着《人民日报》

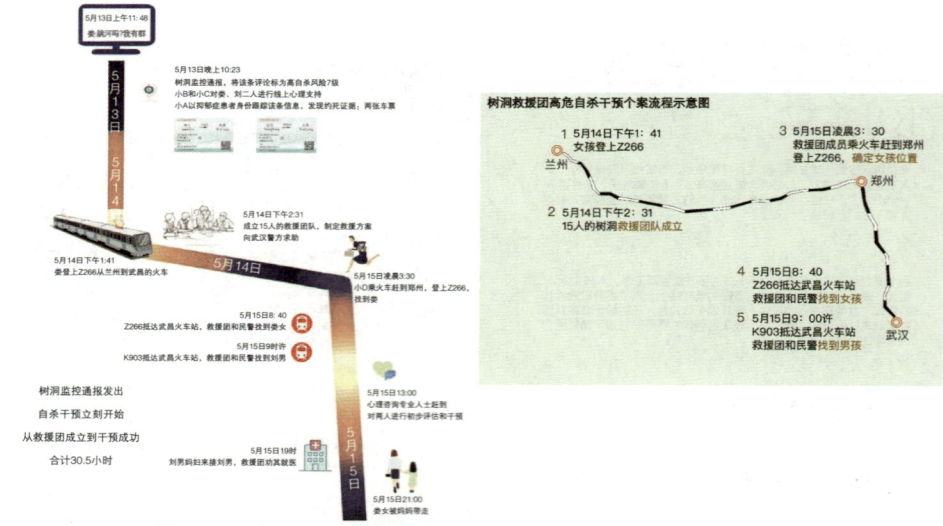

图 14-9　自杀干预个案流程示意图的初稿（左）与修改稿（右）

图 14-10　《新年献词》稿件部分截图

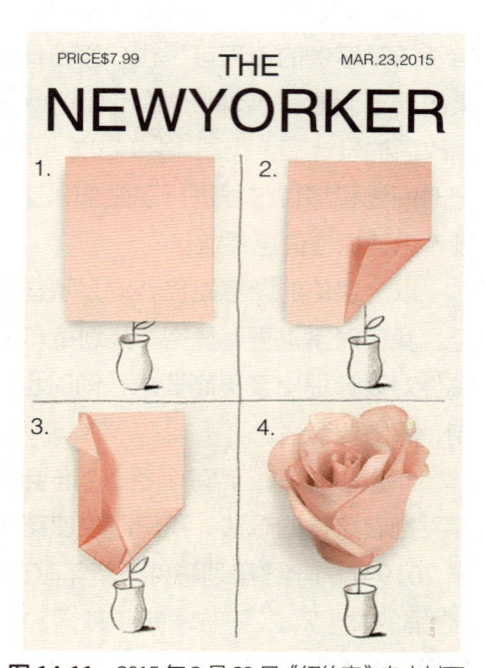

图 14-11　2015 年 3 月 23 日《纽约客》杂志封面

《南方周末》《新京报》与澎湃新闻四家媒体，花瓣代表着各媒体每年发布的新年献词，稿件以休闲的风格、明亮的色调、丰富的画面呈现吸引了读者，表达了我们对读者的祝福。

另一个案例来自我们的稿件《噪音，你吵到了我的眼睛！》（下称《噪音》）。每年的 3 月 21 日为世界睡眠日，比起睡眠本身，我们更加关注的是影响睡眠的噪声——清晨的装修声、夜半的键盘声、室友的闹钟声、走廊里的脚步声……现代人失眠时，没有一分贝噪声逃得了干系。在稿件中，我们首次尝试将声音以可视化的形式呈现出来，如图 14-12 所示。

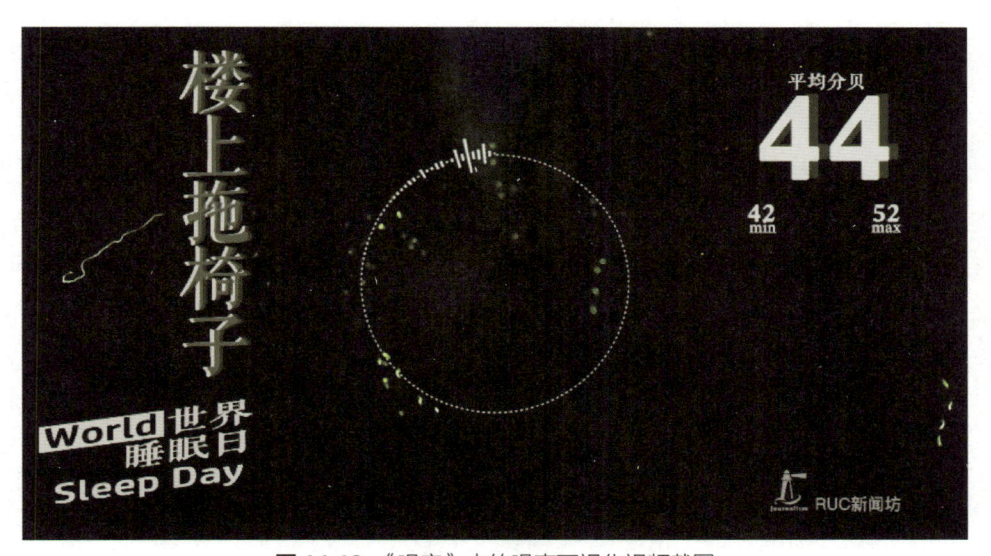

图 14-12 《噪音》中的噪声可视化视频截图

同时，设计师还接到一个任务：将各类噪声的平均分贝做成一张静态图表，原始数据如表 14-2 所示。休闲与现代风格率先被确定下来；"天黑请闭眼"，主色最好用暗调；选题富有接近性与趣味性，画面可以丰富一些。确定完原则后，接下来便要决定主视觉元素。这是一个将思维发散再聚合的过程：噪声来临时，人们会有很多应激反应，其中最显著的很可能是捂住耳朵。"耳朵"作为声音的入口，与稿件主题关联紧密，非常适合担任这张信息图的主视觉元素。

表 14-2 《噪音》信息图原始数据

噪声类型	平均分贝
垃圾车	31
洗手间闩门声	36
抽水马桶	38
加湿器	38
打游戏键盘声	44
楼上拖椅子	44
早起闹钟	45
楼上蹦跶	45
开关阳台门	50
水龙头	50
USB 电风扇	53
装修	57

有关创意的论述于此处收束，我们一起进入下一个环节。

14.3 新建画布：信息处理与整合

在脑海中搭建好画面的框架后，便可以打开制图软件新建一张画布了。以下几项工作，可以让你在面对空白的画布时更加清楚该从何处落下第一笔。

14.3.1 草图进化论

再说上一部分结尾的话题——被我们"寄予厚望"的"耳朵"，最初只是几根简陋的线条（见图 14-13 左图），每根线条表示一种噪声（原始数据见表 14-2），组合形成一只耳朵的意象。

描绘出基本的形状之后，便可以继续细化。原始数据中共有 12 类噪声，因此图中需有 12 根线条，同时线条粗细对应着噪声平均分贝的数值大小，这样就得出了草图第二版（见图 14-13 右图）。然后，在第二版基础上添加每一根线条所代表的噪声名称，便完成了这张信息图主体部分的绘制（见图 14-14）。

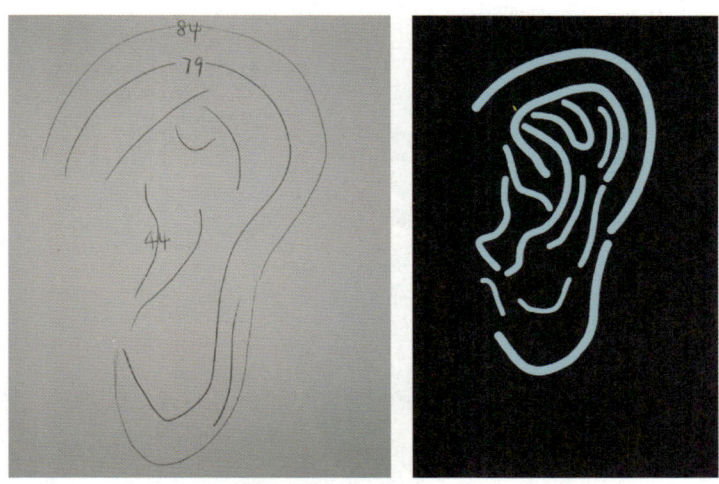

图 14-13 《噪音》信息图草图初版（左）和第二版（右）

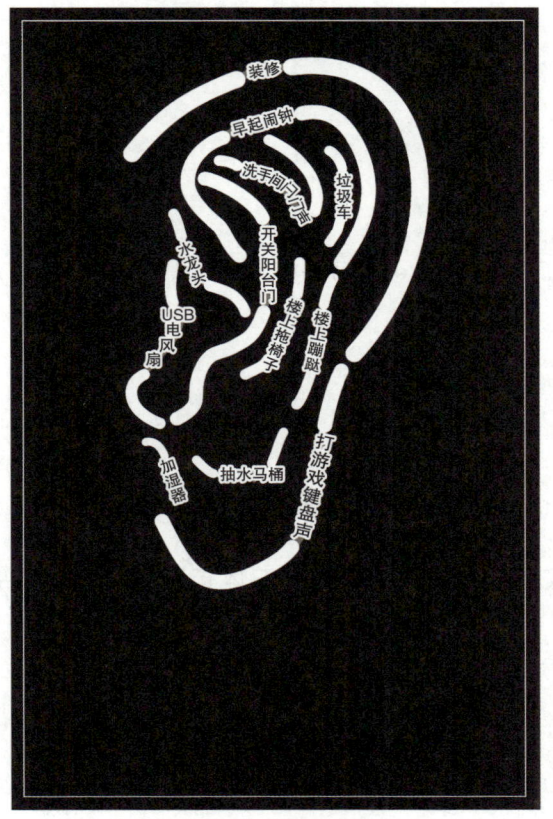

图 14-14 《噪音》信息图完整版"耳朵"

在前面谈及的《新年献词》中，草图指导着整体布局的思路，明丽的玫瑰花也需要先从黑白手稿画起，如图 14-15、图 14-16 所示。

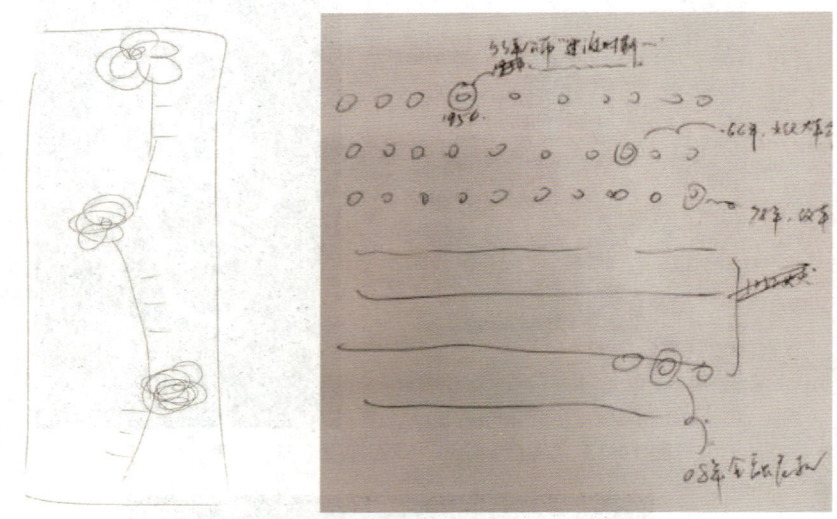

图 14-15 《新年献词》部分草图

图 14-16 《新年献词》中的玫瑰花草图

历经多次改进或调试，便能确定总体布局、完成素材绘制如图 14-17、图 14-18 所示。

人民日报_花_草稿.png　人民日报_花_改1版.png　人民日报_花_改1版.psd　人民日报_花_无线条.png　人民日报_花_叶子改.png　人民日报_花_有线条.png

图 14-17 《新年献词》中的玫瑰花草图修改过程

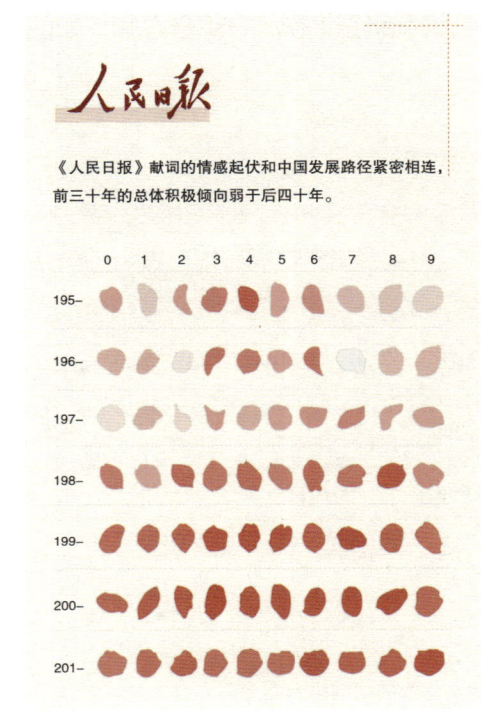

图 14-18 《新年献词》中的花瓣矩阵与玫瑰花

综上，草图能够直接为后续的设计工作指引方向，是可视化设计师的得力助手。

14.3.2 确立视觉元素与信息的关联

只有将视觉呈现方式与信息特征相勾连，才能选择最合适的可视化形式。比如，在《新年献词》中，玫瑰花瓣的深浅表示文本情感分析数值的高低，当年新年献词的情感越积极，花瓣颜色越深，反之越浅。在填充花瓣颜色时，我们首先利用软件 Tableau 绘制了文本情感值热力图，再从中取色填充花瓣，如图 14-19 与图 14-20 所示。

《远处的哭声》及 2021 年 7 月 23 日发布的《暴雨洪涝纪：灾难从未远离》(下称《暴雨洪涝纪》)这两个作品，均涉及在特定时间点发生的同类型事件，如前者中的网友用同一账号连续发送求助信息，后者中的河南省在 1963 年至 2007 年间遭遇了 14 次重大暴雨灾害。对于这类信息，时间线是最好的整合方式，如图 14-8 与图 14-21 所示。

图 14-19 用 Tableau 生成的文本情感值热力图

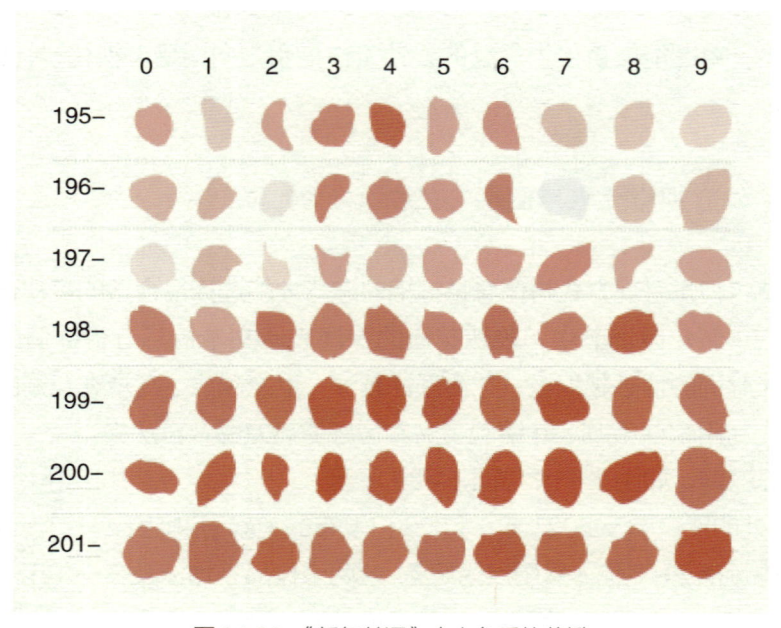

图 14-20 《新年献词》中上色后的花瓣

河南重大暴雨灾害事件梳理

时间	地区	雨量信息	影响
1963年 5月18—19日	商丘	民权县253mm(5h)	死亡176人 受淹土地5万公顷 7成棉花绝收
1963年 8月2—3日	许昌 漯河 平顶山	鄢城291mm(24h) 襄县218mm(16h) 临颍县105mm(1h)	死亡68人 河道险情112处 冲毁桥梁3座
1975年 8月4—8日	驻马店 许昌 南阳	林庄1 005.4mm(24h) 老君189.5mm(1h) 泌阳、方城两县 超1 000m(5d)	死亡26 000余人 受灾146.6万人 大、中型水库垮坝6座 损失粮食37万吨
1982年 7—8月	信阳 驻马店 南阳	林县688.5mm(10d)	死亡756人 受伤9 273人 3次暴雨 毁坏粮食13.6万吨
1983年 4—9月	全省	商城374.0mm(24h) 临汝县400.0mm(3d) 腾口水库835.9mm 十八里河201.0mm(6h)	死亡337人 6次暴雨 损失粮食1.446万吨
1984年 6—9月	洛阳 开封 周口 驻马店 许昌	遂平254.4mm(12h) 平舆县259.8mm(24h)	死亡200人 5次暴雨 周口地区冲毁桥梁2 572座
1987年 8月27—28日	信阳	罗山县432mm(10h)	死亡79人 绝收5.3万公顷
1989年 6月6—8日	南阳 信阳 驻马店	桐柏县353.1mm	死亡39人 霍庄、火山石、三山 和洪山水库满溢
1989年 7月15—17日	洛阳 新乡 安阳	嵩县500mm(2h) 辉县475mm(3h)	死亡31人 冲走粮食0.025万吨 浸泡0.62万吨
1994年 7月11—13日	新乡 安阳 濮阳 焦作 郑州 开封 南阳 三门峡 平顶山	长垣县294mm(19h) 获嘉县253mm(19h) 辉县250mm(19h)	死亡48人 农作物绝收16.7万公顷 浸泡粮食0.99万吨 冲毁桥梁道路2 100余处
1996年 7月14—17日	信阳	罗山县225.0mm(10h) 信阳县146.8mm(6h)	死亡44人 大中型水库泄洪 损失粮食0.25万吨 冲毁小型水库39座
1996年 8月3—4日	全省	林州县407mm	死亡135人 农作物绝收26万公顷 黄河出现1号洪峰 红旗渠干渠渠墙倒塌100多处
2000年 7月3—7日	安阳 新乡 郑州 平顶山 南阳	延津县592mm 原阳县555mm	死亡49人 绝收30.4万公顷 南阳鸭河口水库超汛限水位 新乡0.5万吨粮食水泡
2007年 7月28—8月2日	三门峡 洛阳 南阳	卢氏县241mm	死亡103人 农作物绝收5.4万公顷 特大泥石流

数据说明：
1. 原文献参照国务院应急办的标准，死亡人数超过30人以上的事件为重大型事件，共整理出图中14次发生在河南省的重大暴雨灾害事件。
2. 雨量信息中，标注(5h)等时间的数据为该时间段内的短时雨量，未标注时间的数据为累计降雨量。
数据来源：张建忠.河南重大暴雨灾害的孕灾风险研究[J].气象与环境科学，2015(3):19—24.
数据收集时间：原文献数据收集时间跨度为1961年至2015年。

图 14-21 《暴雨洪涝纪》中以时间线形式梳理的 14 次暴雨信息

稿件《数据描摹确诊者：河北流调信息解读》（下称《河北流调》）中涉及流调信息文本所描述的病例间关系，为表现这种关系，框线、文本、牵引线、注记变成了主要的视觉元素，如图14-22所示。

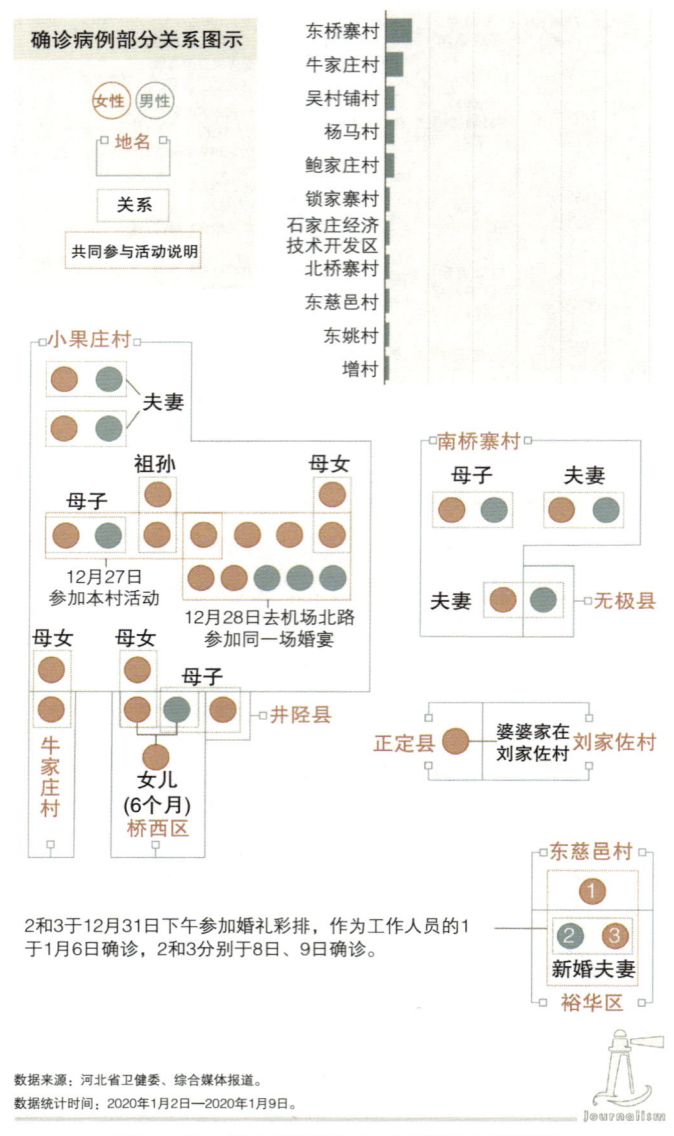

图14-22 《河北流调》中对病例关系的呈现

上述案例只是冰山一角，正如前文所说，脉络和结构感是构成信息可视化的要素，信息与视觉呈现方式之间的关联还有诸多可挖掘的路径，而挖掘那些可能性的过程，便是信息可视化设计的创新与乐趣所在。

14.3.3　解构信息模块

可视化设计师也是"信息架构师"，其作用是在人们自己处理信息前参与这个过程并给他们提供一种步骤和方法（开罗，2015）。脉络与结构感作为信息可视化的要素，对信息可视化的制作过程直接发挥着作用。每一张信息图表都有明确的信息模块区分，而区分这些模块的工作，是在分析信息特征、绘制草图的过程中自然完成的。

以 RUC 新闻坊 2020 年年终策划《记忆与纪念｜存档 2020》为例，我们选取 2020 年每个月关注度最高的三个事件进行可视化呈现，在设计之初便注重每个事件在画面中的"边界感"，力图形成一个个清晰明了的信息模块。（见图 14-23）

如果说多条性质相同的平行信息之间带有天然的、毫不费力的区隔，那么在排列大段文字与繁杂素材时，信息模块的解构意识就尤其重要了。在《忠诚朋友的困境：爱宠何以成患？》《2020 东京奥运会会成为史上最亏的一届奥运会？》《德尔塔变异毒株防护知识笔记》等长图作品中，设计师需持续提取出一簇簇信息丛，用适当的素材分割、区别、突出，在保证画面美观、丰富的同时顺应读者的阅读习惯，或者在合适的范围内主动引导读者阅读，以丰富其体验（见图 14-24）。

14.4　"亿"点细节：设计呈现与检查修正

设计工作进行到此处，作品已经初具形态，最后一步便是将想法、图稿细化，正式形成作品。这是一个在心理上水到渠成的环节，也是劳累身体的环节——有研究表明，图标、插画、框线等装饰元素可以助力所展现信息的记忆（兰蔻，里奇，克鲁克斯，2016），而装饰的添加是无止尽的。不过在这个过程中，你会感受到无数细微的灵感气泡在身侧环绕。下面我们

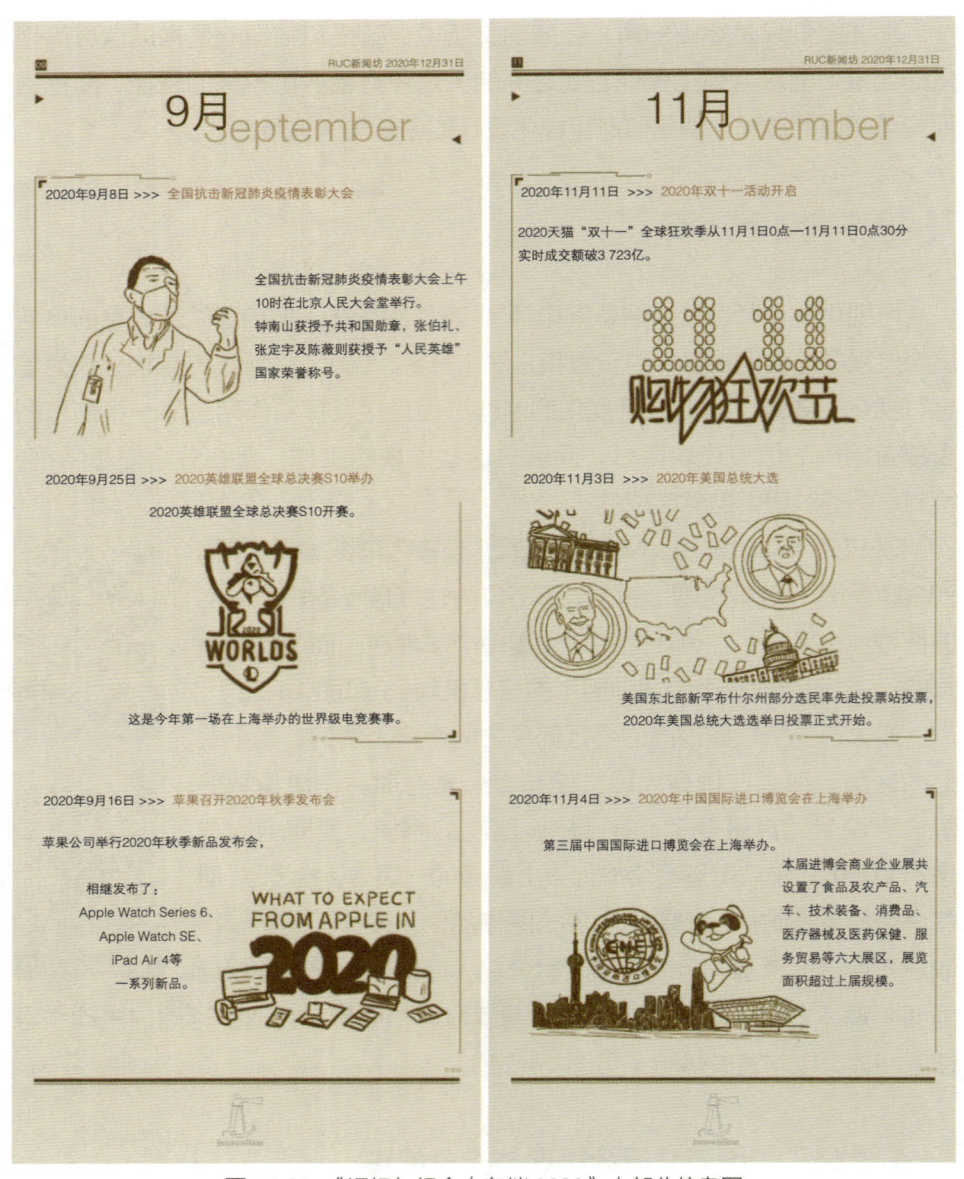

图 14-23 《记忆与纪念｜存档 2020》中部分信息图

通过两组对比（见图 14-25 和图 14-26）来呈现在草图、初稿上加上"亿"点细节之后的效果。

在完成设计之后，还需要反复检查图中是否有错别字、是否有非设计的元素交叠等细节问题。

图 14-24 《忠诚朋友的困境：爱宠何以成患？》中的部分信息图

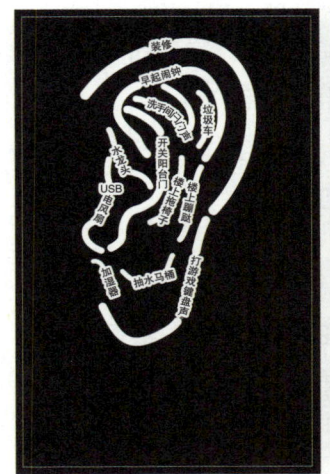

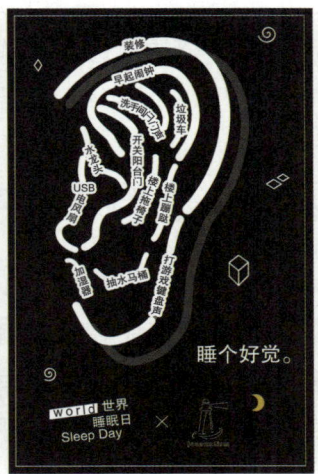

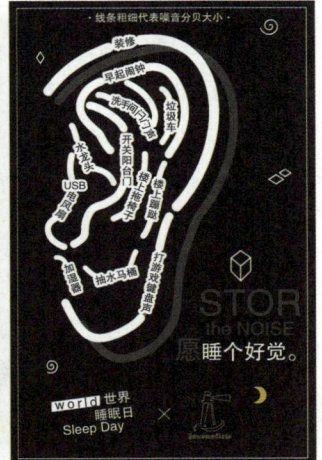

图 14-25 《噪音》信息图的初稿（左）、修改稿（中）和终稿（右）

当我们问优秀的可视化设计师"你的创作灵感来源于何处"时，他们往往会回答：身边的每一件事物。德国设计师拉娜·布拉吉那（Lana Bragina）曾说："我常常会受到周围事物的启发，会在我所有的活动中找到事物的相

图14-26 《梳理45起性侵事件报道，让我们聊聊真相与边界》头图的初稿（左）和终稿（右）

关性，找到可以连接起来的信息或内容。编织、烹饪、散步，甚至制作酸奶，每一件事情都可以启发我去设计信息图。"（善本出版有限公司，2016）的确，踏入信息图设计的大门，会遇见广泛的素材、包容的选题、流动的灵感；可以使用多样的创作方式，如计算机软件、手绘，甚至手工制作。

14.5 讨论：从印刷到互联网，从平面到滚动

本章谈论的"信息可视化"仍处于数据叙事的语境之中，为具体的数据叙事作品服务。但事实上，以可视化形式解释信息的信息图早在数据叙事兴起前就被运用着：南丁格尔用"玫瑰图"展示克里米亚战争期间英国军人的死因；查尔斯·米纳德（Charles Minard）绘制了1812年拿破仑的军队入侵俄国的路线图；20世纪三四十年代，信息图在媒体中流行，《财富》杂志（Fortune Magazine）是公认的早期传播者之一（兰蔻，里奇，克鲁克斯，2016）。在印刷媒体时代，信息图往往以报纸版面为尺寸，设计精美、内容丰满，自身便构成了独立的叙事作品。

随着媒介技术和形态的发展，新闻制品的载体由纸质平面转向电子空间，

最原初的信息图在当下依然存在，但主流已经转向，"信息图"的概念被泛化，被融合进了竖屏滚动的叙事模式中。

我们无法把控技术与社会的发展，但关于价值与美的共识是永恒不变的。正如西蒙·罗杰斯（Simon Rogers）在《数据新闻大趋势：释放可视化报道的力量》（*Facts are Sacred: The Power of Data*）一书中所说："创作一篇好的数据新闻报道或开发一个好的数据驱动应用程序，常常更像是一种艺术，而不是科学。和摄影类似，选择、过滤、取景、合成、强调，数据新闻也包含这一系列的工序。经历了这些过程，数据开始说话，真相逐渐靠近。"（罗杰斯，2015）其中，可视化作为重要组成部分，发挥着不可忽视的作用。

第15章
怎样配色才能不"辣眼"？

色彩具有十分重要的认知功能。来自外界的一切视觉现象，如物体的形状、空间、位置的界限和区别等都是通过色彩和明暗关系来反映的，人们必须借助色彩才能认识世界、改造世界（索昕煜，2005）。在此前的章节中，我们谈论了可视化的基本设计原则，以及数据与信息如何转化为视觉化的叙事材料。当你看到这里，这一场数据叙事之旅也已接近目的地，在此我们想用色彩这一轻盈而丰富的话题作为你我这场对话的最后一章。

15.1 色彩介绍：色相、明度和纯度

色彩的世界是直观的，人们在童年时期就可以学会辨别颜色，同时色彩的世界又是复杂的，不同颜色之间有着精密的关系，譬如红色若与黄色混合，必然出现橙色。在计算机时代，颜色间的关系被进一步量化，语言难以区分的颜色可以被数值精准定义。RUC 新闻坊的主题色是深蓝色（见图15-1），相应的数值确定了它的色彩，哪怕只有 1% 的变化，都会形成另外的颜色。

牛顿最早通过三棱镜折射太阳光，总结出七个光谱色，画出了最早的平面色相图——"牛顿色环"。1905 年，美国艺术家阿尔伯特·H. 孟塞尔（Albert H. Munsell）提出的孟塞尔颜色系统成为第一个被广泛接受的颜色次序系统。

C85 M57 Y7 K0

图 15-1 RUC 新闻坊的主题色

孟塞尔将颜色放入了立体空间，以色相、明度和纯度三个维度来定义颜色，创造了"孟塞尔色立体"。色立体的经度代表色相，图 15-2 从左到右依次是黄色、绿色和蓝色；纬度代表明度，色立体的轴心上白下黑，即位置越

靠上，明度就越高，颜色就越亮；半径代表纯度，即离轴心越远，纯度越高，颜色就越彩，正因为此，纯度也被称为彩度或饱和度。

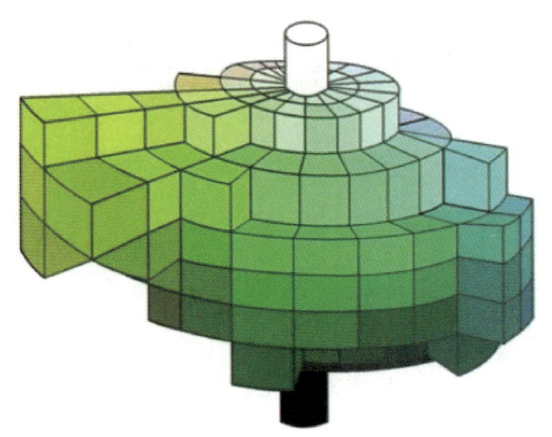

图 15-2 "孟塞尔色立体"图示

在 Adobe Illustrator 软件的拾色器工具中，"H"表示色相，"S"表示纯度，"B"表示明度。如图 15-3 所示，拾色器最上边的颜色明度最高，即明度为 100%；最右上角的颜色纯度最高，为 100%，其余位置颜色的纯度都小于 100%。

垂直方向拖动鼠标，可以改变颜色的明度；水平方向拖动鼠标，可以改变颜色的纯度。以 RUC 新闻坊的主题色为例，该主题色的色相为深蓝色，色点位置在右上部，明度、纯度相对适中。

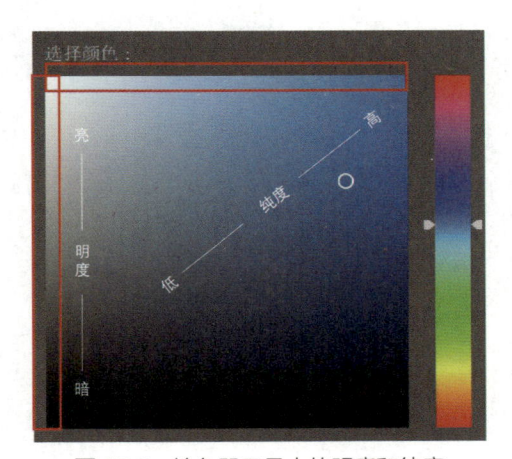

图 15-3 拾色器工具中的明度和纯度

色相差异过大意味着混乱，而相近的明度、纯度则可以带来秩序。最简单的例子，"红、橙、蓝"的配色相比"红、绿、紫"明显更为协调，但若设计师确实需要使用色相差异较大的多种颜色来表达数据的差异，就可以选择明度、纯度不高且基本一致的颜色，以冲抵不同颜色拥挤在一起时所造成的混乱感。

图 15-4"机票盲盒"产品航线的统计图在配色时忽视了颜色的协调性。

左边圆形的三种填充色的纯度较高，但明度却不太一致，容易让读者产生色彩偏于鲜艳且杂乱之感。

某航空公司联合平台推出的"机票盲盒"产品，共推出130条可选择航线，出发城市有北京、上海、惠州、温州、榆林、鄂尔多斯、佛山、石家庄、福州、珠海、昆明、厦门、乌兰浩特，共13座城市

某"机票盲盒"产品航线统计图

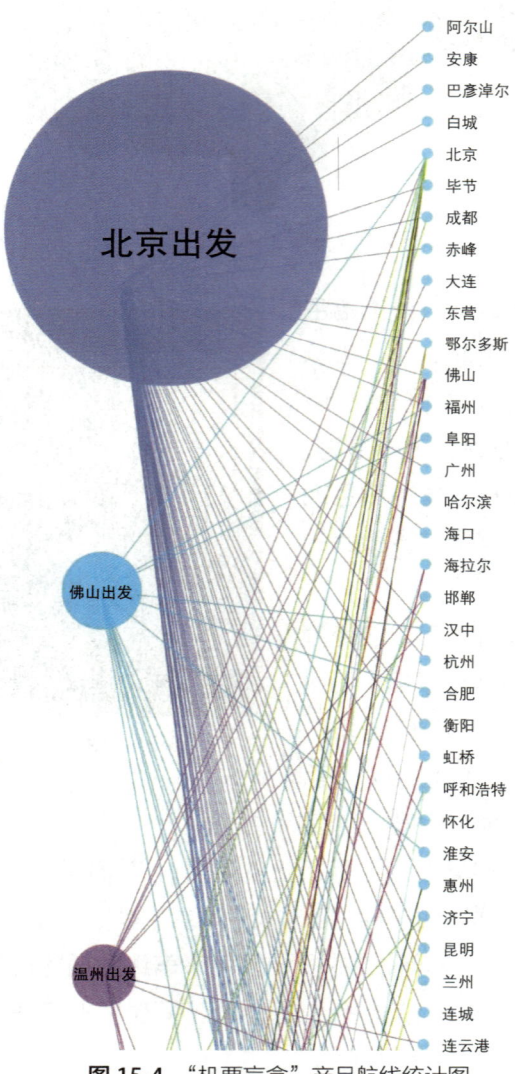

阿尔山
安康
巴彦淖尔
白城
北京
毕节
成都
赤峰
大连
东营
鄂尔多斯
佛山
福州
阜阳
广州
哈尔滨
海口
海拉尔
邯郸
汉中
杭州
合肥
衡阳
虹桥
呼和浩特
怀化
淮安
惠州
济宁
昆明
兰州
连城
连云港

图15-4 "机票盲盒"产品航线统计图

一般地，在挑选可视化设计的主色时，拾色器右上部的下 1/2 部分是较为安全的范围（见图 15-5），可以避免出现主色明度或纯度过高的问题，这一选色原则尤其适用于色彩感知还不够敏锐的新手设计师。在确定主色的基础上，可以再挑选其他色作为搭配。

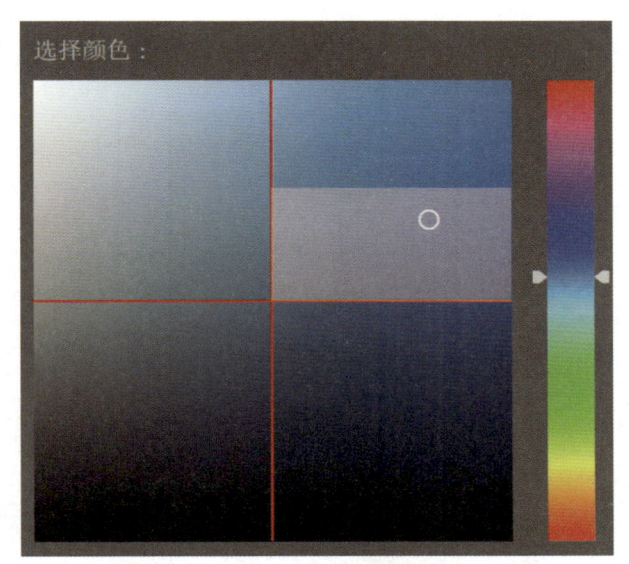

图 15-5　拾色器工具中挑选主色的"安全"范围

尽管如此，设计师也不应就此对明度、纯度较高的颜色敬而远之。这样的颜色看上去靓丽活泼，使用得当也能出彩。只要注意避免多种此类颜色的大面积使用，同样可以做到清晰好看。图 15-6 的设计就使用了明度较高的荧光绿，但由于它的配色是绿色单色色阶和灰色的组合，因此不会给人杂乱之感，反而突出了荧光绿的清新气质，与作品主题较为契合。

15.2　可视化常用配色

色彩搭配是一门学问，如何搭配出新颖、出彩又和谐的颜色，以独特的配色来表达设计师的个性，甚至塑造设计师的品牌，是难度极大的一项创造性工作。作为新手设计师，可以在学习初期多模仿，熟练理解和运用可视化设计的常用配色。这一小节提炼出了可视化配色的三条最基本路径：运用色阶、挑选互补色和运用辅助色。

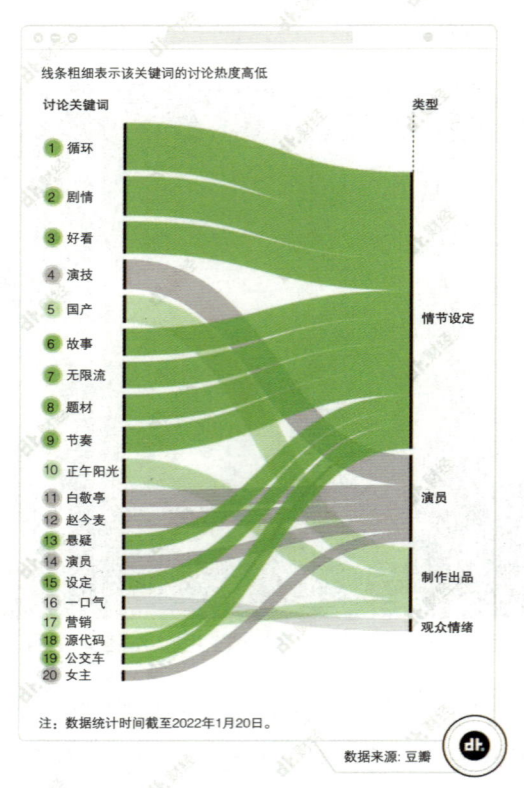

图 15-6 作品《数据解读〈开端〉,开年第一热剧凭什么是它?》的插图
资料来源:阿米 (2022-01-25). 数据解读《开端》,开年第一热剧凭什么是它?检索于 2022-01-27,取自 https://mp.weixin.qq.com/s/uIe6uw38bVVEXHtpnoLSuA.

15.2.1 单色色阶

单色色阶是相对比较安全的配色,设计师可以直接在拾色器中点选颜色,Adobe Illustrator 软件也会提供色阶的颜色参考,可以先选择一个主色,然后再选择较浅和较深的另外三四种颜色。如图 15-7 所示,在稿件《花滑技术图解:看比赛不能只会说"哇哦!"》中,设计师以黛蓝 (C77 M44 Y20 K0) 为主色,最终挑选出一个颜色深浅不一、总体较为和谐的蓝色色阶。

C77 M44 Y20 K0   C47 M27 Y10 K0   C41 M7 Y11 K0   C19 M10 Y2 K0

图 15-7　作品《花滑技术图解：看比赛不能只会说"哇哦！"》的四种配色

虽然单色色阶通常会被用于单个图表中，但类似这样运用色阶进行色彩搭配的思路也可以扩展到整个作品的配色选取中。简单来说，就是将色阶从单色扩展到相近颜色。以 RUC 新闻坊的中秋节策划稿件《网红月饼财富密码，被我们找到了》的配色方案为例，设计师首先选择了黄色这一主色，然后将色彩扩展到橙红、橙色（见图 15-8）。

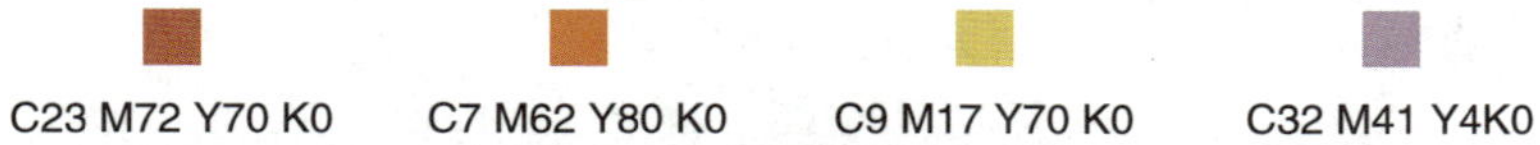

C23 M72 Y70 K0   C7 M62 Y80 K0   C9 M17 Y70 K0   C32 M41 Y4K0

图 15-8　作品《网红月饼财富密码，被我们找到了》的四种配色

相对于冷色色调，暖色色调的相近颜色放在一起更为和谐，同为相邻的光谱色，"红、橙、黄"的搭配就要比"青、蓝、紫"常见许多，配色难度也相对更小。

15.2.2　互补色

在刚刚讲到的配色方案（见图 15-8）里，除了颜色相近的橙黄色阶，还加入了紫色这一跳色。这是因为在数据叙事的可视化设计中，颜色的选取本质上是由数据驱动的，醒目的、特别的颜色可以强调数据的特殊性，相关的颜色可以表达数据的关联。

互补色就是这样一种同时兼备两种功能的配色方式。设计师一般会挑选出暖色的单色或相近颜色色阶，然后加入作为冷色的相应互补色。在需要突出强调某个数据的时候，可以着冷色；在需要强调两组数据间关系的时候，可以分别着作为互补色的冷暖两色，这样既突出对比又不影响配色的和谐度。

在美术色彩理论中，经典的互补色包括红色和绿色、橙色和蓝色，以及黄色和紫色。比如在上文提及的中秋节策划稿件中，设计师选择的便是"黄 + 紫"的互补色配色方案。

需要特别注意的是，红色和绿色虽然是经典的互补色，但设计师通常不会选择"正红＋正绿"的配色组合，因为这一配色的明度差异较小，容易给人"刺眼"之感，辨识度反而较低，对色盲或色弱的人群尤其不友好。为了解决这一问题，设计师往往会选择偏橙的红色，以及掺蓝或掺黄的绿色。RUC 新闻坊的记者节策划稿件《点击更新记者节 22.0 版本！》中使用的便是"橙红＋绿"的互补色方案，从图 15-9 中可以看到，配色方案中的绿色是偏蓝的，且明度、纯度与主色相近，搭配较为和谐。

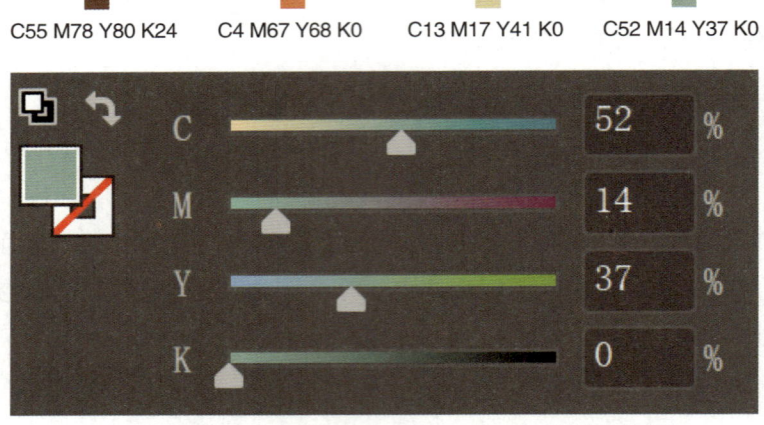

C55 M78 Y80 K24　　C4 M67 Y68 K0　　C13 M17 Y41 K0　　C52 M14 Y37 K0

图 15-9　作品《点击更新记者节 22.0 版本！》的互补色

15.2.3　辅助色

设计师如果掌握了对色阶和互补色的运用，再加上前面对色彩明度、纯度的理解，应当就有能力完成基本的配色方案选择。而在图表设计的过程中，设计师还应注意对辅助色的运用。

灰色是最基本也是最常见的辅助色，它不是彩色，作为辅助色不易喧宾夺主，也不会影响图表主体的配色和谐度。灰色作为辅助色的主要功能有三个：一是解释说明，二是突出对比，三是指示次要信息。这三个功能恰好在图 15-10 中都有所体现。

作为解释说明的部分，在这张网红月饼的联名品牌类型图中，设计师制作了一个类似名片的组合，综合呈现了网红月饼的联名品牌性质、联名品牌代表和相应类型的联名品牌数量，复杂的信息意味着读者需要作者做出解释，所以设计师用灰色制作了一个标准图例，用以说明图中形状、文字和数字分别对应的信息。

作为突出对比的部分，设计师使用黄色的方块表示联名品牌，同时用灰色的方块填充了名片的空白，突出了联名品牌的数量。

作为指示次要信息的部分，设计师将"联名品牌代表"放入了灰色背景框中，而将更为重要的联名品牌性质放入透明框中，利用颜色和字号引导读者的视线，指示信息的重要程度。

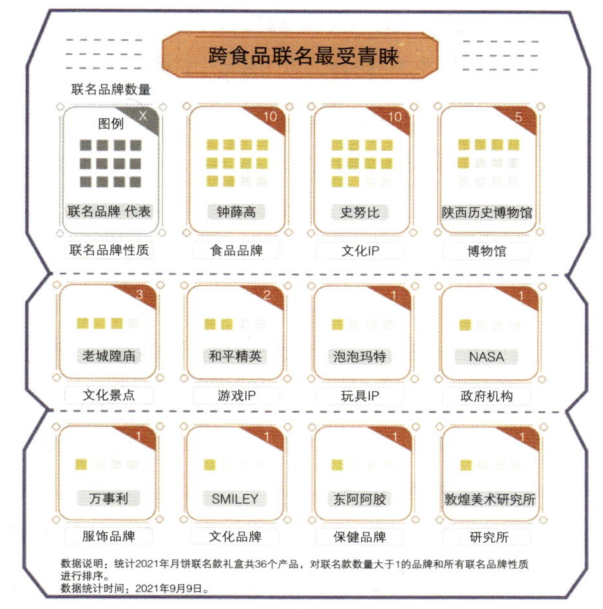

另一种常用的辅助色选取方式是将主色的明度调高、纯度调低，或者调大透明度，从而得到一个与主色更为相契的辅助色。图 15-11 将相应主题所占比例之外的部分都进行了颜色和形状上的处理，此处采用与主色相近、同时明度较高的色彩作为辅助色，相比灰色更为美观。

图 15-10 网红月饼的联名品牌类型

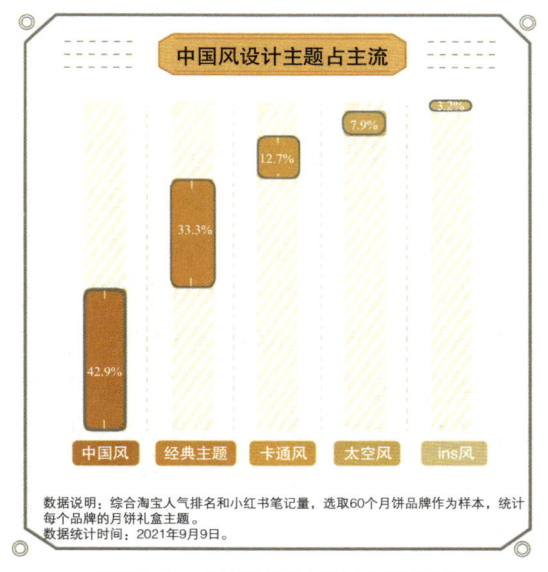

图 15-11 网红月饼的设计主题类型

15.3 如何确定配色

在数据新闻的可视化叙事中，色彩也是重要的信息模块，发挥着吸引注意、传达信息、激发情感、产生联想的作用（索昕煜，2005；伯格森，2017）。前文对色彩基本知识与可视化常用配色的介绍，为设计师们提供了配色的大方向。在进入正式的设计环节后，以下四种常用路径能够帮助可视化设计师选择具体的颜色。

15.3.1 意象的颜色

对可视化设计师来说，手中的选题拥有一个核心意象是幸运的，这将使配色的工作简单不少——该意象的代表色可直接成为稿件的主题色。如在稿件《新年献词》中，玫瑰花作为核心意象，直接决定了稿件的主题色相为红色（C19 M99 Y70 K0）。

该篇稿件中的图表为热力图变体，以同色相的颜色深浅对应文本的情感值。上述选定的红色所代表的情感值为最大值，因此 M 值较高，视觉效果较"浓"。而通过提高 C 值，降低 Y 值，减少了红原色在色彩中的占比，纯度89%，明度适中偏低，从而使这一红色不会过于鲜艳刺眼。

按照日本色彩设计研究所（2018）的色相与色彩体系分类，《新年献词》中的红色属于华丽的强调（Strong/S），这样的颜色处于前景中，背景自然适合用高明度的最淡调（Very Pale/Vp）铺底，色相选择在色环上与红色接近的黄色（C2 M4 Y10 K0），同为暖调，既柔化了视觉体验，又不会喧宾夺主。

提到月饼，我们自然会联想到烘焙产生的、接近橙色的焦黄色。黄色、橙色给人以健康、活力、热闹和活跃的感受，非常适合作为趣味软性话题的主题色。同时，因为橙黄色相与皮肤、食物的颜色接近，所以在设计中，它们十分适合表现衣、食、住、行的相关话题。前面已经提及在作品《网红月饼财富密码，被我们找到了》中，我们以黄色和橙色为主色调，按照分裂补色（split-complement）设计原则❶，紫色为黄色补色两侧的色相之一，与之搭配起来能营造出和谐统一的效果，于是稿件在主色基础上，配以分别与橙色和黄色纯度相同的深浅两种紫色，组成整篇稿件的配色。

玫瑰是红色，月饼是黄色，森林是绿色——关于世间万物的常识为我们的设计提供了重要思路。然而，当真正下手调色时，面对精细到 0.01 的色

---

❶ 分裂补色设计原则：把一个颜色和它的补色任意一边的颜色组合起来，通常用于三种颜色搭配。

彩值，如何保证再现出的色彩既还原现实的质感，又符合可视化设计的审美要求？

除了通过"多加观察、勤加练习"来获得对合适色彩信手拈来的技能之外，也有工具为我们提供捷径，网站 Picular（https://picular.co/）便是其中之一。如图 15-12 所示，在搜索栏中输入某一事物如"rose"（玫瑰）、"mooncake"（月饼），即可得到带有具体色彩值的参考色。

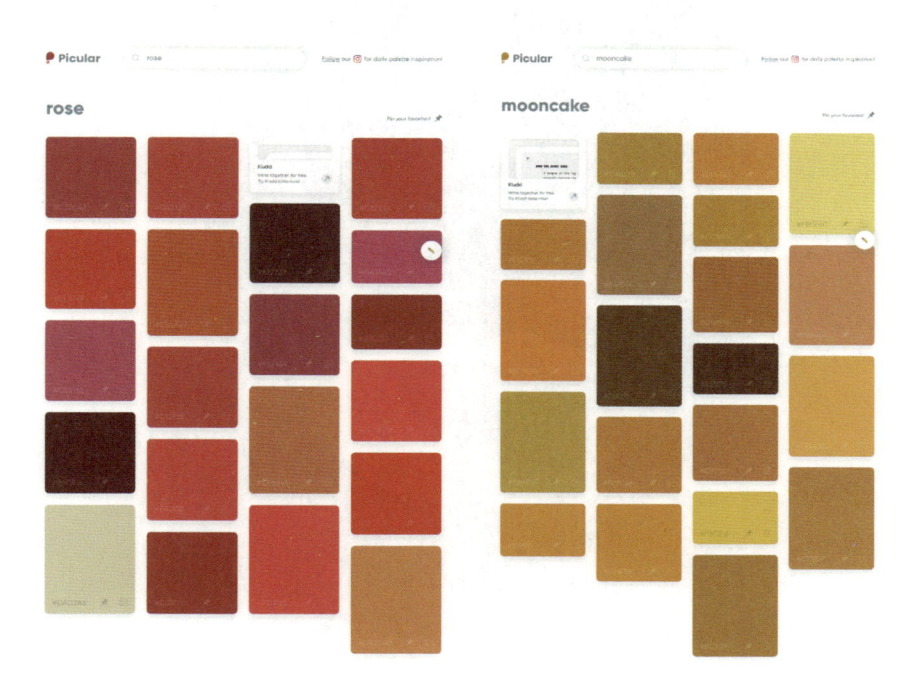

图 15-12　Picular 网站上玫瑰（左）和月饼（右）的参考色

15.3.2　场景的颜色

配色不仅可以来自具体物体，还可以来自选题描绘的场景或事件。若选题中无法提取出代表性的核心意象，设计师便可以选择契合场景氛围的颜色。如绘制中国共产党成立 100 周年海报时，会选择红色为主色相。又比如在绘制 RUC 新闻坊 5 周年主题图时，由于画面场景为夜空，因此选择了明度与纯度较低的深蓝色铺底，以此营造平和静谧的氛围，喷雾笔刷使蓝色呈现出细腻的颗粒状，透出白色，使画面不至于厚重压抑；以明度较高、纯度较低的浅黄为辅,作为月亮与星星的颜色,在保证画面颜色和谐的同时增强画面的生动性(见图15-13)。

图 15-13 RUC 新闻坊 5 周年主题图

场景导向的颜色在画面中往往是占大面积的主色,对其的选择十分考验设计师对画面的审美力与把控力。当下,我们的电子阅读界面背景色大部分是明亮的,明色调干净清爽,适合表意,正如最清晰的往往是"白纸黑字"。而当面对合适的场景时,可视化设计师也可以打破视觉上的惯性,大胆地用厚重的暗色调作为主色。

《噪音》信息图(见图15-14)便是一次成功的尝试。尽管稿件内容展现的是恼人的噪声,但正如海报文案"愿睡个好觉"所表达的那样,静夜与安眠才是设计考量的概念起点,于是夜晚成为选题的重要场景。黑色与32%的低纯度墨绿配合搭建了黑夜的场景；右下角的月亮元素以较高纯度的黄色呈现，黑与黄形成的高明度差保证该元素能够在暗色背景下凸显出来，既拥有较高的辨识度，又达成了点缀画面的目的。

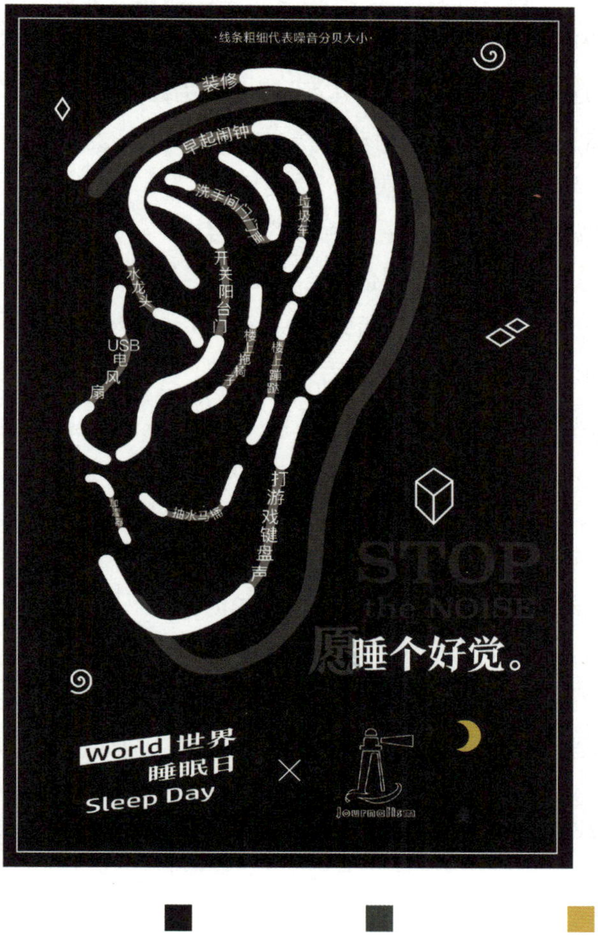

C0 M0 Y0 K0　　C90 M87 Y87 K78　　C84 M69 Y72 K41　　C20 M36 Y95 K0

图 15-14　《噪音》信息图

虽然黑黄组合比黑白组合具有更大的明度差，但正因如此，前者适合表现需要"唤起注意"的标志设计，而不适合表现高级、自然的观感（伊达千代，2011）。所以在选择画面主要信息的颜色时，需要兼顾辨识度与画面风格。

15.3.3 印象的颜色

社会文化会为色彩带来"性格",在人们心中形成对某种事物、某个主题的印象色。比如在古代中国,黄色代表完美、吉祥,是皇家色彩;在伊斯兰教的教义里,绿色是神圣的颜色。色彩在社会中被不断赋予新的内容,如果设计师了解了这些文化内涵,就可以自如地使用色彩(赵恩骁,2016)。

正是依据这种思路,在可视化设计中,每当要表现严峻、危险等信息时,便会使用红色、橙色色相,且程度越深,色彩的纯度越高。在《勿知我姓名:流调信息公开的边界》(下称《勿知》)中,我们梳理了患者个人信息因流调泄露后产生的不同后果,并以信息卡片形式进行可视化呈现。图 15-15 上图所展现的是患者在信息被泄露后,生活秩序受到干扰,本人、家人、朋友收到骚扰电话或被标记为诈骗电话;而图 15-15 下图描述了患者及其家人遭受的网络暴力,给他们带来了极大的心理负担。尽管都是不应发生的消极后果,但相较而言,后者比前者程度更深。因此,后者的代表色的色相调性强于前者,也有更高的纯度,视觉压迫感更强。

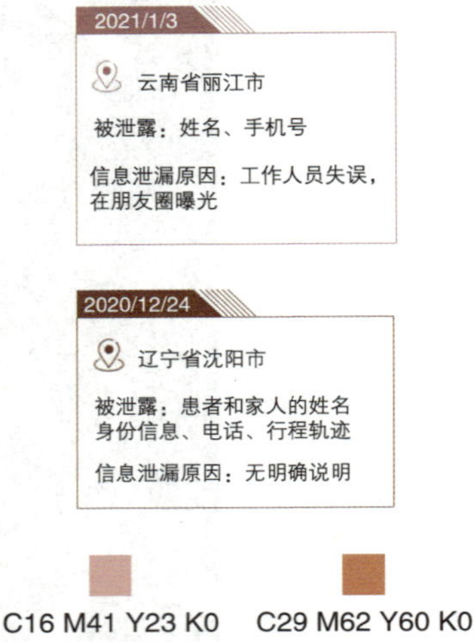

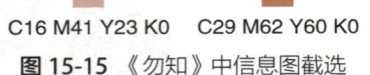

图 15-15 《勿知》中信息图截选

稿件《什么女人最好命?甜宠剧的千层套路》(下称《小甜剧》)将主题的印象色运用到极致。从"甜宠剧"这一分析对象中,很容易解构出"爱情""浪漫"的标签,对应着充满甜美感的配色。甜美适合用高明度、暖色系的颜色来表示(伊达千代,2011),结合主题,最有代表性、最适合作为稿件主色的便是粉红色,如图 15-16 图所示。

由于数据中的各个变量在图表中需要用颜色加以区分,所以《小甜剧》的可视化配色使用单色色阶的方法,调节红色色相的明度与纯度,形成视觉效果不同的粉红色。少部分变量需要用不同色相表现,这里选取了红色的"CP 色"蓝色,以及在色环上相近的紫色,并调低它们的纯度,避免突兀。

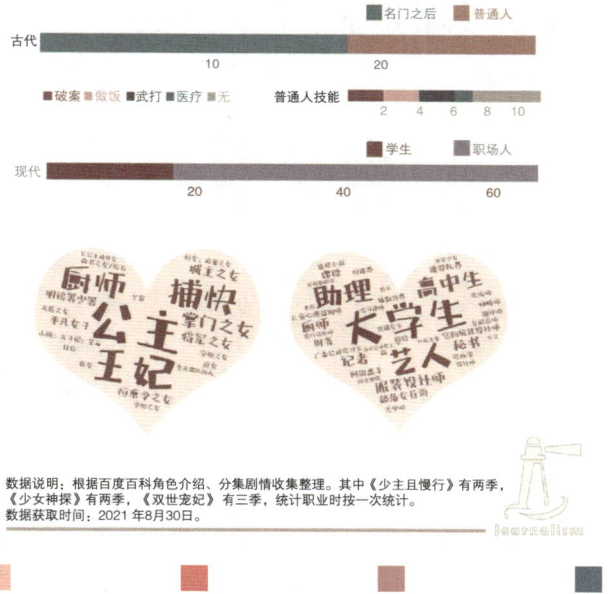

图 15-16 《小甜剧》中部分可视化图表和配色

不过，单一色相大面积出现在可视化图表中，也可能使画面在视觉效果和信息传达上变得扁平化，缺乏层次感。在图 15-17 中，色块与文字的色彩明度都偏高，导致文字的辨识度不高。设计师需要注意虽然低纯度、高明度的色彩会给人清透、明丽的积极视觉体验，但过度使用会令画面变得"雾气蒙蒙"，反而模糊了文字信息。

15.3.4 应景的颜色

如果手中的选题既没有核心意象，又没有明确而独特的场景，还找不到具有显著社会文化意义的主题色，便只能根据选题整体的调性搭配合理而应景的颜色了。在实践中，这类选题占比最高。

虽然没有现成的参考答案，但对可视化设计师来说，基于对选题的理解调用审美力和判断力寻找答案的过程十分珍贵。这个过程能够使设计师获得对主题更深的体会，并反哺其创作能力，是可视化作为创意性工作而非死板重复性劳动的证明之一。

多国女性卫生用品增值税低于中国
部分国家曾实行减税措施

2020年各国女性卫生用品增值税率

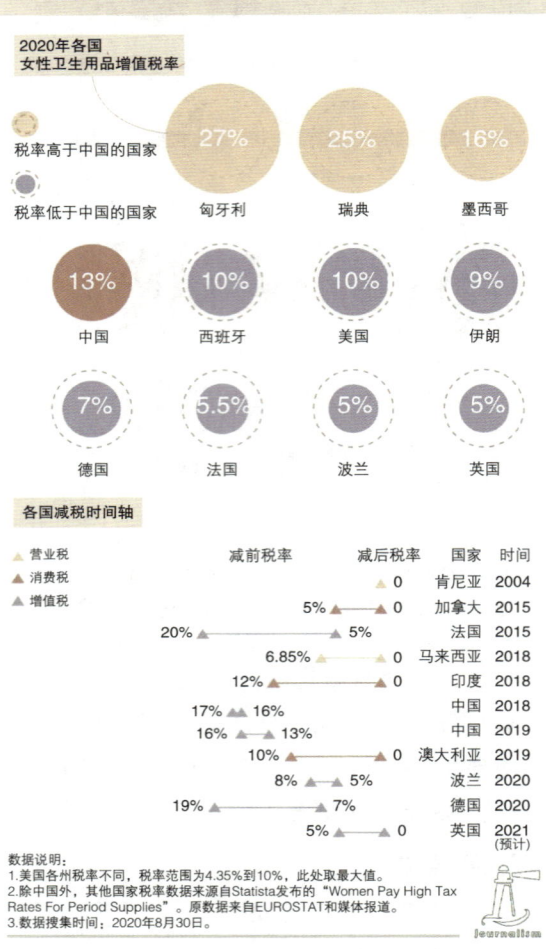

税率高于中国的国家
税率低于中国的国家

匈牙利 27%	瑞典 25%	墨西哥 16%
中国 13%	西班牙 10%	美国 10%	伊朗 9%
德国 7%	法国 5.5%	波兰 5%	英国 5%

各国减税时间轴

▲ 营业税
▲ 消费税
▲ 增值税

减前税率	减后税率	国家	时间
	0	肯尼亚	2004
5%	0	加拿大	2015
20%	5%	法国	2015
6.85%		马来西亚	2018
12%	0	印度	2018
17%	16%	中国	2018
16%	13%	中国	2019
10%	0	澳大利亚	2019
8%	5%	波兰	2020
19%	7%	德国	2020
5%	0	英国	2021（预计）

数据说明：
1. 美国各州税率不同，税率范围为4.35%到10%，此处取最大值。
2. 除中国外，其他国家税率数据来源自Statista发布的"Women Pay High Tax Rates For Period Supplies"。原数据来自EUROSTAT和媒体报道。
3. 数据搜集时间：2020年8月30日。

图 15-17 《降价吧！卫生巾》中的可视化图表

稿件《远处的哭声》的主题哀伤沉重，应尽量避免使用给人活跃印象的暖色系，若要选择，需注意调出合适的明度与纯度；同时，稿件调性虽冷，但也不应向读者传达明显的负面情绪与压迫感。因此，适宜选取中性色调作为主色相，如绿色和紫色。

在色轮中，黄色虽属于暖色，但与中性色相依，黄与绿混合形成的黄绿色已经属于中性色调的范围。因此，只要明度与纯度适宜，便能在契合主题的同时有效平衡视觉观感，提高画面的美观度。在《远处的哭声》中，如图 15-18 和图 15-19 所示的低纯度绿色、紫色和黄色构成了可视化图表的主色调。

@TaroKaJahaan
📍一位不在印度居住的女孩，为在印度的外婆外公求助

2021/5/4 2：09 AM — 我的外婆在巴雷利需要一张带氧气的床位，有人可以帮忙吗？她的血氧已经低于80，而且一直在掉。

2021/5/4 2：10 AM — 现在我的外婆意识已经不清醒，她需要帮助。

2021/5/4 2：11 AM — 有人知道任何确信的提供救护车服务的医院吗？我们不住在印度，但我的外公外婆独自住在印度。她还需要有氧气的床位，求求大家了。

2021/5/4 2：13 AM — 我一直在哭，有谁能帮我的外婆找到一张提供氧气的床位。
请问哪里能找到收治病人的医院。

2021/5/5 3：01 AM — 我外婆的血氧已经降到75了，仍旧一直在降低。有人知道哪里可以找到上门服务的护士吗？我尝试了评论区提供的每一个号码，但没有一个能打通。外婆的意识已经不清楚了，我们需要帮助。

2021/5/5 3：37 AM — 我们找到了一个氧气瓶。

2021/5/5 4：29 PM — 外婆用上了氧气瓶，她现在感觉好多了，而且她的血氧开始稳定在84。
我们正在为她进一步寻找医生。

数据说明：在推特上选取较有代表性的用户发布的推文，发布时间为印度当地时间。由于篇幅限制未摘取用户的全部发布的全部推文。

图 15-18 《远处的哭声》中可视化图表

求助患者集中于31~70岁其中五旬者最多
大部分求助患者情况紧急需要氧气、血浆等资源

求助患者年龄分布

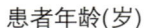

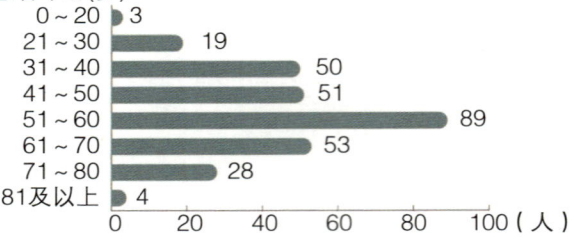

患者年龄(岁)

年龄段	人数
0~20	3
21~30	19
31~40	50
41~50	51
51~60	89
61~70	53
71~80	28
81及以上	4

(人)

患者情况描述高频词

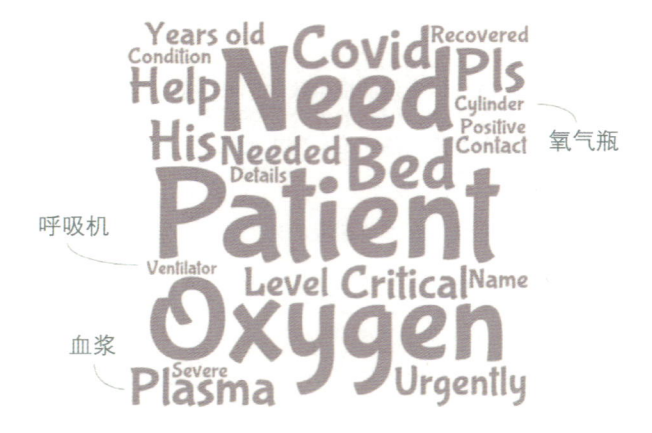

Years old Covid Recovered Pls
Condition Help Need Cylinder
His Needed Bed Positive Contact — 氧气瓶
Details
呼吸机 — Patient
Ventilator Level Critical Name
血浆 — Oxygen
Severe Plasma Urgently

典型患者情况描述示例

–#CovidEmergency
Need of B+ve plasma for 36 year old patient.

–*Urgently needed*
Covid bed needed for 72 year old COvid +ve patient. Spo2 70–75.

–Patient is critical. Oxygen level below 80.

–#CovidHelp I Need a hospital bed for a severe covid pneumonia patient CT severity score 21/25. Spo2 – 90 with oxygen support.
Name: Lokesh Kumar 32yr old
Location: #Gurugram or Delhi
Pls pls help!

数据说明：1.统计推文中出现的患者年龄信息。
2.在推文中筛选包括"patient""his""her"等患者病情描述关键词的语句进行词频统计，去除无实际意义的虚词动词，合并如"please""pls"等同义表达。
数据来源：推特。
数据搜集时间：2021年5月3日。

C67 M40 Y37 K0   C40 M39 Y21 K0   C10 M32 Y54 K0

图15-19 《远处的哭声》中可视化图表及其配色

具体应用时，我们通过调节黄色的透明度，使其在丰富画面的同时不显突兀。从图 15-18 和图 15-19 中可以看出，整体而言，仍是中性色调的绿色与紫色占比最大——我们有意识地让"有可能"看起来活泼的黄色安心当配角。

对绘画、平面设计和摄影等纯艺术实践来说，色彩充斥着整幅作品，与作品主题相互决定，创作者的心境与灵感自然决定着配色的方向。而在数据叙事作品中，配色服务于数据叙事的整体需求，选题先于色彩而存在。色彩，只是组成完整作品的众多模块中的一小部分，在其自身之外，它与可视化图表、与文字内容、与作品主题之间错综复杂的关系，都是设计师需要仔细考量的地方。正因存在这种理念的差异，当我们套用电影场景、名家画作中的经典配色时，可能会失落地发现，它们在可视化图表中不再有原初的和谐与灵韵。

这体现出色彩的变幻莫测——色块背后微小的数值变动便能带来完全不同的视觉效果。这也给可视化设计师带来了挑战，在善于观察、善于取色的同时，也要思考如何用色。

15.4 哪些坑不要踩

以下这些是我们曾经踩过或者差点踩过的坑，记录在此，希望诸位都能避免类似情形。

15.4.1 避免过多色彩

在 RUC 新闻坊的稿件中，可视化图表的颜色数量常常为 3~4 个，既能满足大部分稿件的使用需求、保证画面丰富度，又不会使图表过于花哨。从图 15-20 的对比中可以看出，不必要的多色使用不仅视觉观感不佳，还可能使读者误认为不同颜色代表不同的含义。然而，每个词的内涵都是平行的，此时仅需要使用一种颜色即可。当下提供免代码图表制作服务的可视化网站（如花火数图、Flourish）在生成初始图表时，往往带有默认的配色方案。大部分方案中包含多种颜色，被许多用户不加修改地直接使用。事实上，网站自动生成的图表仍有美化的空间，我们在使用这类工具时应培养起再加工的意识。

图 15-20 多配色与单配色对比图

当变量实在过多，不得不运用许多颜色时，色彩调和原理中的主导色彩配色可帮助我们解决这个问题。可以通过少量增加主导色相，在同色相内的单色色阶中选取色彩，或调节同一颜色的透明度达成颜色区分。在这一过程中，仍需注意同一图表中，不同色相需要有相同的纯度，这样才能保证画面和谐。

15.4.2 避免明亮饱和

还记得图 15-4 的"辣眼睛"配色吗？高纯度色彩的组合使用往往会使画面看起来刺眼又繁杂。其实，很多时候没有必要使用多种高纯度色彩来呈现信息，可以通过统一色相来优化。但若一定想让画面缤纷多彩，那么最好调节色相、明度与纯度，以达成更温和的视觉效果，如图 15-21 和图 15-22 所示。

15.4.3 避免刻板印象

作为可视化设计师，一方面要懂得如何运用色彩的隐喻，另一方面又要时刻警惕色彩的隐喻。

在讲述配色原理的书中，每当涉及性别相关的配色时，大多会提及"女性普遍喜好红色、粉色等暖色系色彩"（奥博斯科编辑部，2009；iyama design 事务所，2021；伊达千代，2011）。尽管作者们也清醒地意识到这"属

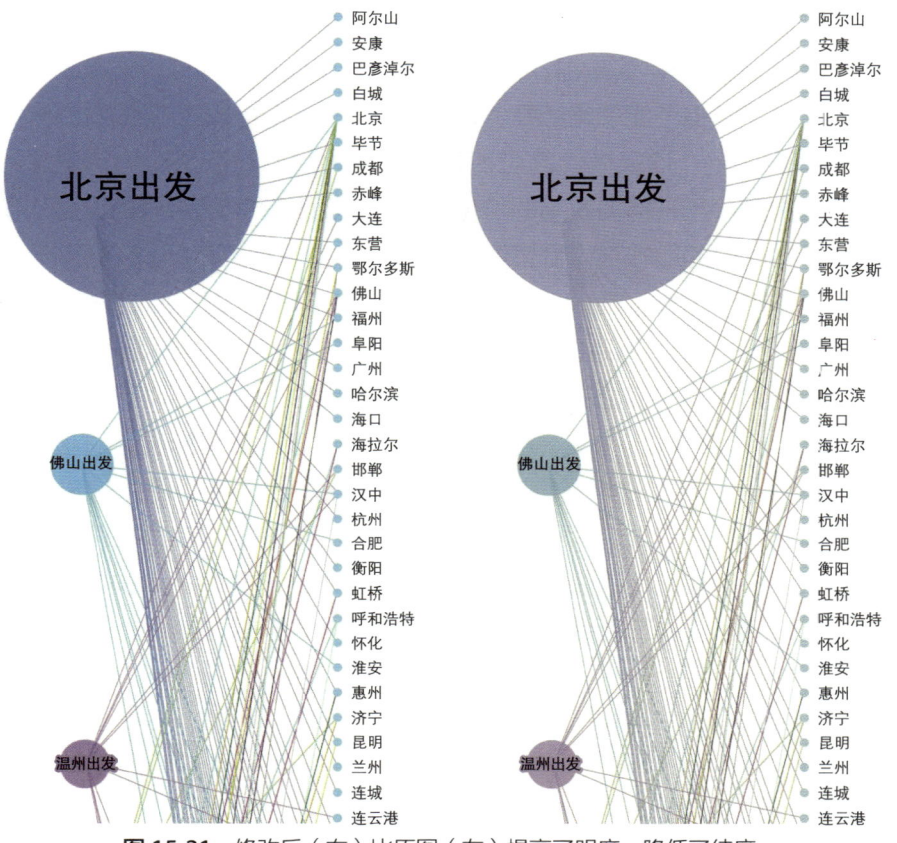

图 15-21 修改后（右）比原图（左）提高了明度，降低了纯度

图 15-22 修改后（右）比原图（左）提高了明度，降低了纯度，在色相搭配上运用更多相近色

于传统的观念"，但"至今为止，在表现女性印象时，暖色系仍然属于必不可少的色相"（奥博斯科编辑部，2009）。稿件《小甜剧》的分析对象为电视剧这一文化产品，但不能忽略的是，作品的切入点为"小甜剧中的女性形象"。从这一角度回望，这篇稿件的可视化图表中大片的粉色是对传统观念的顺应。社会文化中正被努力改写的价值再次露出原貌，可能带来的深层次负面效果一律被即时的趣味与"合适"掩盖。

但，倘若不这样，我们应该怎么办？伊达千代（2011）试图给出答案："到了现代，生活中所遇到的设计，性别差异在逐渐缩小。与其说是不想因为性别而决定配色，不如说是想要寻找适合各自兴趣、生活或环境的配色。"

2022年3月8日，RUC新闻坊推出了九款背景相同的设计海报，用知名人士关于女性和人生的话语串联起对女性权利的关怀（见图15-23）。这系列海报特别回避了粉色、紫色、红色等大众习以为常的符合女性形象的暖色调，而用了传统意义上代表冷静、理性的冷色调——蓝色，就是希望能打破读者的刻板印象，从而让海报中的话语传递出更坚强的力量。

15.4.4 避免错误引导

由于色彩具有隐喻与内涵，对色块的不当使用可能会传达出错误的信息。稿件《南京，难在哪儿？》中，有一张描绘当时南京市各区的中/高风险地区数量的地图。这张图里用以填充地图的单一底色仅起装饰作用，并不表意。然而，在设计初稿中，色阶上的不同深浅表示着该区域中/高风险地区数量的多少——看似合理，但结合实际来看，中/高风险地区往往以街道、小区为单位分散在城市中，按照其数量直接填充整个区域，容易给人"整个区域处处都很危险"的印象，而这并不符合现实情况。在成稿中我们放弃了这种色阶区分的做法，改以文字标注，虽然地区差异的直观度略显下降，但可视化的准确度有了提升。

色彩美的感觉和评判离不开作品及设计师所处的时代背景：当一个时代的声音和气氛比较单一乏味时，其色彩会去寻求变化和丰富；反之，当一个时代物质充沛、信息过剩时，人们更倾向去寻找朴素、单纯的色彩感觉，追求色彩的"极少主义"（李莉婷，2005）。色彩搭配蕴含着无限关于社会、关于浪漫、关于自由的思索。

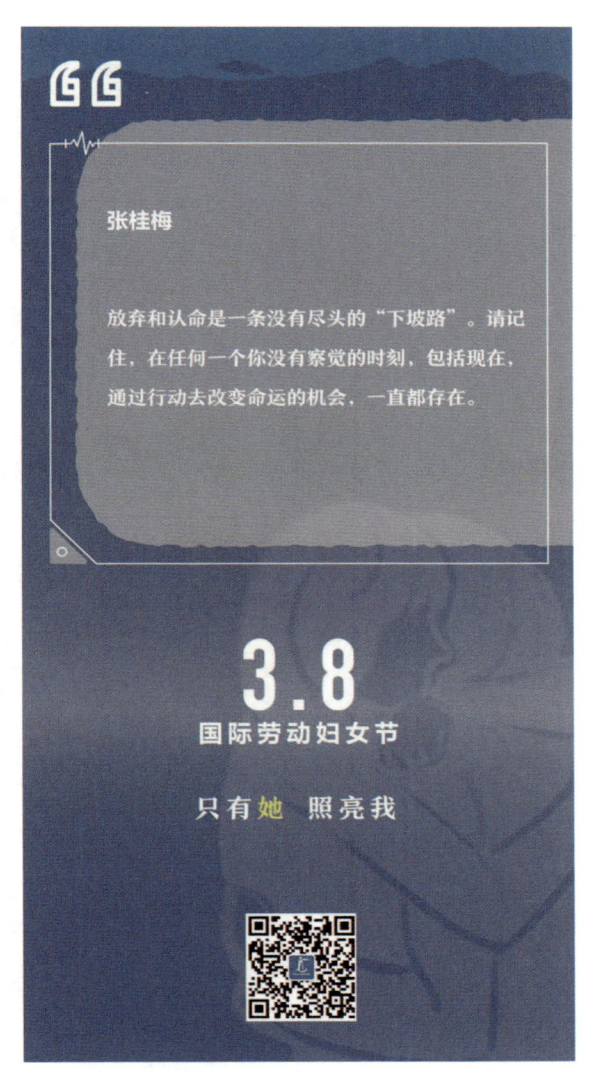

图 15-23　RUC 新闻坊设计的 2022 年国际劳动妇女节海报之一

　　可视化设计，终究是与"美"紧密相连的，希望读者们都能享受学习、设计可视化的过程，在丰富的色彩通道里找寻到最适合的路径，在缤纷斑斓的世界中发现更多精彩的颜色。

小剧场

可视化设计师的三重痛苦

板块编辑：

何京蔚　惠一蘅　邓海滢

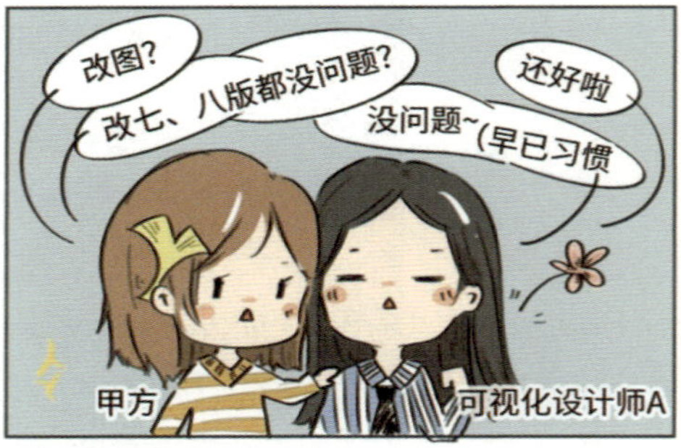

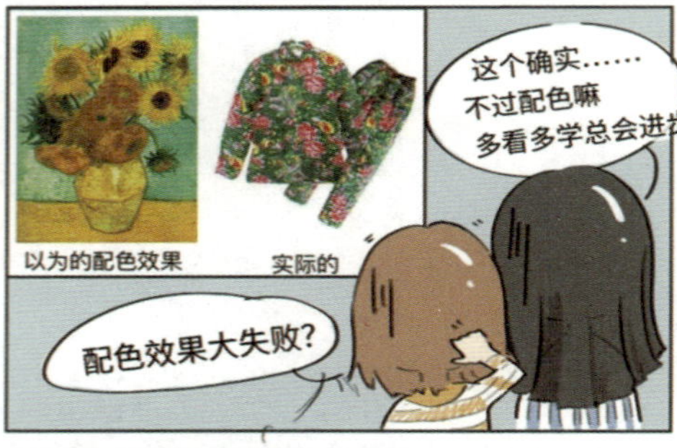

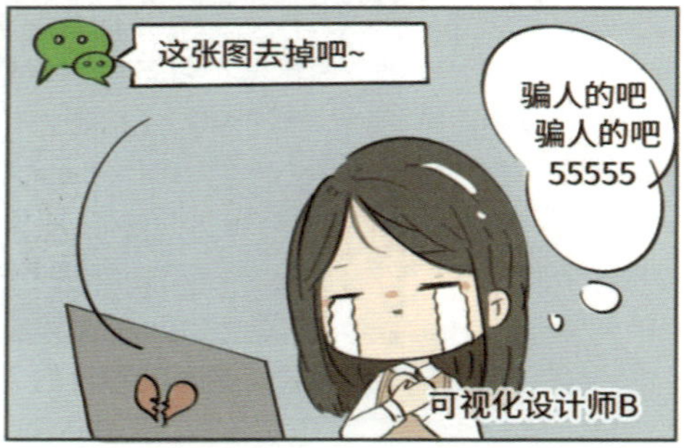

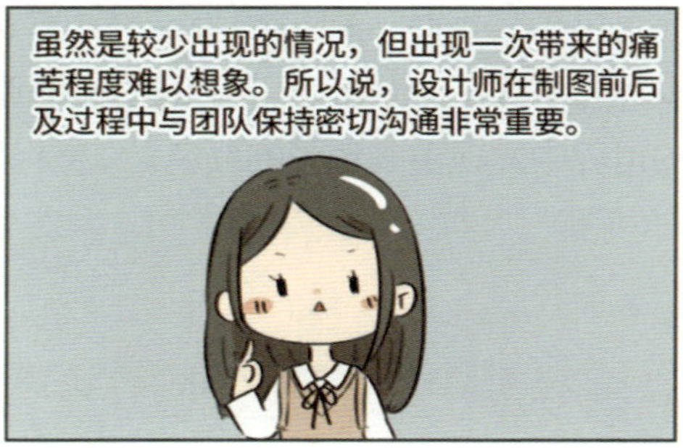

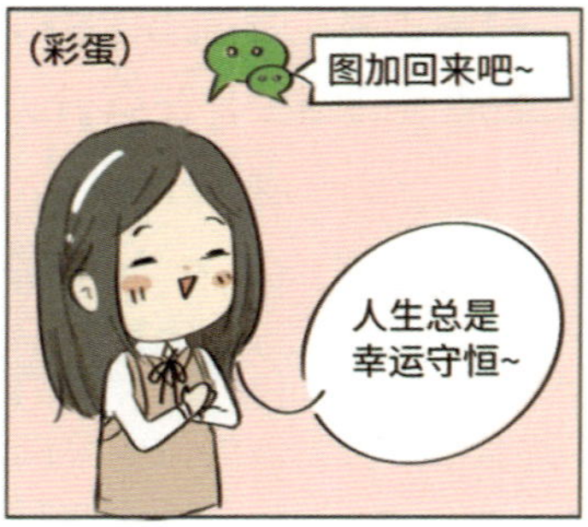

参 考 文 献

奥博斯科编辑部 . (2009). 配色设计原理 (暴凤明，译). 北京：中国青年出版社 .
巴尔，M. (2015). 叙述学：叙事理论导论 (谭君强，译). 北京：北京师范大学出版社 .
伯格森，B. (2017). 视觉传达设计 . 台北：原点出版社 .
伯格斯特龙，C.，韦斯特，J. (2022). 拆穿数据胡扯 (胡小锐，译). 北京：中信出版社 .
蔡雯 . (2011). 重视深度新闻报道的策划：新媒体时代大众传媒的新闻创新 . 新闻爱好者 (17)，6-8.
曹林，盖姣伊 . (2021). 新媒体喜欢有个性有趣味的灵魂：访微信公号"牛弹琴"创始人刘洪 . 青年记者 (13)，37-41.
常江，田浩 . (2020). 建设性新闻生产实践体系：以介入性取代客观性 . 中国出版 (8)，8-14.
陈思，朱殿勇 . (2020). 全媒体语境下"标题党"现象解析 . 新闻爱好者 (12)，46-49.
戴默，T. E. (2014). 好好讲道理：反击谬误的逻辑学训练 (黄琳，刀尔登，译). 杭州：浙江大学出版社 .
邓建国 . (2019). "标题党"的起源、机制与防治 . 新闻与写作 (8)，45-53.
丁治中，李超德 . (2020). 设计审美日常化的流变与局限性 . 广西社会科学 (6)，143-148.
厄舍，N.(2020). 互动新闻：黑客、数据与代码 (郭恩强，译). 北京：中国人民大学出版社 .
方洁 . (2019). 数据新闻概论：操作理念与案例解析（第 2 版）. 北京：中国人民大学出版社 .
方洁，高璐 . (2015). 数据新闻：一个亟待确立专业规范的领域：基于国内五个数据新闻栏目的定量研究 . 国际新闻界 (12)，105-124.
何方 . (2004). 符号语言在平面设计中的意义 . 包装工程 (3)，117-118.
龚彦方 . (2016). 基于"内生比较优势"的专业化重构：当代新闻生产机制研究：来自某自媒体"虚拟编辑部"的田野调查 . 现代传播 (中国传媒大学学报)(12)，62-66.
郝爽，李国良，冯建华，王宁 . (2018). 结构化数据清洗技术综述 . 清华大学学报 (自然科学版)58(12)，1037-1050.
黄旦 . (2015). 重造新闻学：网络化关系的视角 . 国际新闻界 (1)，75-88.
iyamadesign 事务所 . (2021). 主题配色手册 (崔灿，译). 南京：江苏凤凰科学技术出版社 .
开罗，A. (2015). 不只是美：信息图表设计：原理与经典案例 (罗辉，李丽华，译). 北京：人民邮电出版社 .
开罗，A. (2020). 数据可视化陷阱 (韦思遥，译). 北京：机械工业出版社 .
科瓦齐，B.，罗森斯蒂尔，T. (2011). 新闻的十大基本原则：新闻从业者须知和公众的期待

（刘海龙，连晓东，译）. 北京：北京大学出版社.

莱斯特，P. M. (2003). 视觉传播：形象载动信息（霍文利，史雪云，王海茹，译）. 北京：北京广播学院出版社.

兰蔻，J.，里奇，J.，克鲁克斯，R. (2016). 信息图表的力量（张燕翔，杨春勇，杨凯，刘千溪，译）. 北京：人民邮电出版社.

李莉婷. (2005). 色彩设计中单纯化配色原理的运用研究. 装饰 (12)，95-96.

李岩，李赛可. (2015). 数据新闻："讲一个好故事"？：数据新闻对传统新闻的继承与变革. 浙江大学学报：人文社会科学版 (6)，106-128.

李艳红. (2017). 在开放与保守策略间游移："不确定性"逻辑下的新闻创新：对三家新闻组织采纳数据新闻的研究. 新闻与传播研究 (9)，40-60，126-127.

李砚祖. (2003). 论设计美学中的"三美". 黄河科技大学学报 (1)，59-67.

刘晨红. (2007). 新闻标题中的隐喻及其语用功能. 淮北职业技术学院学报 (2)，84-86.

刘海龙. (2008). 大众传播理论：范式与流派. 北京：中国人民大学出版社.

刘涛. (2016). 西方数据新闻中的中国：一个视觉修辞分析框架. 新闻与传播研究 (2)，5-28.

刘涛. (2017). 媒介·空间·事件：观看的"语法"与视觉修辞方法. 南京社会科学 (9)，100-109.

刘英华，颜钰杰，陈淑敏. (2020). 数据新闻生产中的数据获取、清理与分析. 新闻与写作 (12)，102-105.

罗杰斯，S. (2015). 数据新闻大趋势：释放可视化报道的力量（岳跃，译）. 北京：中国人民大学出版社.

罗斯林，H.，罗斯林，O.，罗朗德，A. R. (2019). 事实：用数据思考，避免情绪化决策（张征，译）. 上海：文汇出版社.

马少华，刘洪珍. (2008). 新闻评论案例教程. 北京：中国人民大学出版社.

柯匹，I. M.，科恩，C. (2007). 逻辑学导论（第 11 版）（张建军，潘天群，等译）. 北京：中国人民大学出版社.

彭兰. (2021). 数字时代新闻生态的"破壁"与重构. 现代出版 (3)，17-25.

邱南森. (2014). 数据之美：一本书学会可视化设计（张伸，译）. 北京：中国人民大学出版社.

人大「RUC 新闻坊」：不止于校园媒体. 检索于 2022-03-28，取自 https://mp.weixin.qq.com/s/uZsxWi6kr3UMoLnnipXblw.

日本色彩设计研究所. (2018). 配色手册. 南京：江苏凤凰科学技术出版社.

善本出版有限公司. (2016). 以图释义. 北京：电子工业出版社.

舒德森，M. (2009). 发掘新闻：美国报业的社会史（陈昌凤，常江，译）. 北京：北京大学出版社.

舒德森，M.，李思雪. (2021). 新闻专业主义的伟大重塑：从客观性 1.0 到客观性 2.0. 新闻界 (2)，5-13.

苏宏元，舒培钰. (2017). 网络传播重构新闻生产方式：协作、策展与迭代. 编辑之友 (6)，

58-62.

苏状.(2020).真相还是包袱？：基于中外同议题数据新闻可视化比较的视觉批判研究.编辑之友(12)，57-63.

索昕煜.(2005).网络界面色彩设计研究.硕士学位论文.昆明理工大学.

谭筱玲，修伊湄.(2020).社交媒体时代的受众新闻认知与电视新闻生产调适.中国广播电视学刊(5)，26-30.

王斌，胡杨.(2021).新闻透明性的理念、内涵与限度：对社交时代媒体转型路径的一种考察.江淮论坛(2)，161-166.

王海燕.(2019).加速的新闻：数字化环境下新闻工作的时间性变化及影响.新闻与传播研究(10)，36-54，127.

王敏.(2018).从"常规"到"惯习"：一个研究框架的学术史考察.新闻与传播研究(9)，68-80.

王诗瑶，石晋阳.(2018).纸媒公众号"标题党"现象与受众认同分析.青年记者(21)，37-38.

维克福什，A.(2021).另类事实：知识及其敌人（汪思涵，译）.北京：中信出版社.

夏倩芳，王艳.(2016).从"客观性"到"透明性"：新闻专业权威演进的历史与逻辑.南京社会科学(7)，97-109.

肖鳕桐，方洁.(2020).内容与技术如何协作？：行动者网络理论视角下的新闻生产创新研究.国际新闻界(11)，99-118.

许向东.(2019).转向、解构与重构：数据新闻可视化叙事研究.国际新闻界41(11)，142-155.

杨璧菲.(2019).全球数据新闻奖的可视化实践趋势.青年记者(9)，48-49.

杨向荣.(2015).图像转向抑或图像霸权：读图时代的图文表征及其反思.中国文学批评(1)，100-109.

伊达千代.(2011).色彩设计的原理（悦知文化，译）.北京：中信出版社.

衣若芬.(2018).文图学：学术升级新视界.当代文坛(4)，118-124.

曾庆香，陆佳怡，吴晓虹.(2017).数据新闻：一种社会科学研究的新闻论证.新闻与传播研究(12)，79-91，128.

战迪.(2018).新闻可视化生产的叙事类型考察：基于对新浪网和新华网可视化报道的分析.新闻大学(1)，9-17，147.

张艳.(2015).论数据新闻的图像表意与审美转向.编辑之友(3)，85-88.

张寅德.(1989).叙述学研究.北京：中国社会科学出版社.

张志安.(2006).编辑部场域中的新闻生产.博士学位论文.复旦大学.

张卓，李晨.(2022).意义、情感与认同：疫情纪录片的生命叙事研究.云南社会科学(1)，180-186.

赵恩骁.(2016).从女性主义视角看色彩的性别特质.美术大观(10)，80-81.

赵俊逸，庄福振，敖翔，何清，蒋慧琴，马岭.(2021).协同过滤推荐系统综述.信息安全学报 6(5)，17-34.

赵庆来 .（2021）. "信息茧房"：在形成与解构之间 . 青年记者（20），26-27.

郑蔚雯，姜青青 . (2013). 大数据时代，外媒大报如何构建可视化数据新闻团队？:《卫报》《泰晤士报》《纽约时报》实践操作分析 . 中国记者 (11)，132-133.

周丽昀 . (2018). 设计的审美维度：兼论涉身主体的审美体验 . 哲学动态 (10)，103-112.

朱光潜 . (2018). 谈美 . 长沙：湖南文艺出版社 .

Bach, B., Stefaner, D., Boy, J., Drucker, S., Bartram, L., Wood, J., Ciuccarelli, P., Engelhardt, Y., Köppen, U., & Tversky, B. (2018). Narrative Design Patterns for Data-Driven Storytelling. In N. Riche, C. Hurter, N. Diakopoulos, & S. Carpendale (Ed.), *Data-Driven Storytelling* (pp. 107-133). New York: A K Peters/CRC Press.

Barthes, R. (1977). *Image*, *Music*, *Text*, translated by S. Heath. New York: Hill & Wang.

Blom, J. N., & Hansen, K. R. (2015). Click bait: Forward-reference as lure in online news headlines. *Journal of Pragmatics*, 76, 87-100.

Bourdieu, P. (2001). Television. *European Review*, 9(3), 245–256.

Bradshaw, P. (2011, July 13). 6 ways of communicating data journalism (The inverted pyramid of data journalism part 2). Retrieved April 5, 2022, from https://onlinejournalismblog.com/2011/07/13/the-inverted-pyramid-of-data-journalism-part-2-6-ways-of-communicating-data-journalism/.

Brashers, D. E., Goldsmith, D. J., & Hsieh, E. (2002). Information seeking and avoiding in health contexts. *Human Communication Research*, 28(2), 258-271.

Bufnea, D., & Otropa, D. S(2018). A community driven approach for click bait reporting. *2018 26th International Conference on Software*, *Telecommunications and Computer Networks (SoftCOM)*, 1-6.

Burns, R. (2015). Rethinking big data in digital humanitarianism: Practices, epistemologies, and social relations. *GeoJournal*, 80, 477-490.

Chen, Y., Conroy, N. J., & Rubin, V. L. (2015). News in an online world: The need for an "Automatic Crap Detector". *Proceedings of the Association for Information Science and Technology*, 52(1), 1-4.

Coddington, M. (2015). Clarifying Journalism's quantitative turn. *Digital Journalism*, 3(3), 331-348.

Crucianelli, S. (2019, June 13). Data journalism: How to find stories in numbers. Retrieved April 5, 2022, from https://www.scidev.net/global/practical-guides/data-journalism-how-to-find-stories-in-numbers/.

Delicath, J. W., & Deluca, K. M. (2003). Image events, the public sphere, and argumentative practice: The case of radical environmental groups. *argumentation*, 17(3). 315-333.

DeLuca, K. M. (1999). Unruly arguments: The body rhetoric of Earth First!, Act up, and

Queer Nation. *Argumentation and Advocacy*, 36(1), 9-21.

Novaes, C. D, (2021). Argument and argumentation. In E. N. Zalta (Ed.), *The Stanford Encyclopedia of Philosophy* (*Fall 2021 Edition*). Retrieved December 7, 2021, from https://plato.stanford.edu/archives/fall2021/entries/argument/.

Dykes, B. (2019) *Effective Data Storytelling*: *How to Drive Change with Data*, *Narrative and Visuals*. New York: John Wiley & Sons.

Gehrke, M. (2020). Transparency as a key element of data journalism: Perceptions of Brazilian professionals. Retrieved April 5, 2022, from https://cpb-us-w2.wpmucdn.com/sites.northeastern.edu/dist/0/367/files/2020/02/CJ_2020_paper_8.pdf.

Gray, J., Chambers, L., & Bounegru, L. (2012). *The Data Journalism Handbook*: *How Journalists Can Use Data to Improve the News*. Sebastopol，CA：O'Reilly Media, Inc.

Howard, A. B. (2014, May 30). The art and science of data-driven journalism. Retrieved April 13, 2022, from https://academiccommons.columbia.edu/doi/10.7916/D8KD2955/download.

Inch, E. S., & Warnick, B. (2001). *Critical Thinking and Communication*: *The Use of Reason in Argument* (4th edition). Boston: Allyn & Bacon.

Knight, M. (2015). Data journalism in the UK: A preliminary analysis of form and content. *Journal of Media Practice*, 16(1), 55-72.

Kuiken, J., Schuth, A., Spitters,M., & Marx, M. (2017). Effective headlines of newspaper articles in a digital environment. *Digital Journalism*, 5(10), 1300-1314.

Lorenz, M. (2010). Data-driven journalism: What is there to learn? (Powerpoint). Presented at *IJ-7* (*7. Conference on Innovation Journalism*). Stanford.

Manovich, L. (2011). Trending: The promises and the challenges of big social data. Retrieved April 5, 2022, from http://manovich.net/content/04-projects/067-trending-the-promises-and-the-challenges-of-big-social-data/64-article-2011.pdf.

Matei, S.A., & Hunter, L. (2021). Data storytelling is not storytelling with data: A framework for storytelling in science communication and data journalism. *The Information Society*, 37（5），312 - 322.

Guglielmino, M. (2021, May 5). The five rules of harmony in the art of Federica Fragapane. Retrieved April 13, 2022, from https://medium.com/nightingale/the-five-rules-of-harmony-in-the-art-of-federica-fragapane-e17a006f8418.

McCombes, S. (2019, April 23). How to write a strong hypothesis| Steps and examples. Retrieved April 5, 2022, from https://www.scribbr.com/methodology/hypotheses/.

Parasie, S., & Dagiral, E. (2013). Data-driven journalism and the public good: "Computer-assisted-reporters" and "programmer-journalists" in Chicago. *New Media & Society*. 15, 853-871.

Ritchie, J. (2020). Why data storytelling is the secret to gaining trust. Retrieved April 6,

2022, https://www.columnfivemedia.com/world-needs-data-based-stories-ever/.

Rogers, S., Schwabish, J., & Bowers, D. (2017). Data journalism in 2017: The current state and challenges facing the field today. Retrieved April 5, 2022, from https://newslab.withgoogle.com/assets/docs/data-journalism-in-2017.pdf.

Rowe, D. (2011). Obituary for the newspaper? Tracking the tabloid. *Journalism*, 12(4), 449-466.

Stikeleather, J. (2013, April 19). The three elements of successful data visualizations. *Harvard Business Review*. Retrieved April 5, 2022, from https://hbr.org/2013/04/the-three-elements-of-successf/.

Taylor, C. (2021, May 21). Structured vs. unstructured data. Retrieved April 5, 2022, from https://www.datamation.com/big-data/structured-vs-unstructured-data/.

Tenenboim, O., & Cohen, A. A. (2015). What prompts users to click and comment: A longitudinal study of online news. *Journalism*, 16(2), 198-217.

Tong, J., & Zuo, L. (2021). The inapplicability of objectivity: Understanding the work of data journalism. *Journalism Practice*, 15 (2), 153-169.

Tufte, E. R. (1983). *The Visual Display of Quantitative Information*. Cheshire, CT: Graphics press.

Tufte, E. R. (2013). Slopegraphs for comparing gradients: Slopegraph theory and practice. Retrieved April 13, 2022, from https://www.edwardtufte.com/bboard/q-and-a-fetch-msg?msg_id=0003nk.

Wall, E., Narechania, A., Coscia, A., Paden, J., & Endert, A. (2022). Left, right, and gender: Exploring interaction traces to mitigate human biases. *IEEE Transactions on Visualization and Computer Graphics*, 28, 966-975.

Weber, W. (2017). Interactive information graphics: A framework for classifying a visual genre. In Black, A., Luna, P., Lund, O., & Walker, S. (Ed.), *Information Design: Research and Practice* (pp. 243–256). New York: Routledge.

Weber, W., Engebretsen, M., & Kennedy, H. (2018). Data stories: Rethinking journalistic Storytelling in the context of data journalism. *Studies in Communication Sciences*, 18(1), 191-206.

Wertheimer, M. (1938). Laws of organization in perceptual forms. In W. D. Ellis (Ed.), *A Source Book of Gestalt Psychology* (pp. 71–88). London: Kegan Paul, Trench, Trubner & Company.

Westerstahl, J. (1983). Objective news reporting. *Communication Research*, 10(3), 403–424.

Westlund, O., & Lewis, S. C. (2014). Agents of media innovations: Actors, actants, and audiences. *Journal of Media Innovations*, 1(2), 10-35.

White, D. M. (1950). The "gate keeper": A case study in the selection of news.

Journalism Quarterly, 27(4), 383-390.

Wong, D. M. (2010). *The Wall Street Journal Guide to Information Graphics: The Dos and Don'ts of Presenting Data, Facts, and Figures*. New York: W. W. Norton & Company.

Wu, S. (2021). Data "objectivity" in a time of coronavirus: Uncovering the potential impact of state influence on the production of data-driven news. *Digital Journalism*, 9, 1303-1320.

Yang, L., Xu, X., Lan, X., Liu, Z., Guo, S., Shi, Y., Qu, H., & Cao, N. (2022). A design space for applying the Freytag's pyramid structure to data stories. *IEEE Transactions on Visualization and Computer Graphics*, 28(1), 922-932.

图书在版编目（CIP）数据

把数据作为方法：数据叙事的理论与实践 / 方洁等著. -- 北京：中国人民大学出版社，2023.3
ISBN 978-7-300-31384-9

Ⅰ.①把… Ⅱ.①方… Ⅲ.①数据处理—应用—新闻—叙述—研究 Ⅳ.①G210

中国国家版本馆 CIP 数据核字（2023）第 004855 号

把数据作为方法：数据叙事的理论与实践
方　洁　葛书润　邓海滢　惠一蘅　等　著
Ba Shuju Zuowei Fangfa：Shuju Xushi de Lilun yu Shijian

出版发行	中国人民大学出版社		
社　　址	北京中关村大街 31 号	邮政编码	100080
电　　话	010-62511242（总编室）		010-62511770（质管部）
	010-82501766（邮购部）		010-62514148（门市部）
	010-62515195（发行公司）		010-62515275（盗版举报）
网　　址	http://www.crup.com.cn		
经　　销	新华书店		
印　　刷	北京瑞禾彩色印刷有限公司		
规　　格	170 mm×240 mm　16 开本	版　次	2023 年 3 月第 1 版
印　　张	22.25　插页 4	印　次	2023 年 3 月第 1 次印刷
字　　数	359 000	定　价	128.00 元

版权所有　　侵权必究　　　印装差错　　负责调换